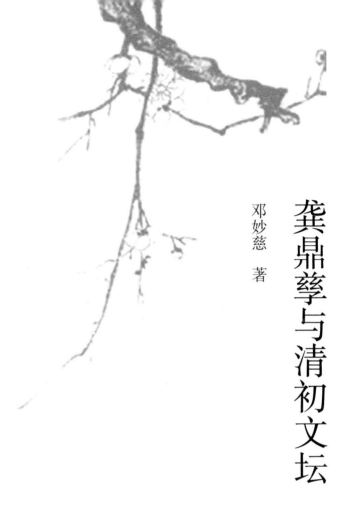

邓妙慈 著

龚鼎孳与清初文坛

上海古籍出版社

本书为广东省哲学社会科学学科共建项目

"龚鼎孳与明末清初文坛"（GD16XZW07）的研究成果

序

　　妙慈博士的《龚鼎孳与清初文坛》是在其学位论文基础上增订而成的学术专著，即将付梓。妙慈嘱我作序，简略述论如下：

　　龚鼎孳是明末清初的著名人物，也是中国历史上一类文人的典型代表。龚鼎孳历仕明、李自成大顺、清三朝，一生跌宕起伏，毁誉皆达于极致。他曾位极人臣，却不意在其死后的乾隆朝被列入"贰臣"，毁名毁版。龚鼎孳是明清易代时期风云变幻的见证者，也是当时许多重要历史事件的参与者，还是文学思潮演变的引领者。无论是从历史抑或文学史的角度来看，龚鼎孳都是一个值得研究的人物。

　　龚鼎孳其人有三点值得关注：一是他仕途上一贯的积极求进精神。在明朝，龚鼎孳从求学登第到初入政坛，意气风发，无论是在地方或是京师的职位上均颇有作为，政绩卓著。入清之后一如既往。尤为难得的是，无论其遭遇困厄还是位高显赫，均不改本色，勤于职守。二是他的风流故事。崇祯末年，龚鼎孳与秦淮名妓顾媚定情于眉楼，从此开始了他最投入、最绵长的情感经历。龚鼎孳与顾媚的爱情故事一直是坊间津津乐道的话题。三是龚鼎孳的文学才华。龚鼎孳诗、词、文各体兼擅，在生前和身后均享有盛誉。诗学上，其与钱谦益、吴伟业并称为"江左三大家"；词学上，在清初"实开宗风"，为"清词中兴"的开启者。

　　龚鼎孳是一个颇受争议的历史人物。在当时以及后世，对他的"恶评"也颇为激烈。首先是他的政治失节的问题。龚鼎孳先降李自成,后降清朝,被人指斥为"闯来则降闯,满来则降满",两度变节。后来乾隆皇帝对龚鼎孳的厌恶也主要因此。其次是他与顾媚的"爱情故事",议者多从文人狎亵角度发难,更有将龚之失节与顾媚相联系者,如传言龚"每谓人曰:我原欲死,奈小妾不肯何?"客观看待龚鼎孳的人生轨迹和心路历程,他是一个特殊历史时期的特殊历史人物,他的人生价值取向和人生道路的选择既有历史的共性因素,也有性情修养的个性因素。中国文人有立德、立功、立言的思想传统,龚鼎孳立德无望而时常忏悔,意欲立功、立言以有所补救。文人的名士情结往往不避绮艳,有时甚至有意以风流而鸣世,也是一种仕隐出处互补的彰显。

明末清初不仅经历了改朝换代,文学史也经历了动荡转圜。顺治至康熙初年,文人的心态由悲愤急切逐渐演化为清雅平和。龚鼎孳正是这个时期的文坛领袖,他曾居朝廷枢要,惜才爱士,奖掖后进,负士林之望。他的思想、创作对清初文坛影响甚深。正是基于这种影响,《龚鼎孳与清初文坛》一书的学术探讨和价值十分值得期待。

《龚鼎孳与清初文坛》一书深刻地认识了龚鼎孳其人、其文与所处之世的关系,书中指出:"要重新评价龚鼎孳的文学成就,前提是要对他的生平、品性与心态作一较为周全而又不失公正的考察,在政治人格外还要兼顾文化人格,而且对政治人格的评判应该放眼其整个仕宦生涯而不仅仅限囿于政治大转折之特殊关头。"作者摒弃了简单的标签化和概念化,其认识无疑具有高屋建瓴的意义。

《龚鼎孳与清初文坛》值得推誉的突出之处还在于文献的丰富性。龚鼎孳曾因"贰臣"而遭毁书毁版,文献散佚十分严重。如在相当长的时期,龚鼎孳的文集能见到的刻本中最为丰富者亦仅六卷。近期发现的国家图书馆藏《龚端毅公文集》二十七卷抄本,此本应为龚氏家藏本,其中保留了大量毁版之前的文章,其文献价值不言而喻。又如在龚鼎孳的诗集中,作于明代的作品删削殆尽。为了更为全面认识龚诗,作者从现存《定山堂诗集》中爬梳检索出一百零八首作于明代的诗歌,又从其他版本如《尊拙斋诗集》以及方志、笔记中稽索出若干首。文献是研究的基础,新资料的使用无疑可以使研究的基础更为坚实。

　妙慈是 2011 年入南开大学读博士学位的。在此之前妙慈的大学指导老师、著名词学专家、我的好友张惠民教授曾专门予以推荐,称赞妙慈为“内秀”,入校之后方知惠民兄所言极为准确。妙慈娴静其外而聪敏其内,课堂讨论发表见解总是曼声细语,娓娓道来而又条理清晰鞭辟入里。这个特点在她的这部《龚鼎孳与清初文坛》中也有精彩的体现。如今妙慈在大学任教已经六年,繁重的教学之余研究亦在精进。《龚鼎孳与清初文坛》的出版标志着她又跨上一个新的学术台阶。

　记得在我博士毕业之时,业师顾易生先生专门书写朱熹诗条幅赠我,在此我亦转赠妙慈:“胜日寻芳泗水滨,无边光景一时新。等闲识得东风面,万紫千红总是春。”

　是为序。

孙克强

2020 年 9 月 1 日

目　录

序 ·· 孙克强　001

绪　论 ·· 001
　　一、龚鼎孳:沦湮不彰的清初人文领袖 ················· 001
　　二、本课题的研究现状 ······························· 005
　　三、本课题的研究意义与思路 ······················· 012

第一章　一枰棋局浮云过——龚鼎孳生平述略 ··········· 015
　　第一节　龚鼎孳生平事迹概述 ······················· 015
　　　　一、龚鼎孳生平述略 ··························· 016
　　　　二、龚鼎孳一生的四大要事 ····················· 022
　　第二节　龚鼎孳生平两大问题之辨析 ················· 039
　　　　一、恨人怀抱本苍茫:龚鼎孳的失节问题 ··········· 039
　　　　二、身名得丧谁能平:龚鼎孳的评价问题 ··········· 060

第二章　龚鼎孳诗歌研究 ······························· 067
　　第一节　龚鼎孳诗歌的内容分类 ····················· 070
　　　　一、酬酢诗 ································· 070
　　　　二、咏怀诗 ································· 077
　　　　三、记述时事与反映民生之诗 ··················· 082

　　　四、其他类别的诗歌 ·············· 087

　　第二节　龚鼎孳诗歌的艺术特色 ·········· 093

　　　一、各体诗歌的独特风貌 ·············· 094

　　　二、限韵诗的横纵比较 ················ 111

　　　三、联章形式下的表达诉求 ············ 124

　　　四、用典的自成境界与凸显主题 ········ 129

第三章　龚鼎孳词研究 ·················· 138

　　第一节　龚鼎孳词的内容分类 ·········· 138

　　　一、言情词 ······················· 139

　　　二、酬赠词 ······················· 147

　　　三、述怀词 ······················· 151

　　　四、咏史怀古词 ···················· 159

　　　五、咏物词 ······················· 163

　　第二节　龚鼎孳词的艺术特色 ·········· 172

　　　一、长短调兼擅,开长调风气先河 ······ 172

　　　二、前后词风之转变:从绮赡绵邈到沉郁清苍 ····· 183

　　　三、毫末技艺中的巅峰之美:和韵词的创作 ····· 193

　　　四、词体的补剂与增妍:题序的大量使用 ······· 209

第四章　龚鼎孳文研究 ·················· 215

　　第一节　龚鼎孳文的内容分类 ·········· 215

　　　一、酬答散文 ····················· 216

　　　二、写人散文 ····················· 223

　　　三、杂记散文 ····················· 231

　　　四、政论散文 ····················· 238

　　　五、八股文 ······················· 243

　　　六、其他类别的文 ·················· 247

第二节　龚鼎孳文的艺术特色……………………………… 255

一、疏理致用,矜慎谨重 ……………………………… 255

二、舒忧娱悲,情真意切 ……………………………… 260

三、抉剔世情,理充气盛 ……………………………… 263

四、结撰巧妙,笔法灵活 ……………………………… 266

五、融典于文,蕴藉渊深 ……………………………… 270

六、语言传神,句式多变 ……………………………… 273

第五章　龚鼎孳文学思想探析………………………………… 278

第一节　龚鼎孳的诗文观…………………………………… 278

一、推尊汉魏三唐 ……………………………………… 279

二、“性情说”与“原心说”的并立 …………………… 286

三、影响创作主体的内外因归纳 ……………………… 305

第二节　龚鼎孳的词学观…………………………………… 313

一、“雅靓观”与“兴寄说” …………………………… 313

二、兼赏南北宋,崇尚中和之美 ……………………… 321

第三节　龚鼎孳文学思想与文学创作之合轨与脱节…… 326

第六章　龚鼎孳与清初文坛…………………………………… 328

第一节　龚鼎孳与清初诗坛………………………………… 328

一、“江左三大家”中的自我树立:“补史”兼“致用”

的庙堂诗人 ……………………………………… 329

二、明代复古思潮的回应与反拨:“本于少陵”的

尊唐路径 ………………………………………… 334

三、“钱王代兴”的重要衔接 ………………………… 345

第二节　龚鼎孳与清初词坛………………………………… 355

一、承接花间词风又另开风气 ………………………… 357

二、对阳羡、浙西词派的启导之功 …………………… 365

第三节　龚鼎孳与清初散文 …………………………… 380
　　一、龚鼎孳散文与晚明小品 ……………………… 381
　　二、龚鼎孳散文与唐宋古文传统 ………………… 383
　　三、龚鼎孳难成散文大家之因 …………………… 387
第四节　龚鼎孳与清初文学思想 ……………………… 394
第五节　龚鼎孳领袖风雅之因由 ……………………… 396

余　论 ……………………………………………………… 406

附录一:龚鼎孳生平大事简表 ………………………… 409
附录二:龚鼎孳创作于明代的诗歌 …………………… 414

参考文献 …………………………………………………… 418

后　记 ……………………………………………………… 433

绪　　论

陈伯海《中国文学史之宏观》指出，中国文学史有三次高潮，分别是周秦之交、唐宋之交与明清之交①。龚鼎孳在第三次高潮中扮演了扛鼎揭旗的领袖人物，在明末清初文坛具承前启后的重要意义。但令人费解的是，这位见重当世的文坛巨擘，却在其身后备受冷遇，其文学成就长期被轻忽。这不单纯是一个岁月如潮披沙拣金的问题，当中还有着诸如政治舆论、道德臧否、作品流传等种种问题与之相纠缠。而展开对龚鼎孳的文学个案研究，不仅可睹观明清之交的文坛风气，亦有助于还原明末清初之政坛风云与道德情境。

一、龚鼎孳：沦湮不彰的清初人文领袖

龚鼎孳(1616—1673)，字孝升，号芝麓，晚号定山，赐谥端毅。安徽合肥人。龚鼎孳是明末清初的重要人物。政治上，他历仕明、李自成大顺政权与清三朝，是明清易代之际风云巨变的见证者，同时也是许多重要历史事件的参与者。

文学上，龚鼎孳著述丰赡，各类作品皆有专集行世。据《龚鼎孳〈定山堂集〉版本考述》一文，龚诗之阶段性结集刻本有《尊拙斋诗集》(有"尊拙甲"本与"尊拙乙"本)、《过岭集》(清初三十二芙蓉

---

① 陈伯海《中国文学史之宏观》，中国社会科学出版社，1995年，第100页。

斋刻本)、《香严斋诗集》(康熙刻本),全集性质的诗集刻本有《龚芝麓先生集》《定山堂诗集》;词集刻本有《香严斋词》(康熙十一年刻本)、《定山堂诗余》(康熙十五年刻本)、《香严词》(留松阁《十六家词》本);文集除"古文小品"系列六卷本、《定山堂文集》六卷的选本外,全集性质的当属中国国家图书馆所藏之《龚端毅公文集》二十七卷抄本,此外,他传世的文章汇编还有《露浣园稿》《浠川政谱》《龚端毅公奏疏》①。龚氏不仅诗、词、文创作成就特出,且其散见于作品集及各选本、别集中的文论思想,已然构成一理路清晰的潜体系。龚鼎孳的创作与文论,都体现着清初文学在自我构建过程中对前代文学资源的整合与扬弃,故具有承前启后的重要意义。此外,龚鼎孳与钱谦益、吴伟业并称清初诗坛的"江左三大家",与吴伟业、曹溶、梁清标并为清初词坛"实开宗风"②的人物,为士林所矜式。康熙初年,在文才、物望与官阶三者之合力下,他更是成为一代风雅宗盟。

龚鼎孳,清初文坛这样一位叱咤风云的人物,自清代中期始,却逐渐为人冷落与遗忘。造成这种局面的原因是多方面的。首先是他国变改节的经历使其备受非议。何龄修在《清代人物传稿》中给予龚鼎孳的评价就是:"他一生在诗文上有所成就,号称清初江左三大家之一,但在政治大转折中却全身保家,朝秦暮楚。"③中国传统文学批评向来将文品当作作者人品之附属,其人既不足论,其文自然也就等而下之了。乾隆四十一年(1776),在乾隆"在明已登仕版,又复身仕本朝,其人既不足齿,其言不当复存"④的诏谕下,

---

① 参见孙克强、裴喆《龚鼎孳〈定山堂集〉版本考述》,《安徽师范大学学报(人文社会科学版)》,2015年第6期。

② 谢章铤《赌棋山庄词话》卷八,唐圭璋主编《词话丛编》第4册,中华书局,2005年,第3428页。

③ 何龄修、张捷夫《清代人物传稿》上编第四卷,中华书局,1987年,第240页。

④ 中国第一历史档案馆编《乾隆朝上谕档》第8册,广西师范大学出版社,2008年,第479页。

龚鼎孳等一干人列名《贰臣传》，作品遭到禁毁，不仅是龚鼎孳其人被钉在了道德的耻辱柱上，其文的流通与传播更被粗暴地阻断。虽然文禁在道光年间逐步松弛，但前人对龚氏气节人品的质疑却一直延续到了今日。诚然，国变失节无论放在哪个时期看，都是政治道德上不容抹杀的污点，但这种政治本位的评价能在多大程度上涵盖个体真实的整体人格，却不能不令人怀疑。所以要重新评价龚鼎孳的文学成就，前提是要对他的生平、品性与心态作一较为周全而又不失公正的考察，在政治人格外还要兼顾文化人格，而且对政治人格的评判应该放眼其整个仕宦生涯而不仅仅限囿于政治大转折之特殊关头。其次，是"江左三大家"的声名之累。若说国变失节，与龚鼎孳同享"江左三大家"之誉的钱谦益与吴伟业同样也是名列《贰臣传》的人物，但他们在文学史中的境遇却不可同日而语。学界对钱氏与吴氏之生平与创作均有全方位的深入观照，不仅相关的研究论文不胜枚举，还有若干学术专著问世，研究视角之多元、理论成果之丰厚，都使龚鼎孳研究领域相形见绌，当中原因何在呢？笔者以为龚鼎孳是成也"江左三大家"之名，败也"江左三大家"之名。康熙六年（1667），吴江顾有孝与赵沄选钱谦益、吴伟业、龚鼎孳三人之诗编成《江左三大家诗钞》九卷，以诗歌选本的形式确立了三人鼎足而立的文学地位。比起"江左三大家"这个名号的深入人心，选本本身与选家重振江左风流的编选宗旨都退居其次了。发展到后来，便是人们探讨钱、吴、龚的艺术成就时，都会习惯性地将他们置于"江左三大家"之视域中进行考察，无视这仅仅只是一个诗歌选本之名而不能涵盖三人文学成就的全部。清代中叶沈德潜在《清诗别裁集》中评江左三家中的龚诗"宴饮酬酢之篇多于登临凭吊"①，并认为他比起钱、吴"少逊一筹"②，此论影响之大，至今不衰。就诗而言，龚氏成就确实不如钱、吴；于词而

---

①②　沈德潜《清诗别裁集》卷一，河北人民出版社，1997年，第14页。

论，龚氏创作成就胜于钱，活动影响大于吴；而在文的方面，吴氏不敌钱氏与龚氏，可见三家各有长短，但"江左三大家"名号所引发的惯性研究思维，使得学人对龚氏本来就不甚起眼的关注，都聚焦于他在"江左三大家"中诗歌成就的敬陪末座而罔顾其他，龚氏于学界遭致冷遇也就不足为奇了。复次，是学人对龚鼎孳相关文献之搜辑不全。龚鼎孳著述颇丰，仅后人编辑专集就有诗集四十三卷、词集四卷、文集二十七卷，还有其他文章十余卷，此外尚有一定数量的佚诗佚文，而这些诗、词、文集又有不同源流之版本差异，其创作散佚颇多，而历来研究者对他的文献辑佚与整理又不甚着力，尤其是在文领域，在《龚鼎孳全集》①出版以前，学界对龚文文献之整理极度匮乏，故而极大影响了其文学研究之推进。

对于龚鼎孳这么一位于政治上颇多建树、道德上争议蜂起而文学上又造诣精深的历史人物，学界对他的研究起步晚、创见少，当与上述三点原因密切相关。进入 21 世纪，随着《清词珍本丛刊》《清代诗文集汇编》等文献整理项目的陆续出版，清代文学研究开始成为新的学术增长点，清代作家个案研究也相应得到了长足发展。2014 年，《龚鼎孳全集》由人民文学出版社出版，这是学界重新评估龚鼎孳文学地位所释放的一个重要信号，也为本课题的开展提供了坚实的文献基础②。

---

①　龚鼎孳著，孙克强、裴喆编辑校点《龚鼎孳全集》，人民文学出版社，2014 年。

②　《龚鼎孳全集》，龚诗以康熙十五年吴兴祚刻本《定山堂诗集》四十三卷为底本，另辑得未收入《定山堂诗集》的诗作八十九首为《补遗》一卷；龚词以康熙十五年吴兴祚刻本《定山堂诗余》四卷为底本，另辑得词作四首为《补遗》一卷；龚文以国家图书馆藏《龚端毅公文集》二十七卷抄本为底本，为求全书统一，改题为《定山堂文集》，另辑得文六十篇为《补遗》二卷；此外以龚氏文章汇编《露浣园稿》四卷、《浠川政谱》二卷、《龚端毅公奏疏》八卷作为文集外编。后文所引诗词文，若无特别说明，则分别出自《定山堂诗集》《定山堂诗余》《定山堂文集》，只标明卷数。

二、本课题的研究现状

清人对龚鼎孳之生平与文学创作的评述，除了集中于时人为龚氏诗词文所作之序跋外，也分见于各类史书、地方志、文集、笔记、诗话词话中，如《清实录》、《合肥县志》（清康熙三十六年刻本）、李清《三垣笔记》、计六奇《明季北略》、严正矩《大宗伯龚端毅公传》、沈德潜《清诗别裁集》、郑方坤《国朝诗钞小传·三十二芙蓉斋诗钞小传》等，均是今人深入审视龚鼎孳其人其文的基础文献。

清末民初至新中国成立前是龚鼎孳研究之发轫期，民国时期关于龚鼎孳的重要研究成果主要如下：一是清史研究专家孟森于1916年出版的《心史丛刊一集》之《奏销案》和1917年出版的《二集》之《王紫稼考》《横波夫人考》等篇章，虽非研究龚氏的专著，但均有对龚的政治活动与文学活动的介绍与考证。二是1928年由上海中华书局出版的《清史列传》中的《贰臣传乙·龚鼎孳》和20年代末由北洋政府设馆编修的《清史稿》中的《文苑传》，他们对龚氏的生平经历与文学才华的记述，是今日学界无法绕开的材料依据。三是1942年董迁将各类官方文献、笔记琐谈、方志以及龚氏与朋友相互唱和之诗文，互参稽考逐年记载，将《龚芝麓年谱》分为上、中、下三篇，连载于《中和月刊》，为我们勾勒出龚氏生平的大致轮廓，虽不无舛误，却仍是目前研究龚鼎孳最为重要的材料之一。这时期的成果主要集中在史学层面，史家以特有的严谨与缜密，同时也不乏个性的爱憎倾向爬梳了龚鼎孳的从政经历、情感生活与文学创作，奠定了龚鼎孳研究史料方面的基础。史学研究之外，这个时期的某些诗话的关注重点则在龚鼎孳的诗歌成就，如于1929年编成的《晚晴簃诗汇》所附诗话称龚诗"感慨兴亡，声情悲壮，有不可一世之概"①,1933 年由天津大公报社出版部出版的王逸塘《今传是楼诗话》称龚氏绝句"丰神明秀,突过渔阳,至虞山、太仓,非其比矣"②,诸如此种,延续的仍是古典诗文评之感悟式与片段式的理论特征,兹不备述。

新中国成立后至"文革"期间是龚鼎孳研究的低谷期。值得一提的是,1965 年由上海古籍出版社的前身中华书局上海编辑所出版的邓之诚的《清诗纪事初编》是当代第一部清代诗歌文献学的专著,它收录了顺康时期六百二十二位诗人的二千余首诗作,每位诗人均附小传。龚鼎孳被收于《甲编下》,除了生平与著作版本的介绍外,邓先生对其人品、诗才等诸种评骘,虽不乏偏颇,其影响力却迄今不衰。

"文革"结束后至 80 年代末是龚鼎孳研究的过渡期。钱仲联的《清诗纪事》于 80 年代末由江苏古籍出版社出版,龚鼎孳收于《顺治朝卷》中,除有个人简介与诗作选录外,钱先生还汇集了各家对龚氏诗歌成就之评介,在《清诗纪事初编》之文献基础上大大前进了一步。这一时期在海外也出现了研究龚氏之力作。1986 年日本学者清水茂撰文《龚鼎孳论》,文中介绍了龚氏的生平与诗歌创作,且对龚鼎孳历来颇受争议的次韵诗提出了不随流俗的见解。

90 年代是龚鼎孳研究的复兴期。此时清代文学的相关研究方兴未艾,学者也开始把目光投向备受冷遇的龚鼎孳。严迪昌《清词史》于 1990 年由江苏古籍出版社出版,当中专辟一节来谈龚鼎孳在清初京师词坛的重要地位以及他在"秋水轩倡和"中的突出表现,严先生对龚鼎孳的评断奠定了龚词研究之基调,他的某些观点

①　徐世昌编、闻石点校《晚晴簃诗汇》,中华书局,1990 年,第 592 页。

②　王逸塘撰,张寅彭、李剑冰校点《今传是楼诗话》第 184 则,《民国诗话丛编》第 3 册,上海书店出版社,2002 年,第 326 页。

是迄今为止研究龚词的学人无法规避的权威论断。在诗歌领域，学界也开始出现为龚鼎孳在诗歌史争取一席之地的努力。严迪昌1998年出版于台湾的《清诗史》①是清诗研究的划时代之作。严先生对龚鼎孳既能肯定他的诗歌成就，又能认识到他引领风尚的诗坛领袖地位，可谓独具慧眼。虽然这个时期的研究者开始意识到龚鼎孳的诗歌史地位，但总体而言，他们对龚鼎孳的肯定均是在确认他的诗艺非钱、吴之匹的前提下提出的，他们对龚诗的价值重估更多是出于对他诗坛总持地位的体认，而非对他的诗歌创作成就的重新发掘，因而并不能全面而深刻地评介龚诗之价值。与之相比，对龚鼎孳文的关注未免更为逊色，但当中也不乏名家手笔。90年代末由上海古籍出版社出版的郭预衡《中国散文史》下卷②在谈明清易代之际文人之文时，专设一节以论龚鼎孳。因文献占有不全故郭先生所论未能深细，但他对龚文的某些理解对今人仍很有启发意义。

进入新世纪，龚鼎孳研究迎来了它的兴盛期。这个时期的研究涉及龚鼎孳的生平考论、心态剖析、著述版本、文献辑佚、文学创作、文学思想等各个不同层面，此阶段的理论成果除了如以往一般以专著之附属章节之形态出现外，还有数量相当可观的论文，此阶段研究之广度与深度均得到了较大幅度的提升：

（一）生平考论与心态剖析：较早对龚鼎孳之生平事迹进行辨析评论的是2001年苏州大学马大勇的博士学位论文《清初金台诗群研究》，其第三章第二节乃龚鼎孳之专论，其中"龚鼎孳生平事迹及辨析"就是通过文献的列举与考证来对龚氏生平的某些关键却颇有争议的问题予以考辨剖析，力图使一个复杂立体而又血肉丰

① 此书2002年又由浙江古籍出版社出版发行。
② 《中国散文史》的上、中、下卷分别于1986、1993、1999年由上海古籍出版社出版。

满的政治文化人呈现在读者面前。2005 年由黄山书社出版的《明清安徽典籍研究》收录了张升《龚鼎孳杂考》一文,文中对龚鼎孳入清后与冯铨、陈名夏、吴达等南北党重要代表人物的关系作了考索,而这对研究龚氏的仕清经历有着珍贵价值。2009 年台湾"中央大学"林祐伊的硕士学位论文《龚鼎孳出仕三朝之研究》则提出龚氏表现出一种"仕宦遗民"的情操,发前人所未发。在龚鼎孳交游研究方面作出重大突破的是 2005 年南开大学赵羽的硕士学位论文《龚鼎孳交游事迹考》,此文考证了龚鼎孳与钱谦益、吴伟业等十五位友人的交游事迹,并以此作为探研龚鼎孳人生重大事件的重要渠道。此后,亦陆续有单篇论文对龚氏的交游网络做了有益补充。这个时期也多有结合龚鼎孳的人生经历与文学创作来剖析其"贰臣"心态的论述,典范如白一瑾 2010 年出版的专著《清初贰臣士人心态与文学研究》中龚鼎孳的相关章节。白一瑾还发表了一系列关于贰臣心态之单篇论文,而研究龚鼎孳最为深透的则数 2010 年刊载于《人文中国学报》第十六期的《龚鼎孳人格论》。此外,蒋寅《忏悔与淡忘:明清之际的贰臣人格》(《徐州工程学院学报》,2012 年第 2 期)按心态的差别将由明仕清的失节文士分为矫饰型、忏悔型与淡忘型三类,而江左三家之钱谦益、吴伟业与龚鼎孳则分别为三种类型之代表,见解独到。2009 年出版的张仲谋《忏悔与自赎:贰臣人格》是研究历代贰臣文人的专著,其中《栖巢如茧,游戏人生——论龚鼎孳》乃专章论述龚鼎孳之人生经历与复杂心态,虽然某些观点值得商榷,却也发人深省。全面把握龚鼎孳生平的研究成果要数万国花与裴喆的年谱新编。2011 年复旦大学博士万国花在其学位论文《诗家与时代:龚鼎孳及其诗论、诗歌创作研究》中附录了她新编的龚鼎孳年谱,改变了董迁年谱重政治活动而轻文学活动的思路,力求做到二者兼顾,探研之勤可见一斑。2013 年南开大学博士后裴喆在参与校辑《龚鼎孳全集》并广泛占有文献资料的基础上复为《龚鼎孳年谱》一编,以"诗史互证"

之法使董氏年谱语焉不详之处变得脉络明晰，也在独立思考的基础上提出了与万氏年谱不同的见解。

（二）文献辑佚与版本考辨：版本学方面，2000 年安徽教育出版社出版了李灵年、杨忠编纂的集作品目录版本与人物传记索引于一身的《清人别集总目》，2001 年北京古籍出版社出版了柯愈春《清人诗文集总目提要》，他们均对龚鼎孳著述的刊刻与收藏做了梳理，虽未臻完善，却是龚鼎孳著作版本研究的开山之作。王英姿发表于《东南文化》2003 年第 4 期的《清末龚氏家族刻龚鼎孳著述考》，旨在厘清清初至光绪年间龚氏著述的刊刻情况，用力甚勤，搜罗甚富，惜未能赅备。在诗词校勘辑佚方面，2005年广陵书社出版了陈敏杰点校的《龚鼎孳诗》，以康熙十五年吴兴祚所刻《定山堂诗集》为底本，但未收原书之序跋。虽然在校对上未能尽善，但作为龚鼎孳诗集的首个点校本，有力地推动了龚鼎孳诗文集的整理研究。对龚词的整理较为全面的则数《全清词·顺康卷》及其《补编》。在龚鼎孳相关文献整理与版本考辨上成果最著的当属孙克强。孙克强师《龚鼎孳词集版本考辨——兼及〈全清词〉龚词部分补正》（《南开学报》，2013 年第 6 期）是迄今探讨龚氏词集版本最为深透的研究论文。更属创辟之功的是，由孙克强师与裴喆共同辑校的《龚鼎孳全集》，于 2014 年由人民文学出版社出版，基本解决了龚鼎孳研究中文献匮乏的大难题，二人合撰之《龚鼎孳〈定山堂集〉版本考述》（《安徽师范大学学报（人文社会科学版）》，2015 年第 6 期）一文更是在全面占有龚鼎孳相关文献的基础上对其诗词文集的版本线索进行了钩抉发覆，实为嘉惠学林的一桩美事。

（三）诗歌研究：21 世纪的龚鼎孳诗歌研究取得了相当丰硕的成果，不少学者开始对龚诗的价值进行重新定位。严迪昌《清诗史》虽然对龚诗提出别具一格的见解，但总体评价并不高。然而，严先生发表于 2008 年的遗著《金台风雅总诗人——龚鼎孳论》

（《语文知识》,2008 年第 1 期）①对龚氏的评骘较之《清诗史》有了显著提高。严先生不仅对龚氏的文坛领袖地位予以认定,且迥异时流地提出龚氏在清初京师文坛的影响力在钱、吴之上,这就为人们重新审视江左三家提供了一个新的契机。由严先生指导的马大勇的博士论文《清初金台诗群研究》(苏州大学博士学位论文,2001 年)对龚氏金台诗坛的领袖地位作了更为详尽的申说,在此后几年中,马先生对此文作了不少修订,终以《清初庙堂诗歌集群研究》之名于 2007 年由吉林人民出版社出版,他在"京师诗界职志龚鼎孳论"中详论了龚诗的艺术成就和诗史地位,在严先生偏重龚氏文学影响的基础上兼顾了对龚氏创作成就的肯定。

此外,研究龚诗的学位论文有万国花《诗家与时代:龚鼎孳及其诗论、诗歌创作研究》(复旦大学博士学位论文,2011 年)、李小荣《龚鼎孳及其诗歌研究》(安徽师范大学博士学位论文,2011 年)。龚诗在学界地位的提升,也在文学史的叙述中体现出来。1996 年复旦大学出版社出版的《中国文学史》在谈到清初诗坛时,并未论及龚鼎孳;而在 2007 年新版的《中国文学史新著》中,却给了龚氏一席之地。编者肯定了龚诗那些融入了身世之感的悲歌,认为成就在吴伟业之下,却在钱谦益之上,这也是评判江左三家时较为罕见的论调。

（四）词研究:自清词研究开拓者严迪昌先生于《清词史》将龚氏置于清初大臣词人之首开始,龚词便比龚诗获得了更多的正面评价。但由于清词研究之繁荣局面在 20 世纪 80 年代方始打开,而 20 世纪学人对清词的关注又往往聚焦于陈维崧、朱彝尊、纳兰性德这类领袖一派或声名大噪的词人身上,相形之下对龚词的研究无疑就显得冷寂寥落,进入新世纪后,这种状况得到了较大的改

---

① 此文为严先生遗稿《清代文学史案》所录"江左三大家"之一,题目由严先生弟子田晓春博士拟定。

观。较早涉足龚词研究领域的是马大勇、张宏生、冯乾等学者。马大勇发表于《西北师大学报》2000 年第 6 期的《龚鼎孳与清初词坛的风云际会》论述了龚氏对清初词坛风气嬗变之深远影响，马先生在文中有不少精到之论，但他认为龚氏是受到陈维崧《乌丝词》的激发才导致了后期词风的转变，这是笔者不敢苟同的。受到严迪昌先生的影响，学界普遍将龚词的创作分为前后两个阶段进行考察，研究者对龚氏后期词之评价普遍高于前期，但也有矫俗而立的独特见解，这便以张宏生、冯乾的《〈白门柳〉：龚顾情缘与明清之际的词风演进》（《中国社会科学》，2001 年第 3 期）为代表。此文以龚氏早期词集《白门柳》为研究对象，它不仅认为《白门柳》是《花间集》以来的艳词传统在明清之际的深化与发展，还提出《白门柳》为浙西宗主朱彝尊的情词专集《静志居琴趣》起到导夫先路的作用，乃至对整个清词复兴都有重要的推动作用。总体而言，龚词研究虽呈良好的发展势头，但其学术挖掘之广度与深度均难以匹敌龚诗研究，这也为后来的研究者预留了学术探索之空间。

（五）文学思想研究。这主要集中于 21 世纪少数学位论文对龚氏文学思想的阐发。李玲《龚鼎孳诗词论稿》（河南大学硕士学位论文，2007 年）是较早且较为恰切地归纳龚氏诗学思想的，后之论龚氏诗学思想者大多对此有所借鉴。万国花《诗家与时代：龚鼎孳及其诗论、诗歌创作研究》（复旦大学博士学位论文，2011 年）对龚氏融合性情、格调与范古三者关系的诗学观有一较为透彻的解说。而唯一对龚氏词论有所涉及的是张健柠《龚鼎孳与定山堂词研究》（北京大学硕士学位论文，2006 年），词论搜罗虽未臻全面，某些论点也值得商榷，但这种学术尝试的勇气还是难能可贵的。此外，白一瑾《简论龚鼎孳兼容并蓄的文学观及影响》（《明清文学与文献》第八辑，社会科学文献出版社，2019）对龚鼎孳兼容并蓄的文学观对京城诗坛的影响作了深入探讨。

自 20 世纪初迄今百余年的学术探索中，龚鼎孳研究经历了从平稳发展到无人问津再到方兴未艾的曲折过程,当中自有不少引人瞩目的成就,尤其是文献辑校与版本考辨在近年取得了突破性进展,为研究的拓展与深化提供了极宝贵的文献支撑。此外,理论成果除了以专著之附属章节之形态呈现外,还出现了数量可观的专题论文,但遗憾的是,至今仍未有龚鼎孳研究的专著问世。此外,研究的不足还体现于:①对龚鼎孳的评价存在泛道德主义倾向。不少研究者对龚鼎孳国变改仕的经历多有訾议,故不可避免地影响他们对龚氏文学成就之评骘。如何将龚鼎孳的政治抉择与言说策略置于特定的伦理环境中进行考索,重新思考"贰臣"概念,力避抽象化的道德判断,是龚鼎孳研究中的首要任务。②对龚鼎孳的文学创作与文学思想的解读仍有很大的提升空间。若说诗词与文学思想的研究仍有待深耕,那文领域的研究则是拓荒。③对龚鼎孳与清初文坛之关系缺乏系统的描述。当今学界对龚鼎孳文学成就的认识主要集中于其单类文体之创作成就上,却鲜少提及龚鼎孳于清初文坛承前启后的枢纽作用,本书通过发掘龚氏对明代不同文学流派的继承与变革,以及对肇开有清一代新风的文坛后进的导引与培护,以此呈现清初文学对明代文学之因革递嬗。因此,将龚鼎孳置于明末清初的文学场域中展开系统性研究,是必要的尝试与开拓。

三、本课题的研究意义与思路

对龚鼎孳之深入研究,其意义主要有以下几个方面:

第一,推进龚鼎孳文学个案研究。龚鼎孳,作为继钱谦益而起的清初文坛领袖,他的文学创作在当时可谓风骚占尽,令人感慨的是,在他的身后,其作品渐渐从饮誉四海走向沦湮不彰。时至今日,龚鼎孳的文学创作虽又重新走入了学人的视野,但目前对他的研究却还远不能与他清初文坛领袖之身份相垺。对这位文坛领袖的认识不明，必将导致对清初文坛格局缺乏一个高屋建瓴的全局性把握，而这也必然严重影响一个系统而公允的文学史观的构建。

第二，加深对明清之际的士风与文风二者关系的认识。明清易代，带来的不仅仅是王朝轮替、社会动荡与满汉政治话语之重建，它还深刻地影响了一代士人的心态。将严重的精神创伤与痛切的人生感悟倾注毫端，明末清初的文学便也成了一代士人之心灵史的忠实记录。龚鼎孳，这位兼风流文士与失节官僚于一身的复杂人物，明清两朝变幻莫测的政治风云与满汉南北杀机四伏的政治角力，不仅给他的人生带来了翻天覆地的变化，也为他的文学创作注入了一些他朝之士人所不具备的自我审判与疗救之力量。龚鼎孳这位能以一身浓缩明清之际士人群体之悲剧的典型人物，能让我们透过他的文学创作去领悟一个充满时代张力的人生寓言。

第三，厘清明代文学与清初文学的因革关系。明清之交的文坛，风雷涌动百派回流，既流淌着前朝的文学基因与历史记忆，同时也激荡着新朝寻求自我构建、革新除旧的勇毅与胆魄。身处明末清初政治、社会与文学大变革时期的龚鼎孳，无论是他的文学创作还是文学思想，都体现了清初文学与文论从继承反思晚明文学到自我建设的这个过渡转型期当中的一些重要特点，兼之他的文坛盟主地位及对文坛人才的养护培植，他对清初文坛的创作态势与理论格局，都产生了深远的影响。当把龚鼎孳与明清文坛重要流派、代表人物的传承脉络与门户之别进行清楚辨析后，我们不仅能勾勒出他在清初文学构建过程中的枢纽作用，更能借此探究清初文学对明代文学的因革。

本书之研究思路，是从明清之际时代与文坛双重变迁的视域中考察龚鼎孳的文学创作、文学思想与文学地位。首先是廓清龚氏之生平与心态，因为这对他的文学创作与文学思想均产生了重大影响。其次是在对龚氏诗词文的情感内蕴、艺术风貌作一微观与宏观相结合之解索,既关注作品之"小结裹",亦不忽略"大涵容"。复次是在明末清初"格调性灵之争"、"南北宋词之争"、尊经返古等大视野下考察龚氏之文学思想,并指出其文学思想与文学创作之离合关系。最后以纵向关联与横向对比之双重视角描绘龚氏之文学创作与文学思想于清初文学坐标系中所处之位置,以此明确他在清初文学构建过程中的独特意义。

第一章 一枰棋局浮云过

——龚鼎孳生平述略

龚鼎孳是明末清初著名的政治人物,他历仕三朝,他的行藏出处与文采物望将他拉扯在历史评判之毁誉两极。龚鼎孳跌宕起伏的一生有着特定时代的悲剧色彩,同时也是他自身矛盾复杂之人格的鲜明体现。其作品中"热闹"与"寂寞"共生、"风流"与"严正"并存的意蕴张力,亦正是源自这种人生经历下的身份认同危机与个体价值诉求。因此只有通过对其生平之回溯、追问与考索,才能体会其作品中的生存困境之叹,及由此而来的突围与自我疗救之不易。

第一节 龚鼎孳生平事迹概述

龚鼎孳(1616—1673),字孝升,号芝麓,因其北京寓所名"香严斋",故又以"香严(岩)"称。龚氏祖先自江西临川迁徙至安徽合肥,至龚鼎孳已是第七世。"龚张李段"乃合肥四大姓,而龚氏家族作为合肥名门望族之首,是在龚鼎孳手上打开局面。龚鼎孳一生历尽浮沉,亦充满着传奇色彩,下面将在《清实录》《清史列传》、严正矩《大宗伯龚端毅公传》、董迁《龚芝麓年谱》等文献所提供的重要材料基础上对龚鼎孳之生平作一回顾。

一、龚鼎孳生平述略

明万历四十三年十一月十七日（1616 年 1 月 5 日），龚鼎孳出生于合肥，生时庭产紫芝，因号芝麓。祖父龚承先，字玄鉴，万历三十一年（1603）举人，万历四十四年（1616）任浙江分水知县，秩满升云南禄劝州知州，未赴任谢病归。父亲龚孚肃，字尹达，玄鉴公第三子，他于庚辛岁饥首倡捐赈，救活百姓甚多；流寇攻城，他率兵抵抗，城池得以保全。大伯父龚萃肃，万历四十四年（1616）进士，官至太仆寺少卿，与二伯父龚方肃、叔父龚履肃、龚翼肃，均有文名。龚鼎孳天资聪颖，少年时代就在祖父的指导和督责下奋发读书。崇祯六年（1633），十九岁的龚鼎孳乡试中举；翌年，成进士，年甫弱冠即科名联捷，可谓少年成名春风得意。崇祯八年（1635）至十四年（1641），龚鼎孳任湖北蕲水县令。是时农民起义军于湖广一带攻城略地，龚鼎孳在如此严峻的形势中迈出了仕宦生涯的第一步。在任期间，他抵御流寇，修缮防备，招徕流民，劝农兴学，使孤城坚守七年无恙，"蕲人父母称之，神明奉之，请祀于名宦且专祠设像"①。崇祯十四年（1641）冬，龚鼎孳以考绩湖广第一行取入都，授兵科给事中。次年，颇得崇祯帝嘉赏的龚鼎孳受命察理畿南、广平等处。他遍历州邑，详览形势，对国事民情屡有建白。其时朝中官员以首辅宜兴周延儒、次辅兴化吴甡为首分化为江南、江北党，龚氏附吴甡为江北党。负性刚直而又未脱党争习气的他屡上弹章，不避势要，连参权臣陈新甲、吕大器、周延儒、王应熊等人，终在崇祯十六年（1643）十月因弹劾首辅陈演而忤旨下狱。身陷囹圄约半年之久的他在崇祯十七年（1644）

---

① 龚永孚《浍川政谱序》，《龚鼎孳全集》，第 2561 页。

年初被释①，贬为城旦。

龚鼎孳被释不久，三月十九日李自成陷京师，崇祯自缢，国破君死，天崩地解，士民奔突流离，仓皇失措。李自成以《缙绅录》按名搜索各路官员。大学士范景文、户部尚书倪元璐、都察院左都御史李邦华一干人等以身殉国，而太子太傅骆养性、尚书张缙彦与张忻、寺卿张若麒等百数十人均降。龚鼎孳被闯军所俘，备受拷掠之苦，之后他与爱妾顾媚投井殉节，却为附近居民所救，未遂死志。后受直指使一职，巡视北城。四月底，于山海关大战中溃败的李自成撤离北京城。据《遇变纪略》记载，四月末五月初，龚鼎孳与熊文举、涂必宏携眷属西逃，途中遭劫，惶骇无措，复听闻京城中摄政王安抚人心之告示，三人遂挈眷入城②。五月初入京的清军召明朝各级官员按原职录用，龚鼎孳被授吏科右给事中一职。他曾成上书多尔衮，力辞不就，但未获允可。短短数月内，龚鼎孳身事三主，名节扫地，从昔日直声满于朝垣的谏臣，一转而为"双料贰臣"。这是他人生的一个重要分水岭，以此为界，他的人生陡地分成两截，这不仅是明臣与清臣的政治身份的转化，更是从自信自重到自责自赎之文化心态的艰难蜕变。

顺治二年(1645)，龚鼎孳历任礼科都给事中、太常寺少卿。仕清不久，分门立户热衷党争的明朝旧臣就交相构恶，给事中许作梅、御史李森先等人交章弹劾"阉党余孽"冯铨，龚鼎孳与冯铨辩于

---

① 崇祯十七年(1644)正月二十八日，龚鼎孳出狱，《明季北略》卷二〇："(正月)廿八丁巳，始传平阳之陷，都人大震。陈演揭救在狱诸臣，命限十日审结，其方士亮、姜埰、尹民兴、龚鼎孳保出。"(计六奇《明季北略》，中华书局，1984年，第426页)亦有称龚鼎孳三月出狱者，邓汉仪《慎墨堂笔记》："龚孝升以三月十三日出诏狱。"(王钟翰主编《四库禁毁书丛刊补编》第57册，北京出版社，2005年据北京图书馆藏民国汉画轩蓝丝栏钞本影印，第530页)

② 参见聋道人《遇变纪略》，《台湾文献史料丛刊》第六辑(107)，台湾大通书局，1987年，第8—10页。

摄政王多尔衮前,多尔衮庇护冯铨,龚氏受到多尔衮的斥责。龚氏大感失意,忧谗畏讥,连上辞呈,然不获允,可见他于新朝进退维谷之情状。顺治三年(1646)四月,龚父孚肃卒于合肥里第,龚鼎孳六月接父讣,上疏为父请四品封诰之祭恤典,却遭到给事中孙光祀的弹劾:

> 鼎孳明朝罪人,流贼御史,蒙朝廷拔置谏垣,优转清卿,曾不闻夙夜在公,以答高厚,惟饮酒醉歌,俳优角逐。前在江南用千金置妓,名顾眉生,恋恋难割,多为奇宝异珍,以悦其心,淫纵之状,哄笑长安,已置其父母妻孥于度外。及闻父讣,而歌饮留连,依然如故,亏行灭伦,独冀邀非分之典,夸耀乡里,欲大肆其武断把持之焰。请饬部察核停格。①

龚鼎孳因此被降二级,寻遇恩诏补回原官。从顺治三年(1646)秋初到顺治七年(1650)初,龚鼎孳归里为父守制,在此期间,他还携顾媚游览金陵、扬州、镇江、杭州等地,与亲朋好友、江南遗民诗文酒会,仕途上的失意换来了他与江南遗民情感的共鸣与关系的升温。

龚鼎孳于顺治七年(1650)返京②,九年(1652)补太常寺少卿。此时朝中汉官分化成南北两党,北人以冯铨、刘正宗为首,南党则以陈名夏、陈之遴为魁,各倚满人自固,势同水火。龚氏虽是南党中人,但由于他对北党(尤其是前明阉党)针锋相对的态度与陈名

---

① 王钟翰点校《清史列传》卷七九《贰臣传乙·龚鼎孳》,中华书局,1987年,第6593—6594页。

② 董迁《龚芝麓年谱》(上)将龚鼎孳返京日期系于顺治八年(1651)(《中和月刊》,1942年第1期,第48页)。万国花的年谱新编则将其系于顺治七年(1650)(2011年复旦大学博士学位论文《诗家与时代:龚鼎孳及其诗论、诗歌创作研究》附录《龚鼎孳年谱新编》,第272页),当以万年谱为是。

夏为调和矛盾而采取某些亲善北人的做法迥异①,故龚、陈二人有隙。服阕回京后,他受到陈名夏排挤②,二人龃龉抵牾到了"旷日弥月,莫往莫来"③之境地。与大学士的不和导致龚氏立朝艰难,本拟迁至外藩任职,后因文才敏捷受到顺治赞誉,非但没有外迁,反而升至刑部右侍郎,次年二月转户部左侍郎。顺治十一年(1654)三月,南党案发,陈名夏因被北党人物宁完我参劾曾言"留发、复衣冠,天下即太平"④及结党营私诸罪状,被处以绞刑,而一批南方官员都受到了程度不同的牵连。但龚氏不降反升,于五月被擢为左都御史,这或与他之前与陈名夏交恶有关。任职左都御史的一年期间,疏章累百,提出了许多洞察时局、革除弊政、改善民生的主张,他的才干与魄力进一步得到了新朝的认可。但好景不长,龚鼎孳在任上常以职权回护汉人,且屡次为反清遗民脱罪,终于触怒顺治。顺治十二年(1655)十月,龚氏因在法司审理各案时"往往倡为另议,若事系满洲则同满议附会重律,事涉汉人则多出两议曲引宽条"⑤,降八级调用。复以所荐顺天巡抚顾仁贪污伏法与朱四狱案而再降四级调用⑥。一年之内连降十二级,龚鼎孳遭遇了政治生涯中的又一次低谷。顺治十三年(1656)四月,龚氏补上林苑蕃育署署丞。此时距名夏之死虽已达两年,但南党之祸并未消歇。

---

① 在顺治八年(1651)五月张煊的弹章中提及:"御史吴达廷纠邪党之冯铨,名夏噤不一语,及铨卧病,名夏屡往候安……"《清史列传》卷七八《贰臣传甲·张煊》,第6501页。

② 顺治八年五月张煊上疏劾陈名夏提到:"……太常少卿龚鼎孳被参,丁忧后,援赦免议,名夏忽于选司说当补官之时,批降二级用。"《清史列传》卷七八《贰臣传甲·张煊》,第6501页。

③ 龚鼎孳《任春臣诗序》,《定山堂文集》卷三。

④ 《清史列传》卷七九《贰臣传乙·陈名夏》,第6615页。

⑤ 董迁《龚芝麓年谱》(中),《中和月刊》,1942年第2期,第64页。

⑥ 《世祖章皇帝实录》卷九四,《清实录》第3册,中华书局,1985年,第740页。

顺治十三年(1656)五月,礼科给事中孙光祀检举左通政吴达隐匿胞弟吴逵、堂叔吴明烈潜通逆贼,吴达被革职,并送法司从重拟罪。闰五月,新任左都御史成克巩进一步将矛头指向龚鼎孳,称他党护吴达。龚氏辩称不知逵为达之弟,顺治也不愿事态扩大化,此事便以龚氏罚俸一年作结。这其实仍是震惊朝野的南党案之余波,正如张仲谋先生所言:"龚鼎孳之获罪,并不是个人过失问题,而是顺治有意压制朝中汉人势力,剪除两陈相国的羽翼。"①两陈,即南党首领陈名夏与陈之遴。顺治十三年(1656)二月,世祖在训示群臣时道:"纵使党与已成,及陷诛戮,孰能庇免。即如诛陈名夏、黜龚鼎孳时,其党曾有一人出而救之、或分受其过者乎?且多有因而下石者。是名为朋党,而徒受党之害也。"②于此不难看出,龚鼎孳之遭黜,与其南党要人的身份密切相关。在世祖训示后不久,北党发难,吴达事件浮出水面。这一系列事件表面看来是汉人的南北党之争,实际上却是满汉之争大背景下,由顺治幕后操纵的钳制汉官尤其是南方汉官的重大举措。仅以顾仁一案为例,据《清实录》所载,清廷对相关官员的处置轻重有别。南方官员一律遭降级处分,而北方官员仅受罚俸处理;与汉官广受牵连不同,满官一律免议③。其时朝中崇满抑汉、尊北黜南的风气可见一斑。由此更能体会龚鼎孳在清初满汉、南北激烈的权力角逐中安身立命之艰难,他在诗文中屡屡感叹宦途险恶、风波迭起,不为无因。不久,他奉旨颁诏粤东,途中所作诗歌汇为《过岭集》。

顺治十四年(1657),龚鼎孳返京。十七年(1660)京察,龚氏因"素行不孚众论"④复降三级,由上林苑丞迁国子监助教。从顺治十二年(1655)遭黜至十八年(1661)世祖驾崩,龚氏一直沉沦下僚,

① 张仲谋《忏悔与自赎:贰臣人格》,东方出版社,2009年,第160页。
② 《世祖章皇帝实录》卷九八,《清实录》第3册,第764页。
③ 《世祖章皇帝实录》卷九六,《清实录》第3册,第752页。
④ 《清史列传》卷七九《贰臣传乙·龚鼎孳》,第6595页。

但他却活跃于文化渊薮之江南与政治中心之京师的文化圈中。他的出众文才、好客爱才，连同因救助汉人而获罪的经历，使他无论于在朝或在野的士人当中，都赢得了极高的声望，正所谓位卑而名高，这也为他日后成为一代文坛盟主预埋了伏笔。顺治十八年（1661）正月初七日，顺治帝崩于养心殿。二月龚鼎孳继母王太夫人去世，龚氏奉诏在任守制。康熙元年（1662）七月，有谕至吏部："赵开心、龚鼎孳降调处分已久，著遇侍郎缺补用。"①康熙二年（1663）六月，龚鼎孳起任左都御史。

自康熙二年（1663）至十二年（1673）辞世的这最后十年中，龚鼎孳踏入了生命中最为显达的一个时期，他不仅高官显宦仕途通达，同时还负士林之望，成为京师文坛的一代领袖。《清史稿·文苑传》称："自谦益卒后，在朝有文藻负士林之望者，推鼎孳云。"②可见自康熙三年（1664）钱谦益卒后，龚鼎孳已然继之而起，成为新一代的文坛领袖。康熙三年（1664）十一月，龚氏迁刑部尚书。他心怀恻隐折狱至谨，曾说："予性好生，非刑官不能生人。"③期间有《请复秋决以广皇仁疏》《请恤妇女以广皇仁疏》《请宽失出以期平允疏》等，建议刑罚从宽，于朝政多有改善。康熙五年（1666）九月，龚氏调任兵部尚书。他区划方略，严明纪律，颇有作为。

康熙六年（1667）七月，康熙下诏亲政，结束了自顺治十八年（1661）至此为期七年的"四大臣辅政"时期。康熙八年（1669）五月三日，龚鼎孳调任礼部尚书④。不久，康熙下旨缉拿擅权专政的鳌拜及其党羽，龚氏因曾嘱托行贿于鳌拜而受牵连，幸因法不责众而受宽免⑤，故仍任职于礼部，并于康熙九年（1670）、十二年（1673）

---

① 《圣祖仁皇帝实录》卷六，《清实录》第4册，第116页。
② 赵尔巽等《清史稿》卷四八四《文苑传》，中华书局，1977年，第13325页。
③ 严正矩《大宗伯龚端毅公传》，《碑传集补》，第2449页。
④ 《圣祖仁皇帝实录》卷二九，《清实录》第4册，第395页。
⑤ 《圣祖仁皇帝实录》卷三〇，《清实录》第4册，第405页。

两次担任会试主考,简拔贤异,得士甚众。康熙十一年(1672),龚氏遘疾,屡次上疏恳求致仕,均未获允准。康熙十二年(1673)九月初,圣祖允其还乡,并下令病愈后继续起用。但龚氏未及动身,便于九月十二日卒于京城官邸。此年十二月,龚家眷奉旨回乡安葬鼎孳,朝廷特赐谥号端毅。但他辞世未满百年却遭罹灾祸。乾隆年间,龚鼎孳被夺谥,其作品也遭到禁毁,而且与同时之钱谦益、吴伟业、周亮工、曹溶等降清明臣同被列入《清史列传·贰臣传》。生前事身后名,横看成岭侧成峰,围绕着"龚鼎孳"三个字的,是从未衰歇的众声喧哗纷纭不定。数百年后的我们,又该如何破除层层迷障,从而走进这个明清之际的传奇人物,并体认他那镶嵌于特定时代背景下的悲喜交集、毁誉参半的一生? 这是个难题,但笔者依然不揣谫陋,尝试对此作出自己的解读。

二、龚鼎孳一生的四大要事

龚鼎孳一生经历过无数的风雨坎坷,如果列举对他本人及当时历史影响最大的事情,盖有四件。

(一) 生死相怜二十秋:龚顾情缘

与顾媚之情缘是龚鼎孳最投入也最为绵长的情感经历。顾媚(1619—1663)字眉生,又名眉,适鼎孳后改姓徐,名横波,字智珠,号善持君。顾媚是赫赫有名的"秦淮八艳"之一,关于其人,余怀《板桥杂记》有这样的记述:"庄妍靓雅,风度超群。鬓发如云,桃花满面。弓弯纤小,腰肢轻亚。通文史,善画兰,追步马守真,而姿容胜之,时人推为南曲第一⋯⋯当是时,江南侈靡,文酒之宴,红妆与乌巾紫裘相间,座无眉娘不乐。"①范文光称:"姬工诗能书,善作

---

① 余怀《板桥杂记》中卷,上海古籍出版社,2000年,第29—30页。

兰,每对客挥毫,顷刻立就。又时高谈惊四座,凡文人墨客之聚,必姬与俱。而姬亦雅意自托,思与诸才人伍,每有文酒会,必流连不肯去,故吾党亦重之。"①方苞《石斋黄公逸事》言:"妓顾氏,国色也,聪慧通书史,抚节安歌,见者莫不心醉。"②于此诸种记述中,均可见顾媚之天姿国色、风雅卓绝以及她在文士名流心中之重要地位。顾氏所居之眉楼,更是因其女主人之盛名而成为秦淮河畔重要的集会场所。

崇祯十三年(1640)前后,龚鼎孳与顾媚相识于眉楼③。崇祯十四年(1641)冬,龚鼎孳以考绩湖广第一行取入都,授兵科给事中。次年途次金陵,与顾媚相会,二人许下婚娶之约,公务在身的龚氏旋即北上。崇祯十五年(1642)中秋,顾媚从金陵启程,北上京师。无奈好事多磨,因其时已是明亡前夕,各地烽烟四起,顾媚甫至沧州便因道梗返辕,暂寓淮河沿岸的清江浦,于次年春复渡江泊京口,旋由京口北发,于崇祯十六年(1643)中秋方才抵达都门,与龚鼎孳团聚。一位是奋励用世的青年才俊,一位是艳名大噪的秦淮姝丽,在动乱末世中结为连理,自此便生死不离祸福相随。

崇祯十六年(1643)十月初七,距顾媚入京仅五十余日,龚鼎孳便因弹劾首辅被投入监狱。他能够挺过残酷的诏狱,与顾媚的关怀与精神支持有很大关系。时值初冬,牢中酷寒更甚,顾媚亲自到狱中为龚鼎孳送去御寒之被,让龚氏大为感动,写下《寒甚善持君

---

①　范文光《望江东·赠金陵顾姬》序,《全清词·顺康卷》,中华书局,2002 年,第 11 页。

②　方苞著,刘季高校点《方苞集》卷九,上海古籍出版社,1983 年,第 239 页。

③　关于龚、顾初会的时间,有三种说法。一是崇祯十三年前后,参见陆以湉《冷庐杂识》卷七,中华书局,1984 年,第 386 页。二是相识于崇祯十五年龚鼎孳奉命办公之时,参见 2007 年南京师范大学张晓娟硕士学位论文《龚顾情缘及顾媚对龚鼎孳的影响》。笔者以为此说值得商榷,龚鼎孳奉命察理畿南广平主要位于今日河北一带,应未及南京。三是崇祯十五年途次金陵说,参见张宏生、冯乾《〈白门柳〉:龚顾情缘与明清之际的词风演进》,《中国社会科学》,2001 年第 3 期。

送被夜卧不成寐口占答之》二首①以寄怀。一个出身风月场所的女子,在他危难之时不离不弃,操持家事,杜门修佛,还敢于探看待罪狱中的他,这份情谊,早已超越了一般意义上的士妓恋情。本年十一月初三,顾媚初度,仍在狱中的龚鼎孳为她写下《生辰曲》十首②。"玉蕊珠丛难位置,吾家闺阁是男儿"(其一)"笑泣牛衣儿女态,独将慷慨对王章"(其九),全然不见初识顾媚所作诗词中的狎玩之态,取而代之的是怜爱、感佩与敬重,他们之间,已经从才子佳人的浪漫情怀上升到患难夫妻的恩深义重。

但命运对他们的考验尚未停止。崇祯十七年(1644)正月,龚鼎孳出狱。三月十九日,李自成陷京师。欲全名节的龚鼎孳携顾媚投井殉国,但为人所救,欲死而未能。人们津津乐道于龚氏降顺后用以自辩的"我原欲死,奈小妾不肯何"③,直至近人郁达夫犹有"未必临危难授命,都因无奈顾横波"④的慨叹,将龚氏未能保全臣节全归咎于红颜之累。龚氏的诗词文中未见对"小妾不肯"的相关记述,却多处载有顾媚与他同赴黄泉的举止,以致多年后,龚氏还念念于顾媚"从三间为绝命之谋,无一语涉牵衣之态"⑤的从容赴死之坚毅,所以"小妾不肯"的记载之真实性仍需存疑。可以说,龚鼎孳此生对顾媚始终如一的珍视,除了缘于顾媚过人的才貌外,更多则是顾媚那与他同生死共命运的深情与气魄,随着那风雨薄城的时代在他心中留下了永难磨灭的印记。

入清后,龚鼎孳原配童氏,不愿随宦京师而一直在合肥里第居住,她还声言:"我经两受明封,以后本朝恩典,让顾太太可也。"⑥

---

① ②　《定山堂诗集》卷三六。

③　计六奇《明季北略》,中华书局,1984 年,第 631 页。

④　郁达夫《题龚芝麓〈三十二芙蓉斋诗集〉后》,《郁达夫全集》第九卷,浙江文艺出版社,1992 年,第 164 页。

⑤　《祈子疏》,《定山堂文集》卷一四。

⑥　余怀《板桥杂记》中卷,第 34 页。

因此,最初以小妾身份嫁与龚鼎孳的顾媚受到清廷诰封,得称夫人。自此直至康熙二年(1663)顾媚去世的入清岁月中,除了顺治十三年(1656)龚鼎孳颁诏粤地而顾媚留在钱塘外,其余大部分时间,二人都厮守相随。龚氏对顾媚称得上宠爱备至,为她受过舆论的责难,顺治三年(1646)孙光祀的弹劾虽源自门户之争,"千金置妓"只是用以攻讦倾轧的借口之一,但身为堂堂朝官的龚氏纳妓为妾的行止,也确实贻人口实,但他依然掷地有声地说:"虎噬都无避,蛾眉那可捐?"①可见并不因人言可畏而后悔迎娶顾媚。为了她,龚氏不惜千金。顺治十四年(1657),自粤返的龚鼎孳携顾媚过金陵,适逢顾媚生辰,龚氏虽正值仕宦低谷期,但依然为顾媚举行了隆重的庆生酒宴。他对顾媚相当包容,甚至不惜以出格行为迎合她,钮琇《觚剩》有载:

> 合肥宗伯所宠顾夫人,名媚,性爱狸奴。有字乌员者,日于花栏绣榻间徘徊抚玩,珍重之意,逾于掌珠。饲以精粲嘉鱼,过餍而毙。夫人惋悒累日,至为辍膳。宗伯特以沉香斫棺瘗之,延十二女僧,建道场三昼夜。②

以沉香瘗猫,设道场超度,劳师动众的背后,是龚氏对顾媚的宠溺无度。又如,顾媚归嫁后百计求嗣,甚至用异香木雕刻成四肢俱动的男婴,让奶妈开怀哺乳,内外称之为"小相公",实乃招人耻笑的荒唐之举,但龚鼎孳却听之任之。龚氏并非膝下无子,其时童夫人已育有一子士积,但龚氏为了顺从顾媚心意,顺治五年(1648)游杭州时还与她一同至灵隐寺向送子大士礼拜求子③,并写下情

① 《南归舟中述怀寄秋岳用杜工部寄贾司马严使君五十韵》,《定山堂诗集》卷三三。
② 钮琇《觚剩》卷三,清康熙临野堂刻本。
③ 《秋分同善持君冒雨重游灵隐寺漫成口号十二首》第十二首题下注:"时同礼送子大士。"《定山堂诗集》卷三六。

真意切的《祈子疏》二则①。顺治十二年（1655），顾媚终于产下一女，二人将其视若掌珠。可幼女却因出痘殇于顺治十五年（1658）二月，夫妻二人极为悲恸。女儿之死对顾媚打击很大，本就笃信佛教的她此后更是清心理佛。龚鼎孳为了宽解顾媚的丧女之痛，在官邸附近的长椿寺内为之修建了妙光阁，一来超度亡女之灵，二来供顾媚诵经礼佛，龚鼎孳对顾媚的情意，可见一斑。

康熙二年（1663）秋，顾媚卒于京邸。从崇祯十六年（1643）归嫁龚鼎孳至此，顾媚与龚鼎孳相依相伴度过了二十余载春秋。他们的生命里，有过风和日丽山明水媚，也见证过天崩地坼山河变色，秦淮河的桨声灯影，北京城的波谲云诡，最后都淡化成她身后的那抹浅淡斜阳。"共谁欢笑共谁愁，生死相怜二十秋"②，曾经的宵偎昼傍，骤成生死相隔，他的哀痛是必然的，他的怀念是执着的。"琐窗岂少闲花鸟，四海论心有几人"③，顾媚之外，龚鼎孳尚有他妾④，只是再也没有一人能如顾氏一般，偕他赴死以保全他的臣节，与他共生以面对世人之责难，顾氏阅人无数繁华遍览，却为他一人洗尽铅华生儿育女。"取次花丛懒回顾，半缘修道半缘君"，顾氏遇上他之后，他失去顾氏之后，都如此。世人应否反思，若只看到他们的名节之失和所谓的"文字之乐，翰墨之雅，挥霍之豪，声气之广"⑤，是否失之过浅？

（二）直节争传亚相贤：保护汉人利益

建言力促改善汉族官员在清廷的职权，保护汉人的权益，这是

---

① 《定山堂文集》卷一四。

② 阎尔梅《桃花城挽辞八首》其四，《白耷山人诗集》卷八，《续修四库全书》第1394册，上海古籍出版社，2002年据天津图书馆藏清康熙刻本影印，第415页。

③ 《仲冬三日山左道中有感是日为善持君生辰》其四，《定山堂诗集》卷四二。

④ 参见孟森《心史丛刊二集·横波夫人考》，中华书局，2006年，第162—163页。

⑤ 孟森《心史丛刊二集·横波夫人考》，第152页。

龚鼎孳入清为官最重要的政绩。

顺治元年(1644)十一月,初为清臣的龚鼎孳呈《条上吏治之要以备采择疏》[①],他对新朝提出了四点建议,其中第一条"尊贤礼士"即是为改善汉官处境、稳固汉官地位而发。他建言新朝能行宽仁之政,对新旧诸臣恩礼如一,言下之意,无论满臣汉臣,亦不论是早年归附还是明亡而降,清廷都应一视同仁。法制未定之时,对那些犯有过错而并无重罪的官员尤应仁恕宽谅。龚氏这些言论并非凭空而发,陵谷变迁两度易主,本已使汉人身心大创,异族统治带来的精神威劫,更使供职于清廷的汉官无所适从,清廷虽然按原职录用前明官员,但却对前明汉臣满怀疑忌,隐伏的生存危机所带给汉官不自安的心理以及前明廷杖、诏狱制度摧辱士夫的惨痛记忆,使身在其中的龚鼎孳无法漠然坐视,发为此言,一是为朝建制,更是为包括自己在内的广大前明汉官立言谋身,为这个群体在新朝的安身立命争取一份来自在位者的认可与保障。

清初,作为满族皇权的清廷赋予满人的特权很多,满汉不平等的现象十分明显。按照清朝官制,各部衙门均设置满、汉两位主官共同主持政务,然而汉官往往是有虚衔而无实权,而多数汉官对此也是装聋作哑不敢争辩。龚鼎孳虽身为汉官却不避忌讳,力图革除此弊。顺治十年(1653)在刑部任上时,龚氏上《遵谕陈言疏乞赐采择以广皇仁以答天眷疏》[②],胪列七事,一一陈言,其中最为人乐道的是当中所论之"司审之规宜定也":

> 十四司官满汉并设,原期同心商酌,共砥公平,庶狱无遁情,官无旷职。近见大小狱情,回堂时多止有清字,而无汉字,

①　《世祖章皇帝实录》卷一一:"(顺治元年十一月)癸卯,吏科右给事中龚鼎孳等奏言开国之初宜从宽大……优臣工所以尊朝廷也。"《清实录》第3册,第107页。龚鼎孳奏疏见《龚端毅公奏疏》卷一。

②　《龚端毅公奏疏》卷二。

在满洲同堂诸臣,虚公共济,事事与臣等参详。然仓卒片言,是非立判,本末或未及深晰,底案又无从备查,至于重大事情又多从清字翻出汉字,当其讯鞠之顷,汉司官未必留心,迨稿案已成,罪名已定,虽欲旁赞一语,辄苦后时。是何满司官之独劳,而汉司官之独逸也?

当时刑部司官虽满汉并设,但满汉司官的司法权力却极不平等,不仅并非满汉同堂质审,而且狱讼供词只录满文而无汉字,故定夺之权操纵于满官而汉官实无可置喙,汉官有职无权形同虚设,汉人蒙冤亦难以申雪。龚鼎孳所言直接涉及满汉不平等现象,意欲为汉人争取权利,这些言论在清初满人政权尚未稳固的形势之下,是冒有相当风险的。近人董迁在《龚芝麓年谱》中就此事论道:"此疏建议名曰使汉官分满官之劳,实则张汉人之权抑满人之势,有功于汉人者至大。当时满清入关,席卷中国,一时群雄,皆伏首帖耳,而公竟如此强项敢言,殊为汉人挽回权利甚大。世之议公者岂不省耶?"①对此弊端龚鼎孳虽无力予以根本革除,但在处理具体案件时尽量考量汉人利益,平反甚多。龚鼎孳的这种做法虽使汉员有所受益,但无疑触犯了满族的利益,长此以往数事并发,终于招致顺治帝的强烈不满,顺治十二年(1655)世祖下诏指斥龚鼎孳偏袒汉人,措辞严厉,诏下部议革职,降八级调用。袁行云先生言:"清入关时,重用明季进士出身官员。后党争渐炽,获高位者屡遭弹劾,系狱流遣,不得善终,屡起屡踬,亦有人在。"②袁先生的看法通常也是大多数人的意见:明亡于党争,而入清后的旧臣依然沿袭明末党争习气,分南北党而攻讦不休,因

---

① 董迁《龚芝麓年谱》(上),《中和月刊》,1942 年第 1 期,第 49 页。
② 袁行云《清人诗集叙录》卷四《沚亭自删诗不分卷》,文化艺术出版社,1994 年,第 110 页。

此招致了清统治者的不满。但事实是，这批不得善终或屡起屡蹶的汉官不仅是因为南北党争而获罪遭遣，他们更多是卷入了满汉冲突中而引起满人的仇视与打击，姚念慈先生一针见血地指出，顺治是"以党争为口实以钳制汉官，并以此来掩盖朝廷中的满汉冲突"①。这种自上而下的批判党争的论调，在一定程度上分散了人们对满汉矛盾的注意，但事实上，不论是陈名夏的论绞，还是陈之遴的流遣，抑或龚鼎孳的屡起屡蹶，都是满汉冲突的产物。自此直至顺治去世，龚鼎孳都一直沉沦下僚，可见为汉人谋利，他也付出了颇为沉重的代价，但同时也赢得了朝野人士的交口称赞。《十朝诗乘》记载："龚芝麓在朝，务保全士类。故虽身事二朝，而论者犹谅之。……当芝麓以言事左官上林监，使粤，严子餐（沆）赠诗云：'直节争传亚相贤，投闲上苑领林泉。容栖莲勺回中日，去问梅花庾岭天。'梅村诗云：'亦知穷老应自疏，识君意气真吾徒。门前车马多豪俊，蹑衣上坐容衰鬓。'可想见其丰采。"②始自顺治十二年（1655）的一系列政治摧挫，皆缘于他不改维护汉人利益之初衷，其官阶虽降，却在士林中赢得"直节"之贤名，被广大汉族士人引为"吾徒"。

　　顺治十八年（1661）正月初七，顺治崩，代表清贵族意志的政治取向借由世祖遗诏之名颁行天下。为了遏制顺治在位时重用汉人、日益汉化的趋向，清贵族不惜对他们刚刚辞世的君主进行了严厉的批判，同时也确定了四辅政扬满抑汉的施政方针，汉官在朝中的处境地位比之顺治一朝更为堪忧。龚鼎孳在此期间仕途却颇为通达，一来与他依附鳌拜以自固有关，二来他年龄渐长又身历宦海浮沉，不似之前年少气盛、锋芒毕露，本就颇受清廷重视的他自然

---

　　①　姚念慈《评清世祖遗诏》（下），《燕京学报》，2005 年第 18 期，第 168 页。
　　②　郭则沄撰，林建福、沈习康、梁临川校点《十朝诗乘》，《民国诗话丛编》第 4 册，第 45 页。

宦途通畅。在政治斗争异常激烈的清初朝堂里，他作为汉臣依满人以自保，实无可厚非，更重要的是他并未因此丧失原则，他并未忘却自己汉人的身份，在这个"满汉官员权力失衡最严重的"[①]时期，他依然保持着先前刚直敢言的作风，其中最为人称道的是康熙六年(1667)前后上疏请宽因奏销案降黜之官绅士子[②]。顺治十八年(1661)发生于江南地区的"奏销案"与清初"科场案""哭庙案"等大案，都是清廷为压制江南地区的反清情绪而"假大狱以示威"[③]的典型案件。此案打击颇严，牵连甚广，令无数汉族士夫噤若寒蝉，龚鼎孳上《请宽奏销以广恩诏疏》之日虽距案发之时已达数年，但以龚氏之汉官身份涉足这个言论禁区，依然要冒很大风险。时人劝他出语谨慎，他毅然曰："以我一官赎千万人职，何不可？"[④]这份奏疏虽未获允可，但于清廷"以威劫江南人"[⑤]之际提出，无疑体现了龚鼎孳为罹案者请命之真诚与勇决。孟森称龚氏"顺治间尚有爱名余习……未免略祖汉人，遂致蹉跌。再起以后，想能效法金之俊、王熙等，容容尸位，故以大官终"[⑥]。其实，仅以龚氏请宽奏销案一举看他绝非尸位素餐之徒，对汉人的祖护救助，贯穿了他在清为官的一生，想来孟森对他未免责之过苛。

龚鼎孳力争改善汉官在朝廷中的职权地位，以及保护汉人利益的建议和做法，不仅为当时的汉族官员和民众赢得了利益；从深层来看更是革除朝政弊病，在一定程度上调整改善了清初朝廷的

① 林祐伊《龚鼎孳出仕三朝之研究》，台湾"中央大学"硕士学位论文，2009年，第71页。

② 据《阅世编·赋税》："康熙六年五月初六日，上始亲政，下诏求言，大司马芝麓龚公上疏特请宽宥，及苏松常道安公世鼎详请抚院韩公题复，俱不允。"叶梦珠撰，来新夏点校《阅世编》，上海古籍出版社，1981年，第137—138页。

③ 孟森《心史丛刊一集·奏销案》，中华书局，2006年，第3页。

④ 严正矩《大宗伯龚端毅公传》，《碑传集补》，第2451页。

⑤ 孟森《心史丛刊一集·奏销案》，第12页。

⑥ 孟森《心史丛刊二集·横波夫人考》，第158页。

满汉关系政策,为清朝的长久统治夯实了基础,可以说是影响最为深远的政绩。

(三)君相从来能造命:庇护明遗民

庇护明朝遗民,这是龚鼎孳极富情感色彩的人生经历,同时也是他身为贰臣却得世人恕谅并广受赞誉的主要原因。

龚鼎孳性格中很突出的一点是"以好友为性命"[1],故而朝野之士无论政治立场异同,皆愿与他交善,颇有"士流所归"[2]的气象。清廷定鼎之后对心存异志的前朝遗民予以严酷打击,龚鼎孳总是利用自己的职权条件尽力加以庇护,赢得了清初遗民界的广泛认同与称赞。今人邓之诚对龚鼎孳并无好感,但他也承认龚氏"宛转为傅山、陶汝鼐、阎尔梅开脱,得免于死。艰难之际,善类或多赖其力"[3]。邓先生提到了龚鼎孳对三位著名遗民傅山、陶汝鼐、阎尔梅的救助,除了陶氏一案尚无证据表明与龚氏相关外,其余两事都是讨论龚氏生平所无法绕开的,它们也是龚氏最得人心的两项义举。

傅山(1607—1684)字青竹,后改字青主,山西阳曲人,明诸生。明亡后为道士,身穿红衣,号朱衣道人。顺治十一年(1654),南明总兵宋谦反清事败被捕,词连傅山,傅山被押于太原府受讯,史称甲午朱衣道人案。次年,在遗民纪映钟与时任左都御史的龚鼎孳之极力营救与多方斡旋下,方才得释[4]。就在傅山被释的同年,龚鼎孳便被世祖以偏袒汉人、不思报国的罪名降黜八级,龚氏的遭贬虽不一定完全缘于营救傅山,但当与此事关系甚大。

阎尔梅(1603—1662)字用卿,号古古,江苏沛县人,明崇祯三

---

① 《与胡彦远二则》其一,《定山堂文集》卷二六。

②③ 邓之诚撰《清诗纪事初编》卷五,上海古籍出版社,1984年,第553页。

④ 参见傅山《霜红龛集》附录《傅青主年谱》,山西人民出版社,1985年,第1313页。

年(1630)举人。甲申国变,阎尔梅散尽家资,结交死士立志复明。他至南京参加弘光政权,曾做过史可法的幕僚,但不受重用。顺治四年(1647),他与李自成余部山东榆园军联络反清复明,剃发为僧,自称"蹈东和尚"。他只身亡命天涯多年。康熙元年(1662)返乡,三年(1664)因仇家出首而再度出亡。四年(1665)九月与其子阎昡潜入京师,闻龚鼎孳为刑部尚书,阎昡言:"吾家大祸非此公不解,且刑部正其执掌。"①即往诣龚。龚骇然,自矢曰:"某岂恋旦夕一官,负天下豪贤哉! 夫以忠义再罹难,吾不能忍矣。"②是年十二月,龚鼎孳为古古上疏,古古事白得免。《莲坡诗话》有云:"合肥龚芝麓尚书与阎古古极善。古古系西曹,赖尚书左右之,得脱。古古上尚书诗云:'君相从来能造命,湖山此去好容身。'深感之也。"③此外,古古为还写有"百年知己泪,一粒返魂丹"④,"不祥由我谁能被,知己如君遂有怜"⑤,可见古古已把龚鼎孳视作生死肉骨的知己。龚、阎二人虽然政治立场判然有别,但却不妨私谊,这份弥足珍贵的交谊是一个充盈着血与火的特殊时代催生的,它不仅呼唤遗民不以己衡人的度量,同时也需要处于道德弱势的贰臣能拥有一种穿透家国恩怨与出处抉择后依然强健有力的人格力量,而后者更为艰难,但龚鼎孳,他切实做到了。

　　龚鼎孳除了为遗民提供政治庇护外,亦时常给予他们经济资助。纪映钟、陶汝鼐、杜濬长期寄食于龚府,故钱谦益云:"长安三

---

　　① 阎尔梅《读龚孝升九日见怀诗有感》序,阎尔梅著,王汝涛、蔡生印编注《白耷山人诗集编年注》,中国文联出版社,2002 年,第 503 页。

　　② 阎圻《文节公白耷山人家传》,《白耷山人诗集编年注》附,第 848 页。

　　③ 查为仁《莲坡诗话》,丁福保辑《清诗话》上册,上海古籍出版社,2015 年,第 490 页。

　　④ 阎尔梅《庐郡夏秋诗为龚孝升作》其十三,《白耷山人诗集》卷五,《续修四库全书》第 1394 册,第 302 页。

　　⑤ 阎尔梅《戊申褉日诗再和》其二,《白耷山人诗集》卷六上,《续修四库全书》第 1394 册,第 341 页。

布衣，累得合肥几死。"①杜濬一旦离开而贫不能自存之时，龚氏则频寄"茶资"相助，杜女因贫而不能完婚，龚氏又赠三十金以为合卺之费②。友人王子云殁，龚氏出资葬之③。诸如此类，在龚鼎孳身上实在寻常不过，吴伟业称其"倾囊橐以恤穷交，出气力以援知己"④，当然，这里的"穷交""知己"除了明遗民外，还有薄宦流转之朋辈、丰才啬遇之后进。人言"孝升太热"⑤，这份来自天性的"热"使他破家养士、轻财好施，时常使自己陷于困窘之境，生前已有"债累山积"⑥之叹，身后更是萧条满目、债主盈门。龚鼎孳生前时时言隐退，却终身未退，除却恋栈之由外，很重要的一个原因便是债务未清。他在康熙年间听闻二弟鼎孠噩耗后，与三弟鼎鼒书札道："愚兄哀病侵寻，复值此同气恸心之事。惟有亟决归计，少息劳薪。徒以节年逋累未清，不得不稽留数月。"⑦达官显宦却贫窭至此，读来不免唏嘘。龚氏身后，其后人陷入孤贫之境，《郎潜纪闻初笔》载："合肥龚芝麓尚书提倡风雅，门生故吏遍九州，殁于客邸，两孙惸惸孤露，无过存者。蕰次则哀而振之，抚其幼者如子，而字以爱女，至于成立。"⑧钱澄之就龚氏身后之萧条写道："通籍登朝四十年，上卿身后特萧然。交游屡散千金橐，归去曾无二顷田。医店尚赊扶病药，债家空指助丧钱。平生长物偿人尽，刚胜

①　邓之诚《清诗纪事初编》卷五，第553页。

②　邓汉仪《慎墨堂笔记》，《四库禁毁书丛刊补编》第57册，北京出版社，2005年据北京图书馆藏民国汉画轩蓝丝栏钞本影印，第527页。

③　顾景星《白茅堂集》卷一四《和澹岩哭王子云韵》诗中自注："子云亡后，龚大司马寄书币至。"《清代诗文集汇编》第76册，上海古籍出版社，2010年据清康熙四十三年刻乾隆二十年续刻光绪二十八年补刻本影印，第234页。

④　吴伟业《龚芝麓诗序》，吴伟业著，李学颖集注标校《吴梅村全集》卷二八，上海古籍出版社，1990年，第665页。

⑤　龚鼎孳《送曹古遗给谏归殡汾阳十四首》其十四注，《定山堂诗集》卷五。

⑥　《寄母舅杨尔立先生》其七，《定山堂文集》卷二七。

⑦　《与三弟孝积七则》其五，《定山堂文集》卷二〇。

⑧　陈康琪《郎潜纪闻初笔》卷八，中华书局，1984年，第171页。

堆床旧卷篇。"①身为达官显宦而身无余财,就连遗留下的堆床诗文都是在他人资助下才得以付梓,这与他生前对有求于己的人"皆质借千万以厌之"②有莫大关系。有人称其沽名钓誉,有人谓之愧悔自赎,但以这种舍弃物质保障、牺牲自我安稳的方式以"啖名""自赎",世上愿为者、能为者又有几人? 人们往往容易脱离具体社会语境而高估传统道德话语的权威性与正义性,却总是低估时代的悲怆与人性的复杂。而龚鼎孳,就是以其复杂特殊的道德人格行走于一个无比悲怆而又万分尴尬的时代,我们承认他的转仕三主大节有污,可鄙可怜,但也不应否认,他有着旁人难以企及的可敬可爱,而这份可敬可爱不是自我修饰的面具,而是与那份"可鄙可怜"一般,是他的另一个真实自我。

(四) 人伦藻鉴沚阴持:提携后进

汲引后进嘉惠孤寒,是龚鼎孳赢得极高人望、并成为文坛宗主的重要原因。龚氏对晚辈后学与有心仕途的友人或资助、或举荐、或表彰,有长者之仁爱、伯乐之境界,因此赢得当时与后世的推誉称颂。清初人聂先云:"合肥才位德望,可谓盛矣。至其怜才好士,汲引后学,一往情深,久而弥笃,恐前哲名贤中,亦不易得也。"③清初许多名士闻人的崛起都与龚鼎孳的提携奖掖有着紧密关系,以下笔者撮其要者论之。

阎若璩(1638—1704)字百诗,号潜丘,山西太原人,侨居江苏淮安府山阳县。阎氏乃清初著名学者,是清代考据学发轫之初的

---

① 钱澄之《病起哭龚宗伯八章》其二,《田间诗集》卷一九,《清代诗文集汇编》第40册,2010年据清康熙刻本影印,第468页。

② 冒襄《光禄大夫礼部尚书谥端毅合肥龚公》,《巢民诗集》卷二,《续修四库全书》第1399册,2002年据北京图书馆藏清康熙刻本影印,第507页。

③ 聂先、曾王孙编《百名家词钞·香严斋词》附,《续修四库全书》第1721册,上海古籍出版社,2002年据上海图书馆藏清康熙绿荫堂刻本影印,第163页。

最重要代表之一。清代经学家江藩在《汉学师承记》对阎氏有这样一条记载:"康熙元年,始游京师,合肥龚尚书鼎孳为之延誉,由是知名。"①可见龚鼎孳颇具知人之慧识。

马世俊(1609—1666)字章民,江苏溧阳人。顺治十六年(1659),他会试下第,滞留京师落拓殊甚,为求出路他行卷拜谒龚鼎孳。当龚氏读其制艺《而谓贤者为之乎》,有感于中,涔涔堕泪,感叹道:"李峤真才子也。"②龚氏岁暮赠八百两白金于马氏,并为之扬名广誉,顺治十八年(1661),马氏状元及第,这无异于让龚鼎孳在天下寒士心中树立了一座不倒的丰碑。

顾贞观(1637—1714)字华峰,号梁汾,江苏无锡人。明末东林党人顾宪成四世孙。贞观工诗文,词名尤著,与陈维崧、朱彝尊并称明末清初"词家三绝",同时又与纳兰性德、曹贞吉共享"京华三绝"之誉。顺治十八年(1661),顾氏入京寓萧寺,偶题一诗于壁,龚鼎孳入庙游览,见其"落叶满天声似雨,关卿何事不成眠"③句,大为惊叹,为之称誉于朝。顾氏在康熙四十三年(1704)给陈聂恒的信中曾说道"余受知香岩"④,可见顾氏对龚鼎孳的知遇之恩是铭感于心的。

清初词坛两位宗主式人物朱彝尊与陈维崧在名微位卑之时,均得到过龚鼎孳的鼎力相助。朱彝尊(1629—1709)字锡鬯,号竹垞,晚号小长芦钓鱼师,又号金风亭长,秀水(今浙江嘉兴市)人。于康熙十八年(1679)举博学鸿词,授翰林院检讨,入直南书房。关

---

① 江藩纂、漆永祥笺释《汉学师承记笺释》卷一,上海古籍出版社,2006 年,第60 页。

② 小横香室主人《清朝野史大观》卷九《清朝艺苑》,上海书店,1981 年,第 1 页。

③ 顾贞观《顾梁汾先生诗词集》卷首《梁汾公传》,《清代诗文集汇编》第 148 册,2010 年据民国二十三年铅印本影印,第 598 页。

④ 顾贞观《与栩园论词书》,纳兰性德撰,赵秀亭、冯统一笺校《饮水词笺校》,中华书局,2011 年,第 384 页。

于龚鼎孳与朱彝尊之间的故事,戴延年《秋灯丛话》记载:"国初宏奖风流,不特名公巨卿为然,即闺中好尚亦尔。龚尚书芝麓顾夫人眉生,见朱竹垞词'风急也,潇潇雨;风定也,潇潇雨',倾奁以千金赠之。"①据马大勇先生考证,此事发生于康熙二年(1663),而这正是朱彝尊人生甚为落魄恓惶的一个低谷期,龚氏夫妇雪中送炭之举带给朱氏的激励与慰藉可以想见,以至龚氏殁后,朱彝尊仍对此念念不忘,他在《龚尚书挽诗八首》其六写道:"江南断肠句,回首向谁夸。"诗下自注:"公最赏余《阻风湖口》词。"②朱氏分明将龚鼎孳视作知音兼恩人,感佩与痛悼之情溢于言表。

龚鼎孳与陈维崧的过从相交,更是清初文坛经久不衰的一段佳话。陈维崧(1625—1682)字其年,号迦陵,宜兴(今属江苏)人。清初诸生,亦于康熙十八年(1679)举博学鸿词,授翰林院检讨。陈维崧前半生飘零落魄,康熙七年(1668),四十四岁的陈维崧结束"如皋八载"的漂泊生涯赴京。龚鼎孳奇其才而惜其遇,频频以词与陈氏唱答往还,表达了对陈氏旷世才调的激赏及偃蹇不遇的惋惜。龚鼎孳以朝廷大僚、文坛领袖的身份对一个后辈词人爱惜赞誉至此,陈氏由此声名日盛。吴伟业曾谈到龚氏恤穷交援知己的行为:"其恻怛真挚见之篇什者,百世而下,读之应为感动,而况于身受者乎?"③陈氏作为一个典型的身受深恩者,他毕生都在感念龚鼎孳的深情厚谊。在龚氏去世六年后,他重读龚词中"君袍未锦,我鬓先霜"④之句,唏嘘感泣,以至"泪痕印纸"⑤,写下了著名的

---

① 戴延年《秋灯丛话》,张潮、杨复吉、沈楙德纂《昭代丛书·戊集续编》卷二三,上海古籍出版社,1990 年,第 1016 页。

② 朱彝尊《龚尚书挽诗八首》,《曝书亭集》卷八,《清代诗文集汇编》第 116 册,2010 年据民国涵芬楼影印清康熙五十三年刻本影印,第 106 页。

③ 吴伟业《龚芝麓诗集序》,《吴梅村全集》卷二八,第 665 页。

④ 龚鼎孳《沁园春》(犇且无归),《定山堂诗余》卷三。

⑤ 陈维崧《贺新郎》序,陈维崧《迦陵词》上册,南开大学出版社,2009 年,第 417 页。

《贺新郎》(事已流波卷)追悼之,中有"知己相怜袍未锦,论深情、碧海量还浅"一语,长歌当哭、疾痛惨怛之下,是对龚氏一片赤诚的告慰,乃至吴衡照感慨"想见当时知己之感,真一字一泪"①。蒋景祁评此词道:"先生疾革前一二日,执予手,犹追感合肥先生:'不置夫寒士孤穷牢落中,得当涂一躬,便欲心死,而怜才爱士之心出于真恳,使人没齿不忘,则合肥先生其仅见矣。'适检集,得此词,因忆此语,不特悲先生之遇,又以志合肥先生之盛节于不朽也。"②陈维崧无论于扬眉吐气之时,还是病危弥留之际,皆对昔年龚鼎孳的奖拔之情感怀不已。陈氏念兹在兹死生不忘,只因当人情阅尽而饱尝人心燠凉之际,得此士林领袖之爱赏延纳,因此对鼎孳"怜才爱士"的记忆混融着羁泊之苦与求知之难的痛切体会,自当在陈氏心中留下难以磨灭之印记。

　　或许有人将以上种种视为龚鼎孳出自一己私心的对士人之羁縻与笼络,但韩诗与徐釚两人的经历则彻底说明龚氏对他者的延纳帮扶是出于无私美意。韩诗字圣秋,号固庵,三原人。崇祯十二年(1639)举人,为熊文举门人。熊文举在前明合肥知县任上对尚未有功名的龚鼎孳有知遇之恩,龚氏终身师事之,故龚氏与韩诗实有同门之谊。入清后,韩诗与龚鼎孳关系仍密,但他也时常奔走于与龚氏不和的陈名夏之府以求推扬。邓汉仪《慎墨堂笔记》载:"或谓翁(按:龚鼎孳)曰:'公与圣秋密,岂知其磬折溧阳之门耶? 此时洛蜀相攻,恐有不便耳。'龚曰:'此英雄失路,无可奈何之所为也,我既不能荐达天下士,而又阻其他往耶?'言者惭而退。其遇韩如初,闻者服其量。"③龚氏好题奖人物却从未有驱使天下英雄入我彀中的私念,他把相交者与依附者都视作独立个体,从不以自己的

①　吴衡照《莲子居词话》卷二,《词话丛编》第3册,中华书局,2005年,第2439页。
②　陈维崧《迦陵词》,南开大学出版社,2009年,第418页。
③　邓汉仪《慎墨堂笔记》,《四库禁毁书丛刊补编》第57册,第528页。

爱憎来勉强他人的去就。

　　龚鼎孳对徐釚的提携更让人动容。徐釚(1636—1708)字电发,号虹亭,又号拙存,晚号枫江渔父,江苏吴江人,监生。康熙十二年(1673),龚氏临殁之际,犹不忘以徐釚嘱托时任尚书的梁清标曰:"负才如虹亭,可使之不成名耶?"①康熙十八年(1679),徐釚因梁氏荐试博学鸿词,授检讨,成为闻名遐迩的才士。将死之人心心念念的是如何帮助一个后辈成名,而此人的荣达与将要离世的他,实在再也找不出一丝利害关系,正如马大勇先生所言:"他的文化人格在这句奄奄一息的嘱托中闪出最耀眼的光彩。"②

　　由于他的礼贤爱士与对白衣后辈不遗余力的奖拔推扬,龚鼎孳在士人群体中有着极高的威望。王士禛言:"康熙初,士人挟诗文游京师,必谒龚端毅公。"③龚鼎孳以执掌文坛大纛的盟主身份,弘奖风流、提携英俊,对清初文坛的不少传奇人物都有养护培植之功,正所谓"人伦藻鉴泚阴持"④。而龚鼎孳对后进的提携,往往伴随着对后进的经济资助。清末陈康祺言:"合肥出处多可议,其好士之诚,实出肺腑,非寻常贵人所能及。"⑤正因如此,当其离世时,大江南北许多名士失声痛哭,并多有诗文志之。朱彝尊有《龚尚书挽诗八首》,其八末句言:"寄身逢掖贱,休作帝京游。"⑥龚鼎孳的逝世,不仅是单纯个体生命的终结,也是当时文化圈的一大损失,同时更是广大贫寒士子一大精神支柱的坍塌。振恤孤寒的龚尚书之离去,对广大白衣士人而言,意味的,是一个时代的结束。

---

　　①　《清史稿》卷四八四《文苑传》,第 13325 页。

　　②　马大勇《清初庙堂诗歌集群研究》,吉林人民出版社,2007 年,第 56 页。

　　③　王士禛撰,湛之点校《香祖笔记》,上海古籍出版社,1982 年,第 150 页。

　　④　顾景星《白茅堂集》卷一二,《清代诗文集汇编》第 76 册,第 211 页。

　　⑤　陈康祺《郎潜纪闻四笔》,中华书局,1990 年,第 26 页。

　　⑥　朱彝尊《龚尚书挽诗八首》,《曝书亭集》卷八,《清代诗文集汇编》第 116 册,第 106 页。

第二节　龚鼎孳生平两大问题之辨析

作为一个历史人物，龚鼎孳遭到时人、后人议论最多的是他的政治失节的问题，而乾隆在他身后所进行的政治清算更使一个被"污名化"的龚鼎孳永久地留在了史册中。在严酷的道德审判面前，个人的历史境遇、政治隐衷与文化情感变得不值一提。清初魏禧言："事后论人，局外论人，是学者大病。事后论人，每将知人说得极愚；局外论人，每将难事说得极易，二者皆从不忠不恕出。"[①]笔者无意声称自己能完全公正客观地看待龚鼎孳这位丰富复杂的历史人物，但至少不苛责不求全，用人文本位取代政治审判与道德主义，对龚鼎孳的失节问题与评价问题作一系统辨析。

一、恨人怀抱本苍茫：龚鼎孳的失节问题

龚鼎孳先降李自成，后降清朝，被人指斥为"闯来则降闯，满来则降满"，贪生怖死两度变节，将传统士人借以安身立命的道德节操践踏于地，后来的乾隆帝对龚氏的厌恶也主要源于此。龚鼎孳在一个最能考验士人气节的年代做了不折不扣的"双料贰臣"，人性的懦弱、犹疑与贪恋使他没有选择致身于君，也没有选择隐遁山林，这是他之后的任何善行义举也无法遮蔽的终身之玷。但要注意的是，明清之交士论苛酷[②]，人们为了讥刺贰臣，往往编造出许多不实传闻对其人加以挞伐，兼之鼎革之初南北隔绝导致音讯不

---

① 魏禧撰，胡守仁等校点《魏叔子文集·日录》卷二，中华书局，2003 年，第 1125 页。

② 赵园："正如暴力到明亡之际发展到了极致，士论之苛当此际也达到了极致。如对于迟死者的苛评，如遗民施之于同类的苛论。"赵园《明清之际士大夫研究》，北京大学出版社，1999 年，第 21 页。

通,这些道听途说的传闻便真假莫辨地留存在了众多史料笔记中,甚至对同一事件的记述都出入很大。龚鼎孳的相关记载中,此类情形亦复不少。最典型者如记载李自成陷京师后,周钟上劝进文,当中有"存杞存宋"句,即以周武王封夏禹之裔于杞,封商纣王之兄微子启于宋的典故,喻李自成为仁义之君。有笔记记载:"龚鼎孳向人曰:'此语出吾手,周介生想不到此。'"①于国破君死之际,逢迎新朝已属不堪,遑论自矜于毫无气节的劝进之语而作争功状。但这句风骨落尽之语却又被一字不易地系于魏学濂名下②,可见笔记史料中关于明末清初的叙述有相当一部分夸饰不实的记录,这是我们在借助这部分文献以探究龚鼎孳之心路历程时应该始终保持警惕的。此外,对于龚鼎孳,人们往往只注重他"做了贰臣"这个结果,却容易忽略他"为什么做了贰臣"、他"做了贰臣之后的状态"这些最为关键的问题,而这种有意无意的忽略则必然导致对历史人物认识的偏颇。为了能尽量客观公允地看待这个复杂的人物,对他的失节,笔者拟从两个方面进行辨析。

(一)主动迎降还是无奈变节

对甲申之变中龚鼎孳的投降,《清史列传·贰臣传乙》的记载相当简略:"及流贼李自成陷京师,鼎孳从贼,受伪直指使职,巡视北城。"③"本朝顺治元年五月,睿亲王多尔衮定京师,鼎孳迎降,授吏科右给事中。"④《清史稿·文苑传》的记述大体相同:"李自成陷都城,以鼎孳为直指使,巡视北城。及睿亲王至,遂迎降,授吏科给事中。"⑤从正史这些冷静到冷酷的叙述中,我们看到的是一个见风使舵反复无常的小人形象。但事实远非如此简单,龚鼎孳也曾

①　计六奇《明季北略》卷二二,第606页。
②　冯梦龙《冯梦龙全集·甲申纪事》卷一,江苏古籍出版社,1993年,第11页。
③④　《清史列传》卷七九《贰臣传乙·龚鼎孳》,第6593页。
⑤　《清史稿》卷四八四《文苑传》,第13324页。

有过殉国之举，投诚变节不过是万般无奈下的选择，请看两条相关
记述：

> 寇陷都城，公阖门投井，为居民救苏。寇胁从，不屈，夹拷
> 惨毒，胫骨俱折，未遂南归。本朝义旗东来，狂氛电扫，召以原
> 官就职。疏辞至再三，不允，起吏科右给事中。
>
> ——严正矩《大宗伯龚端毅公传》①

> 既余蒙恩薄谴，得逃死，为城旦舂，晨甫及乎旅门而都城
> 难作。余以罪臣，名不罣朝籍，万分一得脱，可稍需以观变，遂
> 易姓名，杂小家佣保间，短檐顾日，畏见其影。时密之与舒章
> 李子、介子吴子同戢身一破庙中，相视悲泣，若有思者。余从
> 门隙窥之，谓必有异，亟过而耳语，各心许别去。越二日，同恸
> 哭灵爽于午门。再越日，遂有伪署朝臣之事。余私念曰事迫
> 矣，然我有恃以解免，以我逐臣，可无入也。居停主人数为危
> 语相吓，余即持是应之，乃唯唯退。至期，微闻诸公已于事而
> 竣，方酌苦土床，贺复壁之遇，则密之适来，仓卒数语，面无定
> 色，曰："幸甚！我等自今以往，长为编氓以殁世矣。"余心疑其
> 色，然不忍不信其言，遂跳而去。食有顷，户外白挺林立，欢噪
> 入问谁何官者。余曰："是矣，吾受死！"振衣而出，则密之又适
> 来，遽曰："孝升，吾与子同死！今吾君臣、夫妇、朋友之道俱尽
> 矣，安用生为？吾且以头齿子剑。"至是，始知密之为贼得，迫
> 令索余，计画无之，强应耳。嗟乎，密之何负于余哉！既抵贼
> 所，怒张甚，问："若何为者？不诣丞相选，乃亡匿为？"余持说
> 如前。复索金，余曰："死则死尔。一年贫谏官，忤宰相意，系
> 狱又半年，安得金？"贼益怒，箠楚俱下，继以五木。密之为余

---

① 严正矩《大宗伯龚端毅公传》，《碑传集补》，第 2447 页。

宛转解免曰:"此官实贫甚,不名一钱也。"再逾日,追呼益棘,赖门人某某及一二故旧措金为解,始得缓死。密之亦以拷掠久,不更厚得金,贼稍稍倦矣,仅而舍去,创小间,遂弃妻子,独身南翔,冀万一重茧哭师,以终上书讨贼之志。……余则四顾孑然,终以死誓,包胥往矣,其下从乎彭咸。

——龚鼎孳《怀方密之诗》序①

　　从以上两则材料可获知龚鼎孳在北京城破后,并非主动觍颜降附,他隐姓埋名藏身于小家佣保间,其友方以智被闯军擒获,在闯军的胁迫下不得已指认龚氏,致其被逮。龚氏在降闯前有经受拷掠并投井殉国的经历,在降清时也曾再三疏辞。以此看来,龚氏并非毫无廉耻、气节沦丧之徒,他是经历了这许多坎坷与磨折后方才归降。虽然这无改于他投降的事实,但这是关系到他人品定位的关键问题,故不能轻忽处之。值得注意的是,这两则材料一出自龚氏的门生又同为贰臣的严正矩之手,一则为龚自述,它们的可信度到底有多少?另外,严氏称龚鼎孳"阖门投井",那么与龚氏一同投井的还有何人呢?为了弄清这些问题,不妨再深入探讨之。

　　首先是因方氏之累被捕并饱受拷掠之事是否属实,关于这,方氏诗文集中并无片言提及,时人顾景星曾亲自求证于方氏:

又四年丁亥,遇公(按:龚鼎孳)丹阳舟中,执手呜咽,是夕匆匆别去。明年秋,挐舟送公梁豀,比舷结缆,浃旬不忍去。一日始旦,公衣短褵襦过予舟,出袖中书,大如车轴,皆奏疏及所拟上书,述遭难壮甚悉。盖公于三月十九日闻变,二十日即亡走,史官方以智为贼得,劫令索公,胁降不可,措②金不得,

---

① 《定山堂诗集》卷一六。
② 原文为"揹",据句意改为"措"。

五木交下无完肤,然后舍……又十五年壬寅,过药地禅师于清江,言与公合。药师者,即以智也……又三年乙巳,从卢大参所见公忆以智诗并序。

——顾景星《和龚公忆方密之诗》序①

顾景星虽与龚鼎孳交情匪浅,但二人出处迥异,顾氏乃明末清初的著名遗民,国破之初,他更是期许龚氏死节报国②,这样的一个人,应当不会为变节的友人隐讳,何况,方以智亦是其友,他不至于存心颠倒黑白。从他求证于方氏的做法看来,他对龚氏之言也是心存疑虑的,但当事人方以智的坦承却让他明白龚氏所言非虚。更有力的证据是邓汉仪《慎墨堂笔记》的记述。邓汉仪对方以智之叔父方文谈起此事,方文曾亲自求证于方以智:"密之曰:'有之。吾父(孔炤)昔为湖广巡抚,龚为蕲水县令,提挈不遗余力,后吾父被系,龚为给谏,略无所加意,吾衔之,故以是报之。然龚于今日为尊官,势可泄前怨,而龚不然,吾是以滋愧。'"③于此见,方以智出首龚鼎孳有情不得已处,但也有报一己私怨之动机,以智认为其父方孔炤对龚氏有知遇之恩,但其父落难系狱时,龚氏却不为之援,以智因此衔恨在心。但入清后身居高位的龚氏却未曾实行报复,又使以智惭愧不已。

其二,是龚鼎孳为何被拷掠。严正矩称因"寇胁从,不屈",也即说龚氏是因为不肯投降闯军而招致毒打;而顾景星转述龚氏之言时称闯军乃缘于"胁降不可,措金不得"而拷掠龚氏,在威逼投降之外,又多了索取钱财这个缘由。而根据龚氏自作的《方密之诗序》,龚氏被捕后,闯军首先是怒斥龚逃匿,龚氏自辩以前朝逐臣可

① 顾景星《白茅堂集》卷一三,《清代诗文集汇编》第76册,第215页。
② 《定山堂诗集》卷一八《丹阳舟中值顾赤方是夜复别去纪赠四首》其一云:"多难感君期我死。"自注:"赤方集中有吊余与善持君殉难诗。"
③ 邓汉仪《慎墨堂笔记》,《四库禁毁书丛刊补编》第57册,第530页。

免召用，此时他们尚未对龚氏棍棒相向，直到他们向龚氏索金却一无所得，他们才对之严刑相逼，从这里看来，龚氏被刑的主因就在于闯军索金不得。那么哪一个原因更接近真相呢？笔者以为龚氏的自述当更为可信，这就要回溯当时的历史。甲申年三月十九日，李自成占领北京后，一部分臣子从君赴死，更多的人却是选择了投降。三月二十一日，"成国公朱纯臣、大学士魏藻德率文武百官至午门待罪……牛金星执《缙绅录》唱名，嬉笑怒骂，恩威不测"①。闯军斥骂龚氏"不谒丞相选"，即指其未至大顺丞相牛金星处伏罪称臣候选待命。那么"索金"又所指为何呢？长期流动作战的大顺政权没有正常的赋税来源，李自成为保证大顺政权之财政运行和军饷开支，入京后对明朝官员和富室采取了追赃助饷的政策。当时大顺政权还制定了依据官员品级追赃的政策，《小腆纪年附考》中记载："以次论赃，内阁十万，都院京堂锦衣帅七万，科道吏部郎五万、三万，翰林一万，部属以千计，勋戚无定数……能缴者立搜进之，不能即严刑。"②当时很多官员都受过"夹棍拷打"③等酷刑，还有不少被拷掠至死。闯军在入京的短短时间内，"搜掘文武大僚、勋戚、富民等金银共七千万两"④。要知道，明亡前夕国库空虚，崇祯强行摊派官员勋戚捐资助饷，软硬兼施也仅仅筹得二十万两⑤。从闯军拷饷所得数额之巨，可想见其追逼之严、用刑之酷。龚鼎孳《怀方密之诗序》所说之"索金"，也即闯军针对明官追赃助饷之举措。从龚氏用于自辩之"安得金"，方以智为龚氏求告所言之"贫甚，不名一钱"，以及最后门人故旧"措金为解"而龚氏方得逃过死劫等种种

---

① 吴伟业《鹿樵纪闻》卷下《槐国人政》，《台湾文献史料丛刊》第五辑（96），台湾大通书局，1987 年，第 132 页。

② 徐鼒撰、王崇武点校《小腆纪年附考》卷四，中华书局，1957 年，第 127 页。

③ 计六奇《明季北略》卷二〇，中华书局，1984 年，第 477 页。

④ 彭孙贻《平寇志》卷一〇，上海古籍出版社，1984 年，第 242 页。

⑤ 参见《崇祯实录》卷一七，《台湾文献史料丛刊》第三辑（52），台湾大通书局，1984 年，第 328—319 页。

迹象看来,龚氏惨遭拷掠的原因不在于亡匿,也不在于不肯投降,而在于他无钱上缴。根据《明季北略》记载,"贼派饷各官,无论用否,俱责如言,不办即夹"①,可见不论此官用与不用,降与不降,若无力献金纳银,那也难逃酷刑,于此可见龚氏受拷并不能说明他不肯投降,那么我们关注的重点就转向献金之后他的"投井"之举。

其三,是投井之事是否属实。门生故旧为其献金后,龚鼎孳得以"缓死",若之后他当真投井求死,那么足可见其不降大顺之心。龚氏称自己"下从乎彭咸"之时,方氏已经南遁,无法证实是否确有其事。除了严氏"阖门投井"之说外,熊文举在事后亦称龚氏在国变之时"引义慷慨,谈笑蹈蛟宫而靡悔"②,龚氏在诗文中更是多次提起自己的投井经历,仅举数例观之:

> 束装甫就,流寇陷城,夹拷惨毒,骨胚折断,阖门投井,为居民救苏,裹痛扶伤,逃命山谷。
> ——《衰病残躯不能供职谨补牍陈情乞恩允放启》③

> 余蒙被解网,旋遭世变。汨罗再活,惭负夙心。
> ——《题哭曹古遗诗后》④

> 运移癸甲,大栋渐倾,妄以狂愚,奋身刀俎,甫离狱户,顿见沧桑,续命蛟宫,偷延视息,堕坑落堑,为世惭人。
> ——《与吴梅村书》⑤

---

① 计六奇《明季北略》卷二〇,第 477 页。
② 熊文举《龚孝升待雁斋近草序》,《雪堂先生集选》卷六,《四库禁毁书丛刊·集部》第 33 册,北京出版社,1997 年据天津图书馆藏清顺治刻本影印,第 626 页。
③ 《龚端毅公奏疏》附卷。
④ 《定山堂文集》卷一六。
⑤ 《定山堂文集补遗》卷下。

　　不断地复述，是一种迫切的自辩，更是减轻沉重负罪感的一种方式，那么这样的复述是否真实？其一，他在不同场合面对不同对象的叙述之间并无出入；其二，"以龚氏一生行事推断应尚不至假造一壮烈之举欺蒙时人后世，且当易代之际，他已身名瓦裂，似亦无必要如此粉饰"①；其三，第一例是他上多尔衮的辞呈，面对多尔衮这个精明强干而又对他并无多大好感的在上者，龚鼎孳应尚不敢随意捏造欺世盗名，故投井之事应该属实。因此计六奇把他列入"已死而不死者"②的行列，认为"君子犹当谅其志"③。

　　其四，是与龚鼎孳投井的还有何人。在严正矩所写传文与龚鼎孳上多尔衮的辞呈中，都提到"阖门投井"，按理说，应该是全家投井。但再细加考索，发现陪他投井的乃顾媚一人。

　　　　方流寇之陷都城也，自分必死，既已被执，求死不得，所以窘辱万状，稍得间，即同内人赴井死，不幸为邻人救苏。

　　　　　　　　　　　　　　　　　——《与卢德水先生》其二④

　　　　而国难等于天崩，羁臣恨无死所。伤心至痛，失节难明。从三闾为绝命之谋，无一语涉牵衣之态。分甘碎璧，宁料还珠。虽血未碧于重渊，而志已光于皎日。

　　　　　　　　　　　　　　　　　　　　　　——《祈子疏》⑤

　　　　弱羽填潮，愁鹃带血，凝望宫槐烟暮。并命鸳鸯，谁倩藕丝留住。赛杜若、正则怀湘，珥瑶碧、宓妃横浦。误承受、司命

---

① 　马大勇《清初庙堂诗歌集群研究》，第 50 页。
②③ 　计六奇《明季北略》卷二二，第 611 页。
④ 　《定山堂文集》卷二五。
⑤ 　《定山堂文集》卷一四。

多情，一双唤转断肠路。　　人间兵甲满地，辛苦蛟龙外，前溪难渡。壮发三千，黏湿远山香妩。凭蝶梦、吹恨重生，问竹简、殉花何处？肯轻负、女史芣弣，止耽莺燕语。

——《绮罗香·同起自井中赋记用史邦卿春雨韵》①

《祈子疏》乃龚鼎孳为求子心切的顾媚祷告神灵而作，《绮罗香》则收录于记录自己与顾媚情缘的词专集《白门柳》中，从这两则材料看来陪同其跳井的乃顾媚无疑。但第一则材料中所言"内人"，有没有可能是他的元配童氏呢？在《待诰赠夫人前敕封孺人元配童氏行略》中有这么一段记述："旋值甲申之变，南北阻绝……孺人奉先严慈于风波震撼之时，怡颜顺志，忧危藉以稍安。"②可知国变之时，童氏与龚鼎孳双亲都在合肥里第，故"内人"不可能指童氏，其远在合肥的双亲亦不可能与身在京师的他一同投井，所谓"阖门"，不过是他与顾媚二人。

其五，是龚鼎孳最终选择不死是否因顾媚之累。既然确定了国变之时与龚氏一起投井的乃顾媚，那么又出现了一个问题，龚氏降闯后，每谓人曰："我原欲死，奈小妾不肯何！"③此话流传甚广，几乎成为龚氏的终身笑柄。但它不见于龚氏任何文集记述，不排除此乃出于时人之捏造诋毁。若此言真出于龚氏之口，不论是时过境迁之后的自嘲与调侃，还是急于自辩下的口不择言，抑或只是轻描淡写地将当时的实情告知世人，龚鼎孳作为深受儒家传统文化陶染且身负天下重寄的官僚士夫，他将自己最终的不死归结于出身青楼的爱妾，实在贻笑大方。因为在中国传统士人的观念中，能与"忠"相抗衡的观念唯有"孝"，故明亡之时，为国舍家的张煌言

---

① 《定山堂诗余》卷一。
② 《定山堂文集》卷二一。
③ 计六奇《明季北略》卷二二，第631页。

感叹"未能报国,先已亡家"①,陈子龙待祖母去世后方才为国捐躯,遗民黄宗羲称不殉国由于"屈身养母"②,做了贰臣的吴伟业更是满腹无奈地悲吟"我因亲在何敢死"③,弃亲从君者固然毋论,即使是先亲后君者,世人对他们也不会过多责难,因为忠臣与孝子在传统士人的观念中,本就同等重要,但龚鼎孳以小妾作为不死之由,则于情理上很难说得通。当然,龚氏的不死未尝没有出于尽孝的考虑,他在与友人的书信中回忆起这段往事时说:"当日井边絮语,甘从彭咸,足下援我尊人为解,而不孝孤亦竟招魂水国,忍须臾无死,以望乡云之飘渺者谓何。"④可见友人曾在他决意自尽之时劝他以双亲为念,而这应该也对本非一心求死的龚氏产生了一定影响。另外,阎尔梅作于顺治三年(1646)的《答龚孝升五首·时自都门南下以诗投我》其三有句"元直曾云方寸乱,子长终为故人明",自注云:"京师破时,孝升二亲具庆,故第五句⑤及之。"阎氏将龚鼎孳拟之于为侍母而无奈归附曹操的徐庶,并自拟为能理解李陵投降苦衷的司马迁,他认为龚氏的不死乃由于双亲在堂,实属情有可原。其实,龚氏自身就曾说过"本因父母而偷生"⑥,尽管父母也并非他偷生的唯一缘由,但人们却偏偏不取这句多少能为他开脱的辩解,而耿耿于未知真假的"小妾不肯",亦未尝不是一种偏颇。龚氏选择不死,究其由,顾媚和高堂或许都是原因之一,但最根本的还是他自身不欲死,否则任何阻力都不足以成为他在国破

① 张煌言《冰槎集·祭四叔父文》,《张苍水集》第一编,上海古籍出版社,1985年,第 26 页。

② 黄宗羲《兵部左侍郎苍水张公墓志铭》,《黄宗羲全集》第 10 册,浙江古籍出版社,2005 年,第 295 页。

③ 吴伟业《遣闷六首》其三,《吴梅村全集》卷一〇,第 260 页。

④ 《答王用五》其一,《定山堂文集》卷二五。

⑤ 第五句即"元直曾云方寸乱"句。阎尔梅著,王汝涛、蔡生印编注《白耷山人诗集编年注》,第 114 页。

⑥ 《衰病残躯不能供职谨补牍陈情乞恩允放启》,《龚端毅公奏疏》附卷。

君死后苟且偷生并转事多主的缘由。方苞《石斋黄公逸事》记载："李自成破京师，（顾媚）谓其夫：'能死，我先就缢。'夫不能用。"[1]可见在清代已有与"小妾不肯"完全相左的记述。对此清代陆继辂言："虽然眉生既深明大义，不克成端毅之美，则必愿为端毅分谤，而不忍独求白于后世以益彰其过，其心可推而知也。"[2]易宗夔《新世说》有这样一条记载：

> 龚芝麓嬖顾横波甚，然时为所制。一日，有仆以事至横波室，语笑间，龚排闼入，疑其有私，谓仆无礼，罚令长跪。及龚出，横波闭户大哭，以长斋礼佛，不欲接见相要，龚再三劝慰，终不启扉，大窘。适钱牧斋以事至金陵，乞其作调人，横波曰："渠能作孙武公，则妾亦能作葛嫩耳！"牧斋嗒然而退。[3]

葛嫩是与顾媚同时的明末秦淮名妓，后委身抗清名将孙克咸（孙武公），孙氏兵败被俘，葛嫩抗节而死[4]。顾媚称龚鼎孳若能像孙克咸般为明殉节，她也能如葛嫩一样大义相从。此话实乃狠狠讥刺了龚鼎孳与钱谦益两位变节贰臣，虽是顾媚负气之时所言，但未必不是出自真心。她一介风尘女子，归嫁龚氏不久便能在非常之际与他携手黄泉，可见绝非贪生怕死之辈。可她和龚鼎孳又是不同的，龚鼎孳是殉国，而她是殉夫。天下兴亡，匹夫有责，也轮不到她一介女流担当，纵然她贪恋红尘不愿赴死也是理所应当，而龚

---

[1] 方苞著，刘季高校点《方苞集》卷九，第 240 页。
[2] 陆继辂《崇百药斋文集》卷一五，《清代诗文集汇编》第 506 册，上海古籍出版社，2010 年据清嘉庆二十五年刻本影印，第 190 页。
[3] 易宗夔《新世说》，周骏富辑《清代传记丛刊》第 18 册，明文书局，1985 年，第 650 页。
[4] 参见余怀《板桥杂记》中卷，第 25—26 页。

鼎孳若退缩，便是千夫所指百口莫辩。最后二人未成死节，说到底，根由在于龚鼎孳生有所恋，他缺乏一种强烈的道德冲动将一己血肉之躯为这个凉薄腐朽且已轰然坍塌的大明王朝殉葬。《新世说》作于民国，距龚氏生活的清初已远，内容的真实性无法考证。如果这条记载是真实的，那么就是顾媚对"小妾不肯"之言的有力反驳；如果它只是出自后人的杜撰，那么以这种方式为顾媚"平反"，也说明相当一部分人认为龚鼎孳选择不死的责任不该由顾媚承担。正如蒋东玲在论述夸饰性文本时提及的："尽管文本记述难征其信，但于其中沉潜的群体意识和社会心理却多是历史风貌的真实反映。"①若将此话施之于《新世说》的记载，亦颇为中肯。孟森针对龚仕清后时有去志却顺顾媚之意而未成行的说法，批驳道："其实横波何与大计，但为龚分谤，或亦为悦己者容之一道耳。"②此言与陆继辂所言有异曲同工之妙，用至质疑"小妾不肯"之上，也是最恰当不过。

其六，是龚鼎孳是否心甘情愿投降清。甲申国变，明臣或殉节，或投降，还有相当一部分逃往南京投靠弘光政权，这样一来，既可不死，又可保全臣节，方以智便选择了这条道路，那龚氏为何不南遁，而是滞留北方做一个为人不齿的"双料贰臣"呢？严正矩称龚氏是因为受到闯军的严刑拷打而无法南归，那么说龚氏应该是有投靠南明政权的想法的，那这个想法为何最终未曾付诸实施呢，难道仅仅因为负伤而不果行吗？对此，顾景星有诗一首：

> 痛昔孤臣已出亡，江东党籍蔚罗张。狂歌隐语堪吞舌，絮帽芒鞋尚果创。灵武旌旗消息断，长安咫尺灞陵荒。千秋此

---

① 蒋东玲《清初贰臣问题评骘话语的弹性空间》，《北京社会科学》，2017 年第 6 期，第 93 页。

② 孟森《心史丛刊二集·横波夫人考》，第 144 页。

案凭谁判,问取怀宁与贵阳。

　　　　——《读定山堂甲申存稿痛哭之余起书二律》其一①

　　诗下有注云:"公以不屈,贼拷掠甚毒,创少瘳,脱身南遁,中道闻诖名逆党,哀感北奔。"弘光朝阮大铖(怀宁)、马士英(贵阳)大修"顺案"当始于甲申年(1644)六月,此时北京城早已处于清军控制之下。在闯军败走清军入关之后,一批曾仕于大顺政权的士人纷纷南逃投靠弘光朝廷,依顾诗看来,龚鼎孳亦是他们当中的一员。龚氏诗文中不见对此事的明确交代,顾诗亦是故意模糊时间概念,想来是害怕触犯清廷。龚氏有意南归,但南地的情形却给了他沉重一击。在南京,马士英挟江北四镇拥立昏庸无道的福王,史可法被排挤至扬州督军,马士英又相继援引阮大铖等逆案中人②,朝中要枢为马、阮掌控,朝中东林一派品节清正之人纷纷失意乞归。当时江南对北京出仕大顺的降臣批判很严厉,因为在众人看来,闯军是逼死崇祯帝的元凶。主辱臣死,何况如今君上已死,北地降臣不仅未能从君于难,而且还觍颜事仇,南方朝野自然群情汹汹。明清之际士论之苛刻是超乎想象的,死社稷占了绝对的话语权。以钱谦益为例,未预甲申之变的钱氏在甲申年端阳之际义愤填膺写道:"满朝肉食曳华裾,殉节区区二十余。明谊居平多慷慨,身家仓卒自踌躇。"③但当清军兵临南京时,身为弘光朝礼部尚书的他率众迎降,可见不在其境的义愤宣泄是轻而

　　①　顾景星《白茅堂集》卷二六,《清代诗文集汇编》第 76 册,第 435 页。

　　②　"逆案"指明末魏忠贤阉党案。天启年间宦官魏忠贤专权,政治黑暗,屡兴大狱,杀戮东林党人。天启七年思宗即位,责令魏忠贤自杀。崇祯二年定"逆案",将党附魏忠贤诸人分为六等,重者处死,轻者终身不用。阮大铖以附逆罪罢官不用,并受到东林党人的敌视与轻蔑。

　　③　钱谦益《甲申端阳感怀十四首》其十二,钱谦益著,钱曾笺注,钱仲联标校《牧斋杂著·苦海集》,上海古籍出版社,2007 年,第 110 页。

易举的，批判者可以"个个是张睢阳，人人是文信国"①。马、阮适逢其时地利用人们的义愤来打压异己，阮大铖对人说："彼攻逆案，吾作顺案相对耳。"②所谓"顺案"，即对投降大顺政权的明朝官员进行清算的政治事件，而马、阮打击的则主要是与阉党对立、自许清流的士人，以此来转移人们对以阮大铖为代表的逆案中人的愤恨。马士英上疏要求严惩从逆降臣，而龚鼎孳是他重点批判的"逆臣"之一：

> 闯贼入都，侍从之班、清华之选，素号正人君子，皆稽首贼廷。如科臣光时亨力阻南迁，而自先迎贼；龚鼎孳降后，每见人则曰："我原要死，小妾不肯。"小妾者，为科臣时所娶秦淮娼顾媚也。他如陈名夏、项煜等，不可枚举……更有大逆之尤，如庶吉士周钟，劝进未已，上书于贼，劝其早定江南。③

在江南整肃臣纪的呼声下，在马、阮别有用心的挟私报复中，弘光朝廷对从北地潜回江南的周钟、光时亨、陈名夏、项煜、方以智等人按顺案之六等分别定罪，周钟、光时亨被判弃市④，方以智南走广东以卖药为生，更多的则是如项煜、陈名夏一般，百般无奈下又从江南逃回北地，归顺了清政权。在南方如此严酷的舆论形势下，龚鼎孳只得断绝南归之意。他在《与卢德水先生》其二中言："会南中当国者，修故郤必欲杀而烹之，无路可归，遂且隐忍。"⑤他不仅不能去投靠南京当国者，连返回合肥里第都是一种奢望。"而

---

① 钱谦益《与邑中乡绅书》，《牧斋杂著·牧斋外集》卷二二，第 823 页。
②③ 李清撰，何槐昌校点《南渡录》卷一，浙江古籍出版社，1988 年，第 42 页。
④ 有称二人被处死。参见计六奇《明季南略》，中华书局，1984 年，第 200 页。亦有称第二年四月，由于左良玉政变，二人由弃市改为充军，参见［日］小野和子著，李庆、张荣湄译《明季党社考》，上海古籍出版社，2006 年，第 544 页。
⑤ 《定山堂文集》卷二五。

南中要人，奋拳修郄，县锁以需，遽下捕亡之令。"①以至龚鼎孳在忆起元配童氏之妇德时，都特别提到她临危持家之功："旋值甲申之变，南北阻绝，风雨飘摇，南中用事者修部党之郄，凶惧日至，孺人奉先严慈于风波震撼之时，怡颜顺志，忧危藉以稍安。"②于此可知，龚鼎孳当时确实是有家难归，有志难伸。此后他不遗余力地以文字对马、阮的报复行为进行反报复，其实更是对一己失节行为的努力辩白，如果没有那场赶尽杀绝的政治清洗，他何至于冒天下之大不韪沦为"双料贰臣"！事后的抨击与剖白已是于事无补，但至少也让我们明白，他并非不知礼义廉耻之徒，他也曾力图在乱世中保持作为士人的洁白与骄傲，但时命不由人，他终究还是堕入了一个让他惭悔终生的道德黑洞中。

　　降清后，他也确实曾经"疏辞至再三"，顺治元年（1644），他上疏多尔衮称："一年之间，九死备历，再尘仕版，必致偾辕。既不能遒缧继于前朝，又安能效忠说于今日？负先帝教戒玉成之德，昧人臣进礼退义之闲，徒积诟讥，奚裨尘露？此所由低徊往事，而益凛乎其疚心也。"③他并不是一个心安理得的变节者，他只是一个可悲的生者，覆亡的故国、已死的故君，是他最为沉重又无法卸除的精神枷锁。清廷并未允可他的请求。次年他又连上《恳恩给假省亲以展子情以广孝治疏》《恳恩允放回籍养亲疏》《微臣招尤已甚揣分难容乞恩允放归养以保余生以全廉耻疏》三疏请辞，虽然这与他构隙冯铨遭受排挤有关，而且均以侍养父母为辞，但从这种频繁的上疏与疏文之恳切沉痛而言，他是真诚地渴望告别政治，远离这个让他身心受创、声名瓦碎的紫禁城，只是他一次次地遭到当局的回拒，既然无力改变，他也只好安于现状。

---

①　《待诰赠中宪大夫太常寺少卿前敕封文林郎湖广黄州府蕲水县知县显考颖达府君行述》，《定山堂文集》卷二一。

②　《待诰赠夫人前敕封孺人元配童氏行略》，《定山堂文集》卷二一。

③　《衰病残躯不能供职谨补牍陈情乞恩允放启》，《龚端毅公奏疏》附卷。

　　白一瑾认为"龚鼎孳具有相当远大的政治理想,和极为强烈的事功欲望。且不惜为此放弃自己的道德人格支柱"①,言下之意似是龚鼎孳是为了事功追求而主动做了贰臣,笔者不否认龚氏的确有着强烈的进取之心,但他并非因此而无视道德,他不是主动投靠新主而做了贰臣,他一降再降,"濒死不死,偷生得生"②,是性格的懦弱、命运的捉弄、事态的无法预料与控制等种种因素共同造成的,他并不是一个为了荣名功业而蔑弃君臣之义、践踏臣纪人伦的躁进势利之徒。

　　从以上六点的辨析可以看出,龚鼎孳并非主动降闯降清,他也有过求死之举,但最终还是求生的本能占了上风。他只是在无力主宰命运时,选择了一个对自己生命危害最小的方向,至于这个方向将带给他的生命何种无法承受的重负,已是当时的他无暇细思也不敢细思的。只是风云过后,在夜深人静时的低徊自问,尽是不堪闻问的支离过往,要多少个轮回静守多少次忏悔自讼,才能回到人生最初的模样。

(二) 毫无愧耻还是负疚惭恨

　　在讨论龚鼎孳为何做了贰臣之后,再来看看他成为贰臣之后的状态。孟森对龚鼎孳有过这么一段评价:"芝麓于鼎革时,既名节扫地矣;其尤甚者,于他人讽刺之语,恬然与为酬酢。自存稿,自入集,毫无愧耻之心。"③孟森所言乃针对龚集中《丹阳舟中值顾赤方是夜复别去纪赠四首》④一诗,其一有句云"多难感君期我死",

---

① 白一瑾《龚鼎孳人格论》,《人文中国学报》第 16 期,上海古籍出版社,2010 年,第 194 页。

② 钱谦益《与族弟君鸿论求免庆寿诗文书》,钱谦益著,钱曾笺注,钱仲联标校《牧斋有学集》卷三九,上海古籍出版社,1996 年,第 1339—1340 页。

③ 孟森《心史丛刊二集·横波夫人考》,第 140 页。

④ 《定山堂诗集》卷一八。

自注："赤方集中有吊余与善持君殉难诗。"顾诗今已不可见,孟森以为顾氏在诗中凭吊一个未死贰臣,必然出于讽刺之意,其实这是值得商榷的。在甲申(1644)、乙酉(1645)之际的兵荒马乱中,谣言四起,关于北京的消息很多都是捕风捉影道听途说,兼之龚鼎孳与顾媚又的确有过投井之举,外界流传他们殉难的传闻不足为怪。龚鼎孳对顾景星有知遇之恩,顾氏"集中感知怀旧,于端毅独深"①,即使以他的遗民立场,对龚氏未能死节有失望憾恨之意,似也不至于写诗讽刺之,何况,依龚氏在国变时的作为与辛苦之状,他想来也不会无动于衷地把别人的讽刺之语收入集中。虽然我们没有直接证据对孟森所说的"讽刺之语"证伪,但也同样没有证据对此"证实",因此这个批评在前提上是立不住脚的,但我们依然要问,龚鼎孳变节后是否真的"毫无愧耻之心"?

董迁言:"于是尽读合肥宗伯所著诗词,哀婉之处,既时见故国之思,其奏疏中为汉人计者,则更深且巨。至于优隆遗老、奖掖后进,顺康之间,尤无其匹。"②其优隆遗老、为汉人作计,世人多视作龚鼎孳的自赎之法,虽然未免失之片面,但也不失为一个角度。若有"自赎",必然先有"自省""自愧",而这种自省与自愧的情愫时常流露于其作品中。董迁谓龚氏诗词中时见故国之思,其实"失节之愧"也是其中一大主题,在此撷取数例以见其志:

> 顾如吾者,不幸独生,展转狱户,遭罹兵火,已决策亚咸,下从二子,而造物者不许,飘零失志,为世唾人。
>
> ——《丁野鹤逍遥游序》③

①　徐世昌编,闻石点校《晚晴簃诗汇》卷四六,第1755页。
②　董迁《龚芝麓年谱》(上),《中和月刊》,1942年第1期,第35页。
③　《定山堂文集》卷四。

盖此区区七尺,既已堕落坑堑,为千古惭人。

——《与卢德水先生》其二[①]

九秋生事拙,六代恨人多。

——《秋怀诗二十首和李舒章韵》其六[②]

恨人怀抱本苍茫,愁对秋云万里长。

——《和雪堂先生遂初秋岳舒章秋日书怀诗十二首》其一[③]

他屡屡自称为"唾人""惭人""恨人",早已不复当年"仗剑朝辞尺五天,红尘飞簇锦连钱"[④]的意气风发,苟全性命的他时时涌起弥天漫地的惭怍,这份惭怍迫使他直视自身的不洁,提醒着作为生者的他对死去的人未尽的债孽,他每日游走的尘世于他而言已是一个险恶却又无法摆脱的坑堑。"江淹本是恨人,庾信平生萧瑟"[⑤],他在诗文中常常自拟身仕数朝的江淹、庾信等人,他渴望在古人远去的叹息声中寄放不堪背负的灵魂重压。他在新朝时有失意之慨,但更让他难以为情的却是厕身新朝思忆故国之际油然而生的失路之悲。"伤哉失路人,全生不易为"[⑥],"应怜余失路,此哭不成声"[⑦],"失路人归故国秋,飘零不敢吊巢由"[⑧]。当然,他的失节之愧也会随着时月的流逝与年岁的增长日益淡漠,亡国之初撕

① 《定山堂文集》卷二五。

② 《定山堂诗集》卷六。

③ 《定山堂诗集》卷一六。

④ 《奉使出都马上口占》,《定山堂诗集》卷一六。

⑤ 《唐髯孙诗序》,《定山堂文集》卷四。

⑥ 《送雪堂夫子南归用古诗十九首韵》其八,《定山堂诗集》卷一。

⑦ 《送曹古遗给谏归殡汾阳十四首》其十二,《定山堂诗集》卷五。

⑧ 《初返居巢感怀》其一,《定山堂诗集》卷一七。

心裂肺的痛楚渐渐演变成兴亡阅遍千帆过尽后的惘然情思。从顺治二年(1645)"寝园麦饭虚寒食,风雨雕弓泣尚方"①的痛心疾首,到顺治十一年(1654)"白头宫监犹能说,闲过天崇两庙时"②的浅淡怀旧,旁观者或觉其对伤痛的遗忘过于迅速,在他身上确实找不到吴伟业式的至死方休的自责自讼,也不同于钱谦益般以对新朝的抗争与敌意来完成对故国的缅怀,但唯有这样,他才是一个真诚、真实且不同于他者的龚鼎孳。他有深情处,也有淡然处,他不过是一个会扪心自问、会痛疾自责,同时也会淡忘痛苦、会寻找现世安稳的凡夫俗子。

即使这样,也总有一个问题困扰着人们,那就是顺治三年(1646)孙光祀对他仕清后"惟饮酒醉歌,俳优角逐"与闻父丧后"歌饮留连,依然如故"的弹劾是否属实。即使没有父丧,在明亡之初便有心思沉迷酒色,龚鼎孳怀念故国旧君的真诚性确实让人生疑,若再加上父丧在身,那实在令人齿冷。龚鼎孳在予陈名夏的绝交书《与陈冢宰》③一文中对孙氏的纠弹严加驳斥,称其"信笔空描""事理乖谬",但孟森却以为孙氏所言"实为确事"④,并称"盖芝麓于礼教大防,直为本性所不具"⑤,那么真相到底是怎样的呢? 笔者以为龚氏的歌酒留连确有其事,但这却不足以让我们对其人品产生质疑。首先应当明确,龚鼎孳是一个性喜热闹的人,他喜欢在群体活动中寻找一种安全感与归属感。甲申年(1644)仕清之初,他与熊文举、朱徽、曹溶、李雯等贰臣滞留京师,惶惑无依百无聊赖,时常诗文酒会,诗集中《和雪堂先生遂初秋岳舒章秋日书怀十二首》《薄暮醉归同遂初作》等都是作于此时。甲申年尚且如此,往后的日子中,他们更是频相过从,宴游聚饮成了他们生活的重要组

---

① 《乙酉三月十九日述怀》,《定山堂诗集》卷一六。
② 《雪后奏事南海子》,《定山堂诗集》卷三七。
③ 《定山堂文集》卷二六。
④⑤　孟森《心史丛刊二集·横波夫人考》,第142页。

成部分。丁忧期间除在合肥里第居住外，还携顾媚漫游吴越，期间屡屡与江南地区的友人宴饮唱和。但是细细品读龚氏于诗文酒会中留下的作品，尽管也不乏愉悦之情的书写，但整体上却是哀情多于欢情。甲申年（1644）的《和雪堂先生遂初秋岳舒章秋日书怀十二首》的"百年出处高斋梦，满眼兴亡午夜心"（其三）、"南冠万死身何补，画角一声魂未收"（其五）①，《薄暮醉归同遂初作》"筑罢酒徒双泪暗，砧高寒月一星横"②；乙酉年（1645）的《社集韦公祠看海棠同诸子分韵》"如何倾国恨，又上海棠枝"③，《午日李舒章中翰招同朱遂初孙惠可两给谏集小轩演吴越传奇得端字》"歌舞场中齐堕泪，乱余忧乐太无端"④；顺治三年（1646）《花朝同敬哉韫退玉叔尔唯舒章芥庵社集秋岳斋限韵十体》"口衔石阙看弹剑，人阅铜驼厌枕戈"⑤，《春日同金岂凡少宰刘玉孺司马曹秋岳太仆吴雪航侍御宴集澹园即席限韵》"一座春愁天宝客，曲终未许落花听"⑥；顺治四年（1647）《试灯日社集寓楼用石疏扇头花月山堂二韵》"酒狂竟忍沧桑语，夜夜看人醉九霞"（其二）⑦，《秦淮社集白孟新有诗纪事和韵四首》"乱后江声仍北固，座中人影半南冠"（其四）⑧……诸如此类，实在不胜枚举，他确实是日日高会，孙光祀似乎并没有冤枉他，但同时我们也可以看出，在这种名目各异的社集宴会中，本应欢快热闹的场面在龚氏的笔下却始终笼罩着一层挥之不去的阴霾与哀愁，兴亡之感、故国之思、身世之悲，在呼朋引伴觥筹交错之际，总是不期然地涌上心头，让他悲从中来莫名所以。"乱余忧乐太无端"，作为劫余之人的他，总是悲哀追随着欢笑，欢闹中潜藏着孤寂。以下两则材料或许能更好地说明这一问题：

①② 《定山堂诗集》卷一六。
③ 《定山堂诗集》卷五。
④⑤⑥ 《定山堂诗集》卷一七。
⑦⑧ 《定山堂诗集》卷一八。

　　（龚鼎孳）往往于酒阑烛灺、歌残舞罢之际，与渻酌茗相
对，泫然流涕焉。

——杜濬《哭龚孝升先生文》①

　　龚大司寇芝麓给假归庐州，道拜大司空。至维扬，宾客既
多，宴会复盛，公甚疲于应接。乘隙有友拉之游红桥，看芙蓉。
晚赴戴大司农岩荦之酌。时座客张祖明问曰："公热闹人，何
乃看秋江寂寞芙蓉？"公曰："仆外边热闹，胸中原自寂寞。"

——邓汉仪《慎墨堂笔记》②

　　第一则乃龚鼎孳去世后，遗民杜濬为他所写祭文中的一段，歌
终舞罢宾客散去，独对友人痛哭流涕，极端的欢腾喧闹之后，却是
极端的悲情愁绪。第二则记的是康熙五年（1666）龚鼎孳归里葬母
之时的情事。热闹与寂寞，在龚鼎孳身上就像是一对如影相随的
双生子，即使高官美爵、宾客云从，那份深入骨髓的寂寞，却从未稍
离。于他而言，文酒高会不过是他在群体中排遣寂寞、宣泄痛苦的
一种方式。"世态日以多，繁忧日以积。辛苦得闲身，不饮更奚
益"③；"高卧兼沉醉，萧条度此时"④；"世事悲欢华发外，余生放诞
酒杯中"⑤，狂歌痛饮、放诞不羁之下，是繁忧日积，是早生华发，是悲
欢无凭，他渴望在绮筵金樽里遗忘时代加诸他的种种屈辱与痛苦。
"声歌自纵的晚明景观被视为末世相，却又被当作了故国风景……
由明入清的士大夫们，在'园林声伎'中既找到了抒发黍离之悲的

---

　　① 杜濬《变雅堂遗集·文集》卷八，《续修四库全书》第1394册，上海古籍出版社，
1995年据湖北图书馆藏清光绪二十年黄冈沈氏刻本影印，第84页。
　　② 邓汉仪《慎墨堂笔记》，《四库禁毁书丛刊补编》第57册，第527页。
　　③ 《雪后圣秋园次同过春帆用明月照积雪五字为韵》其四，《定山堂诗集》卷二。
　　④ 《秋怀诗二十首和李舒章韵》其四，《定山堂诗集》卷六。
　　⑤ 《舟过秦邮喜晤王铁山司空兼寿其五十初度》，《定山堂诗集》卷一九。

隐曲途径,也藉以回避现实中尴尬的政治境遇。"①正是在故旧亲朋的包围下,在一片似曾相识的笙歌鼎沸、醉生梦死的氛围中,龚鼎孳找到了一种联系自身与故国风景的安全方式。孙光祀弹章称"曾不闻夙夜在公,以答高厚",这是明亡之初,对九死备历、名节不保的龚鼎孳来说,又如何能在转身之际便将所有的错荟失败一笔勾销而全心为清廷效劳? 沉醉酒乡,亦不过是他逃避新朝之消极一途。可是喧嚣过后,他还是要面对"原自寂寞"的内心,沉醉以后,他还是要清醒地面对这个让他痛苦不堪又留恋不已的扰攘红尘。

国难家丧,龚鼎孳频频现身于歌筵舞席,不是天良丧尽,非关薄情寡义,他只是以他特有的方式来寻找精神慰藉与灵魂栖所,这亦是屡见于清初士人的一种特殊文化现象。若说清初的"风流遗民"如冒襄、余怀等人是"把文酒社集,甚或征歌选色变为政治立场"②,那么清以龚鼎孳、曹溶为代表的这批贰臣,则是在歌舞欢场中寄托自己的情感隐衷。诗筵酒席上,龚鼎孳努力以热闹对抗寂寞,他试图在人群中安放自我,至于世俗礼法的种种规约,对早已身败名裂的他而言似乎已经不再那么重要,于是,同僚的弹劾与世人的斥骂接踵而来。他可以厉声反驳孙光祀对他的抨弹,却无力还击后人对他的种种质疑。说到底,也不过是一失足成千古恨,功过是非任人评罢了。

二、身名得丧谁能平:龚鼎孳的评价问题

如何评价龚鼎孳,是一个过于庞大而又众说纷纭的问题。笔

---

① 姚旭峰《明清江南园林演剧研究》,上海戏剧学院博士学位论文,2007 年,第 4 页。

② [美]孙康宜、[美]宇文所安《剑桥中国文学史》下卷,第 224 页。

者无意也无力对此下一定评，只不过在以上论述的基础上提出自己的浅见。

　　在龚鼎孳去世第六年即康熙十七年（1678），康熙帝为他撰写了碑文："龚鼎孳性行端良，才猷敏练，历任要职，素著清勤。因积劳而成疴，今解任以调摄，方俟病痊，以需召用。忽闻长逝。朕甚悼焉。特赐谥曰端毅，勒诸贞珉，永光泉壤。国典臣谊，庶其昭垂无斁哉！"①康熙帝的碑文，等于以帝王之尊给予龚鼎孳一个官方评定，而当中对龚氏为官之才能与品行的高度评价，折射出龚氏在清廷的重要地位与良好口碑。《清史稿》有称："嘉、道以前，谥典从严，往往有位阶至一品例可得而未得者……易名盛典，殊不易得。"②可见龚鼎孳得谥"端毅"，是清王朝对他的高度认可。本已盖棺定论，但时移世易，到了乾隆年间，清廷为了进一步强化统治，特地表彰易代之际的忠臣义士，也相应地贬斥由明仕清的降臣。乾隆帝对其祖倍加称许的龚鼎孳极为厌恶："龚鼎孳，曾降闯贼，受其伪职，旋更投顺本朝，并为清流所不齿，而其再仕以后，惟务腼颜持禄，毫无事迹足称。"③乾隆四十一年（1776），下诏禁毁包括龚鼎孳在内的一批仕清明臣的诗文集。乾隆四十三年（1778），龚鼎孳入《贰臣传》乙编。乾隆五十四年（1789），诏削龚氏谥号。龚鼎孳一人，身受康熙与乾隆二帝判若天壤的评价，当中情由发人深省。乾隆强调，立《贰臣传》目的在于"崇奖忠贞，即所以风励臣节也"④，其实不过是通过强调封建臣节观以加强对臣民的思想控驭，通过对仕清明臣身后的追索与挞伐以儆示臣民，让他们对清廷绝对效忠有死无贰。龚鼎孳身仕三朝确实大节有亏，但称他入清后"惟务

---

①　《原任礼部尚书加一级谥端毅龚鼎孳碑文》，《龚鼎孳全集》附录二，第 2562 页。

②　《清史稿》卷九三《志六十八·礼十二》，第 2720 页。

③　中国第一历史档案馆编《乾隆朝上谕档》第 8 册，广西师范大学出版社，2008年，第 934—935 页。

④　中国第一历史档案馆编《乾隆朝上谕档》第 8 册，第 479 页。

腼颜持禄,毫无事迹足称",则难脱欲加之罪之嫌,帝王心术不足多怪。相形之下,康熙帝对龚氏仕宦的评价还是较为公允的,否则清廷也不会对他大加重用并屡次不准他的致仕之请。

不论康熙还是乾隆,对包括龚鼎孳在内的广大臣民的予夺褒贬,都不过是他们用以倡导某种价值标准的工具,朝廷的态度固然可以作为评判个体的参考,却不能作为唯一标准。也许从与龚鼎孳同时流辈的口中,更能接近龚氏的真实面貌。龚氏的故旧好友中,既有出处相近的贰臣,也有清廷新贵,还有前明遗民、布衣之士,我们不妨看看政治立场与其大相径庭的遗民对他是何种态度。

阎尔梅(古古),这位对故明王朝忠贞不贰、生死如一的反清志士,这位曾经痛斥仕清官员为"贼臣"的铮铮汉子①,对龚鼎孳却一直怀有一份深切的同情与理解,早在龚氏降清之初,古古就以"有怀安用深相愧,无路何妨各自行。元直曾云方寸乱,子长终为故人明"②之语深相劝慰。董迁对此有如此评价:"阎古古在清初遗老中,性最耿介,论人亦最严刻。钱牧斋尝云:'士得古古称善,想必无可议矣。'足征阎之不轻许人。然答公之五首其三'有怀''无路'各语为公剖解备至。更因公时有双亲引以徐庶、李陵故事。可知公之苦心已十分谅解。当时遗老持论如此,后之议公者自无置喙之地。"③古古原谅了他,当然不代表世人都必须原谅他,但当这些宽容之语出自论人严苛不稍假辞色的古古口中,我们却不能不为之动容。康熙四年(1665)龚鼎孳甘冒风险不遗余力为古古纾解大难,古古对龚氏的念旧重义更有着一种恩同再造的感动。更重要的是,他对龚氏出仕清廷已经由之前的谅解一转而为对其事功的

----

① 顺治元年,阎尔梅故友沛县县令胡谦光劝阎出仕,阎写下绝交诗《绝贼臣胡谦光》。

② 阎尔梅《答龚孝升五首·时自都门南下以诗投我》其三,《白耷山人诗集编年注》,第113—114页。

③ 董迁《龚鼎孳年谱》(上),《中和月刊》,1942年第1期。

赞颂:"身任朝廷事,功垂父母邦。世间人有数,天下士无双。"①龚
鼎孳在他的心中俨然无双国士,这同时也表明古古对清廷的敌意
无形中已经被这位贰臣友人消解了。

再看杜濬。杜濬(1611—1687)字于皇,号茶村,湖北黄冈人。
明亡,流寓金陵。杜濬与古古一样,都是明末清初以气节著称的遗
民。他与龚鼎孳相识于崇祯十五年(1642),入清后二人亦时相过
从,情好不减。杜濬生活贫困,寄食龚府是常有之事。若因此以为
杜濬乃攀附之徒实乃大谬,"诸公贵人求诗名者踵至,先生多谢绝。
钱牧斋尝造访至,闭门不与通。惟故旧或守土吏徒步到门,则偶接
焉"②。杜氏之砥砺名节、严于交游可见一斑。他与龚鼎孳交好绝
非缘于龚氏达官显贵的身份,相反他还对龚氏的清臣身份颇为介
怀,直至康熙五年(1666)龚氏返乡归葬继母时,他还"康济谁能
尽,功成退步宽"③"公之此行,从此步步办退,著著谋退"④等语劝
其归隐。龚氏自身亦时时言归却至死未归,但杜濬并不以此相责,
而是设身处地说:"先生用吾言而不效,非不用吾言也。"⑤他不认
为龚氏是贪恋富贵之徒,不吝以"知己"相许⑥。龚氏仕清是杜濬终
生的心病,但即使如此,他对龚氏的立身行事依然有着非常崇高的
评价:"出处之道,处以为身,出以为民而已。求之当世,处以为身
者,当如宣城沈耕岩先生;出以为民者,当如合肥龚芝麓先生。"⑦

①　阎尔梅《庐郡夏秋诗为龚孝升作》其十三,《白耷山人诗集》卷五,《续修四库全
书》第 1394 册,第 301 页。

②　李元度纂,易孟醇校点《国朝先正事略》卷四八《杜茶村先生事略》,岳麓书社,
2008 年,第 1297 页。

③④⑤　杜濬《哭龚孝升先生文》,《变雅堂遗集·文集》卷八,《续修四库全书》第
1394 册,第 85 页。

⑥　杜濬《哭龚孝升先生文》:"思欲少须时日为先生精选数百篇,期于必传,或行或
藏,皆可以报知己。"《变雅堂遗集·文集》卷八,《续修四库全书》第 1394 册,第 84 页。

⑦　杜濬《送宋荔裳之官四川按察使序》,《变雅堂遗集·文集》卷五,《续修四库全
书》第 1394 册,第 41 页。

杜濬所说之沈耕岩即明末清初之沈寿民,明亡后隐居不仕,与徐枋、巢鸣盛称"海内三遗民"。杜濬不仅像古古一样高度评价龚鼎孳的事功,更把作为贰臣的龚氏与当时风节自厉最受景仰的遗老相提并论,可见遗民界对龚鼎孳之评价殊为不恶,更因其经世济民之功许他为士人典范。

又如顾景星。明亡之初他期许龚鼎孳以死殉国,三十年后,当龚氏真的撒手人寰,他却满心沉痛地悲叹:"当年沟渎死,苦志竟谁明?"[1]他没有责怪龚氏苟活了如许年,而是庆幸龚氏当初的不死,肯定龚氏不轻弃有用之身。以笔挟风霜著称的计六奇在《明季北略》一书中称:"至已死而不死者,方太史密之、龚给谏孝升、吕中翰霖生、杨修撰静山、熊文选雪堂、陈编修百史,之数公者,君子犹当谅其志焉。"[2]认为龚鼎孳的不死应该得到世人的体谅。只是,时过境迁,当与龚鼎孳同行的那批亲历巨变、深知时代加诸士人身上的剧烈撕扯与不堪痛楚的人们一一离去,当清王朝从对仕清明臣的重用褒扬一转而为对冢中枯骨的鞭笞挞伐,人们对龚鼎孳的认识便渐渐偏离了原先之轨辙,而常凭官修正史的寥寥数笔去审视古人的今人,对这个遥远得几近模糊的历史人物,更是缺少一份全面的认知与体贴的同情。

毫无疑问,龚鼎孳不是一个完人。他的"已死而不死",根由在于贪生怕死,还有很重要的一点,就是他无法舍弃自青年时代根植于内心的匡济天下、实现自我的政治理想。他甚至公然把自己归降李自成拟之于魏徵归顺唐太宗[3],可见在他心中,事功理想更重

---

① 顾景星《哭合肥公十首》其四,《白茅堂集》卷一六,《清代诗文集汇编》第 76 册,第 276 页。

② 计六奇《明季北略》卷二二,第 611 页。

③ 《世祖章皇帝实录》卷二〇:"(冯)铨曰:'……流贼李自成将我故主崇祯陷害,窃取神器,鼎孳何反顺陷害君父之李贼,竟为北城御史?'王曰:'此言实否?'鼎孳曰:'实。岂止鼎孳一人,何人不曾归顺?魏徵亦曾归顺唐太宗。'王笑曰:'人果自立忠贞,然后可以责人。己身不正,何以责人?鼎孳自比魏徵,以李贼比唐太宗,殊为可耻。……'"(《清实录》第 3 册,第 177 页)

于道德操守。在风雨如晦的乱世中，他可以拼却心力守城护民，可以不避权要犯颜直谏，如果没有甲申年那场崩天之难，他留在史册的完全可以是一个光辉崇高的影像。但在国破君死之时，他既不能如范景文等毅然赴死从君于难，也不能如张煌言等誓不称臣抗清明志，甚至也做不到杜濬等的绝意繁华避世全身。他一降再降，两换门庭，既非忠臣，亦非义士，这样的道德形象当然并不伟岸。他仕明十年，仕清二十九年，他曾为明臣，但在更长的时间里，他却是一个努力融入并也成功进入清统治体制的清臣。站在清廷的立场，龚鼎孳为朝建制、为民进言，极力协调满汉关系，不论他的主观意愿是什么，他的作为客观上无形地消解了明遗民对清政府的离心情绪，而这是清王朝得以长治久安的重要基础。对明朝而言，龚鼎孳是一个食君之禄却不能死君之事的降臣；但对清廷而言，他却是一个一朝称臣、终身为谋的能吏。康熙有感于他作为"能吏"的实干精神，乾隆耿耿于他"降臣"的道德身份，二人着眼不同，得出的评价自然大相径庭。作为清廷一代能吏的龚鼎孳，他并没有忘记自己曾经的"明臣"身份，他没有牺牲血肉之躯来表达他对一个逝去王朝的忠诚，但他却在往后的人生里做着他力所能及的一切，向世人也向自己昭明生存之意义所在。他在给同为贰臣的曹溶的书信中，对历史上庾信、赵孟頫一流转仕多君的臣子，表达了一种同病相怜的理解，他掷地有声地说："宁得舍彼千年，讥其两截，吾兄勉为之。古人所以不死者，诚欲用其所未足耳。"[1]这与其说他在为古人翻案，毋宁说他在自我剖白，他不死有不死的理由，有不死的价值。他作于康熙九年（1670）前后的《午月祝许子位同年即和其自寿韵》其二道："英雄出世先匡世，温峤宁居第二流。"[2]称许辞官归隐的友人是表，传达"身退"先须"功成"的观念乃是其里，而

---

① 《答曹秋岳》其一，《定山堂文集》卷二五。
② 《定山堂诗集》卷三一。

这种"出世先匡世"的志向也正是龚鼎孳的夫子自道。正是一种宏大强烈的兼济天下兼显身扬名的事功理想，使得龚鼎孳在做不成明臣后，还能转身为清廷奔走效命；而又因为他的忏悔赎罪心理，他在厕身清廷之时依然无法忘怀自己对故国、故君以及至死仍以胜朝遗民自居之故人的负债。他虽然没有像钱谦益一样投身于反清复明运动来表明心迹，但他终其一生护持遗民援引后进，极力为汉人在清统治下争取权益，即使危及官爵也在所不惜，不论出于自明抑或自赎，还是马大勇先生所言的是"在人文生态驱动力作用下的行为结果"①，他的真诚与坚持毋庸置疑。苦志终明君子不校，龚鼎孳以自己的实际行动让大家原谅并发自内心地肯定他。不是每一位贰臣都能有这样的幸运，因为不是每一位贰臣都能像龚鼎孳一样，在大节已失后还能锲而不舍地去寻找人生的坐标与良知的归宿。

---

① 马大勇《清初庙堂诗歌集群研究》，第54页。

第二章　龚鼎孳诗歌研究

　　龚鼎孳是明末清初的诗坛巨擘,他与钱谦益、吴伟业同享"江左三大家"之盛名,但他却遭遇了生前与身后迥不相侔的成就定位。自乾隆时期的沈德潜对龚诗"宴饮酬酢之篇多于登临凭吊"①的点评一出,龚诗逊于钱、吴之观点渐成定谳,人们普遍认为他只是凭借官位与名望得以在江左三家中忝陪末座。诚然,酬酢之篇占据着龚诗创作的绝大比例,而这也确实在某种程度上损害龚诗的艺术价值,笔者也并不讳言龚诗成就在三大家中稍逊一筹,但领袖辇下诗风十余载的龚鼎孳,其诗歌创作本身,必然有着卓然挺立的根基与独当一面的气魄。

　　龚鼎孳在英才辈出的清初诗坛,算得上一位"高产"诗人,但"高产"这个评价只能施之于他入清后的创作规模,他留存下来的明诗数量并不为多,但大多都是艺术性与思想性俱参上乘的佳作。研究者论龚词,往往分为前期词与后期词,前期词又以其作于明代之词为重,却极少有人论及其作于明代的诗歌,这不能不说是一个缺憾。康熙十五年吴兴祚刻本《定山堂诗集》收龚诗三千九百六十三首,从龚氏诗集其他版本、清初诗选、诗话、方志、书画等文献中可辑得不为《定山堂诗集》所收的诗作八十九首②,龚氏存诗共计

---

① 沈德潜《清诗别裁集》卷一,第 14 页。
② 《定山堂诗集补遗》,《龚鼎孳全集》,第 1399—1434 页。

四千零五十二首。在这四千余首诗歌中，除了《顺治蕲水县志》所载十五首明确作于明代蕲水任上之外①，《定山堂诗集》及其他文献所留存诗作中，可基本确定作于明代的约一百一十首②，推算下来，龚鼎孳作于明代的诗凡一百二十五首，约占总数的 3%。在明生活了将近三十年的龚氏却只留下如此零星的关于那个时代的文字，与入清后诗歌创作的"高产"形成了鲜明的对比，最为合理的解释是他入清后为免因诗犯禁，对明朝时的诗作进行了删削，以致留存下来的明诗都是不碍当局、不触时忌的。

《顺治蕲水县志》所载的十五首诗题材较为集中，《清泉寺》《九日饮清泉寺》《兰溪即事》《和詹卓尔寻三泉诗》皆与蕲水境内的清泉寺及临寺之兰溪相关，除了最后一首乃酬酢诗，其余皆可归为写景述怀诗，《晚秋夜行宿凤城观》则为纪行述怀诗，而组诗《堞喟诗十八首》（存十首）主要叙写自己在蕲水任上抗敌守城之艰难困苦与蒿目时艰之伤时忧世，亦可归入述怀诗之列。十五首诗中，《九日饮清泉寺》《晚秋夜行宿凤城观》为五律，《清泉寺》为七律，余者皆为七绝。

《定山堂诗集》中的明代诗作，其中一部分是作者明确系年的，如《送熊鱼山给谏出狱诗·甲申上元日》《癸未十七日以言事下狱》《燕邸秋怀和朱玉籥韵八首·壬午》《寒夜不寐·癸未初冬日作》等；一部分诗作可通过以史证诗来判断，如卷五《述闻·感武陵事作》、卷一六《范质公司马抗疏谪归寄怀二首和方孩未先生韵》，将诗歌内容与具体史实相结合，知此二诗所写分别为明朝督师杨嗣

---

① 《顺治蕲水县志》共载龚诗十六首（刘佑修、杨继经纂《顺治蕲水县志》卷二四，清康熙雍正间刻本），然作于清代的《送毕十臣还蕲水》见于《定山堂诗集》卷二三，诗题作《毕协公南归兼怀周子天格》。

② 具体篇目见附录二。因《定山堂诗集》每卷分体并按年代顺序编排，某诗若无明显线索，而它之前与之后的诗均作于明代，则将其系于明代。还有部分未能确定的，笔者未选入，故一百一十首只是一个大概统计。

昌、兵书尚书范景文事，杨氏死于明亡前，范氏死于明亡时，故二诗必然写于明代；还有一部分诗作可通过其他作品来证实，如卷一六《为密之催妆同秋岳于皇尔唯如须限韵三首》，此诗可与《定山堂诗余》卷二之《烛影摇红·方密之索赋催妆即用其韵》互勘，它们皆是龚鼎孳为方以智纳妾一事而作，二者虽均未注明创作时间，但龚词末注："时予南鸿初至。"联系《定山堂诗余》卷一《念奴娇·中秋得南鸿喜赋用东坡中秋韵》所记之情事，崇祯十五年（1642）中秋，在北京为官的龚氏得到顾媚从金陵北上归嫁之音信，所谓"南鸿"即指此事，据此可知《烛影摇红》亦作于此年，那么同为一事而写的《为密之催妆同秋岳於皇尔唯如须限韵三首》的创作时间自然可知了。

　　考察龚鼎孳作于明代的诗歌在《定山堂诗集》中的分布，除卷三存七古一首、卷三四存七言排律一首、卷五存五律八首外，其余大量集中于卷一六和卷三六中。卷一六（七律）卷首标明所存为"辛巳至丙戌"之作，也即崇祯十四年（1641）至顺治三年（1646）的诗作，其中明诗五十六首，这里大部分写的是诗人于明亡前之见闻感受与个人遭际，它们或以酬酢的形式出现，如《友人以感秋诗索和即步来韵》①；或以咏怀的形式出现，如《感春二十首·甲申二月》②；或以纪事的形式出现，如《述闻·感武陵事作》③。不论何种表现方式，它们大多对明亡前之末世乱象有着独到而深刻的反映，朝政腐败、战事失利、权臣误国、谏臣遭贬，冷酷的历史在龚氏的笔下成为一声浩然长叹，这部分诗作数量虽不为多，却有着振聋发聩的力量。卷三六（七绝）存明诗四十二首，多数篇目是龚氏对自己与顾媚之感情经历的记述，笔者将它们归入咏怀诗之范畴谈论。

　　《顺治蕲水县志》与《定山堂诗集》之外，存于《冷庐杂识》的题顾媚小像诗与存于《尊拙斋诗集》的《同光含万诸公省中夜集限韵》

①②　《定山堂诗集》卷一六。
③　《定山堂诗集》卷五。

亦可明确系于明代①，前者乃咏怀诗，而后者系酬酢诗。在对龚鼎孳的明代诗作简要介绍后，笔者拟从思想内涵、艺术风貌等层面对龚诗作一全面解读。

第一节　龚鼎孳诗歌的内容分类

从思想内涵上考察，龚诗基本可以分为酬酢诗、咏怀诗、记述时事与反映民生之诗三类，此外还有某些数量较少的小类，笔者将另加说明。

一、酬酢诗

龚鼎孳的诗词文中都有为数不少的酬赠之作，而这种倾向在其诗歌创作中体现得尤为鲜明。在其四千余首诗作中，酬酢类占到一半以上，可以说这种压倒性的比例是非常惊人的，也正是这种带有游戏性质的题材选择，使龚诗饱受质疑与诟病。无须否认，龚氏此类带有明确的交际目的的诗作中确有不少流于敷衍应景，其思想性与艺术性并无多少值得称道之处。但另一方面，他的酬酢诗中还有许多情辞俱到的优秀篇什，未可等闲视之。鉴于龚鼎孳特殊的人生经历，笔者重点叙述其表达故国之思与失节之愧的诗作，且将其酬答的对象主要分为两类，一是入清不仕的遗民友人，一是与龚氏经历相近的由明入清的贰臣文人。此外当然还有

---

①　顾媚小像诗见陆以湉《冷庐杂识》卷七"程春庐京丞博雅嗜古，所蓄书画甚多。余曾于其侄银湾参军世樾处见顾横波小像一幅，丰姿嫣然，呼之欲出……左方诗二首，云：'腰妒杨枝发妒云，断魂莺语夜深闻。秦楼应被东风误，未遣罗敷嫁使君。淮南龚鼎孳题。'……"陆以湉《冷庐杂识》，中华书局，1984 年，第 386 页。又见《定山堂诗集补遗》，《龚鼎孳全集》，第 1431 页。《同光含万诸公省中夜集限韵》见《尊拙斋诗集》卷三，清康熙刻本。又见《定山堂诗集补遗》，《龚鼎孳全集》，第 1411 页。

清朝新贵、后进文士、家族亲友之类的酬赠对象，但以上两类却最称典型。

首先看他与遗民友人之间的酬唱。明清易帜的时代巨变未能斩断身为"两截人"的龚鼎孳与守节不仕的遗民间之交谊，而生活在同一时空下，共同经历着痛愤、惊惧、绝望、迷茫等种种心绪的他们，相互间的倾诉、聆听与回应，无疑成了他们缅怀故国与维系情谊的最佳方式，而龚氏面对遗民友人剖白自己失节的愧悔，更是忏悔自赎与消除彼此隔阂的重要一途，试看：

> 贞松不尘处，高云无群飞。凿坯类慢世，安知心所悲。叶落恋故柯，中林犹可依。万动息初夜，独鸟知还归。百年能几何，所恨不早衰。沉饮非养生，庶于意不违。
> ——《张瑶星招集松风阁用陶公饮酒韵》其二①

这首五古应作于顺治三年（1646）至七年（1650）间，时龚鼎孳归里守制并漫游吴越一带。张瑶星即著名遗民张怡，他在明末以诸生授锦衣卫千户，明亡后，隐居于上元的摄山僧舍②。龚鼎孳明亡再仕，面对守节不贰的友人，本已自惭形秽，兼之他在新朝立足不易、多受排摈，此次漫游实多有放废之感，故交重逢，便更平添了一份愧悔交集的情愫。他以"贞松""高云"拟张氏，让人想见其为人之高洁超逸。接着称张氏之隐居看似玩世不恭，实则悲戚满怀，悲从何来？还是那弥天漫地的亡国之痛与故国之思。面对自身与张氏共有的亡国之悲，再联想自己旧巢已覆的凄怆与新枝难栖的尴尬，龚鼎孳发出"所恨不早衰"的浩然长叹，最后惟纵饮解愁了。

---

① 《定山堂诗集》卷一。
② 参见方苞《望溪先生文集》卷八《白云先生传》，《续修四库全书》第 1420 册，上海古籍出版社，2002 年据上海图书馆藏清咸丰元年戴钧衡刻本影印，第 390 页。

虽名为酬酢,实际却是诉说经历鼎革后的友人与自身心中那无法消逝的创痛,绝非轻儇肤泛的酬应之作所能比拟。

又如他顺治三年(1646)归里,舟过淮阴时寄谢与阎尔梅并称"徐州二遗民"的万寿祺:"彭城悲战色,岁晏客心同。一饭怜青眼,千年想大风。中原从逐鹿,吾党各飞鸿。厨俊相看尽,幽人得桂丛。"①烽火榛莽世积乱离,无论是耿介持节的遗民志士,还是屈节再仕的孤臣孽子,他们内心的悲哀是一般无二的。他把自己内心的悲楚娓娓道来,中原逐鹿、山河改易,曾经志同道合的"吾党",终是殊途异辙,个中的悲哀怎能以言语尽之。最后诗人不忘对友人的"遗民"身份加以颂美,言下也不无对自己未能激流勇退而生的无奈,和应酬答中自有真情深意。《如农将返真州以诗见贻和答二首》②是最能见出龚氏"贰臣心态"的典范之作:

　　天涯羁鸟共晨风,送客愁多较送穷。黄叶梦寒如塞北,黑头人在愧江东。九关豺虎今何往,一别河山事不同。执手小桥君记否?几年衰草暮云中。

　　曾排阊阖大名垂,蝇附逢干狱草悲。烽火忽成歧路客,冰霜翻羡贯城时。花迷故国愁难到,日落河梁怨自知。隋苑柳残人又去,旅鸿无策解相思。

此二诗作于龚鼎孳顺治四年(1647)漫游吴越之时。如农姓姜名埰,崇祯四年(1631)进士,后选授礼科给事中。崇祯十六年(1643)因言事而下诏狱,同为言官的龚鼎孳曾三次上书相救未果,

---

① 龚鼎孳《万子年少自清江过访值余同友他出阙焉倾倒返舟既迫后晤未期临发惘然赋此寄谢》其二,《定山堂诗集》卷七。

② 《定山堂诗集》卷一八。

不久龚氏亦因弹劾陈演入狱。崇祯十七年（1644）正月，二人同时出狱，龚氏被贬为城旦，而姜氏则谪戍宛陵。明亡后，龚氏降清，姜氏则坚守气节，成了遗民。顺治四年（1647）值龚鼎孳漫游吴越之时，姜氏自真州至泰州过访龚氏，离别之际，感慨万千的龚鼎孳写下这两首诗赠别之。前首主要写自己身为贰臣愧对江南遗民的惭怍，同时也以"九关豺虎"喻指前明擅权误国、诛锄善类之阉党余孽，以此婉转地为自己的失节开脱。"一别河山事不同"，人代河山，历尽沧桑之后的重逢，已是"江山易帜，友仇皆散"①，真是蕴蓄了龚氏的万千心绪。后者更显悲怨断肠。他们曾同为正色立朝又同受诏狱之辱的谏臣，差堪比拟勇撄逆鳞的关逢龙、比干之流，可是烽烟薄城之时，他们却走上了截然不同的人生，终究是歧路殊途、携手无由。"冰霜翻羡贯城时"一句真是道尽失节之人的悲怆，龚鼎孳称他反倒深羡起往日二人身陷囹圄时那生死未卜的岁月，因为那时他与僚友同气连声、同道相谋，更因为那时他有"诤臣"之荣而无名节之玷。花迷故国，不见来路，难寻归途；日落河梁，他龚鼎孳终是初心难明，只能类于失足顿成千古恨的李陵一样，那渗入骨髓的悲怨只能自尝自知自怜。

再看他与贰臣友人间的唱酬。故国之思与失节之愧，同样是他与贰臣文人酬唱时的重要主题之一，龚氏诗集中的佳作很多都是国变之初与贰臣文人的唱和往还诗，试看其作于顺治三年（1646）的《春日同金岂凡少宰刘玉孺司马曹秋岳太仆吴雪航侍御宴集澹园即席限韵》四首中的其二与其四②：

　　绮筵三月敞兰亭，垂柳还依御苑青。槛外晴沙分鸟梦，西来山色入渔汀。凤笙队尚喧名部，雉尾香偏染画桱。一座春

————————

① 邓之诚撰《清诗纪事初编》卷五，第1377页。
② 《定山堂诗集》卷一七。

愁天宝客，曲终未许落花听。

——其二

　　宸翰高悬宝墨香，争从劫火拜灵光。杜鹃不解留青帝，鹦
鹉犹能哭上皇。璧碗风烟禾黍后，金门花月骕骦旁。衔杯难
尽文通感，独立苍茫过夕阳。

——其四·时观宋徽宗墨迹

　　诗题中的金之俊、刘余佑、曹溶、吴达都是与龚鼎孳一样的仕
清明臣，可以说这是一次非常典型的贰臣宴集。在前首中，鼎革后
的京师的某个角落，在诗人的眼中是柳青沙白、水色山光，兼之高
朋满座、歌吹喧阗，这该是多么赏心悦目的良辰美景，可是尾联却
将诗人鼎革后内心那种澜翻泉涌的哀愁款款传出。好一句"一座
春愁天宝客"，这在座的都是曾经食明俸禄的旧朝之臣，他们没有
任君之事、死君之难，他们在国破君死的时候苟活了下来，纵然风
物无改、繁华依旧，他们却已不能潇洒如故。后者乃龚鼎孳观赏宋
徽宗墨迹有感而作。同为被异族接替，入清的明人往往自比亡于
金元的宋人，龚氏在这里借观赏徽宗墨迹抒发对这位被金人掳掠
北上继而客死他乡的帝王的哀悯，不过亦是借古伤今，"鹦鹉犹能
哭上皇"，那么他们这些明朝旧臣又岂能淡忘两年前崇祯帝的喋血
殉国？这种对故君的思忆与痛悼之情，又转化为对自身境遇的一
种不无自责的悲怨，"衔杯难尽文通感"，文通即大名鼎鼎的南朝江
淹，他虽文名籍甚却经历坎坷，他在那个改朝换代如走马观花的时
代里历仕宋、齐、梁三朝，龚氏以之自拟，实乃出自对自身转仕多君
遭际多艰的慨叹。而他的这种慨叹，在与他有同一经历与怀抱的
友人听来，自然是心有戚戚、感极而悲了。

　　比起与遗民酬唱时低眉顺眼的姿态，龚氏与贰臣友人之间的
赠答似乎更能看到他真实的自我。当然，这并不是说他对遗民言

辞虚伪,但在那样一种情境中,道德的自我贬抑及对对方的适度迎合在所难免,而与遭际相似、出处相同的贰臣友人交流,则能更为随意与适性。顺治二年(1645)清廷申剃发令,仕清明臣熊文举引疾求归,龚鼎孳作《送雪堂夫子南归用古诗十九首韵》二十首①送别,当中就将故交零落的哀凉与国变改节的痛疚向同为贰臣的熊氏表达得沦肌浃髓,"廉颇免长平,坐中无故客"(其三);"死当魂慨慷,生当独悲辛"(其四);"结手语汨罗,绝命良已迟"(其八);"伤哉失路人,全生不易为"(其八),真可谓一唱再三叹,慷慨有余哀。但这里除了痛悔之情的表达,还流露了一份不会轻易在遗民面前启齿的对功业荣名的向往,以及屈节投诚也无法改变的道德自信。"生平管葛心,盛年犹未晚"(其一);"相视各不言,微躯敬自守"(其二);"夫子崇令德,多难以自考。深山豺虎疑,守身默为宝"(其十一);"所贵道义完,宁嗟荣华暮"(其十四),"管葛"乃管仲与诸葛亮的并称,二人皆为历史上赫赫有名的事功之臣,龚鼎孳称熊氏的弘济之心足以颉颃二人,即使屈节再仕,纵然失意求归,亦不足为道,因为盛年未晚,可以相机复起。此虽出于对熊氏的称许,但更是龚氏的夫子自道。"微躯自守""守身为宝""道义贵完"云云,可见龚氏并未将改节仕清当作自身或友人万劫不复的道德戕害,否则他自立于何地大谈"道义"与"守身"? 而他也只有在面对同命相连的贰臣时,才能也才敢无所顾忌地让这份功业之心与道德自信喷涌而出。

又如他寄怀赵开心父子有言:"勿问行藏事,俱称憔悴人。感时双鬓白,过眼一枰新。鸿雁天南北,龙蛇道屈伸。风波京洛满,羡汝五湖滨。"②洞老乃贰臣赵开心,友沂即赵开心之子赵尔抃。顺治九年(1652),赵开心为其子疏请应礼部试,但因其子尔抃曾举

---

① 《定山堂诗集》卷一。
② 《寄怀友沂兼柬洞老》其四,《定山堂诗集》卷九。

隆武丙戌乡试,赵开心以此挂弹章,罢职南归。龚诗应作于是年,值赵氏父子南还滞留济上时。开篇一句"勿问行藏事,俱称憔悴人"就道出龚鼎孳对赵开心这位贰臣友人之身份认同,在遗民那里,"行藏事"乃名节大事,是不能不问的,而贰臣在新朝侧足而立的"憔悴"与遗民绝意繁华固穷自守而来的"憔悴",也是不可同日而语的,短短十字,便清晰透出诗人那种物伤其类的郁怏与幽怨。经历了甲申之祸,惊魂甫定的他们,又要面对异族新主的天威难测。供职于清廷的汉官动辄得咎,升沉荣辱变幻无定,友人的去官罢归未尝不是因祸得福,一句"风波满京洛"将绵延于龚鼎孳内心的忧惧与不安展露无遗。邓汉仪称"时友沂被放而公亦忧谗畏讥,故言之沉挚如此"①,真可谓得此中三昧。

当然,像龚鼎孳这样喜好呼朋引伴而又以其声望赢得"士流归之"之局面的人物,他的歌筵舞席上,常常都是遗民、贰臣、新贵、后进等多种身份的人物齐聚一堂,也因酬酢诗所特有的游戏性质,龚氏许多酬赠对象不同的诗歌也有着相近的特点,所以不必胶柱鼓瑟地强分尔汝。虽然光阴流逝逐渐减轻了故国与名节带给他的精神重压,但宦海浮沉的崎岖、随人俯仰的艰虞、怀乡思归的情愫、自许清流的意气、生离死别的沉痛、世事沧桑的空漠,这些情感无一不深深缠缚着他。"饱历仕宦趣,涉险若探汤"②"钓船秋好能相待,入洛方知行路难"③"飘泊还山梦,艰难负米心"④"浊世人难卧,清流势本孤"⑤"旧交回首尽,凄咽到欢场"⑥"新燕新莺即渐飞,冶

---

① 邓汉仪《诗观初集》卷二,《四库全书存目丛书补编》第 39 册,2001 年据南京图书馆藏清康熙慎墨堂刻本影印,第 64 页。诗题作《寄怀友沂兼束洞翁和孝威韵》。

② 《和答澹心兼寿其五十初度》,《定山堂诗集》卷二。

③ 《何次德返白门》,《定山堂诗集》卷二三。

④ 《舟至淮阴与家弟孝积小饮》,《定山堂诗集》卷七。

⑤ 《春夜次古古韵十五首刻烛促成漏三十下》,《定山堂诗集》卷一五。

⑥ 《九日招崔兔床吴岱观姜绮季朱鹤门王望如纪檗子白仲调项器宗阎秩东纪法乳姜孝阿沈云宾王公远黑窑厂野集用重阳登高四韵》,《定山堂诗集》卷一四。

游天宝梦依稀"①……这些觥筹交错之中、送往迎来之际,不愿停止也无法释怀的诉说,是他笑中带泪的回眸,是他深藏于游戏当中的孤愤,是他理想幻灭之后无力的清醒。人生自是有情痴,纵使传杯换盏、花月流连,也未必尽是富丽堂皇、情意寡淡的书写,龚鼎孳的酬酢诗,当作如是解。

二、咏怀诗

如果说酬酢诗是龚鼎孳面对朋辈亲旧而涌出的思绪,那么咏怀诗则是他有感于自然节物或社会人生而发出的思考。咏怀诗是龚诗中仅次于酬酢诗的一大类别,举凡"运会之升降、人事之变迁、物候之暄凉、仕途之得失"②,皆于此中有着深挚动情的表现。

论及此类,当然首先就应谈到他的《咏怀诗·闲居无事托咏写怀用阮公原韵得四十六首》③。这是龚鼎孳作于顺治四年(1647)前后的作品,情深调苦,集中体现了龚氏经历世变后百忧感心、进退无据的愁苦心怀。在这里,有"孤蓬随惊飙,故林不可归"(其八)的飘泊无根之慨,有"立志苦不卒,焉辨贞与淫"(其十)的失节之叹,有"遭时一差跌,进退难自禁"(其十一)的命运弄人之感,有"物奇无知己,不若弃道旁"(其十八)的失志之悲,有"功名与意气,两莫保令终"(其三十七)的惧祸之心,真可谓长歌浩叹触绪纷来。洋洋洒洒四十六章,与其说是逞才使气,毋宁说是心有郁结不吐不快。

《感春二十首·甲申二月》④是龚鼎孳咏怀诗中的代表作,也是龚氏留存不多的作于明亡前的作品。这是龚氏于崇祯十七年(1644)出狱后作,此时距离北京城破仅有月余,试看龚氏值此风雨

① 《春日古古伯紫昭兹同集小斋》,《定山堂诗集》卷三一。
② 吴伟业《龚芝麓诗序》,《吴梅村全集》卷二八,第665页。
③ 《定山堂诗集》卷一。
④ 《定山堂诗集》卷一六。

如晦之时是如何表述一己心怀的:

> 问世心长昼掩扉,蓬莱院亦避芸晖。泰阶自指三台正,傲客长看七尺微。奋臂天关驯虎尾,还山风雨付牛衣。扁舟预订桃溪约,二月渔竿水渐肥。
>
> ——其三

> 自悔雕虫诎壮图,霜鹰蹋翼远难呼。西山草木犹群盗,北极衣冠孰老儒。十道争飞常侍檄,五侯初进富民租。高烽夜照麒麟阁,无数归人踏绿芜。
>
> ——其四

两诗皆表达了龚鼎孳对明王朝腐朽昏暗的刻骨失望。前首中龚氏虽然还津津于自己不畏权贵面折廷争有类于天关驯虎的壮举,但这个曾经意气风发的青年才俊经此摧挫,看清了权臣柄国君主偏听的现实,于是他萌生了归隐之愿,甘守牛衣对泣之贫贱,欣订桃溪扁舟之约期,可见他对现实严酷性的估计还远远不足。若说前者重在表露一己心曲,那么后者则主要在于揭露明廷病入膏肓的腐朽。面对麒麟烽火、中原膏血,明王朝是束手无策、草木皆兵,阉寺横行的朝廷,依旧横征暴敛的王侯将相,大厦将倾之时还有兴致踏青游赏的芸芸众生,真可谓举目魂销、恻然心伤,国运世运,不为无因。

没等这位半是清醒半是天真的龚鼎孳践行他理想中远离尘嚣的桃溪之约,一场惊天灾难以迅雷不及掩耳之势降临到了北京城。崇祯十七年(1644)三月十九日李自成陷京师,崇祯自缢,五月清兵入关,在短短的两月内,龚鼎孳两换门庭。当这位双料贰臣喘息方定,他沉痛难抑地写下了《乙酉三月十九日述怀》:"残生犹得见花光,回首啼鹃血万行。龙去苍梧仙驭杳,莺过堤柳暮云黄。寝园麦饭虚寒食,风雨雕弓泣尚方。愁绝茂陵春草碧,罪臣赋已罢长杨。"①
这可以说是龚诗中感情最为凝重沉痛的一首,真可谓痛心疾首、魂
销泪零。九死一生,残生犹在,余悸与庆幸交集下的回首,是国破
君死的惨烈,是啼鹃泣血的凄怨,是未能死君的愧怍。陆游的"早
信此生终不遇,当年悔草《长杨赋》"②是自伤不遇,而龚鼎孳的"罪
臣赋已罢长杨"则是表明自己无心邀宠新朝的心迹,愿以余生的不
遇为今日的苟生赎罪,尽管他在清廷是显宦以终,但我们不应怀疑
明亡之初他的这份意愿的真诚,自称"罪臣",他也确实曾经万念俱
灰无地自容。

　　光阴流转,世事变迁,二十余年后的龚鼎孳忆起前明旧事时,
却是一番别样的滋味:

　　　　造滕平台玉漏清,九霄霜月夜论兵。铜仙沾洒千年别,城
　　郭归来独鹤情。跃马鸣珂无故侣,赐金乘传已前生。不须重
　　问邯郸路,总入华胥梦亦惊。
　　　　　　　　——《过广武回忆壬午出使时二十五年矣抚今
　　　　　　　　追往为二诗以寓慨焉》其二③

　　康熙五年(1666),龚鼎孳归里葬母,同携顾媚之梓南归。途经
广武时,忆起崇祯十五年(1642)的那次出使,旧地重游使他百感交
集地写下了这首诗。这里已经没有国破之初那种锥心刺骨的痛楚
与涕泪交零的忏悔,虽有铜仙洒泪的慨叹,却仿佛已是遥远得如同
"千年"之隔的时空投向心海的一轮涟漪,而不再是当年的波涛汹
涌,这就像去家千岁的华表归鹤,虽然也有物是人非的感伤,但已经

① 《定山堂诗集》卷一六。
② 陆游《蝶恋花》。
③ 《定山堂诗集》卷三一。

得道成仙，不会有太多不能释怀的俗世哀乐。不仅是前朝的出使经历，连同整个明朝以及他在那里度过的时光，都成了一场前尘旧梦。

此外，龚鼎孳那些无关易代之感的咏怀诗也有不少优秀之作。如《善持君卧病枕上口占》："月对寒林碧，秋辞晚径荒。不知穷到骨，真拟醉为乡。煮药香封灶，移花燠近床。好持同病意，黾勉践繁霜。"①此诗作于顺治九年（1652）前后，龚鼎孳服阙回京补馆卿，位卑职轻，本已失意，又逢顾媚卧疾，遂作此诗。诗人在荒寒冷寂的秋景中展开对自身境况的叙述，沉沦下僚而导致的困窘无聊，本拟借酒消愁，但为照顾卧病在床的爱姬，惟有煮药移花，他称自己与顾媚乃同病相怜，言外之意，顾媚乃玉体有恙，而自己实乃郁郁不得志所致之精神困境。此中有失意，有自嘲，有温存，有勉励，把自己对失意生活的体味，用一种疾徐有致、张弛有度的语言表达出来。再如顺治十五年（1658）悼念幼女的《花朝一绝句》："隔岁云迷岭树斜，鹧鸪声里梦还家。那堪对酒花朝过，肠断东风落一花。"②用一种轻灵婉美的语言将自己的丧女之痛表达得妥帖深切，使一种凄哀的况味从字里行间不绝如缕地传达开来。

龚鼎孳的咏怀诗中还有一种特殊的类型，即咏风月之怀，这主要指的是他对自己与顾媚之间恋情的吟咏，试看：

> 别袂惊持人各天，春愁相订梦中缘。缕金鞋怯长安路，许梦频来桃叶边。
>
> ——《江南忆》其三③

此诗乃崇祯年间铨选入京后思念顾媚作。他在梦中与情人相

---

① 《定山堂诗集》卷九。
② 《定山堂诗集》卷四〇。
③ 《定山堂诗集》卷三六。

见，订下重逢佳期，他还在梦中听见她说，去往京师的路途遥远漫长，还是请他在梦中常回金陵的桃叶渡口幽期密约吧，那可是当年见证王献之迎归爱妾桃叶之地啊！明明是人怯京师远，却说"缕金鞋怯长安路"；明明是等待对方赴京与自己相会，却说"许梦频来桃叶边"，将一种忆别思远的情愫表达得婉转蕴藉，却又丝毫不减弱情感的炽热浓烈。

如此轻快爽利的言情之作，在龚氏易代后的作品中很难再找到，此后的生涯中，纵然风月无边，也是羁人有恨，如《沂湖晚泛同善持君限韵时小雨初霁》："百顷烟波暮色开，轻帆信不数龙媒。五湖伴侣留烟月，六代江山付劫灰。衰柳断汀眠鹭熟，远村寒火捕鱼回。客心入夜偏萧瑟，无限西风鬓发催。"①此诗作于顺治三年(1646)归里守制前后，此时也正是龚氏仕途之低谷期。风景不殊爱侣仍在，但早是山河易主、江山劫灰，而屈节再仕的自己亦无法得到新主的信任与重用，此时的客心萧瑟已经不再是早年卿卿我我的儿女私情，而是劫波历尽后的无限沧桑与倦怠。"将山谷陵替纳于花月儿女之中"②，使得龚氏相当一部分吟咏风月的诗篇有了历史的厚度与情感的深度，读来更是别有一番感慨在。

康熙二年(1663)，顾媚卒于京师。康熙五年(1666)夏间龚鼎孳回里营葬其母王太夫人，并携顾媚灵槥南返。在此期间，龚氏到过南京浦子口，写下四首登双碧楼有感的诗作，其中之一便是为悼念亡姬而作：

> 长干金粉隔风尘，璧月空怜子夜春。桃叶渡江迎不得，恨人甘作别离人。
>
> ——《浦子口登双碧楼感怀四首》其四③

---

① 《定山堂诗集》卷一七。
② 马大勇《清初庙堂诗歌集群研究》，第71页。
③ 《定山堂诗集》卷四二。

不妨拿它与前举之《江南忆》比较,仿佛二者是遥遥相望的姊妹篇。只不过一乃少作,一则暮年所作。当年为一次别离而肝肠寸断,如今年华空老斯人逝去之时才明白,人世间真正刻骨的悲哀不是天各一方,而是重泉幽隔。他重游昔日与顾媚定情的金陵旧地,感慨当日的别离还能想着桃叶迎归,而今日却当真是"迎不得"的绝望。不论是"万事吞声成死别,君归黄土我黄沙"①的凄怆,还是"伤心抛下青螺管,懒向人间更画眉"②的专情,抑或"独怜爱海何时竭,每到西风涕泪新"③的痴怨,龚鼎孳都是以最沉痛的感情最缠绵的笔致将这种玉碎香残的凄楚及他对顾媚绵绵无期的思念表达得椎心泣血不忍卒读。

剥落了酬酢诗"为他"的目的,咏怀诗"为我"的印记更为鲜明,歌终舞罢时的喜极生悲,静夜对影时的扪心自问,铅华褪尽后的回首前尘,情天爱海中的纠缠错结,没有了被看的氛围与自饰的需要,他的文字便更容易让人看见喧嚣后的萧条、沉寂中的躁动、繁华中的惨淡与厮守后的分飞,他的心中那一道道无法熨平的岁月的褶皱,正如灯火阑珊处的那位孤身而立的素颜美人,总能让人顿生怜惜之心与亲近之意。

三、记述时事与反映民生之诗

龚诗中记述时事与反映民生的这两种作品,因为皆有较强的叙事色彩,故笔者将它们归为一类进行分析。

首先看他的记述时事之作。这部分作品或记录重大的历史事件,或涉及重要人物的活动,可与明清史的一些记载相参看,可以

① 《仲冬三日山左道中有感是日为善持君生辰》其一,《定山堂诗集》卷四二。
② 《仲冬三日山左道中有感是日为善持君生辰》其三,《定山堂诗集》卷四二。
③ 《中元为善持君忌辰礼忏六如师以诗见慰和答》其一,《定山堂诗集》卷四一。

说具备史料与文学的双重价值。《述闻·感武陵事作》三首是明时龚鼎孳有感当朝督师辅臣杨嗣昌丧身殒命一事而作,杨氏为湖南武陵县人,故题称"武陵"。不妨看看这件朝野震惊的大事在龚氏的笔下有着怎样的体现:

> 襄州才鼎沸,洛邑已萧条。万里征旗满,频年玉叶凋。国戚穷斧钺,士气弱金貂。流涕思丰沛,戎衣剧盱宵。
>
> ——其二①

崇祯十二年(1639),在各地农民起义愈演愈烈之际,权倾一时的东阁大学士杨嗣昌被委以督师之责进行镇压。杨氏被张献忠以走制敌的战术牵制,疲于奔命力不从心。崇祯十四年(1641)正月,李自成陷洛阳,杀福王朱常洵。同年二月,张献忠袭襄阳,杀襄王朱翊铭。龚诗前两句所言即二王被杀事。万里征旗战伐不休,朝廷投入的人力物力不谓不丰,但穷兵黩武剿寇无功尚且不表,就连金枝玉叶的皇室宗亲亦连连惨死,致使人心惶惶士气萎靡。末句龚氏表达了作为臣子对崇祯帝宵衣盱食却仍陷于危殆之境的殷忧与未能分君之忧的痛切,这其实就隐含着对杨氏负君之托的谴责。二王事件对杨氏实乃致命的打击,尤其是襄王之死,因为襄阳正是其督师衙门所在地,襄王死后的次月,深感有负君恩的杨氏自尽身亡。关于杨氏之死,各种史料、笔记众说纷纭,或言投缳,或言服毒,或言病死,根据《述闻》第一首中的"元戎劳仰药"来看,龚氏采信的是服毒一说,亦可作为时人耳闻口传之一证,而与史料互勘。

《元夕和空同诸韵》其四②记述的是顺治十六年(1659)十一月,顺治帝下诏对明代陵寝加以修葺。这是清廷所采取的一项重要民

---

① 《定山堂诗集》卷五。
② 《定山堂诗集》卷一三。

族政策，目的在于笼络汉人之心，从龚鼎孳这首颂圣之诗中，不难看出汉族士大夫对清廷的这个举措确是感恩戴德。《初八夜同圣秋伏景运门外恭听世祖章皇帝遗诏》《二月二日晓雪恭送世祖皇帝梓宫移景山泣纪四章》①记载的则是顺治驾崩后的相关事宜。顺治十八年（1661）正月初七，顺治崩于养心殿，初八日，遗诏颁行天下。二月初二，移顺治梓宫于景山寿皇殿。除了客观记述这一事件外，后者还赞扬了顺治的英猷远略与宽仁之心，同时还对顺治与董鄂妃的倥偬情缘表达了深深的叹惋。《辛丑十二月十九日恭诵诏谕尽蠲新加练饷感恩纪事因赋蠲租行二首追同元次山〈春陵行〉韵·因柏乡中丞之请也》②记述的则是康熙元年（1662）末清廷因都察院左都御史魏裔介之谏言，蠲免同年七月所加派之练饷，此类诗歌不仅可与史实互证，还可与龚鼎孳《宽民力以裕赋税之源疏》《急纾民困以固邦本疏》③之类的奏疏参读，加深对龚氏一以贯之的安民乃国计根本的政治思想的了解。

　　此类作品在龚诗中有相当数量，笔者所举不过为典型诗例。读龚鼎孳的这类诗歌，对事件背景的了解往往重于对诗人情感的寻绎。总体而言，龚氏入清后的这类诗歌在批判力度与情感冲击力上均远逊于明末伤时感怀之作，入清后的记述时事之作中感颂皇恩、褒美新朝占了多数，但我们不能以此判定龚诗多婉娈顺上、粉饰太平之作，因为入清后龚氏也写下了不少反映民生疾苦的诗作，这些诗作集中创作于顺治十三（1656）、十四年（1657）颁诏粤东期间，其中途经江西所作之《挽船行·用少陵〈最能行〉韵》《岁暮行·用少陵韵》《万安夜泊歌·用少陵〈忆昔〉韵》④是龚鼎孳集中

---

　　①　二诗均见《定山堂诗集》卷一三。
　　②　《定山堂诗集》卷二。
　　③　《宽民力以裕赋税之源疏》出自《龚端毅公奏疏》卷四；《急纾民困以固邦本疏》出自《龚端毅公奏疏》卷七。
　　④　三诗均见《定山堂诗集》卷四。

反映民生、揭露时弊最为典范的三首诗歌,也是龚鼎孳那闪耀着人道主义光芒的仁政思想的最为集中的体现,如:

> 天寒鼓枻生悲风,残年白头高浪中。地经江徼饱焚掠,夜夜防贼弯长弓。荒村叶落寡妇泣,山田瘦尽无耕农。男逃女窜迫兵火,十年不见旌旗空。昨夜少府下急牒,军兴无策宽蜚鸿。新粮旧税同立限,入不及格书驽庸。有司累累罪贬削,缗钱难铸山为铜。朝廷宽大重生息,群公固合哀愚蒙。揭竿扶杖尽赤子,休兵薄敛恩须终。
>
> ——《岁暮行》

江介悲风岁暮天寒,触目皆是荒凉。清政权入主中原已有十余年,地方上却依然饱受兵火盗贼之苦,人民或死或逃,民生凋敝,田地荒芜,而穷兵黩武的清政府为维持战争所需,还苛捐杂税严限追比。龚氏语重心长地建议统治者要休兵薄敛与民休息,警醒严刑苛政的统治者不要绝人生路、逼民为盗,若这些良民赤子无以为生揭竿而起,损害的正是统治者自身的利益。

《万安夜泊歌》亦是后人津津乐道的经典之篇。诗人目睹的是万安城人烟荒芜、满目蓬蒿的萧条冷落,耳闻的是江滩声夹杂鬼哭声的凄厉恐怖,这是何等凄凉不堪的景象,但接下来所写的虎患横生以人为食、县吏催租鞭挞见血,则更让人陡生"苛政猛于虎"的感慨。《挽船行》写的是拉船纤夫的悲惨处境。衣不蔽体的纤夫在拉船之时不仅要面对各种险阻的地形,还要提防豺虎等猛兽的袭击,如此恶劣的环境,他们为什么还要前来拉船呢?"滩高风急船须上,县吏追呼到贫子",沉重的科敛徭役让他们不得已走上纤夫一途,但那些官船兵船堆积如山,这些食不果腹饥肠辘辘的人儿哪里有力气拉得动这些如山巨舟呢?再加上征途险恶,这些纤夫随时都有性命之虞。念及于此,龚鼎孳一声长叹:"何时戍罢科敛轻,饥鹄归飞有完宅",这不仅仅是触景生情的自言自语,更是对统治者的拳拳忠告,希望朝廷轻徭薄赋休养生息,使百姓不饥不寒安居乐业。此外,《十八滩杂咏·用少陵诸韵》《常山道上》《过龙窟》《夜泊感事叠前韵》《瓜洲夜起守闸口号》,这些篇章均从不同侧面反映了清初民不聊生的社会现实。

　　研究者在论述龚鼎孳的反映民生疾苦的诗歌时,一般都将目光聚焦于他入清后的创作,因其反映民生的代表作多集中于顺治朝的中后期,但事实上,龚氏初入仕途任职蕲水县时,便有这方面的相关创作。《顺治蕲水县志》所录的七绝组诗《堞喟诗》①,虽然十八首仅余其十,但不难看出当中一以贯之的主题便是感叹乱世烽火中生灵涂炭、颠沛流离之惨况,试看其七与其九:

　　　　万瓦如鳞一劫灰,野人无泪但徘徊。啼魂化血归何处,饱尽霜岑落叶堆。

　　　　几队明妆一路啼,生携兰蕙出幽闺。雕鞍小约青骢尾,那得琵琶怨日西。

　　农民起义军攻城陷地,作为大明官员的龚鼎孳死力拒敌,一场场的恶战过后,是男子的白骨堆积鹃血啼魂,是女子的遭掳受辱天涯流离,作为父母官的龚鼎孳是摧伤怆恻。留存的十首《堞喟诗》诗前皆有小序,以补诗之难言,如其一"晴烟迷野,良苗被畴,顾我农人,率而荷殳,何望哉",如其八"彼寇而南,狂奔三突,哀我孑遗,阒寂乎山之深矣",悲良田无耕,恨流寇肆虐,哀民生多艰,拳拳之心,哀哀之意,溢于言表。

――――――――――

　　① 　刘佑修、杨继经纂《顺治蕲水县志》卷二四,清康熙雍正间刻本。

远离了当时的社会情境，龚鼎孳这些记述时事与反映民生的诗篇今日读来已不能引发太多的共鸣与感触，但它们在当时都是具有鲜明现实感与强烈批判性之佳作，这里跳动着社会的脉搏，这里承载着士夫的良知，它们熔铸了诗家之善感与史家之褒贬，以悲天悯人的笔触诉说着历史的庄严与残酷，也让人看到多写宴饮酬酢之篇的龚鼎孳的另一侧面。

四、其他类别的诗歌

龚诗除了上述三大类外，还有其他林林总总的小类，笔者主要对其中的纪游诗、咏史怀古诗与咏物诗作一大略分析。

（一）纪游诗

这部分诗歌较为集中地出现于两个时间段，一是顺治三年（1646）至七年（1650）归里并漫游吴越时期，二是顺治十三（1656）至十四年（1657）颁诏粤东之时。他较为出色的纪游诗多能在湖山吟赏、江山揽胜中融入一己深沉的感情与深刻的思考，景中有情，情中见事，可谓引人入胜。

> 山泽几同游，乾坤已白头。凭高先忍泪，入洛想回舟。歌管催残日，霜枫驻晚秋。石城潮渐落，肯为客销愁。
>
> ——《登燕子矶》①

此乃龚鼎孳顺治十四年（1657）自粤北返途经金陵时作。龚氏登上燕子矶，想起昔日登高同游的友朋，而今却是满眼寥落，真可谓当时共我登临者，点检如今无一半。兼之今日年华老去两鬓生

---

① 《定山堂诗集》卷一二。

霜,更重要的是此时的他刚经历其仕途中最大的一次摧挫,再次登临望远,怎不让他悲从中来! 凭高而忍泪,说明悲痛难抑,入洛想回舟,可见仕途的险仄已让他心生倦意与退意。全诗意象凄冷,气象衰飒,情感基调一直都处于低沉、压抑的状态,“忧从中来,不可断绝”或正可成为这首诗最为贴切的注脚。

《长干秋兴》十首①乃龚鼎孳顺治六年(1649)漫游金陵时作。其八云:“百战楼船地,三秋橘柚天。高云孤鸟没,古道夕阳悬。虎踞遗雄迹,鸥行媚远川。关河王气外,落木浩无边。”这是一首非常优秀的纪游写景诗。此诗气象开阔、格局壮大,橘柚、高云、孤鸟、古道、夕阳、鸥鸟、川原、落木,这些景物共同组成了一幅苍茫辽远的长干秋景图,而“百战楼船地”“虎踞遗雄迹”“关河王气外”则在寥廓的空间感外又注入了深远的时间感,实景的苍凉与历史的沧桑在这里经纬错综,使全诗的意蕴绵延于有形文字之外。这十首组诗除了有对长干地区的风光描画,更有诗人忧生忧世之情的流露。这里有“新亭杯酒后,哭叹已无人”(其五)的故国之思,有“悠悠沧海上,羽檄乱烟蓑”(其六)的对郑成功等沿海势力所造成的战争局势的担忧,还有“欲采芙蓉去,风波不可行”(其十)的对人生理想与人生忧患之冲突的体认,真可谓四顾苍茫百端交集,绝非一般的流连光景之作。

此外,《登北固和吴岩子韵》②对北固风光俯瞰八方的摹写、《游七星岩》③对岭南胜地不同侧面的精微刻画,《秋分同善持君冒雨重游天竺灵隐漫成口号十二首》④对灵隐寺兼具佛风禅韵与烟火气息的描绘,《重过京口感怀同孟贞子觞作》⑤通过对发生于京

---

① 《定山堂诗集》卷八。
② 《定山堂诗集》卷六。
③ 《定山堂诗集》卷二五。
④⑤ 《定山堂诗集》卷三六。

口这个军事重地的重要历史事件的概写以抒发兴亡无凭之感，都显示了龚鼎孳在创作这类诗歌时的非凡功力。

（二）咏史怀古诗

这类诗歌虽为数不多，但还是出现了几篇颇有代表性的佳作。如《金陵篇用李空同汉京篇韵》，先从历史上金陵的六代兴亡乌衣王谢说起，接着由远及近，诗人的目光回到作为弘光王朝首都的金陵。诗人不吝笔墨地叙写了马士英、阮大铖弄权，逼走史可法，左良玉拥兵自重重兵逼南京，继而病死九江舟中，南京朝臣降清而弘光帝出逃等一系列事件，黍离之悲当然是诗人表达的主题之一，但他并不囿于南明一朝，而是立于历史变迁世事翻覆的高度来感慨兴亡，"繁华久触高明忌，满目新亭人似瘵。长堧偏容鼓角过，斜阳最耐兴亡事。台城白日乱鸦号，复道香尘长野蒿。宝钿妆成云易散，珠扉花冷月空高。世事从来多反复，沧桑眼底翻陵谷"①。诗人已从具体的历史事件中超越出来，一转而为对金陵这个文化符号所承载的兴亡意蕴的阐发，故哀思少而反思多，正如张谦宜《茧斋诗谈》评此篇道："不愧诗史，满眼铜驼荆棘之感，却无衰飒气，真不可及。"②能做到有铜驼之感而无衰飒气，就因为作者重在传达一种反思精神而非亡国之悲。又如作于顺治四年（1647）咏怀项羽的《乌江怀古》其三："萧萧碧树隐红墙，古庙春沙断客肠。真霸假王谁胜负，淮阴高冢亦斜阳。"③楚汉时期项羽与韩信是楚汉相争时期两位最杰出的军事家，刘邦最后能打败项羽，很大程度上是依凭韩信之力。兵败如山倒的项羽自刎于乌江，可是那位战功赫赫的淮阴侯韩信，还不是因为功高震主而被诛杀于长乐宫钟室，他的结

---

① 《定山堂诗集》卷三。
② 钱仲联编《清诗纪事·顺治朝卷》，江苏古籍出版社，1987 年，第 1365 页。
③ 《定山堂诗集》卷三六。

局又和项羽有什么不同呢？命运的轮回犹如历史无意间的一个残酷玩笑，图王取霸扰攘相争，最后不过是非转头空、胜败不足凭，龚氏此悟，或亦有感慨明末群雄逐鹿蛮触相争的意图在。又如其四："一增不用岂天亡，倾国何当罪艳妆。试看八千齐解甲，虞兮曾不负君王。"①借霸王别姬之事有力批驳了自古及今甚嚣尘上的"红颜祸水"的论调，龚氏借刘邦总结项羽失败之由时所言"项羽有一范增而不能用，此其所以为我擒也"②之语，认为项羽之败在于不能用贤，与他宠爱美人是没有干系的。君不见，最终自动杀身殉主的也就那位弱女子虞姬，比起那些解甲投诚的七尺男儿，虞姬有何负于霸王！真可谓一针见血发人深省。顺治十三年(1656)龚氏使粤途经江西万安的惶恐滩时，有感于文天祥抗元殉国之旧事而作诗一首，诗云：

> 破垣残客走真州，蹈海悬知碧血流。柴市尚能争木主，黄冠岂止哭江头。小楼白日延倾厦，狂竖中山补壮谋。滩水自流呜咽恨，凄凉寒角暮云收。
>
> ——《过惶恐滩感文信国旧事》③

诗歌首联从两条线索写起，一是出使元大营被扣留的文天祥摆脱元人掌控后逃往真州，却被当作间谍而不得不再度逃亡，值此之时他大势已去，南宋亦是恢复无望；二是崖山海战宋军大败，南宋丞相陆秀夫义无反顾负帝蹈海。诗歌开篇即奠定全诗慷慨悲壮的基调，恍见英雄长叹壮士悲歌。文天祥柴市就义百世流芳，宋亡入道的汪元量在文天祥生前有勉励其尽节之诗，在其身后又有为

---

① 《定山堂诗集》卷三六。
② 司马迁撰，裴骃集解，司马贞索隐，张守节正义《史记·高祖本纪》，中华书局，1982年，第381页。
③ 《定山堂诗集》卷二五。

其招魂的悲歌。宋亡之后,那些不自量力的狂妄之辈还在谋求着恢复反攻,但大势已定,宋廷倾覆之大厦岂会依凭他们的区区之力再次屹立,不仅徒劳无功,还会引发又一轮的干戈四起生灵涂炭。诗歌结尾刻画惶恐滩边哀荒之氛围,流水呜咽、寒角凄凉、暮云四合。此诗不论从思想内容还是艺术成就上,都是上乘的怀古之作。值得注意的是,诗人怀古的用意在于伤今,联系明王朝的社稷倾圮、忠臣义士的殒命殉国,以及至今依旧负隅顽抗的南明永历政权与郑成功的沿海势力,我们不难发现诗人这首怀古之作实际上是有着非常强烈的现实意义的,他实际是将怀古与咏怀结合起来,从中也可见龚鼎孳虽然对故国不无思忆之情,但他对南明政权和郑成功的抗清却是不赞同的①。

(三)咏物诗

龚鼎孳的咏物诗为数不多,却是他的诗集中颇为重要的一种创作类型,故不宜轻易略过。龚氏咏物诗中体物精微的并不多见,其摹写物象之目的在于“写意”“寄兴”或“说理”。“写意”之作以《岸梅半落童子以瓦瓶悬插舟中》为典范:“芳影欹斜蘸碧流,空阑小立迥含愁。珊珊素质笼烟雾,罗幕还宜下玉钩。”②这首诗乃龚氏使粤途中作。首句是写梅花倒映在水中的动人芳影,次句视点从水中转至舟中栏杆,梅花独立空阑,仿佛含愁带恨,诗人笔下的梅花已非纯粹静物,而成了一个感情丰富、气韵生动的美丽女子。末两句诗人看到轻云薄雾笼罩中的梅花,想到此时若能轻下帘钩,便更生一份氤氲朦胧之美。物中有景,景中有情,情中见人,亦花亦人,真可谓人花不辨情意毕到。诗人注重的不是对物态之摹绘,

---

① 《清史稿·郑成功列传》载龚鼎孳请斩郑成功父亲郑芝龙事:“(顺治)十二年,左都御史龚鼎孳请诛芝龙,国器亦发芝龙与成功私书,乃夺芝龙爵,下狱。”赵尔巽等《清史稿》卷二二四,中华书局,1976 年,第 9161 页。

② 《定山堂诗集》卷三九。

而是去形取神，聚焦于所咏之物的意态与神韵的传达。

　　"寄兴"之作以顺治十三(1656)、十四年(1657)使粤时作的《西洋布》《西洋烛》为代表。顺治十二年(1655)六月，清廷为了防止沿海民众接济反清势力，"严禁沿海省分，无许片帆入海，违者置重典"①，广州的海上贸易活动自然大受影响，但在之前很长一段时间内，广州是中国对外贸易的大港，所以使粤的龚鼎孳也得以在这片贸易的热土上看到许多西洋的新鲜玩意儿，并留下与它们相关的文字。试以《西洋烛》为例："水晶帘箔倚微风，仿佛轻烟出汉宫。蟾魄露晞银箭外，鲛人珠冻玉盘中。扶南炷不灰琼树，金钵光同泛彩虹。夜夜流辉沾蔀屋，坐销战燧海天红。"②诗人首联描写的是燃烛之时的室内环境，水晶帘箔随风轻飚，"仿佛"句巧妙化用唐代韩翃"日暮汉官传蜡烛，轻烟散入五侯家"的诗句，营造出一种富贵闲雅而又朦胧缥缈的氛围。接着诗人写到月华流光白露晞、银箭寒漏催良宵的室外氛围，多情的诗人看烛泪沾盘则如鲛人泣珠。但诗人笔下却非"蜡烛有心还惜别，替人垂泪到天明"③的断肠之苦，而是"夜夜流辉沾蔀屋，坐销战燧海天红"的光明礼赞，赞美西洋烛不择贫贱万户流辉，赞美它是中外化干戈为玉帛的重要凭证，这里应该隐含着诗人对清初沿海紧张局势的一种担忧与对和平的企盼，与《西洋布》的"白雾晴开万里船，尚方刀尺净烽烟"④是同一心怀。又如《韩圣秋庭中见霜菊用鲍明远霜中能作花为韵》五首表面咏菊，实皆为兴寄之作，如其二："群卉凄已歇，独立当严风。匪无过时伤，所得在固穷。岁寒失知音，埋没蔓草中。"⑤透过独立严风的霜菊寄寓文士的固穷之志与不遇之悲，诗人之身世之感实亦蕴含其中。

　　① 蒋良骐《东华录》卷七，中华书局，1980 年，第 119 页。
　　②④ 《定山堂诗集》卷二五。
　　③ 杜牧《赠别》其二。
　　⑤ 《定山堂诗集》卷一。

　　"写意""寄兴"之外，他还有以"说理"为主的咏物诗，这以《咏萤和魏石生都谏四首》其二为代表："瑶阶流碧影，任隔水晶帘。埋照非同暗，全生不近炎。心难秋草歇，光肯薄尘沾。络纬啼方急，遵时在守潜。"①龚鼎孳表面为咏萤，实际上是以萤关合自身，透露出龚氏明哲保身的人生方略。

　　本节按书写内容将龚鼎孳诗歌分为酬酢诗、咏怀诗、记述时事与反映民生之诗、纪游诗、咏史怀古诗、咏物诗六类，并以具体诗例分析每一类之情感内蕴。龚诗中酬酢诗这类"为他"的应景之作虽占了很大一部分，但同时他也有着为数不少的"为我"写心的咏怀诗，同时还有"为国""为民"作计的记述时事与反映民生之诗，可以说，龚鼎孳眼界所及、器局所至，并不褊狭。而他那感时伤世的纪游登临诗，借古讽今的咏史怀古诗，寄意幽微的咏物诗，都体现着他对人生、对历史、对时事的思考与态度。沈德潜称龚诗"宴饮酬酢之篇多于登临凭吊"确为事实，但我们也应该认识到，龚鼎孳的这类以纪游登临、咏史怀古为代表的登临凭吊之篇虽不以数量取胜，但它们大多有情思、有气势、有境界，它们在龚诗中的重要性，也丝毫不弱于数量庞大的宴饮酬酢之篇，若没有它们，龚鼎孳诗歌的煌煌风采必然大为减弱。

第二节　龚鼎孳诗歌的艺术特色

　　龚鼎孳作为"江左三大家"之一，他的诗歌在其生前备享盛誉，却在其身后屡遭质疑，毁誉褒贬，大相径庭。只有当剥落了或政治或道德的种种文学界域外的考量，回归文学，细读文本，才能真正体会到龚诗独具特色的风貌。而这种特色，正是他得以在清初诗坛自我树立的重要凭借。

────────────

　　①　《定山堂诗集》卷一〇。

一、各体诗歌的独特风貌

在《定山堂诗集》四十三卷三千九百六十三首诗歌中,有古诗、律诗、排律、绝句等众体诗歌,各体诗歌按数量从多到少依次排列为:七律(1 654 首)、五律(1 157 首)、七绝(828 首)、五古(201 首)、七古(72 首)、五排(26 首)、六绝(19 首)、七排(6 首)。加上《定山堂诗集补遗》中的七律 39 首、七绝 23 首、五律 21 首、七古 2 首、五言排律 2 首、五古 1 首、五绝 1 首,排序亦无改变。从这个排序中不难看出,龚鼎孳创作数量最多的是五七律与七绝,而这也正是其获致最高评价的三类体式,但龚氏的古体诗也有不少佳作,以下试分别论列之。

(一) 五古

龚鼎孳的五古创作大体是以汉魏盛唐诗人为基准的,龚鼎孳五古多用阮籍、陶渊明、谢灵运、杜甫等之诗韵,举凡阮籍之寄慨遥深、陶渊明之澹泊古雅、谢灵运之鲜丽清俊均可于龚诗中得其仿佛,但绎味其中,不难发现龚诗之形貌当与杜诗最为相类。如其《咏怀诗·闲居无事托咏写怀用阮公原韵得四十六首》①虽名为用阮籍诗韵,但当中不少篇章之风神气韵却酷似杜诗,如其十八:

> 荆山有奇璞,秀孕天庙光。剖之得国宝,灿烂陈琮璜。卞氏昔未遇,掩暧愁孤芳。刖足岂云辱,恸哭空山阳。悼此连城姿,蹉跎誉不翔。物奇无知己,不若弃道旁。寄谢悠悠人,失时诚足伤。

---

① 《定山堂诗集》卷一。

　　此首乃次韵阮籍《咏怀》(西方有佳人)。龚诗以和氏璧的典故隐喻自身的失时之悲与求知之愿。比兴以寄意,确得"阮旨遥深"之三昧,然其神情气貌却绝类老杜,尤其是"不若弃道旁"一语,更是直接从杜甫《新婚别》诗"不如弃路旁"句化出,若言龚鼎孳之五古乃祧魏晋而宗老杜,应非无的放矢。不妨再看他与时人唱和的两篇五古:

　　　素士若名山,到门忘尔汝。幽溪如美人,含情淡容与。六年西子湖,吾梦落中渚。苍然南屏月,投老已心许。相思不相见,明河耿芳杯。岂意湖上客,京华等羁旅。振衣嵩洛尘,林涧不遑处。斗酒话今夕,是间犹有侣。韩纪尚云卧,吴曹竟霞举。予怀在冥鸿,谁甘吓腐鼠。寺门三月花,归棹一江雨。悠悠行路人,安知此中语。双屐破苔藓,群木交庭墅。春水添几尺,白鸥过前屿。为歌招隐诗,清欢共延伫。
　　　　　　　　——《胡彦远归武林吴梅村纪伯紫各有诗赠别步原韵二首一和梅村》①

　　　风雨起平津,白日蛟螭走。飞沙过庭树,春樽负初柳。月朔坐松扉,茶香浮晴牖。惆怅采兰约,芳辰复不偶。世事付弹剑,悲歌代击缶。千仞尚鸢翮,一跌竟虎口。范蔡亦何常,浮云自翻手。周颙草堂在,惜哉为谁有。高车带倾覆,静者观已久。浩然赋归休,夫子诚善诱。……揽鬓各问年,一岁增老丑。太息平生心,艰难顿成负。飘摇如落叶,群态更挥帚。空岩梧竹深,斯志能酬否。未抱汉阴瓮,虚耽子云瓿。冠盖烂天衢,何者不衰朽。言寻霞外驾,谿此区中友。鼎鼎天壤间,娱亲托升斗。柴桑固真洁,扣门义熙后。乾坤纷金铁,仆马犹刍

---
　　①　《定山堂诗集》卷二。

粿。黄绮不可作,沮溺恒堪耦。沧海急中流,相期唯白首。为问五朱轮,何如宫一亩。

——《胡彦远归武林吴梅村纪伯紫各有诗赠别步原韵二首一和伯紫时方有濑水之狱》①

二诗都写作于顺治十一年(1654),皆为遗民友人胡介拟归武林之时龚鼎孳的赋诗饯行之作。第一首步韵吴伟业(梅村)《题河渚图送胡彦远南归》②,它除了赞美友人高飙远举的逸士之风,也表达了自己羁宦思归的情愫。比之吴诗,更具愤世与自伤之意,但总体诗风仍趋近杜诗萧散从容之一面,亦可用刘熙载《艺概·诗概》评五古的"平彻而闲雅"③五字以概之。但后者则与此大不相同。第二首步韵遗民纪映钟(伯紫),它在送行中融入了对当年发生之南党案的思考。濑水乃溧阳古称,此指溧阳籍之南党党魁大学士陈名夏,陈氏于顺治十一年(1654)被北党弹劾而最终论绞,这不仅是一场沿袭明末风习的汉人南北党之争,同时更是龚鼎孳所不敢明言的满汉冲突以及世祖钳制汉官的一个重要举措。龚鼎孳虽与陈名夏有着错综复杂的恩怨纠缠,但对陈名夏这位权倾一时的南党领袖的罹祸遭难,他的内心充盈着忧愤与惊悸,翻云覆雨的命运,波谲云诡的官场,阴晴不定的君主与心怀叵测的窥伺者,这一切都让龚氏在甲申国变后再一次被充满血腥的恐惧与痛愤包围,他感叹胡氏劝己归隐实乃全生保身的明智之举。这些复杂的情感体现在诗歌中,便是一种弹剑击缶悲歌踟蹰的愤懑忧思,五古所特有的形式上的舒徐典重与此诗情感上的急烈迫促形成了一种巨大的张力,这早已不是五古"平彻闲雅"之传统体貌所能牢笼。

①　《定山堂诗集》卷二。
②　《吴梅村全集》卷九,第221页。
③　刘熙载撰,袁津琥校注《艺概注稿》卷二《诗概》,中华书局,2009年,第360页。

若说前诗仍是一种与世无忤的避世之想，那么后诗则是一种无力对抗却又不甘妥协的愤世之情，它闪现的是杜诗愤世忧时下的怆恨心伤，比之前诗的淡然世事不露痕迹，更显力度与深度。龚鼎孳的五古，虽是最能体现其推尊汉魏三唐之复古诗学观的一种体式，但这种体裁的选择并未造成其情感表达的限囿，他传达的完全是自我之心灵与时代之阃机，古雅但不古板，学古而不滞于古，自是不容抹煞的高明独到。

（二）七古

刘熙载论五古"平彻而闲雅"的同时，拈取《文赋》中的"炜煜而谲诳"①论七古。七古就是纯为七言或以七言为主间用杂言的古体诗，无疑它在体制上比五古更显自由与灵活，那么自然它比起五古的庄重之貌就更显狂狷之气。具体到龚氏的创作，他的五古风格虽非一成不变，但也大体不脱典重含蓄，相形之下，七古则更显激荡发扬。陈允衡《国雅初集》评龚氏古体诗曰："公五古多用陶、谢韵，七古多用少陵韵，驱使自然，痕迹俱化……"②龚氏的七古已经越过汉魏六朝而取径盛唐，他的七古多用杜韵及学杜一脉的明七子，如《挽船行》《岁暮行》《刺舟行》等，不仅形式上学杜，同时也颇得杜甫之新题乐府反映民生疾苦、忧国忧民之遗意。除了学杜外，他的七古中还有其他风调的佳作，典型如卷三《留别伯紫即和其送别韵》："大江南北鸿沟画，江左美人玉为骨。清歌短剑意苍茫。临风一送孤帆发。孤帆发，别吾子，荒潮万派晴冰驶。俯仰四海稀人豪，君才千仞称干霄。……中林叶落客雨散，寥寥嵇阮谁比肩。丈夫定交在杵臼，离觞莫折台城柳。绾结青青待远人，处者其

---

① 刘熙载撰，袁津琥校注《艺概注稿》卷二《诗概》，第360页。
② 陈允衡《国雅初集》，《四库全书存目丛书·集部》第399册，齐鲁书社，1997年据北京图书馆藏清康熙刻本影印，第19页。

常出者偶。吁嗟乎！处者其常出者偶，朔云回雁同搔首。"此诗就颇有李白歌行那种淋漓酣恣跌宕跳脱的气势，其参差多变的句式而形成的抑扬顿挫回环往复的节奏美，亦毫不逊于太白歌行之摇曳多姿错落有致。他的七古，既得少陵之沉郁悲悯，亦得太白之奔腾恣纵，可称双美相兼。

龚鼎孳七古最负盛名的乃中长篇之制，如《金陵篇用李空同汉京篇韵》①四十句，《金阊行为辟疆赋》②一百零四句，《寿白母长歌一百二十句》③则多至一百二十句，而它们都是龚诗中为人艳称的佳制。龚鼎孳的七古长篇极近赋陈铺张之能事，但又能繁而不乱，以此备受称誉，如邓汉仪《诗观初集》评《寿白母长歌一百二十句》云："甲申、乙酉之变，贵阳怀宁之事说来历历分明，而中间提醒二白，照管白母，线索一丝不乱，是古今极大文字。"④《寿白母长歌一百二十句》诚为龚诗的代表作，但历来研究者论述已夥，如马大勇先生的《清初庙堂诗歌集群研究》⑤、万国花的博士学位论文《诗家与时代：龚鼎孳及其诗论、诗歌创作研究》⑥均有涉及。笔者今节选《金阊行为辟疆赋》为例来分析龚鼎孳七古长篇的特点：

> 暮春柳花吹雪香，故人坐我芙蓉堂。酒酣烛跋诗思歇，欲言不言还进觞。共请故人陈凤昔，十年前作金阊客。朱颜锦瑟正当楼，妙舞清歌恒接席。是时江左犹清平，吴趋美人争知名。珊瑚为鞭紫骝马，嫣然一笑逢倾城。虎丘明月鸳鸯桨，经岁烟波独来往。茶香深夕玉纤纤，隋珠已入秦箫掌。窦霍骄

---

① ② 《定山堂诗集》卷三。
③ 《定山堂诗集》卷四。
④ 邓汉仪《诗观初集》卷二，《四库全书存目丛书补编》第39册，第63页。
⑤ 马大勇《清初庙堂诗歌集群研究》，第60页。
⑥ 万国花《诗家与时代：龚鼎孳及其诗论、诗歌创作研究》，第160页。

奢势绝伦，雕笼翡翠可怜身。至今响屧廊前水，犹怨苎萝溪上春。临风惘怅无人见，双成烟雾回鸾扇。绮阁青灯伴药炉，桃花瘦尽春酲面。横塘风好不回船，锲臂缘深子夜前。促坐已交连理树，同心宁学独枝莲。桃叶渡江还用楫，龙舟锦缆开欢屚。孙刘事去水汤汤，金焦两点飞蝴蝶。登山临水送将归，襄粉亲沾游子衣。木刻斑骓人独去，啼憎乌桕手难挥。憔悴空闺衣带缓，刀环梦逐征鸿断。桂华清露碧成团，鸣榔到日秋光满。乍离乍合事无端，不赠当归赠合欢。侠骨自能轻远道，长思不待祝加餐。尔时结交多畏友，正色相规言不苟。幡然意气重金钗，急之勿失真佳偶。片帆束下舞衣斑，又载明妆江上还。风雨熟经杨子渡，车轮长转望夫山。殷勤为信玄霜约，四海肝肠谁可托。翩然一片有心人，义重恩多沁芳泽。黄衫骢马此缘奇，玉镜台前鬓影移。岂有鸾鎞堪浪掷，百年天意在蛾眉。七宝装车九霞幔，支机星彩摇银汉。雍睦能调汈汭琴，幽贞对举梁鸿案。南陔天壤乐难支，鸠杖双扶上寿时。花竹一门封太古，始知佳妇似佳儿。风尘动地人蓬转，潘鬓萧疏沈郎倦。桃笙玉臂自支持，患难深情于此见。牙签湘轴静经营，余事文人标格清。花里抽毫香博士，林中掠鬓女书生。辟疆约略言如此，双颊津津犹未已……①

此诗乃顺治七年（1650）值冒襄四十初度，龚鼎孳歌咏明末四公子之一的冒襄与秦淮名妓董小宛之情缘而作。冒襄《影梅庵忆语》云："时余正四十，诸名流咸为赋诗，龚奉常独谱姬始末，成数千言，《帝京篇》《连昌宫》不足比拟。"②众名流诸作中，冒襄唯独对龚诗青眼有加，且将其置于骆宾王《帝京篇》、元稹《连昌宫》此等唐诗

①　《定山堂诗集》卷三。
②　冒襄《影梅庵忆语》，《闲书四种》，湖北辞书出版社，1995年，第67页。

七古名篇之上,虽不免溢美之嫌,但也可见此诗功力之非同凡响。此诗约可分为五个段落,从开篇到"同心宁学独枝莲"为第一段,写的是冒襄回忆十年前吴门冶游与董小宛情缘初定的情景,那里穿插着对明末江左繁华与士人裘马轻狂之生活的追忆,有对冒襄与陈圆圆的乱世悲剧情缘的淡写轻描,有对皇亲周奎、田弘遇之流在国家生死存亡的关头还不忘到江南劫掠美人以邀圣眷,从而导致冒、陈情缘成空而小宛又惊吓成病的这种大背景下的个体悲剧命运的交代。从"桃叶渡江还用楫"到"长思不待祝加餐"为第二段,讲述的是痴情的小宛为践履与冒襄的金陵之约,不避盗贼风波之险追至冒襄的桃叶寓馆,而乡试仅中副榜的冒襄归里心切又不愿携小宛同归,肝肠寸断的小宛只能独返吴门,从二人的"乍离乍合"与冒襄的举步踟蹰中,愈见小宛的侠骨柔肠及追求幸福的坚定执着。"尔时结交多畏友"至"百年天意在蛾眉"叙述了冒襄的好友有感于小宛的深情,皆劝冒襄不可错失良缘,幡然醒悟的冒襄终于与小宛喜结连理。"七宝装车九霞幔"至"林中掠鬓女书生"写的是冒、董婚后生活,赞美了小宛嫁入冒家后的侍奉公婆敬重夫婿的贤良淑德与知书达理不让须眉的风流标格,更难能可贵的是当冒家经逢世变困顿流离之时,小宛不离不弃苦力支撑,确乃重情重义有胆有识的女中君子。余下乃诗歌尾声,褒美冒襄忘情俗世寄意山水的隐士风流与佳人在傍花酒游戏的逍遥岁月。这首长篇七古讲述了一个特殊时代里才子佳人双美遇合的爱情故事,虽情节曲折信息丰富,但诗人却能举重若轻有条不紊地道来,这首先归功于诗歌成功的线索安排。此诗存在着两条线索,主线乃冒、董情缘,辅线则围绕着冒襄身份的变化来点明明清易帜的时代背景。当主线沿着吴门定情——分别——金陵重逢——再别——喜结良缘——患难与共徐徐展开时,冒襄的身份也经历了江左冶游的贵公子——动地风尘中江湖蓬转的可怜人——隐居不出的胜朝遗民的变化,而个体身份之转变恰是明亡清兴这个时代大语境的隐喻。

诗人既瞩目于多情儿女的花月风情,同时他在字里行间还深藏着对处于时代风云血火中无力自主之渺小个体之哀悯,这使全诗的内涵品格得到很大的提升。其次,这首诗值得称道之处还在于它虽纵横开阖跌宕起伏,但绝不是杂乱无章头绪纷乱,诗人往往以前呼后应的手法使长诗显得节次分明,如开头"共请故人陈凤昔,十年前作金闺客",而接近尾声处"辟疆约略言如此,双颊津津犹未已"则以叙述人讲述动作的结束来呼应开头,说明当中叙说的正是十年间的情事,不可不谓布置谨严法度井然。谈论此诗,人们往往很自然地联想到吴伟业那同样是以秦淮名妓的爱情以折射时代风云的七言歌行《圆圆曲》《听女道士卞玉京弹琴歌》,但吴伟业是有意识地以诗存史,他笔下的沧桑之恨占据着与儿女之情同等重要甚至驾而上之的叙述分量,而龚鼎孳只是把家国沧桑之恨当做儿女风月之情的背景进行处理,他的"诗史"意识并不明显。但诗中白描手法与缛丽辞藻的相间而出,倒叙与夹叙夹议手法的巧妙使用,章法跳宕开阖而又不失节次分明,都使此诗在艺术成就上堪与"梅村体"颉颃。

(三)五律

与古诗多铺叙排比的手法不同,字数、句数、格律都有严格规定的律诗讲究的是以最凝练的语言表达出最完整的信息与最丰富的情感。五律只有四十字的篇幅,比起七律它更尚简至精炼,于风格上自然更显庄重典雅。龚鼎孳五律是其诗集中颇有成就的一类。《顺治蕲水县志》卷二四所收录龚氏早年所作的两首五律《九日饮清泉寺》和《晚秋夜行宿凤城观》,无论衡之以诗歌表层的韵律、平仄、对仗等规范,还是揆之以深层之造境、写意等标准,都堪称佳作。值得注意的是,龚鼎孳写于明代的律诗多近于中唐面目,以《九日饮清泉寺》为例:"萧然人吏散,僚佐共风流。泉石镌茶史,江山听酒筹。霜酣千橘醉,钟涩一林秋。妙想生歌拍,高人只静游。"冷淡中有色彩,萧寂中有生机,影写云物中有萧条高寄之情,颇有大历情味。结句之轻捷率直逍遥容与,比起国变后所作五律之含而不吐饶有余韵,自然有轻重高低之别,但那更是一个阅历改变眼界与心境的问题,而他在青年时期即能有此手笔,已属难得。林昌彝《衣讔山房诗集》对龚诗最为推尊其五律,有言:"集中以五言律诗为最,余不逮,乐府亦少逊。"①这种评价未必妥帖,但亦可见出五律在龚诗中的分量。马大勇先生言:"近体中,五律简古省净而需情感含量极大……即以同时钱、吴而论,牧斋五律在诸体中最下,梅村也只有《遇旧友》《中秋看月有感》等寥寥数首能可人意。相较之下,芝麓则名作琳琅,造诣转出二人之上。"②将对龚氏五律价值的认定置于与其同时的诗坛大家之比较后而得出,无疑是颇有见地的。试看两首五律:

> 河山风雨后,万事悔差池。尘海余蓬鬓,烟霜失劲姿。人犹工侧目,书莫着愁思。高卧兼沉醉,萧条度此时。
>
> ——《秋怀诗二十首和李舒章韵》其四③

> 云廊环寺古,石磴蹴空悬。万井寒吹雾,千峰澹写天。岷峨秋浪尽,吴楚夕阳连。鼓角临江怒,楼船忆往年。
>
> ——《登北固和吴岩子韵》④

二诗均作于顺治四年(1647)前后。前首诗人写的是出仕二主后的痛苦心态。首联突兀而来挺拔而立,河山破碎时的疾风骤雨固然让人心悸,可更让诗人不堪承受的却是鼎革之后自己那瓦碎

---

① 林昌彝《衣讔山房诗集》卷七,《续修四库全书》第1530册,上海古籍出版社,2002年据上海图书馆藏清同治二年广州刻本影印,第330页。

② 马大勇《清初庙堂诗歌集群研究》,第64页。

③④ 《定山堂诗集》卷六。

一地的名节。首联以强烈的情感冲力道破题意,颔联语势明显放缓,在那场天崩地解的灾难中,自己失去了一个士人倚为生命的名节,在如今的仕途失意尘海飘零中,徒添蓬鬓衰颜,一得一失的工稳对仗中自见对比之鲜明。颈联语意宕转,从亡国之痛回到今日的立身之难,联系他被孙光祀弹劾事,龚鼎孳此言不为无由而发。尾联顺接颈联而来,说自己惟有买醉避世以应对艰危萧条之时世,看似平淡无求,实则痛愤满怀无以自解。

　　第二首为龚鼎孳过京口登北固山时作。首联写北固山顶之风光与北固山的险要地势。出句描写雄踞北固峰巅的甘露寺周围云气缭绕的景象,实则从侧面写出北固山高耸入云的奇崛磅礴;对句诗人写登山的感受,走在上山的石阶上宛如踏在悬空之物一般惊险,以夸张的手法突出了北固石壁嵯峨、山势峻嶒的险峻美。颔联与颈联均写从北固山顶俯瞰下界之所见,映入眼帘的有充满生活气息的市井风情,有直干云霄而又清瘦似笔的万仞千峰,有水随天去秋无际的滚滚长江,有被一江分隔而今在秋光夕阳下又恍然连成一片的吴楚大地,居高临下视野顿开,无限风光尽收眼底,精壮之中有澹逸,比起“江流天地外,山色有无中”①的盛唐气象,亦不稍逊。尾联宕开一笔,于全诗的写景之外阑入一种历史情思。众所周知,北固山所在之镇江自古便是北伐必经的军事重镇,这里有过楼船夜雪的冷峭,有过铁马秋风的悲壮,更因为南宋辛弃疾的那阕“何处望神州? 满眼风光北固楼。千古兴亡多少事? 悠悠! 不尽长江滚滚流”的兴亡悲歌,北固山更成了一个承载着家国兴亡与华夏荣辱的特殊文化符号。此诗尾联的用意也正在于勾起人们对这种文化意义的记忆,或许当中也不无他对已经逝去的明王朝的隐约思忆,但他点到即止不做深入,多少言外之意只留待读者想象。从以上二例不难看出,龚鼎孳的五律无论于写景状物还是抒情写意上,都显示了一种深厚

---

　　①　王维《汉江临眺》。

的锤炼之功；不论是用字之精准、句法之严整，还是章法起承转合之苦心经营，都显示出龚鼎孳对律诗之规矩法度的重视与熟练运用。

若宽泛言之，龚氏五律给人的整体感觉便是简净浑厚，干净爽利中透出一股浑然厚重之气，自是名家手笔。若从整体上对龚鼎孳明、清时期的五律做一比较，不难发现，尽管前后期之精于锻炼一脉相承，但其入清后的五律不仅因家国身世之叹而在情思内蕴上更显厚重沉郁，且其诗风亦经历了从清新省净到雄浑悲壮之演变，由中唐面目而上追盛唐气象。其早年着意于意境营造的萧散闲雅，在入清后之诗作中亦时有表现，但那种大处着眼、开阖无端的神完气足，却是在他入清后的五律中才得到充分体现。

（四）七律

七律由于句式加长，故而描写、叙事、议论的空间都较五律有所提高，又由于七律每句多了两个音节，因此更显音韵悠扬节奏明快。具体到龚氏，若说他的五律更多体现的是辞意之典重与法律之精严，那么他的七律则更显声色之美与开阖之妙。如《和秋岳八月十六夜诗》其三："樽前客散雀罗空，万事飘零一枕工。故国故人明月路，秋花秋草隔年丛。歌钟拂曙移金谷，锦瑟流萤冷桂宫。愁绝子云耽寂寞，自无聊赖敌西风。"[1]全诗除颈联是工对外，首联与尾联皆为流水对，一气呵成行云流水，颔联"故国故人"、"秋花秋草"这种句内语词的修辞性重复，不仅无相犯赘疣之弊，反而增强了诗歌回环相扣、畅达流利的美感。可见龚氏七律能于矩矱尺度中变化神明，诚有端倪莫测之奇。

龚氏七律凡十七卷，篇幅最重，造诣仅次于七绝。《顺治蕲水县志》卷二四收录的作于明代的《清泉寺》则应是现存龚诗中最早的七律：

---

① 《定山堂诗集》卷九。

秋山影里叶为村,病菊疏篱绕寺门。一片寒泉留古干,千秋醉墨洗新痕。溪边衲破烟相补,阁上经残磬独存。小月肩舆人寂寂,幽吟到口但无言。

清泉寺在湖北蕲水县境内,寺内有洗笔池,世传王羲之曾洗笔于此。池水下临兰溪,苏轼曾游赏至此。寺中有一株相传为元末红巾军所植的古柏。龚鼎孳起笔点明清泉寺之远离尘嚣静僻幽雅,冷瑟萧索中透露出一股超凡绝俗之气,契合佛寺之名。诗人接着写僧人经过寺内的参天古柏,他于歌醉中写书作画,再到当年王羲之的洗笔池洗去他的毛笔上新染的墨痕。走在兰溪边上,衲衣破旧又何妨,自有一川烟云殷勤补缀。寺中楼阁上藏放的经卷已经残破,岁月悠远中,恒久不变的是那余音袅袅的钟磬清音,再度挽合佛寺之庄严静穆。此情此景,僧人本有雅兴诗赋为记,但诗本到口却终是无言以颂,无声胜有声,盖即此意。此诗清隽闲雅幽旷宁谧,颇得大历诗风之遗意。

因龚鼎孳写于明代的诗篇留存有限,故无法探讨这种显示大历情味的诗作在他早年的七律创作中是否形成了主流风格,因为龚氏后来的七律大多感情沉郁、境界开阔、思力沉厚、风骨骏爽,在规摹以杜甫为代表的盛唐诗风上很见功力,与早年之作《清泉寺》所显现的中唐面目有着较为明显的区界。他的七律并非机械模拟盛唐,而是融入了他自身无比真诚的生命体验,试看:

失路人归故国秋,飘零不敢吊巢由。书因入洛传黄耳,乌为伤心改白头。明月可怜销画角,花枝莫遣近高楼。台城一片歌钟起,散入南云万点愁。

——《初返居巢感怀》其一①

————————————

① 《定山堂诗集》卷一七。

　　此乃龚鼎孳于顺治三年(1646)闻父丧返合肥时作。诗的前半写自己经历国变而未能守节的惭耻以及兼逢亲丧的悲不自胜。后半写战事未销的满目疮痍之景,真乃极目萧索、愁云惨淡。沈德潜评此诗"六语用少陵意,何禁蕴藉"①,指的是此诗的第六句"花枝莫遣近高楼"乃化用杜甫《登楼》首联"花近高楼伤客心,万方多难此登临"而来,沈氏这种仅仅着眼于局部的评价,其实未能完全道着此诗好处,而他的"蕴藉"之语更是说得皮里阳秋。此诗除了有《登楼》"万方多难"的悲慨外,还有杜诗所无的失节之愧,所以它不似杜诗之悲壮激扬、雄奇劲急,但有着杜诗所无的凄咽哀凉、低回婉转,这正是沈评"蕴藉"之所在。不妨将其与上举之五律《秋怀诗二十首和李舒章韵》其四比较,虽同写失节之悲,但五律就写得简净厚朴、典雅庄重,而这首七律则更显声情绵邈、婉曲悱恻,更由于七律抑扬抗坠的节奏,它比之《秋怀》,更传达出一种一唱三叹发抒不尽的幽怨,这也是龚氏七律比其五律更受欢迎的主要原因之一,但这很大程度上乃诗歌体式之异,而非创作功力的高低之别。

　　龚鼎孳七律,悲壮沉郁者有之,如"万里秋声兼战鼓,千山兵气隐悲笳"②"南冠万死身何补,画角一声魂未收"③;秀颖高丽者有之,如"名花倾国人何恨,烟水藏身计果难"④"积雪千峰明晚翠,横流一棹截斜曛"⑤;细润流丽者有之,如"经乱梦如春后草,怀人眉锁雨前蕉"⑥"燕语晓梁惊玉枕,蛛丝晴日上花铃"⑦,精彩各异不拘

　　①　沈德潜《清诗别裁集》卷一,第 15 页。

　　②　《燕邸秋怀和朱玉箍韵八首》其一,《定山堂诗集》卷一六。

　　③　《和雪堂先生遂初秋岳舒章秋日书怀诗十二首》,《定山堂诗集》卷一六。

　　④　《午日李舒章中翰招同朱遂初孙惠可两给谏集小轩演吴越传奇得端字》,《定山堂诗集》卷一七。

　　⑤　《喜伯紫来晤舟中时仲冬望后一日也率尔言别即事二首》其二,《定山堂诗集》卷二五。

　　⑥　《燕邸秋怀和朱玉箍韵八首》其七,《定山堂诗集》卷一六。

　　⑦　《感春二十首》其十六,《定山堂诗集》卷一六。

格套,炼字有神却若不经意出之,严整的对仗中透出自然流转之美感。世人皆以龚氏七绝为成就最高,殊不知七绝乃最见其才气之处,而最显其功力的仍非七律莫属。

(五) 七绝

　　龚氏绝句有七绝、六绝、五绝三种。其五绝仅有存于《篯衍集》的酬酢诗《别陶澂》①一首,且并无值得称述处,故略而不论。六绝成就亦不高,这与此种体式未能充分发展、诗人染指甚少有关,因此笔者主要论述其七绝。龚氏七绝历来备受称誉,杨际昌《国朝诗话》称其"敛才为绝句"②,徐世昌《晚晴簃诗汇》称其"七绝多杰作"③,王逸塘《今传是楼诗话》则称其绝句"丰神明秀,突过渔洋,至虞山、太仓,非其比矣"④。除了王逸塘将其置于王士禛之上有乡曲阿私之嫌外,其余皆是公允之论,龚鼎孳的七绝确实取得了很高的成就。绝句篇幅短小,往往描绘某个场景片断或表达诗人瞬间的感受与憬悟,但优秀的绝句却能以有限的篇幅涵纳无限的情意,元代杨载称"绝句之法,要婉曲回环,删芜就简,句绝而意不绝"⑤,清代冒春荣言"绝句字句虽少,含蕴倍深"⑥,皆是此意。龚氏绝句最大的特点也是言简意深,所谓尺水兴波、尺幅千里,试看:

　　　　乌啼杨柳白门前,一夜春莺杂管弦。惆怅开元花落尽,亭

---

　　① 《定山堂诗集补遗》,《龚鼎孳全集》,第 1427 页。
　　② 杨际昌《国朝诗话》卷一,郭绍虞编选,富寿荪校点《清诗话续编》第 3 册,上海古籍出版社,2016 年,第 1590 页。
　　③ 徐世昌编,闻石点校《晚晴簃诗汇》卷二〇,第 592 页。
　　④ 王逸塘撰,张寅彭、李剑冰校点《今传是楼诗话》第 184 则,《民国诗话丛编》第 3 册,第 326 页。
　　⑤ 杨载《诗法家数》,何文焕辑《历代诗话》下册,中华书局,2004 年,第 732 页。
　　⑥ 冒春荣《葚原诗说》卷三,《清诗话续编》第 3 册,第 1524 页。

亭秋水正当年。

———《秋水吟·为范文贞公歌儿作》①

　　驱马红亭有落晖,开帆花落乳莺飞。江东问讯梅村叟,逐客今春又不归。

———《送沈友圣南还兼怀吴祭酒》其二②

　　第一首乃龚鼎孳为前明大僚范景文之歌女作。为歌儿舞女题咏是自古以来之文人雅兴,往往带有逢场作戏即席应景的性质,但龚氏的这首《秋水吟》却是糅合了兴亡之感的题赠之作。范景文于崇祯朝官至工部尚书兼内阁大学士,明亡,留下"身为大臣,不能灭贼雪耻,死有余恨"③的遗疏赴井而死。斯人已逝,当年曾在尚书府的筵席上拍按香檀轻启朱唇的歌女,如今流落到了他人之所,依然是歌喉轻展调筝弄弦的热闹繁华,可是一句"惆怅开元花落尽"便将龚鼎孳内心那种往昔如梦的悲感透露出来,结尾龚氏以喜写悲,以不变写巨变,他眼前依然是当年那位亭亭玉立秋水芙蓉般清新脱俗的女子,可她的旧主早已尽忠殉国,而她依然要在这个天日已换的人间继续行走,不管商女是否知晓亡国之恨,她们还要唱下去,不管唱的是否为一己的悲欢。麦秀黍离之感、玉树后庭之悲就包蕴在后半的短短十四言中,这样含蓄蕴藉的语言也一如美人的秋水回眸,未曾直道却已尽得风流。

　　第二首乃龚鼎孳于顺治十五年(1658)前后送友人沈麟南返兼怀吴伟业而作。前半写送别友人时之景致,夕阳西下,古道长亭,龚氏驱马送别友人至江边,载着友人的船帆徐徐开动,此时,落花

---

① 《定山堂诗集》卷三六。
② 《定山堂诗集》卷四〇。
③ 张廷玉等《明史》卷二六五《范景文列传》,中华书局,1974年,第6835页。

翩跹、乳莺啼飞,世界仿佛也和着诗人心中悲喜的节律而跃动。前两句写得工细幽雅,有物象有色彩有动感,诗歌的画面感非常鲜明。后半写嘱托沈氏代其向屏居乡里的吴伟业问好,并告诉他龚鼎孳这位天涯逐客今春又无法归来了。此诗最耐人寻味处就在尾句。顺治十年(1653),在明亡后隐居长达十年的吴伟业经不起当朝的再三敦逼而入都为官,顺治十三年(1656)末,吴伟业便借口伯母之丧而辞官归里。即使龚氏此时正处于黜陟失意之时,但名心未除又深喜热闹的他未必真心认同吴伟业这种清贫自守的生存方式,然而,自拟逐客,比之迷途知返的归人梅村,他的心中还是不能不有一份自叹弗如的感喟。“逐客今春又不归”,一“又”字实在用得妙,将龚鼎孳对自己年复一年地沉沦宦海的无奈隐曲幽微地传达出来。此诗前半营造了一个诗中有画的和美意境,其实是暗示着归途的祥和安宁,这便将这种“又不归”的结局衬托得更为落寞。一首诗,龚氏就写了一个送人的场景与一句嘱托的话语,他不说羡人怀归的情愫,不谈别后心期的寥落,不言执迷不返的愧意,但这些种种未曾言及的,我们都在他的诗中感受到了,这就是龚氏七绝的魅力所在,片语涵千言,无声胜有声。

　　诚如上举的两首作品,龚氏七绝很多都带有婉美柔曼之风,如“晴江澹写照青山,红树层层到碧湾”①;“后庭花落肠应断,也是陈隋失路人”②;“因君却忆西陵路,苏小门前红藕花”③;“今夜梦回芳草路,春波摇漾枕江楼”④;或色彩明丽,或情思浓郁,或情致盎然,或意境清奇,诸如此类都很得众人赏爱,但龚氏七绝气韵沉雄的一面则往往被忽略。“九阍豺虎太纵横,请剑相看两不平。郭亮王调

---

① 《兰溪即事》,刘佑修、杨继经纂《顺治蕲水县志》卷二四,清康熙雍正间刻本。
② 《赠歌者王郎南归和牧斋宗伯韵》其八,《定山堂诗集》卷三七。
③ 《为沈郎玉卿题便面》其五,《定山堂诗集》卷三七。
④ 《戏题文漪便面》其二,《定山堂诗集》卷三八。

今寂寞，一时意气在倾城”[1]；“万里秋阴入暮烟，盘空石磴断虹前。西风残叶能多少，变尽江山九月天”[2]；“灌河秋壮百川骄，响过龙门万里潮。急石雷霆终日斗，横江星斗五更摇”[3]；或愤嫉排奡，或苍深浩瀚，或豪而不纵，要皆气势恢宏、笔致老辣，实非浅手能办。

（六）排律

排律是律诗定格的铺排延长，排律由于长篇之体制，在遵守平仄、对仗、押韵等规则之外，还要讲究经营布置、首尾贯通，这无疑增加了创作的难度。曾灿《过日集》评："排律作者既少，佳者复难，然其体不可废也。……五言排律……又如吴梅村《思陵长公主》、龚芝麓《广陵元夜》……则又似杜少陵诸作。至七言排律，古人罕见，即杜少陵亦不过六首。今人欲以此争胜，恐未能也……龚芝麓'国难神州初唱后，客心孤枕雁来时'……奇语隽语，虽少陵亦拜下风矣。"[4]此评甚高，然不为溢美。曾氏所言之"国难神州初唱后，客心孤枕雁来时"出自龚鼎孳七言排律《寒夜不寐·癸未初冬日作》[5]。此诗作于崇祯十六年（1643）冬，诗人将明末国事蜩螗、文恬武嬉、军务废弛的状况和盘托出，如"动地渔阳征鼓歇，惊魂瀛海暮笳吹""灞上军容同戏耳，禁中髀拊亦奚为"，全诗以一种惊挺寒峭、剀切直截之笔触铺展曼衍，寓头绪纷杂于章法开阖中，可谓挥洒纵横痛快淋漓。龚氏排律最具个性与真情的是关于自己在明末清初的惨痛遭遇的书写。如五言排律《南归舟中述怀寄秋岳用杜工部寄贾司马严使君五十韵》："穷途才踯躅，奇祸歘连翩。陟岵惊穹圻，攀髯悔瓦全。乌号霜霰积，鸡骨友朋怜。多难成温峤，衔冤

---

① 《生辰曲》其七，《定山堂诗集》卷三六。

② 《九月十三日于皇招同前民澹心绮季诸子登清凉台》其一，《定山堂诗集》卷四〇。

③ 《瓜洲夜起守闸口号》其二，《定山堂诗集》卷三六。

④ 曾灿《过日集》，清康熙刻本。

⑤ 《定山堂诗集》卷三四。

对郑虔。微躯抛已晚,薄命怨谁先。……录罪连螺黛,追傩及管弦。周攻真有策,刘肋合承拳。令细欢驱客,人狂竞饮泉。排疑烦一网,案坐讶同年。虎噬都无避,蛾眉那可捐。"①既有国破而不能从君于难的愧怍,亦有我原欲死却终究初心难白的悲怨,还有对自己入清后遭受排挤与弹劾并牵连顾媚之愤慨,曼声促节随着情感的起伏而交互显现,龚鼎孳将古体诗的铺叙手段与律诗的锻炼之功相结合,运用到排律写作中,夹叙夹议情寓事中,纵横捭阖铺张扬厉,既见局部的工整,亦见整体之有序,若非胸中有格局笔下有才力,自难办到。

由上述可知,龚鼎孳古体、近体兼美并擅。其古体长于铺排,近体则精于锻炼。其五古庄重,七古狂狷,要皆气高才博变化无端,实可称雄坛坫,但其创作最多声名最盛的则是近体。其中,七绝最见才情,七律最显功力,五律之盛名虽不逮七绝、七律,却是龚氏在江左三家中造诣最高的一种体式。

二、限韵诗的横纵比较

龚诗中历来最受诟病的有两点,一是多宴饮酬酢之篇,二是多限韵之篇。龚鼎孳的限韵诗除了即席限韵题咏之篇外,余者多为和韵诗。和韵是中国古典诗词写作方式之一,即用他人诗词之韵进行创作。按照唱和方式的不同,和韵分三类:一曰依韵,谓与原唱韵脚在同一韵部而不必用其字;二曰用韵,谓用原唱韵脚而不必依其次序;三曰次韵,谓依次使用原唱韵脚。龚鼎孳的和韵诗多采用次韵形式。龚诗中的和韵之篇虽在数量上不逮酬酢之篇,但占比亦达三分之一左右,可见和韵之篇特多已成为龚诗的一个标志

①　《定山堂诗集》卷三三。

性特征。龚诗之和韵,主要可分两类:一是用古人韵的追和诗,二是次韵时人之诗。

对于和韵诗的批评历来皆有,如宋代严羽称"和韵最害人诗"①,清代施闰章更是针对诗坛多和韵的现象感慨:"今人只是做韵,谁人做诗?"②批评的焦点大多集中于和韵诗"以意赴韵"③,限制了表达的自由。那么究竟该如何看待龚鼎孳的和韵诗呢? 以下试详细论析之。

(一) 追和诗

龚鼎孳四千余首诗作中,追和诗凡 310 首,其类别如下:(1)五古追和诗 124 首,其中追和阮籍 46 首、陶潜 29 首、《古诗十九首》20 首、杜甫 8 首、苏李赠答诗 7 首、谢灵运 6 首、鲍照 5 首,徐幹、王昌龄及元结各 1 首;(2)七古追和诗 34 首,其中追和杜甫 23 首、李梦阳 7 首、王世贞 2 首,何景明及唐玄宗各 1 首;(3)五律追和诗 103 首,其中追和杜甫 76 首、李梦阳 27 首;(4)七律追和诗 35 首,其中追和杜甫 23 首、李梦阳 9 首,王维、王世贞及某唐人各 1 首;(5)五排追和诗 12 首,其中追和杜甫 5 首、李梦阳 4 首,李贺、李商隐及王世贞各 1 首;(6)七排追和诗 2 首,皆为追和杜甫。综上可见,龚氏五古多用汉魏六朝人之诗韵;七古与律诗则以用杜韵为主,同时,明七子尤其是李梦阳亦是其喜用的次韵对象。龚诗中,和杜诗占其追和总数的 44％,而和明七子则占比 17％,此外,对中晚唐诗人元结、李贺、李商隐等人也有涉及。若意识到尊唐与尊明七子并不能混一,那么不难发现,龚氏虽然继承了明七子以汉魏盛唐诗为尊的衣钵,但他的根本立足点在宗唐尊杜。细读这些诗作,

---

① 严羽著,郭绍虞校释《沧浪诗话校释·诗评》,人民文学出版社,1983 年,第 193 页。

② 吴乔《围炉诗话》卷一,《清诗话续编》第 1 册,第 486 页。

③ 赵执信《谈龙录》,人民文学出版社,1981 年,第 15—16 页。

不难发现,龚鼎孳对各家的模仿能力是惊人的,无论是从字面意象、语言风格还是从整体的诗境上,他都能做到逼肖古人,即使是声言"和韵诗最不宜作"①的曾灿也称:"集中和诗,惟合肥龚芝麓无用意之迹,且能各肖体裁。如和少陵则似少陵,和康乐则似康乐。"②但如果认为他仅止于机械的模仿,那么便是厚诬前贤了,对此,沈德潜有着颇为精到的论断:"合肥时用杜韵,而能以意驱役,绝无趁韵之迹,所以高于众人。"③龚鼎孳的那些追和古人的诗作不仅体现着诗人独特的经历与情感,同时还熔铸着强烈的时代感与现实感。试看古体诗中的两首次韵之作以及它们各自的原作:

> 清晨闻叩门,倒裳往自开。问子为谁与,田父有好怀。壶浆远见候,疑我与时乖。褴缕茅檐下,未足为高栖。一世皆尚同,愿君汩其泥。深感父老言,禀气寡所谐。纡辔诚可学,违己讵非迷。且共欢此饮,吾驾不可回。
>
> ——陶渊明《饮酒》其九④

> 柴车经广陌,衡宇欣然开。贫窭非无营,对酒宽中怀。江河逝不居,日月与我乖。接舆慨已而,鲁叟耽栖栖。不见前夕中,骭没浊水泥。故山有好鸟,毛羽欢初谐。为乐一以晚,秉烛亮不违。相劝尽一斗,吾意为君回。
>
> ——龚鼎孳《偶集友人寓斋用陶公饮酒韵》⑤

> 疾风吹尘暗河县,行子隔手不相见。湖城城南一开眼,驻马偶识云卿面。向非刘颢为地主,懒回鞭辔成高宴。刘侯叹

---

① ② 曾灿《过日集·凡例》,清康熙刻本。
③ 沈德潜《清诗别裁集》卷一,第 15 页。
④ 逯钦立校注《陶渊明集》卷三,中华书局,1979 年,第 91—92 页。
⑤ 《定山堂诗集》卷一。

我携客来,置酒张灯促华馔。且将款曲终今夕,休语艰难尚酣
战。照室红炉促曙光,萦窗素月垂秋练。天开地裂长安陌,寒
尽春生洛阳殿。岂知驱车复同轨,可惜刻漏随更箭。人生会
合不可常,庭树鸡鸣泪如霰。

——杜甫《冬末以事之东都湖城东遇孟云卿
复归刘颢宅宿宴饮散因为醉歌》①

布帆一宵隔乡县,江口送客客重见。是时军舸正匝地,雪
压江岸风吹面。杨郎同舍与我好,柳老方罢军中宴。邓子徐
子偕入座,买鱼沽酒夜行馔。男儿可怜道涂老,君宗已懒玄黄
战。未愁海雨暗征轺,实爱春衣回捣练。身世艰难非五岭,词
名赫奕曾三殿。看鬓人惊霜入镜,临歧话祝壶添箭。归到金
闾更高会,梅花使节飞香霰。

——龚鼎孳《鸳水夜泊杨扶曦枉送招同孝威
诸子小集舟中用少陵湖城韵》②

所举五古乃龚鼎孳顺治三年(1646)至七年(1650)间归里守
制、漫游吴越时作,这正是他政治上的失意时期。根据诗意,所谓
"友人"应是遗民一类的人物。龚氏对友人的固穷自守的生活表达
了自己的敬意与向往。可以说,这是一篇尘世中人的出世宣言。
龚诗用的是陶潜《饮酒》诗韵,与龚诗相反,陶诗呈现的是一位隐者
坚拒入世的心怀。虽然一则出于守洁称"吾驾不可回",一则缘于
去浊言"吾意为君回",但它们都同样表达了对隐逸生活的礼赞和
对浊世纷争的厌弃,这是二诗整体立意上的相似。可见虽然表达
的情怀今古有异人我有别,但龚氏对次韵对象的选择还是与他的

---

① 杜甫著,仇兆鳌注《杜诗详注》卷六,中华书局,1979 年,第 500—501 页。
② 《定山堂诗集》卷四。

创作意图有着一定的相关性。正如万国花所言："山水纪行诗则模仿谢灵运，与遗民之间的唱和多似陶渊明，咏怀学阮籍，朋友间赠答送别则用《古诗十九首》或者河梁录别等等。"[①]虽然万氏所言乃针对其非次韵的五古，但若施之于次韵诗，更是贴切精准。

　　所举七古乃龚鼎孳于顺治十三年(1656)使粤途经浙江嘉兴时作。除却随行者邓汉仪(孝威)外，杨枝起(扶曦)与龚鼎孳同为崇祯七年(1634)进士，杨氏招集另外四人在龚氏南下的小舟中举行了一次宴饮，共同为龚氏钱行。诗中"徐子"指徐钦我、徐文漪、徐兴公[②]，柳老敬亭则是明清之际声名远播的伶人，他们都与龚鼎孳交好。在"买鱼沽酒夜行馔"的热闹欢腾气氛中，涌上龚鼎孳心头的，却是翻江倒海的苦涩。当刀光剑影渐次消弭，当天下仿佛又一片升平景象时，曾经意气风发的自己却早是两鬓惊霜，"男儿可怜道涂老"，是叹老，更是伤曾经的歧途失节与而今的穷途失意。他对自己的才高命蹇是充满了不甘与落寞的，"身世艰难非五岭，词名赫奕曾三殿"，他年甫弱冠便连捷成进士，他二十七岁便居天子禁近指点江山挥斥方遒，他是顺治帝亲口嘉许的"真才子"[③]，但却身世艰难坎坷历尽，而今这次以"颁诏"之名行贬谪之实的粤东之行，连同之前的一再降黜，对他实是沉重的打击，但他说这还不足以道他所经历的艰难坎坷于万一，这该是何等的失落沉痛！往后诗歌虽然节奏放缓，情感渐趋平和，但弥漫全诗的悒怏不平之气还是显而易见的。龚氏次韵的杜诗，当是乾元元年(758)杜甫游洛阳时作。杜甫写的是自己招携孟云卿到刘颙宅中宴饮之事，可见龚氏选择此诗作为自己的次韵对象很大程度上与他自己所写宴饮之

----

①　万国花《诗家与时代：龚鼎孳及其诗论、诗歌创作研究》，第187页。

②　此诗在《过岭集》题作《鸳水夜泊扶曦敬亭枉送同孝威钦我文漪兴公小集舟中用少陵湖城韵》，《四库禁毁书丛刊·集部》第117册，北京出版社，1997年据北京图书馆藏清初三十二芙蓉斋刻本影印，第661页。

③　严正矩《大宗伯龚端毅公传》，《碑传集补》，第2451页。

情事相关,但二者的同中之异亦是鲜明的。杜甫虽然花了不少笔墨在自己与云卿的相逢、刘颢的殷勤招待与宴饮时的情境氛围上,但此诗最具情感张力的却是"天开地裂长安陌,寒尽春生洛阳殿"一联,也是诗人的真正着力所在,它写出了安史之乱带给整个国家的巨大冲击,此时两京虽已收复,杜甫也得以游走在洛阳城中感受"寒尽春生"的安宁,可是动乱仍未结束,国家仍处于分裂状态,否则怎说"休语艰难尚醋战"呢!人生的会合在这种动荡的大时代中也显得短促与悲情,所以杜甫留下了一个泪落如霰的伤感结尾。与此不同,龚氏的着眼点在自己的不幸遭际,虽然同写宴饮,同样也有一个玄黄流血龙醋战的曾经,但这已经是一个过去时的叙说,它仅仅是作为映衬诗人遭际多艰的一种背景而存在,虽然终究意难平,但他还是以畅想自粤北返时的吴越聚会做了一个乐观光明的结尾,这种身世之感比起杜甫的家国之悲,到底还是有轻重之别的。

　　笔者无意对龚诗与原作所抒写之情感之深浅厚薄作轩轾,只是以此说明龚鼎孳选择次韵对象时,虽然充分考虑到立意、构思、情境等多种因素,但他并非胶柱鼓瑟不知变通,他抒发的完全是一己无可复制的现实情感。令人叹服的是,不论是和陶诗的古雅朴质,还是和杜诗的抑扬跌宕,它们所体现出来的气质几乎与原作一般无二,"江河逝不居,日月与我乖""看鬓人惊霜入镜,临歧话祝壶添箭"等语,置入陶杜集中,或可乱真,可见龚鼎孳已能在规摹经典与表现个性之间游刃有余。

(二)次韵时人之诗

　　龚鼎孳次韵时人之诗的数量约在千余首左右,远多于追和诗,主因之一在于这类诗作与龚氏之酬酢诗多有重合。此类作品在龚诗中虽以酬酢交际为多,但却不乏佳作,不妨举他的诗篇以及他所次韵的大名鼎鼎的钱谦益、吴伟业之作品一探究竟:

杨生倜傥权奇者，万里骁腾渥洼马。双耳朝批贵筑云，四蹄夕刷令支野。空坑师溃缙云山，流星飞兔不可还。即看汗血归天上，肯余翰墨污人间。人间翰墨已星散，十幅流传六丁叹。披图洞岫几重掩，过眼烟岚尚凌乱。杨生作画师巨然，隐囊纱帽如列仙。大儿聪明添树石，侍女窈窕皴云烟。忆昔龙蛇起平陆，奋身拼施乌鸢肉。已无丹磷并黄土，况乃牙签与玉轴。赵郎藏弆绁帙新，摩娑看画如写真。每于剩粉残缣里，想见刳肝化碧人。赵郎赵郎快收取，长将石压并手抚。莫令匣近亲身剑，夜半相将作风雨。

　　　　　　　　　　——钱谦益《为友沂题杨龙友画册》①

南渡谁秉国钧者，当时争指贵阳马。皖江老狐据当道，清流喋血盈朝野。金盘火齐高如山，斜封墨敕畴封还。葛岭闲堂格天阁，锦装大轴连云间。一夕延秋六军散，白衣红袖徒悲叹。相府图书等告身，沟渠纸墨残花乱。龙友笔墨殊萧然，鲭盘游戏还仙仙。解衣兴至一挥洒，千岩万壑生秋烟。黄骢袴褶驰南陆，愤作虎头飞食肉。铁戟沙迷战鼓沉，枥马惊星也翻轴。丹青纵横久更新，荆关董巨流传真。苍茫古色照金石，贵阳亦有风流人。赵生意气深相取，晴窗还并孤松抚。此物携持应有神，九疑落月三湘雨。

　　　　　　　　　　——龚鼎孳《为赵友沂题所藏杨龙友画册·
　　　　　　　　　　　和钱牧斋先生韵》②

二十年前供奉官，而今白发老江干。青樽酒尽贪孤梦，红杏花开满禁阑。西苑楼台遗事在，北门词赋旧游难。高凉桥

---

① 钱谦益著，钱曾笺注，钱仲联标校《牧斋有学集》卷五，第192页。
② 《定山堂诗集》卷四。

畔春如许，赢得儿童走马看。

——吴伟业《庚寅元旦试笔》①

  虎圈烟花园令官，浮云春色懒相干。才闻彩仗喧街鼓，却梦红香簇画阑。深巷小楼催雨过，啼莺戏蝶闭门难。玉河堤上鬖鬖柳，青眼还同早岁看。

——龚鼎孳《立春日梦杏花盛开元夕复梦如前
用梅村庚寅辛卯二韵纪之》其一②

  龚鼎孳第一首诗乃步钱谦益同题七古之韵，创作的缘起乃为他们的友人赵尔抃所收藏杨文骢的画册题诗。杨文骢（1596—1646）字龙友，贵州贵阳人。万历四十七年(1619)举人，崇祯朝曾授官，但位卑职小。他是弘光朝权相马士英的妹婿，他在弘光朝与隆武朝都任要职。顺治三年(1646)，他在浙江衢州抵抗清兵，败退浦城。被俘后不屈而被杀，举家遇难者三十余人。杨氏擅画山水，为"画中九友"之一。杨氏是历史上争议颇大的一个人物，他是马士英的姻亲，而马氏与以阮大铖为代表的阉党余孽沆瀣一气，视复社士人如寇仇而极近打击之能事，可以说马氏对弘光朝之旋生旋灭负有很大责任，那么杨氏被其牵连遭人诟病也在情理之中。但同时他又与复社士人过从甚密，对马氏也颇有规拂，更重要的是，他最终是为了抗清而死，他对明王朝可称问心无愧。钱谦益与龚鼎孳题画作诗已是在杨氏身后，对这么一位政治立场模糊、历史评价复杂的特殊人物，他们该从何着笔呢？钱诗在赞扬杨氏的倜傥权奇与高超画技的同时，更对杨氏不惜为国殒身化碧的忠肝义胆进行或明或暗的叙说，诗人对杨氏之遭际表达了一种惋惜与伤悼，但诗人对

---

① 吴伟业著，李学颖集评标校《吴梅村全集》卷六，第 156 页。
② 《定山堂诗集》卷二七。

造成这一悲剧的原因与时代背景却说得较为隐曲，这也是可以理解的，作为钱谦益这样一位贰臣，赞扬一位殉明抗清者，一来他的内心不能无愧，于情感上他不愿深入；二来这是很容易触犯清廷忌讳的敏感话题，于理智上他不敢深入。再看龚鼎孳的同题次韵之作。龚氏同样规避了对造成杨氏悲剧的明清战争之大背景叙说，对杨氏的抗清殉命甚至说得比钱谦益更为隐晦含蓄，但相比起钱氏那尽量将时空概念抽象化的做法，他的这首诗歌还是体现了较强的历史感与批判性，但他批判的矛头不是清廷，而是指向了权倾弘光一朝且与杨氏关系密切的马士英、阮大铖之流。钱氏是断不肯如此言说的，因为他自己在弘光朝就曾觍颜谄附马阮，而龚氏在明即以清流自命而与阉党对立，明亡后欲逃往南京却又因马、阮兴"顺案"而南归未遂，所以他一直不遗余力地在诗文中对马、阮口诛笔伐，一来表示对奸臣误国的痛恨，二来也是对自己降附清廷的一种辩解。诗歌开门见山，痛斥马、阮秉国误政并对清流赶尽杀绝的奸险酷虐，之后交代了南京城不攻自破后的颓败萧条，其意就在指明马、阮即亡国之祸首。接着龚氏终于转入正题的叙说，他同样对杨氏出神入化的丹青妙手不吝赞美，对杨氏折戟沉沙兵败身死的遭遇亦表露出一种颇有壮气的感悼。一句"贵阳亦有风流人"即不着痕迹地将对杨氏的赞美和对马士英的批判巧妙绾合，而杨氏的结局与南明"一夕延秋六军散"的败亡之局更是紧密相关。诗歌的前半段看似"不切题"，但在龚氏这种以时代环境凸显人物的叙写方式中，全诗并无多余的闲笔。钱谦益之原诗始终围绕杨氏其人其画进行描写，龚鼎孳次其韵而不循其法，另辟蹊径拓宽门户，在诗才之外更体现了一种可贵的历史反思意识。于艺术表现手法论，钱诗的句式灵活流动而龚诗则更显精整与庄重，龚诗虽于骨力沉厚上不如钱诗，但于节次之跳宕上则胜钱诗一筹，同时也很好地继承了钱诗的音节铿锵与苍郁浑厚，因循中有变革，继承中有突破，不论从思想内涵还是从艺术成就看，都可以说是一首不逊于原作的成功的次韵诗。

　　另外两首是吴伟业的七律与龚鼎孳的次韵之作。若说和钱诗犹有酬答之痕迹,那么和吴诗则更类于因情兴感。吴诗作于顺治七年(1650)元旦,此时经历了亡国之痛的梅村正屏居乡里绝意仕进;龚诗则作于顺治十七年(1660)前后任上林苑丞时。龚诗虽步韵吴诗,且二诗均写梦见杏花盛开之情事,但二诗表达的感情却大相径庭。梅村诗前有序:"己丑除夕,梦杏花盛开,桃李数株,次第欲放。予登小阁,临曲池,有人索杏花诗,仿佛禁中应制。醒来追思陈事,去予登第之岁已二十年矣。"①结合诗序更明显地看出吴诗就是一首悼伤故国、感慨迟暮的作品,梦中那盛丽绽放的红杏是他心中永不坍塌的辉煌富丽的大明王朝,是他蒙恩高中赐假归娶风华正茂的年代,可是梦醒之后,遗事犹在,却早已是河山易主芳华暗换,怎不教他黯然神伤! 龚鼎孳也做了一场有关杏花的梦,可是这场梦只是教他莫负春光的一个引子,他笔下有彩仗喧街的尘世繁华,有小楼春雨的朦胧情调,有啼莺戏蝶的盎然生机,有玉河垂柳的玲珑意境,唯独没有梅村那旧游难再的憾恨与盘旋辗转的苦痛。若说吴诗呈现了宛若暮色深秋的衰颓,那么龚诗传达的则是春光明媚的欢洽。这仿佛也再一次证实了吴诗的"辞特深隐"而龚诗"词采有余,骨力不足"②的特点。无须否认,整体而言,龚诗于感情表达之深度与力度上不逮吴诗,但这其实不能完全体现诗才的高低,它更大程度上取决于个体之性情以及对同一事件的不同感受与理解。偏于外向的龚鼎孳对痛苦的发现与表达比起内敛自省的吴伟业自然是不可企及的,但若仅着眼于这两首七律的艺术表现力,龚鼎孳所写的"乐景"其实并不逊于吴伟业所写之"哀情"。龚氏以一种婉丽妍美、轻活流转的语言写出了春日欣欣向荣

---

　　① 吴伟业《庚寅元旦试笔》,《吴梅村全集》卷六,第156页。

　　② "辞特深隐"出自章炳麟著,徐复注《訄书详注》,上海古籍出版社,2000年,第902页;"词采有余,骨力不足"出自朱庭珍《筱园诗话》卷二,《清诗话续编》第4册,第2229页。

之美以及大好春光下人的淡然喜悦,诗中有声有色、有味有韵,真正做到次韵而能自出手眼、自立新意,若非要他表达与吴氏一样的故国之思才算合式的话,也未免责之过苛。

最后谈谈龚鼎孳的叠韵诗。龚氏叠韵诗主要有两类,一是追和前人或次韵时人的叠韵之作,二是作者取自己诗作之成韵叠之,因前者可归入上述两类和韵诗的范畴,故对叠韵诗不作单独分类探讨。龚氏多数叠韵诗作于觥筹交错或即席赠言之际,使用成韵可以说是减少酝酿时间的快捷有效方式,龚鼎孳的大量作品说明他深谙此道,典型如《伯紫穆倩见过时寓后荒园新启命僮子缚帚扫除月下邀同秀升宴集适孝威园次继至即席限韵》至《再叠园字韵四首和园次》①的"翻""归""豪""瓶"字韵八首,《冬夜同秋岳舒章凫公集尔唯药房限韵》《再叠前韵》至《三叠前韵》的"中""弦""涛"字韵九首②,《送唐祖命南归》《过祖命舟中再叠前韵》至《赠丁野鹤》"牛"字韵七首③……这体现的是龚鼎孳"一韵而七八叠"④的善为叠韵的特殊才能,相同的韵字往往能在他的笔下翻新出奇,下面笔者将择要论之,试看"涛"字韵的七律三首:

　　深杯短剑为谁豪,良夜清谈不畏劳。座上骊珠初入掌,中原铁骑正如毛。鼓行色夺吴钩壮,曲奏名争郢雪高。偎寒酒人星汉下,无风砚沼亦波涛。

　　　　——《冬夜同秋岳舒章凫公集尔唯药房限韵》其三⑤

---

　　①　《伯紫穆倩见过时寓后荒园新启命僮子缚帚扫除月下邀同秀升宴集适孝威园次继至即席限韵》《再叠园字韵四首和园次》皆见《定山堂诗集》卷七。

　　②　《冬夜同秋岳舒章凫公集尔唯药房限韵》《再叠前韵》《三叠前韵》皆见于《定山堂诗集》卷一七。

　　③　《送唐祖命南归》《过祖命舟中再叠前韵》《赠丁野鹤》皆见《定山堂诗集》卷一八。

　　④　郑方坤《三十二芙蓉诗钞小传》,《碑传集补》,台北文海出版社,1973年,第2454页。

　　⑤　《定山堂诗集》卷一七。

　　青灯吹壁斗吟豪，无用求仙觅二劳。楚客久知悲凤德，吴
侬今始诧凫毛。绕枝乌鹊风难定，问夜铜龙月正高。暂向樽
前歌桂树，销魂愁渡广陵涛。

　　　　　　　　　　　　　　　　　——《再叠前韵》其三①

　　共识元龙意气豪，畏途人已困薪劳。多愁不入麒麟画，弱
采谁怜翡翠毛。对酒风烟惊岁晚，过秋砧杵逼天高。壮夫失
足空词赋，大海回澜响夜涛。

　　　　　　　　　　　　　　　　　——《三叠前韵》其三②

　　龚鼎孳这三首诗约作于顺治二年（1645）冬与曹溶、李雯、袁于
令、张学曾等人文酒相会之时。顺治二年（1645）正是明亡之初，这
批贰臣内心的愧悔与惧震还未消逝，他们便要面临清廷新一轮的
政治风波。此年，许作梅、李森先、龚鼎孳等人先后纠弹入清后官
至大学士的阉党余孽冯铨，清廷有意回护冯铨，许作梅、李森先遭
黜，而龚鼎孳亦受到多尔衮的讥讽。龚氏的这三首诗便是作于这
种极度不得意的状态下。第一首主要表达诗人在一种看似好天良
夜实则兵戈肆扰的时代里对平地风波与无妄之灾的忧惧；第二首
侧重抒发自己身为贰臣的一种旧巢已覆、新枝难栖的人生悲感；第
三首写的是自己饱经风霜后的困顿不堪以及国变改节而带来的失
足之恨。三诗皆饶苍凉激楚之气，显沉郁顿挫之致，但这三首的感
情的基调是愈往下愈低沉，感情的强度亦是愈往下愈痛切，可见虽
用同一韵字，却无叠床架屋之弊，堪称作手。

　　值得注意的是，因龚鼎孳的不少和韵诗作于宴饮酬赠之场合，
故马大勇先生把龚鼎孳的酬赠诗与次韵诗统称为"交际诗"，并认
为龚氏正是凭借"交际诗"的创作"与共享大名的钱谦益、吴伟业鲜

_____

　　①②　《定山堂诗集》卷一七。

明地区别开来的"①。笔者不取马先生"交际诗"的说法,因为它无法囊括非作于交际场合的次韵诗,但马先生以为此乃区别龚氏与钱、吴的最大特色,却不失为洞见。对此,人们似乎达成了奇妙的共识:

> 公赋诗有三异:每与人酒阑刻烛,一夕可得二十余首。篇皆精警,语无咄易。此一异也。当华筵杂沓之会,丝竹满堂,或金鼓震地,而公构思苦吟,寂若面壁。俄项诗就,美妙绝伦。此二异也。他人次韵每恐棘手,而公运置天然,即逢险韵,愈以偏师胜人。此三异也。
>
> ——邓汉仪《诗观初集》②

> 先生既负宗师重望,而才气又实能笼罩群英,每当花晨月夕,三爵以后,击钵赋诗,风流自赏,或一题而数吟,或一韵而七八叠,无不扶质垂条,方流圆折,笑谐间作,落纸如飞,一时名士胥俯首摄伏,而叹为天人未曾有也。
>
> ——郑方坤《国朝名家诗钞小传·三十二芙蓉斋诗钞小传》③

从时人这些不谋而合的评述中,龚氏文不加点倚马可待的敏捷才思还是世罕其匹的。当然他的这种过人禀赋和他那喜欢热闹的秉性一结合,兼之清廷大员的身份必然带来应酬客套之需,他也写下了许多敷衍应景乏善可陈的诗篇,但是若因此而一叶障目以偏概全,而完全否定这些诗篇的价值所在,则必然是失之偏颇的。对于龚诗毁誉参半的用韵现象,笔者以为应数马大勇先生所言最

---

① 马大勇《清初庙堂诗歌集群研究》,第63—64页。
② 邓汉仪《诗观初集》卷二,《四库全书存目丛书补编》第39册,第72页。
③ 郑方坤《三十二芙蓉斋诗钞小传》,《碑传集补》,台北文海出版社,1973年版,第2454页。

为公允妥帖,他除了从交际需要、表达需要与作者才情大小来论断其现实合理性外,更指出:"从客观效果看,'用韵'天然带有着督促创作者发掘语言最大潜力的功用,它在束缚思维的同时也砥砺了思维,在限制创作水准的同时也提高了创作技巧。"①这就为我们如何看待龚鼎孳这些才情横溢却又历来备受贬抑的和韵诗提供了一个不落窠臼的视角。声韵之美向来为中国古典诗歌创作所追求,可一落到诗歌的和韵写作,人们却往往夷然不屑。归根结底,和韵只是一种艺术表现手法,仅仅以这一手法的使用便否定诗歌的价值必然是偏颇的,我们更应看重的是诗歌本身的情感真实性与所能达到的艺术高度,若衡之以这两个标准,龚鼎孳的不少和韵之作都是当之无愧的优秀诗篇,它们理应在明清之际的诗坛上占据一席之地。

三、联章形式下的表达诉求

多作联章组诗是龚诗的显著特点之一。邓汉仪称龚鼎孳"每与同人酒阑刻烛,一夕可得二十余首"②。郑方坤亦言其"每当花晨月夕,三爵以后,击钵赋诗,风流自赏,或一题而数吟,或一韵而七八叠……"③说的都是龚氏好作组诗的情况。龚鼎孳才情横溢腹笥广博,偶尔也难免逞才之心,往往下笔不能自休,古体与排律还能容其铺排张扬,若是律诗或绝句,则非联章组诗不能承载。龚诗中除了七古与排律外,其余体式中组诗的形式占了相当大的比例。一个题目,少则两三首,多则二十余首,其次韵阮籍的五古《咏怀诗》竟高达四十六首,而一首七八叠的情况更是非常常见。龚氏

①　马大勇《清初庙堂诗歌集群研究》,第 63 页。
②　邓汉仪《诗观初集》卷二,《四库全书存目丛书补编》第 39 册,第 72 页。
③　郑方坤《三十二芙蓉斋诗钞小传》,《碑传集补》,第 2454 页。

同一组诗的诗作由于统摄于同一主题之下,它们之间要么存在着事理的逻辑,要么拥有着情感的联系,不妨以《燕邸秋怀和朱玉籀韵八首·壬午》分析之:

衰柳长安古道赊,西风一夜客愁加。魂摇落日楼头笛,梦湿寒云白下花。万里秋声兼战鼓,千山兵气隐悲笳。故乡井灶今余几,目断中原过雁斜。

秋到西山暮霭凝,支颐无复宦情增。当杯狂许宽文网,避世居难卜武陵。千邑为墟谁豢虎,十年误国有苍鹰。梦余回首乡关改,王粲楼高未忍登。

谁将孤剑倚秋峰,午夜心惊长乐钟。绝塞人难夸射虎,梁园士已废雕龙。奕惟袖手谈皆好,火欲燃薪寐正浓。努力将军歌舞地,隔河笑指最高烽。

空庭月色镜中涵,落叶秋风战已酣。江驿梅才传蓟北,小山桂早发淮南。读骚有暇耽高枕,画黛无人学远岚。斗室萧然生事拙,鬓毛何福点朝簪。

战场读罢掩啼痕,画戟争传帅府尊。谁唱大风思草泽,独留荒月照花门。军中首蓿秋偏瘦,乱后荆榛鬼不存。忍死健儿还借一,莫因野哭但销魂。

小草风尘信马蹄,兔柴三径乱烟迷。青毡失后留长铗,白雁回时听晓鼙。缓带已无羊叔子,悲秋空有庾征西。高歌燕市逢年少,一曲离愁语渐低。

闲阶碧露敛残煻,衾敝难支暮与朝。经乱梦如春后草,怀
人眉锁雨前蕉。饥驱自觉秋腰减,病剧应无素手招。惭愧东
方徒索米,故园今已罢耕樵。

偃寒高斋拥百城,苦吟意匠亦经营。郁轮袍自羞摩诘,南
舍裈何损步兵。天下疮痍思国手,吾曹出处畏虚声。深秋也
染文园渴,狗监难教识姓名。

——《燕邸秋怀和朱玉籍韵八首·壬午》①

这组七律乃龚鼎孳于崇祯十五年(1642)任京官时所作,此时
天下驿骚国危势蹙,组诗从不同侧面展示了时局的危殆,并表达了
诗人悯乱伤离忧心如捣的情怀,是典型的乱世之音。第一首诗写
兵燹之灾蔓延全国,乱象如沸,民生凋敝。第二首写诗人对现状的
反思,诗人以为国事一败至此,很大程度是缘于自天启以来的阉寺
横行权奸误国,同时诗人还表达了自己面对乱世有心归隐却无路
回乡的悲愁。第三首写敌寇猖獗而武将无力制敌却耽溺歌舞,社
稷阽危而文人风雅之好亦失,可见形势严峻国将不国。第四首看
似闲逸幽雅,实则蕴含了对自己身为京官却无所事事、无法施展平
生抱负的慨叹,"落叶秋风战已酣"以自然气候喻指政治气候,在这
样一个悲风骤至的时代中,一个心系天下的官僚士夫却只能"读
骚""画黛",那其他人也就可想而知了。第五首写战争的残酷,它
导致白骨蔽野人命危浅,使得一个个鲜活的生命成了战场幽魂。
第六首写国难当头思良将,只是举目望去,却没有能够挥戈返日的
国之干城,国之颓势已不可收拾。第七首写蒿目时艰又念及故园
的萧索荒凉,愁病交侵忧思满襟。第八首写自己的不得志之苦,这
种不得志源于天下扰攘乾坤疮痍,自己虽居天子禁近,却不得重

---

① 《定山堂诗集》卷一六。

用、徒有虚声，只能无所作为地在乱世中沉沦。这八首诗歌从各个不同的侧面展现了明末乱象及生活于其间的诗人的那种忧虑、悲凉、愤慨、怨尤而又无可如何的复杂心态。忧国忧民、忧生忧世，是这八首诗歌一以贯串的主题。虽然每一首都可以单独成篇，但却没有任何一首给人以赘笔之感，而它们的组合既扩大了律诗的表现力，使诗歌的主题得到更为全面与深刻的表现，同时诗歌的感染力与批判性也随之增强。此外，组诗也深得杜诗沉郁顿挫、声情悲慨之笔意。

龚集中规模最大的组诗是步韵阮籍同题五古的《咏怀诗》四十六首①，此大型组诗约作于顺治四年（1647）前后，其内容非常丰富，当中有立身处世的态度，有对仕隐出处的思考，有生逢乱世命运多舛的感叹，有自伤失节的咨嗟，有对坚贞友谊的礼赞，有对生者的思念与逝者的哀悼，有对历史人物的咏叹反思，看似庞杂，实则都共同指向诗人哀身世、痛遭逢、悟取舍之主题。如其十一以建功立业的吕尚和首阳隐逸的夷齐为例，说明仕与隐各有所长，他本是认同自身的出仕之举的，但"遭时一差跌，进退难自禁"，他认为自己的进退失据是生逢乱世造成的，是时命而非秉性品格直接造成了他失节的悲剧。如其二十二，在哀悼亡友李雯的同时，指出李氏英年早逝的原因是"多忧不自遣"，而李氏之"忧"很大程度是国变再仕的名节压力所造成的，同为贰臣的龚鼎孳显然是有物伤其类、自悲其遇的感慨在，但他又明显不赞同李雯这种不善排遣忧患的生存方式，而这其实就是龚氏自我人生态度的反向传达。又如其二十五，铺陈叙写孤者、孔翠、孔子、屈原此等美物贤人的不幸遭际，实则以他们比拟自身颠踬起伏的身世际遇。于此可见，亦人亦物或远或近，组诗中不同诗篇的归结点最终都在诗人自身，可以说万宗归一繁而不乱。

---

① 《定山堂诗集》卷一。

又如作于顺治三年(1646)归里途中的七律《广陵感怀八首》①亦是组诗中不可多得的佳作。广陵即古扬州,这是一座曾经极尽富丽堂皇而又备受蹂躏摧残的名城,鲍照芜城一赋心伤吞恨,炀帝欲取芜城作帝家却终是葬身雷塘,杜牧的二十四桥竹西歌吹道尽旖旎风华,而在龚鼎孳笔下,则是历史上"芜城"一幕重新上演的长歌当哭。这里是明清战争中遭受兵火洗劫最为严重的城邑,弘光朝史可法督师扬州,支撑着南明王朝的一线生机,扬州城破后清军惨无人道的屠城之举,诸如种种,都在经历了易代之变的人们心中留下了永难磨灭的印记。组诗里的第一首表达自己山河易主后"歧路徘徊"的惶惑,第二、三、四首乃对广陵经历兵争后今非昔比的破败荒凉景象的喟叹,第五、六、七则分别叙述弘光朝江北四镇骄横跋扈据地为雄、史可法壮烈殉国、左良玉讨伐马阮奸臣未果而弘光朝已覆亡等事。将八首诗联合起来看,简直就是一部微型的弘光朝兴亡史,然在历史的平板冷静之外,它又被赋予了诗人强烈的主观爱憎,如第八首述左良玉事,前二联为:"楚天金鼓压江河,大将楼船截汉过。晋甲才传清社鼠,隋宫已见散明驼。"左良玉以"清君侧"为名进军南京,马、阮虽为可恨,但左良玉此举实属个人野心膨胀而置社稷安危于不顾,龚鼎孳因政治立场与个人恩怨等因素,却对左氏此举不以为非,他慨叹奸臣未除而大厦已倾,虽只是一家之言,却也见其诗人的主体情感不被淹没于史实中,他不是在简单地复述历史,而是以亡国后的追思与反思作为八首诗一以贯之的线索。

组诗之制在龚鼎孳集中随处可见,如《送雪堂夫子南归用古诗十九首韵》二十首、《秋怀诗二十首和李舒章韵》、《长干秋兴》十首、《感春》二十首、《登楼曲》四首、《秋夜省中赋怀》十首等等,皆为人所称道。但龚氏这种好作组诗的风格也招致了某些批评,如赵杏

---

① 《定山堂诗集》卷一七。

根先生就批评龚氏这种"贪多"的习性："一题多首,往往导致性情的分散、淡薄、贫乏。试想,只够在一首诗中表达的性情,做完一首诗,就已说完,再要作下去,便难乎为继了。"①这种批评不无道理,龚氏组诗中也确实不乏粗制滥造之篇,但同时也应该看到,他的不少组诗都是相当优秀的篇什,它们不是龚氏在难以为继之时还要生硬凑数的批量创作,而是出于诗人一种完整表达的创作诉求,正如万国花所说："他喜欢把一件事论述得面面俱到,十分透彻,其庞杂的内容势必为单首诗所无法容纳的,就不得不用组诗来承载。"②他的组诗往往能多角度、多侧面地表达同一主题,这就突破了短篇古体与近体诗篇幅上的限制,同时组诗中的每首诗又相对完整与独立,它们本有的凝练精切之美也不因这种全面表达的需要而受到损害,可见龚鼎孳的组诗还是很有存在的价值的。况且,被许为清初诗坛先锋式人物的钱谦益,其最享盛名的是十三叠一百零四首的《后秋兴》,由此可知,组诗可作,这只是一种艺术表现形式的选取,而创作成就的高低只取决于诗人情感之真伪与功力之深浅,无关乎联章抑或单篇。

四、用典的自成境界与凸显主题

龚诗多用典,吴伟业评价龚诗就有"使事之精切"③之说。用典是历代文人普遍采用的一种写作手法,刘勰《文心雕龙·事类》将事类定义为"据事以类义,援古以证今者",并进一步申说"明理引乎成辞,征义举乎人事",可见典故可分语典(成辞)与事典(人事)。具体到龚诗的典故,也不外乎语典与事典两种。首先看龚诗

---

① 赵杏根《白下才华重合肥　散花天女着铁衣——龚鼎孳诗歌研究》,《厦门教育学院学报》,2008 年第 2 期,第 14 页。

② 万国花《诗家与时代:龚鼎孳及其诗论、诗歌创作研究》,第 172 页。

③ 吴伟业《龚芝麓诗序》,《吴梅村全集》卷二八,第 664 页。

中语典的运用,试以作品分析之:

> 天涯疏影伴黄昏,玉笛高楼自掩门。梦转乍惊身是客,
> 一船寒月到江村。

——《百嘉村见梅花》其三①

> 萧然冰雪送归装,江峤重裁薜荔裳。日晏钟鸣丞相邸,目
> 成兰折美人堂。云霄一羽天难问,湘澧千秋路未荒。宣室应
> 虚前席待,九埏烽火正仓皇。

——《感事和王子云韵二首·辛巳》②

第一首诗乃龚鼎孳于顺治十三年(1656)使粤途经江西万安县百嘉村时作。首句写梅,化用宋代林逋《山园小梅》之名句"疏影横斜水清浅,暗香浮动月黄昏",虽未现"梅"字,但梅之情影、精神已无处不在。次句写迁谪之感与旧事难寻的哀愁,既肖似李白《黄鹤楼闻笛》"黄鹤楼中吹玉笛,江城五月落梅花"的笔致,又颇得姜夔《暗香》"旧时月色,算几番照我,梅边吹笛。唤起玉人,不管清寒与攀摘"之神韵。龚鼎孳从今朝的人去楼空着笔,玉人已去重门深掩,那曾经颇得才子佳人眷赏的梅花便只能自开自谢孤芳自赏。"梦转乍惊身是客"反用李煜《浪淘沙令》的"梦里不知身是客,一晌贪欢"之笔意,人之贪恋欢爱,梅之流连韶华,梦醒人去之后,方才发现能够留住的,只有绚烂之极后的平淡与喧嚣之极后的冷寂,这其实更是身在羁旅的诗人梦醒之时那怅惘迷离之心绪的真实写照。末句化张继"夜半钟声到客船"而来,其意境却接近柳永"今宵酒醒何处?杨柳岸,晓风残月"。孤清素雅的画面上,除了数枝横

---

① 《定山堂诗集》卷三九。
② 《定山堂诗集》卷一六。

斜梅影外，便惟有那一船寒月陪伴落拓失意的诗人飘零天涯。沈德潜对此诗甚为激赏："脱去梅花窠臼，清绝超绝。"①值得注意的是，这首清绝超绝的佳作，整体皆为化用前人李白、张继、李煜、林逋、柳永、姜夔等诗词名句而来，却如己出，不见一丝生搬硬套的痕迹。这些成句经过诗人的点铁成金笔，浑然天成地交融成一个悠然以远、清逸空灵而又孤洁杳袅的境界。

　　第二首诗乃辛巳年（崇祯十四年，1641）龚鼎孳有感于直臣黄道周谪戍辰州卫而作②。崇祯十一年（1638），道周因劾杨嗣昌夺情而连贬六秩，任江西按察司照磨。崇祯十三年（1640），江西巡抚解学龙荐所部官，推奖道周备至，忤帝旨，兼之政敌构陷，崇祯"立削二人籍，逮下刑部狱，责以党邪乱政，并杖八十，究党与"③，因大臣力谏方免死而谪辰州。龚诗中对道周之忠而遭贬感喟唏嘘，同时对崇祯的苛政严刑也有暗讽之意。此诗多处使用语典与事典。首句写道周于冰天雪地中远适谪所；次句"江峤重裁薜荔裳"，字面上取用屈原《离骚》"揽木根以结茝兮，贯薜荔之落蕊"与《九歌·山鬼》"被薜荔兮带女萝"中"薜荔"的高洁清芬之意，表达的乃与《离骚》相类的"进不入以离尤兮，退将复修吾初服"的心怀，暗指道周从居庙堂之高一转而为处江湖之远。第三句指道周获罪之因由在弹劾"杨相"杨嗣昌，用的是张衡《西京赋》"击钟鼎食，连骑相过"之典，喻指杨相的声势烜赫权倾一时；第四句言解学龙对道周的英雄相惜却为二人招致无妄之灾，乃化用《九歌·少司命》"满堂兮美人，忽独与余兮目成"而得。颈联悲叹圣意难测直臣贾祸，前句兼用杜甫咏叹诸葛亮的"万古云霄一羽毛"④、屈原"天问"篇名与张

---

　　①　沈德潜《清诗别裁集》卷一，第16页。

　　②　《国榷》卷九七："十二月壬寅朔……甲子，黄道周戍辰州卫。"（谈迁《国榷》，中华书局，1958年，第5911页。）

　　③　《明史》卷二五五《黄道周列传》，第6599页。

　　④　杜甫《咏怀古迹》之五。

元斡为开罪秦桧之直臣胡铨送行时所咏之"天意从来高难问"①，以诸葛高入云霄的谋略志节与胡铨直言贾祸的坎壈遭际比拟道周之竭忠尽智与不幸遭逢。"湘澧千秋路未荒"用的是屈原被流放沅湘流域之事典，以此关合道周被贬湖南辰州，也见出自古及今的忠臣孝子千古同悲之命运。尾联"宣室应虚前席待"乃将李商隐《贾生》"宣室求贤访逐臣"与"可怜夜半虚前席"相兼化用而来，委婉地指出朝廷值此烽烟四起之时，应尊贤爱士而非排摒忠良摧折士气。诗歌多处使用楚辞、唐诗与宋词中的语典，既得屈子的香草美人之意，又有杜诗沉郁悲慨之致，兼得义山声调遒紧之风。它与《百嘉村见梅花》一般，借用古辞古意而无斧凿之痕，希风古哲而又自出新意自成境界，正王国维所谓："借古人之境界为我之境界者也。然非自有境界，古人亦不为我用。"②

　　龚诗中用前人语典的佳作不胜枚举，如"岂必清歌发，时时唤奈何"③化用《世说新语·任诞》中"桓子野每闻清歌，辄唤奈何"，"天意高难问，浮生事有涯"④分别化用张元斡《贺新郎·送胡邦衡待制》"天意从来高难问"与杜甫《暮春题瀼西新赁草屋》"浮生即有涯"，"中洲鹦鹉凄芳草，隔岸楼台受夕阳"⑤化用崔颢《黄鹤楼》"芳草萋萋鹦鹉洲"，"去国一身真报母，投荒万里亦怜才"⑥化用柳宗元《别舍弟宗一》"一身去国六千里，万死投荒十二年"，"萧萧木叶下江流，滚滚沧波无尽头"⑦化用杜甫《登高》"无边落木萧萧下，不

---

①　张元斡《贺新郎·送胡邦衡待制赴新州》。
②　王国维《人间词话》删稿之十四则，中国人民大学出版社，2004 年，第 25 页。
③　《秋怀诗二十首和李舒章韵》其六，《定山堂诗集》卷六。
④　《花朝友沂孝威同集尊拙斋》其二，《定山堂诗集》卷九。
⑤　《登晴川阁小饮同舅氏尔立先生家弟孝绪限韵》其二，《定山堂诗集》卷一六。
⑥　《送姜如农给谏谪戍宛陵兼怀如须大行》，《定山堂诗集》卷一六。
⑦　《九月一日同澹心伯紫绮季寒玉子蓊杓司家弟孝绪并一指山语二上人登雨花台四绝句》其一，《定山堂诗集》卷四〇。

尽长江滚滚来","客心不共大江流,重为秋山补胜游"①化用谢朓
《暂使下都夜发新林至京邑赠西府同僚》"大江流日夜,客心悲未
央","长门薄命甘沦落,不向寒鸦比玉颜"②除用司马相如《长门
赋》之事典外,还化用王昌龄《长信怨》"玉颜不及寒鸦色,犹带昭阳
日影来",诸如此类,可谓咳珠唾玉脱胎换骨。于以上诗例也可见,
龚鼎孳所用语典以汉魏三唐为主,但并非不涉宋调,如"云霄一羽
天难问""天意高难问""天涯疏影伴黄昏"等句即从宋人诗词中
化出。

　　龚诗中事典的运用亦复不少,试以二诗分析之:

　　　　平世栽花小邑宽,玉琴朱绂倚严滩。子孙何似桐乡爱,父
　　老还同岘石看。寄傲门庭容五柳,吐云怀袖养千竿。心知述
　　祖惭康乐,勇退宁嗟行路难。
　　　　　　——《先大父奉直公以分水令摄篆桐庐秩满擢州守
　　　　即日谢病归余时甫五龄侍行今三十余年往矣》③

　　　　倚槛春愁玉树飘,空江铁锁野烟销。兴怀何限兰亭感,流
　　水青山送六朝。
　　　　　　　　　　　　　　　　　——《上巳将过金陵》其二④

　　第一首诗乃龚鼎孳于顺治十三年(1656)使粤途经桐庐县有
感往事而作。龚鼎孳的祖父龚承先曾于万历四十四年(1616)任

---

　　①　《牧斋先生及同学诸子枉送燕子矶月下集饮口号四首》其二,《定山堂诗集》
卷四〇。
　　②　《舒章请假南行同秋岳赋送四首》,《定山堂诗集》卷一七。
　　③　《定山堂诗集》卷二五。
　　④　《定山堂诗集》卷三九。

浙江分水县知县①,并摄篆桐庐县,他"治分水四载,遗爱在人,祠名官祠"②,秩满擢云南禄劝州知州,未赴任即谢病归。龚鼎孳幼年即因早慧奇颖深得祖父喜爱,三十余年后的他重游祖父当年为官之地,万千感慨涌上心头,写下这首追述祖德的诗歌。诗歌主要颂扬祖父之遗爱一方与不慕荣利,诗中多处使用事典。"玉琴朱绂倚严滩"使用东汉隐士严光之典,"严滩"即严陵濑,乃当年严光在富春江的垂钓之处,这个典故的使用既贴合了桐乡之地,同时又以严光的渔弋山水比拟祖父之外绝荣竞。领联分别以西汉朱邑桐乡遗爱与西晋羊祜岘山堕泪碑的典故,写出祖父当年为官之仁政惠民与广得民心。颈联写祖父之引疾辞官之清高恬淡,"寄傲门庭容五柳"用的是陶渊明隐逸不仕、自号"五柳先生"的事典,同时还化用了渊明《归去来兮辞》中的"倚南窗以寄傲"的语典。尾联写自己未能述祖德于万一,前句用的是谢灵运撰《述祖德诗》之典,后句诗人信手拈来乐府旧题"行路难"入诗,却无一丝牵强处。此诗在龚集中虽算不得佳作,但它却很典型地表现了龚诗博学洽闻引典纯熟的特征,是龚诗中很见书卷学问的一类。

第二首诗是龚鼎孳于顺治十四年(1657)三月从粤地北返将过金陵时作。与第一首诗相比,这首诗不仅见学识,更见才情,王士禛引其兄王世禄言许为"才子语"③,彭端淑虽不喜龚诗,但也认为渔洋此评"信矣"④,足见不凡。此诗虽只有短短二十八言,当中却不着痕迹地运用了许多人们耳熟能详的典故。前两句写金陵春景,但其意却在咏史,第一句用的是南朝陈后主作亡国之音《玉树后庭花》之典;第二句用西晋灭吴之典,晋武帝命王濬伐吴,吴以铁

---

① 今属桐庐县。

② 董迁《龚芝麓年谱》,《中和月刊》,1942 年第 1 期。

③ 王士禛《渔洋诗话》卷中,《清诗话》上册,第 191 页。

④ 彭端淑《雪夜诗谈·国朝诗话补》,《续修四库全书》第 1700 册,上海古籍出版社,2002 年据北京图书馆藏清乾隆四十二年刻本影印,第 1390 页。

链锁江,并在江中暗置铁椎,王濬造木筏除椎,以火炬烧毁铁索,所向披靡直抵金陵,吴亡。两则典故皆关涉亡国,诗人看似咏叹陈年之历史,但来到这个作为明朝"龙兴之地"与弘光朝覆灭之所的金陵,诗人自然有着更为深远的现实情怀。诗人在末二句就通过典故的运用将这种现实情怀婉曲地传达出来。第三句用的是王羲之《兰亭集序》之典,羲之在《兰亭集序》中抒发了一种人生短暂、盛衰无常的感慨,而"后之视今,亦犹今之视昔"这种荒漠虚空的历史感在金陵这个改朝换代如走马观花的都城中更得到了一种不无伤痛的强化与凸显。"流水青山送六朝",绿水长流青山依旧,亘古长存的大自然默默地送走了六朝,但那个逝去有十余年之久的与金陵有着千丝万缕关联的大明王朝,却是龚氏未曾说出却一直笼罩全篇的灵魂所在。正如严迪昌先生所言:"龚鼎孳过南京,想的东西很多,有国事、有情事、有盟事、有雅集事。"①而这些剪不断理还乱的千头万绪,他以四两拨千斤的"兰亭感"三字就统统涵盖了,这实在得力于典故的妙用。

　　龚诗中存在着大量的用典现象,而某些频繁出现的典故值得引起关注,以下略举几例。如常用"开元""天宝""新亭"来表达亡国之痛与故国之思,"开元弟子情多少,一片江南玉树愁"②,"太平谁致乱谁为? 花月开元剩此时"③,"天宝风烟后,狂夫鬓已翁"④,"万国鼓鼙天宝泪,十年烟草洛阳城"⑤,"新亭杯酒后,哭叹已无人"⑥,"草莽陈师勤国难,新亭对酒悲风乱"⑦;常用"江淹(文通)""庾信

---

① 严迪昌《清诗史》,人民文学出版社,2011年,第342页。
② 《试灯日社集寅楼用石疏扇头花月山堂二韵》其一,《定山堂诗集》卷一八。
③ 《寿张燕筑》,《定山堂诗集》卷一八。
④ 《圣秋初度即和其见赠诗四首》其二,《定山堂诗集》卷一〇。
⑤ 《昭庆兰若看牡丹》,《定山堂诗集》卷一九。
⑥ 《长干秋兴》其五,《定山堂诗集》卷八。
⑦ 《寿白母长歌一百二十句》,《定山堂诗集》卷四。

（子山）""江总（总持）"表达失节之愧，"衔杯难尽文通感，独立苍茫过夕阳"①，"文通自信伤心极，春到江南不当春"②，"休文座上人非少，庾信江南赋独哀"③，"名下易增沦落恨，子山词赋已风烟"④，"总持头自黑，安得荜门归"⑤，"飞絮应怜江总鬓，看花莫负少陵身"⑥；常用李固、杜乔、李膺、杜密、范滂等东汉清流士人之典表达蹈祸不悔的直臣气节，"苍茫李杜齐名事，落叶寒钟忍更论"⑦，"欲杀每连乔固狱，寻盟未爽范张期"⑧，"百年薇蕨幽人事，一片膺滂国士心"⑨；常用朱云折槛的典故赞美批鳞请剑的言官风裁，"青琐名高折槛年，后生谁识直如弦"⑩，"朱游名久悬丹槛，汲黯身原系汉廷"⑪。笔者以上例子虽只是挂一漏万，但从这些事典中可看出两点：一是龚鼎孳所用多为熟典且重复频率颇高，故龚诗虽大量用典，却不会造成理解的困境；二是从某类典故的频频出现中，也可见出龚诗中关于某类主题的创作相对集中，如上举对亡国之痛与失节之愧的抒发，对钩党株连清流罹祸之黑暗世道的痛心，对刚正立朝救弊匡正之臣节的强调，正是龚诗中一贯执着的叙写。

前人对龚诗的用典也有着截然不同的褒贬取向，沈德潜称"引

　　① 《春日同金岂凡少宰刘玉孺司马曹秋岳太仆吴雪航侍御宴集澹园即席限韵》，《定山堂诗集》卷一七。

　　② 《春兴和石疏韵》其一，《定山堂诗集》卷一七。

　　③ 《伯父雍麓公惠诗垂忆依韵奉报》，《定山堂诗集》卷一七。

　　④ 《为沈郎玉卿题便面》其六，《定山堂诗集》卷三七。

　　⑤ 《秋怀诗二十首和李舒章韵》其十二，《定山堂诗集》卷六。

　　⑥ 《和于皇见赠之作》其二，《定山堂诗集》卷一八。

　　⑦ 《方子唯奉浣叟先生招同林青仲宋怿先家弟孝积集同春园》其三，《定山堂诗集》卷二〇。

　　⑧ 《送盛顺伯还丹阳》其二，《定山堂诗集》卷二〇。

　　⑨ 《秋日送雪堂夫子守制归豫章》其八，《定山堂诗集》卷二一。

　　⑩ 《同年阴太峰给谏引疾还里》，《定山堂诗集》卷二二。

　　⑪ 《寿张螺浮给谏和仲调韵》其一，《定山堂诗集》卷三二。

用古典,天然对仗,是此老本领"①,朱庭珍《筱园诗话》则批评龚诗"好用典,而乏剪裁烹炼之妙"②。诚然,用典繁复难免予人堆砌典故雕虫篆刻之憾,而典故的重复频率高自然导致新意不足,龚诗中的某些篇章也的确是有才气见学问而乏性情。于此可见,龚鼎孳论诗虽以汉魏三唐为尊,但在实际创作中却不免露出"以才学为诗"③的宋诗风貌。同时也应看到,龚诗好用典善用典,这不仅增强了诗歌的古雅气息,同时也收到了言简意深的表达效果。

本节归纳了龚鼎孳诗歌的四个艺术特征:首先,是众体兼备,风格多样,而其成就最高者是七绝、七律;其次,是和韵之篇颇多,龚鼎孳正是在他人设定的语言"枷锁"中创作出独具面目的诗篇,体现出高超的语言驾驭能力;其三,是好作联章组诗,他喜欢用组诗之制来多侧面、多角度表达同一主题;其四,是引典纯熟,而从某些典故的高频率出现上又可看出诗歌主题的相对集中。

---

① 沈德潜《清诗别裁集》卷一评《蒿庵都谏谪官建宁》,第 16 页。
② 朱庭珍《筱园诗话》卷二,《清诗话续编》第 4 册,第 2229 页。
③ 《沧浪诗话校释·诗辨》,第 26 页。

第三章　龚鼎孳词研究

龚鼎孳是明末清初的大臣词人之首,他对明清之际词风之递嬗有着不容忽视的影响。严迪昌《清词史》称:"龚鼎孳的诗实难与钱牧斋和吴梅村相匹敌,然其词则卓称名家,而且在清初词的繁荣过程中龚鼎孳殊多献替,是顾贞观所说的起着推波助澜之大力的'辇毂诸公'之首座。"①龚鼎孳能稳坐"辇毂诸公"之首席而成为一代词坛祭酒,除了清廷大僚的身份赋予他的位势之尊与导扬之便外,更根本的,是他的词体创作成就超逾侪辈雄视当代,是明清之际罕有其匹的一流词人。接下来,笔者便对龚词的内容分类与艺术特色作一深入解读,以证此论。

第一节　龚鼎孳词的内容分类

康熙十五年(1676)吴兴祚刻本《定山堂诗余》是龚鼎孳流传最广的词集,存词凡二百零二首,从龚氏词集异本《香严词》与清初词选《瑶华集》复可辑得四首,故龚氏存词凡二百零六首。笔者根据书写内容的差异,将这二百余首词作分为五类:言情词、酬赠词、述怀词、咏史怀古词与咏物词,以下将对此展开详细论述。

---

① 严迪昌《清词史》,江苏古籍出版社,2001 年,第 117 页。

一、言情词

言情词,顾名思义,就是描写两性感情之词作。曲子词自唐五代诞生以来,便与花月风情有着千丝万缕的联系,及至《花间》《草堂》风靡一时的明代,词体的艳情传统更是被一代士人奉为正宗。生活于明末清初的龚鼎孳受此风气沾溉,言情之作便也在他的词集中占了相当的比例。龚鼎孳的言情词主要指的是《定山堂诗余》卷一之《白门柳》①,此乃记述龚鼎孳与其爱妾顾媚情缘之专集,除此外,收入卷四的悼亡词《贺新郎》则是龚氏言情词的殿后之作。

明代词坛受到其时崇尚个性、纵情憎礼的社会风潮的影响,出现了尚艳与尚俗的两大趋向,浸染于其间的龚鼎孳并不能完全独立于其外,他的言情词中也有一部分软媚绮靡之作,但绝大部分却是跳出了明季艳词秾艳淫鄙之藩篱而显得情真意挚,龚氏之能独出手眼,与他写情对象之明确有着莫大关联。自《花间》肇开写艳之传统以来,文人言情的对象往往是符号化、普泛化的歌姬美女,故虽温香馨软却难脱空疏浮薄之弊,但龚鼎孳的言情词却能绝去蹊径,原因就在于其写情的对象是与他相爱相知且结为连理的顾媚,而非凭空想象或逢场作戏之歌儿舞女。

《白门柳》记述了龚顾二人初识相恋、别后相忆、辗转相逢、祸福相随、乱后相依以至生死相隔的感情轨迹,余怀称"尚书有《白门柳》传奇行于世"②,龚氏是否另作有传奇《白门柳》,今已不得见亦不得知,但若从词集《白门柳》完整地表现了龚顾婚恋故事之全过程这一角度看,以"传奇"称之亦颇贴切。下面笔者将顺次对这些类于"传奇"的词作一解读。

---

① 本小节所引词若无特别说明,均出自《定山堂诗余》卷一,不再注出。

② 余怀《板桥杂记》中卷,第 30 页。

1. 初识相恋。龚顾二人于崇祯十三年(1640)前后相识于眉楼①。《白门柳》起首四阕题为《楼晤》之词,就是对眉楼初会之纪实性咏叹。"风络霞绒,莲铺金索,横桥檀雾吹暖。玉奁半懒春妆,一笑上楼人浅。"②眉楼之铺锦列绣让人流连,但更令人心醉的却是与这富丽华美形成鲜明比对的浅淡春妆之佳人,她嫣然一笑,便将一种清雅脱俗的气韵徐徐传出,妩媚而不流艳冶,娇俏而不失端庄,这样的初会让年少多情的龚鼎孳疑为天人一见倾心,不禁把自己比作了入山逢仙之阮肇③,得遇佳人的欣喜之情溢于言表。

> 红笺记注,香麋匀染,生受绿蛾初画。挑琴擘阮太多能,自写影、养花风下。　　月低金管,带飘珠席,两好心情难罢。芳时不惯是乌啼,愿一世、小年为夜。
>
> ——《鹊桥仙·楼晤其三用向芗林七夕韵》

她淡扫蛾眉眼波流筋,她知音识律能诗善画,才貌双全的顾媚让龚鼎孳如醉如痴,而从"两好心情难罢"可知顾媚对眼前这位青年才俊亦是芳心相许。扫眉才子与慧业文人,双美遇合两情相悦,值此龚鼎孳发出了"愿一世、小年为夜"之语,此等直白道来的痴缠与迷恋不予人丝毫淫亵鄙俗之感,主要在于此词以幽秀流丽之笔写缠绵缱绻之情,收纵有度浓淡合宜,故虽倚罗泽乡却无轻狎恣纵之貌。但并非龚氏所有的言情词皆能达到此境,如《杏花天·楼晤》其四"今生誓作当门柳,睡软妆楼左右",实已堕入香艳纤佻一途,只是此等露骨俗媚之作,在龚氏言情词中并不占主流地位,且由于其对顾媚的真情,即便是此类词作,也不宜与肤泛轻薄之艳词

---

① 关于龚顾初识日期,存在不同说法,详见本书第一章第一节。
② 《东风第一枝·楼晤用史邦卿韵》。
③ 《东风第一枝·楼晤用史邦卿韵》:"爱紫兰、报放双头,恰好阮郎初见。"

等量齐观。

2. 别后相忆。崇祯十五年(1642)，北上铨选的龚鼎孳途经金陵，与顾媚短暂相会后，旋即北上，与心上人南北暌隔，饱受相思之苦的他在词中尽情地表达着他对顾媚之牵念。这些词作因其感情的深挚与思念的焦灼，故在缠绵悱恻之外别具一种抑扬唱叹的幽怨之美，可以说龚氏这个时期的言情词是《白门柳》中最为动人的作品，试看：

> 别怨暗移青镜，春愁倦听红牙。扬州灯火绛楼纱。不似石头城下。　　伴我邮亭孤月，负他寒食梨花。没来由事误天涯。玉笛当风此夜。
>
> ——《西江月·广陵寄忆用史邦卿闺思韵》

《西江月》乃龚鼎孳旅次扬州所作。开篇切题，明言"别怨""春愁"，词人来到扬州这个繁华都会，没有丝毫喜悦，而言此处"不似石头城下"，是"不似"，更是"不如"，只因石头城中有他朝思暮想的恋人，而这里除了邮亭的一轮孤月外，就只余吹彻寒夜的玉笛，纵然春风十里歌娇舞艳，于他却只余"没来由事误天涯"的怅惘迷离。

崇祯十五年(1642)的七夕，龚鼎孳在京师思念顾媚作《浪淘沙·长安七夕》。七夕佳期，牛郎织女一年一度之鹊桥相会，金风玉露一相逢，便胜却人间无数。但龚鼎孳却对这种以一年之苦等换一夕之欢会的"会少离稠"的恋情深致不满，并发前人所未发，指责牵牛"薄幸"，不能带给织女朝朝暮暮的厮磨相守，更自叹为薄幸之牛郎，与爱人聚少离多，辜负了青春佳人与美好年光。顾媚原约定崇祯十五年(1642)之秋归嫁龚鼎孳①，但七夕已过，将近中秋，却仍毫无音讯，情到痴处的龚氏爱恨交织然疑杂作，从自叹薄幸转

---

① 《风流子·春明寄忆》其三："双双把鸳盟，订在新秋。"

而怀疑顾媚寡情,感叹"琼楼真负凤箫缘"①,又怅恨自己未能似王献之渡口迎接桃叶一般,得将佳人盼归②。他也试图抛却这缠缚甚深的思念,无奈"试抛脑后,陡来衾底,又嵌心头"③,真是此情无计可消除。

3. 辗转相逢。为践履情好之盟,顾媚于崇祯十五年(1642)中秋北上,几经辗转,于崇祯十六年(1643)中秋方才抵达京都。当顾媚辗转徙倚之际,龚鼎孳的心情亦是随之旋喜旋忧,《白门柳》中就有不少词作记下了龚氏引颈南望之时热切企盼而又忧心如焚的真实心态。试看其初得顾媚北上音讯时之情态:

> 远鸿飞送,有倾城、玉杵龙绡踪迹。小字鸳鸯颠倒认,凭仗晶盘凝碧。密约镌花,深嚬谢柳,打破春愁国。秋灯分照,短长程已亲历。　　为想翠管轻笼,绿窗低唤,软款怜征客。迢递江南天北意,佳事恰宜今夕。钿合香浓,鸾台云热,狂欲生双翼。冰蟾遥共,画楼人在吹笛。
> ——《念奴娇·中秋得南鸿喜赋用东坡中秋韵》

于中秋佳节得心上人北上之讯,渴盼已久的重逢顷刻在望,词人欣喜若狂,他反复辨认端详着情人娟秀小巧的字迹,或许是对这突如其来之佳音难以置信,又或许见字如晤,他尽情地想象着与情人欢聚时种种动情场面,他那日积月累的悲愁因这份喜讯而烟消云散。

知悉顾媚道梗遇阻后,龚鼎孳之心绪一落千丈烦忧不已。"心恻。万愁积。料野馆斜曛,芳影凄寂。"④"更愁香梦来寻,重添离

---

① 《小重山·邸怀》其五。
② 《小重山·邸怀》其五:"载花那得木兰船。桃叶路,风雨接幽燕。"
③ 《眼儿媚·邸怀》。
④ 《兰陵王·冬仲奉使出都南辕已至沧州道梗复返用周美成赋柳韵》。

处。却也遣、病魂随去。"①他悬想着于日暮时分形单影只地憩止于乡野馆舍的顾媚,他甚至担忧于梦中与顾媚相逢,因为这样只会重添离愁别绪,但他转念一想,或许这样还能让自己的病悴之魂随梦而去,亦未尝不是一种解脱。看似无理之语,却把词人为伊消得人憔悴的情痴形象刻画得声情毕肖。历经几多相思苦,龚鼎孳终于在崇祯十六年(1643)的中秋迎来了他梦寐想之的意中人,得偿夙愿的他赋《玉女摇仙珮》一词志喜,几许离索一朝重逢,他感叹"怪年年碧海,成双非易",他心满意足气爽神怡地夸美他与顾媚的洞房是"斗帐雾浓,珠绦丝热,柳毅龙宫输美",他自信得此如花美眷,柳毅的龙宫仙境也不及他的尘世缱绻。

4. 祸福相随。龚鼎孳于京任兵科给事中,颇有淑世热忱的他屡屡上疏言事,指斥时弊纠弹权臣。崇祯十六年(1643)八月二十五日,在顾媚入京十日后,龚鼎孳写下意气风发的《念奴娇·花下小饮时方上书有所论列八月廿五日也用东坡赤壁韵》一词,记述其上疏论事,龚氏于词中以"中流铁壁"自任,同时还不忘提及顾媚"焚膏相助"之德,自矜之色溢于言表。但本年十月初七,龚氏便因参劾陈演入狱。这是龚氏仕途中受到的第一次较大摧挫,在此生死未卜之时,顾媚的不离不弃给了龚鼎孳很大的精神慰藉,他在这个时期留下了不少诗词作品,《白门柳》中的《菩萨蛮·初冬以言事系狱对月寄怀》《临江仙·除夕狱中寄忆》《玉烛新·上元狱中寄忆》即作于此时。除了"逞风花草太无因"的懊悔之情与"谁信道、青鬓孤臣,今宵雪霜盈袖"的悲怨之意外②,身陷囹圄的龚鼎孳更多的是对顾媚的牵肠挂肚。"婵娟千种意。莫照伤时字。此夜绣床前。清光圆未圆。"③"料是红闺初掩,清眸不耐罗巾。长斋甘伴

---

① 《祝英台近·闻暂寓清江浦用辛稼轩春晚韵》。

② "逞风花草太无因"出自《临江仙》;"谁信道、青鬓孤臣,今宵雪霜盈袖"出自《玉烛新》。

③ 《菩萨蛮》。

鹣鹣贫。忍将双鬓事,轻报可怜人。"①"依稀烛下屏前,有翠餍绡衣,月明安否。小眉应斗。恨咫尺、不见背灯人瘦。"②他担心她见月思人睹物伤怀,他揣想她以泪洗面清贫度日,他疼惜她眉黛锁愁衣带渐宽,读来别有一番悲辛。崇祯十七年(1644)初春,龚鼎孳获释得以复见顾媚之时,他万分感慨地写道"料天荒地老,比翼难别""尽取头厅重印,肯换却、纤纤霞袜"③,他深信经历了这场劫难与考验,任何外界的变迁已不足以将他们分开,而顾媚在他心中的地位,也超越了世间的功名禄位富贵荣华。

正当重获自由的龚鼎孳还做着"五湖编管烟月"④的尘外清梦之时,陵谷崩迁明社沦亡的惨苦现实骤然将刚及而立的他推到了命运的风口浪尖。龚鼎孳出狱不久,李自成的军队便于崇祯十七年(1644)三月十九日攻陷北京城,崇祯帝于煤山自缢。值此惊天巨变,龚鼎孳携顾媚投井以殉,不意获救而未遂死志。当龚氏在《绮罗香·同起自井中赋记用史邦卿春雨韵》中忆起这段境界危恶九死一生的往事时⑤,我们除了感喟世事无常天意弄人外,还看见一对有情人共同赴死的坚贞与勇决。

5. 乱后相依。当时代的狂风骤雨渐渐平息,两世为人的龚鼎孳已是清王朝的臣属。虽在清朝廷中龚氏亦是屡起屡踬,但对他与顾媚而言,相比起明季乱世带给他们的生命磨难与精神冲击,入清的岁月亦可算平和安稳了。升平之世岁月静好,才子佳人琴瑟和鸣,龚鼎孳写下了不少萧散闲逸之作。如作于顺治五年(1648)游杭时之《罗敷媚》四阕,以清疏柔婉的笔触写他与顾媚夜泛西湖的闲情雅致,明月清风烟波清景,笙歌美酒红袖朱颜,真予人"只羡鸳鸯不羡仙"的生命快感。只是龚氏并不能时刻做到如此潇洒快

---

① 《临江仙》。
② 《玉烛新》。
③④ 《万年欢·春初系释用史邦卿春思韵》。
⑤ 见本书第一章第二节。

意,亡国与失节的双重悲苦让仕清的他挣扎于自我内心的道德深
渊中,虽未至无力自拔,却也不复当年的意气风发,龚氏原本称艳
旖旎的言情词也因之呈现出一种铅华不御的清远冲和之美,亦浸
染了一层似有还无的凄哀况味。试看其《西江月·春日湖上用秋
岳韵》:

> 晴日花边箫鼓,春人画里楼台。鸥舞烟桨碧天开。不记
> 鸣笳绝塞。　　岁月频销浊酒,风波不到苍苔。小苏罗带柳
> 卿才。喜与青山同在。

龚氏的这首春日泛舟词写得清新婉雅,只是在这春晴花开、青
山碧水、箫鼓楼台且有美人相伴的优美如画的景致里,却弥漫着一
股历尽劫波后的淡淡哀凉。他渴望在山川云物的怀抱中忘记鸣笳
绝塞、宦海风涛曾带给他的惊悸与苦痛,他借着一杯杯浊酒来驱赶
岁月深处那些生命中无法承受的沉重,"风波不到苍苔",外界风波
已息,可他内心的风波或许依然翻江倒海。又如《蝶恋花·湖上春
雨用吴修蟾倦绣韵》,在"宛转珠栏烟共倚"幽雅朦胧的情境中,在
"小坐香肩比"恬静和美的时光里,龚氏却于歇拍处结以一句突兀
的"春来一味愁而已",虽不明言因何而愁,但这种一切尽在不言中
的含蓄却更让人想见词人欲言又止欲说还休的郁结心绪。像这种
将家国身世之感打并入艳情的词作在龚氏入清后的言情词中并不
鲜见,儿女情与家国悲的交织错综,既拓宽了词境,也使词作的内
涵得到深化。

　　6. 生死相隔。康熙二年(1663)秋顾媚卒于京师,从初识到死
别,这个陪伴了龚鼎孳二十余载的女子撒手尘寰,龚鼎孳也在自己
余下的光阴里展开了对顾媚深情缱绻的追念。康熙十年(1671),
龚氏于"秋水轩倡和"写下一首悼念爱姬之《贺新郎》,词前有序
"《影梅庵忆语》久置案头,不省谁何持去,辟疆再为寄示,开卷泫

然,怀人感旧,同病之情,略见乎词矣",词云:

> 雁字横秋卷。乍凭栏、玉梅影到,同心遥遣。束素亭亭人宛在,红雨一巾重泫。理不出、乱愁成茧。骑省十年蓬鬓改,叹香薰、遗挂痕今浅。肠断谱,对花展。　　帐中约略芳魂显。记当时、轻绡腕弱,睡鬟云扁。碧海青天何限事,难倩附书黄犬。藉棋日、酒年宽免。搔首凉宵风露下,羡烟霄、破镜犹堪典。双凤带,再生翦。①

《影梅庵忆语》乃冒襄所写的一部追忆与其亡姬董小宛爱情故事的自撰体笔记,龚鼎孳与冒襄为莫逆之交,而小宛与顾媚则为当年声名大噪的"秦淮八艳"中的姊妹,冒襄的感旧之作自然会撩起龚鼎孳心中对顾媚深切而又不无沉重的思念。他看到白梅的横斜疏影,宛若得见顾媚的亭亭情影,只是玉梅定有重开日,香魂却无再返时。只是睡梦之中的词人还会恍惚感到芳魂重来帐中,这瞬间消逝的迷幻让词人忆起爱人的娇姿美态,但他纵然泪抛神消也难与重壤幽隔的她一通款曲。纪映钟称:"呜咽缠绵,悲凉酸楚,试当风清月黑时曼声歌之,应使帐中之魂珊珊欲出。"②玉碎花折尘缘侄傺,让人不由感喟万千。

从眉楼定情的崇祯十三年(1640),到龚鼎孳写下悼亡《贺新郎》的康熙十年(1671),龚氏把自己三十余载的情感历程,都留存于《定山堂诗余》的字里行间。龚鼎孳的言情词不仅是个体情感的记录,同时亦是一代才士名姝命运的缩影。明末之名流才士与秦淮名妓的恋情,是中国历史上也是中国文学里最为浓墨重彩的一笔。龚鼎孳与顾媚,钱谦益与柳如是,吴梅村与卞玉京,冒襄与董

---

① 《定山堂诗余》卷四。
② 尤振中、尤以丁编著《清词纪事会评》,黄山书社,1995年版,第55页。

小宛,侯方域与李香君,桃花扇底送南朝,是艳情也是悲情。"梅村之眷恋玉京,牧斋之寄情如是,皆以时会艰难,于伤心之极,乃益恣情于醇酒妇人。"①其实大可不必以时代运会为士大夫之寄迹欢场作如此辩白,但生活于明末的这些名士佳人们的遇合确实大大不同于以往。他们在一个天崩地裂的时代里邂逅定盟,他们的悲欢离合确实背负着太多时代的感怆与道德的重压,陈廷焯论吴伟业词:"易代之时,欲言难言,发为诗词,秋月春花,满眼皆泪。若作香奁词读,失其旨矣。"②龚词亦可作如是观。比起钱柳姻缘的惨烈,吴卞韵事的无果,冒董命途的颠沛,侯李风月的不终,善始善终的龚顾情缘则显得幸运许多,即使他们也品尝过两地分离的相思之苦,也共同经历了破国亡家所带来的沉重不堪的灵魂苦旅。《白门柳》,从一份流光溢彩的相遇开始,到斯人已逝转叹空茫为止,那些早已远去的爱恨癫痴与芳华绮恨,还是不能不让我们为之动容。

二、酬赠词

酬酢赠答是文士创作之一大内容,而身兼文士与显宦的龚鼎孳更是深谙此道,他的诗文中都有大量的酬赠之作,而词亦是其重要的应酬之具,或贺任饯送,或贺婚催妆,或祝寿颂美,或送别感怀,无一不可表之于词。

酬赠之词因其明确的交际目的,夸美逢迎,人情所难免,龚鼎孳酬赠词中亦不乏逢场作戏娱宾遣兴之作,如《烛影摇红·方密之索赋催妆即用其韵》《画堂春·代友人赠所欢》《点绛唇·寿傅太宰

---

① 陈冰如《鞠俪庵诗话》,钱仲联编《清诗纪事·顺治朝卷》"钱谦益条",第1274页。

② 陈廷焯《词坛丛话》,唐圭璋编《词话丛编》第4册,第3729页。

八十》《菩萨蛮·为严就斯侍读公子弥月》等①，从标题便可看出其
应景助兴之性质。但应景助兴未必没有佳作，如为方密之所作的
催妆词，便将美貌新娘的欢欣与矜持、对夫君的似水柔情及对婚后
生活的美好期待声容毕肖地传达了出来，使佳人宛在目前，而纤秾
婉媚之词采，则达到了形式与内容的完美结合。龚鼎孳一生交游
广阔，除了必要的官场应酬与酒场助兴外，他的酬赠词更多是与友
朋交流情感互通款曲之物，不是敷衍，非关逞才，而是糅合了半生
浮沉、贯注了满心悲喜的性情之作，如其在康熙十年（1671）为冒襄
与冒妻苏夫人六十双寿所作之《贺新郎》②，虽夸誉冒襄为"英游"，
盛赞冒襄之"才名意气"，称美冒氏夫妇为"齐眉鸾凤侣"，并生有令
人艳羡之"佳儿"，但全词却能不落俗套，就在于龚鼎孳在恭贺友人
福寿之时，更融入了自己对荣辱兴衰的深沉感慨："燕子红笺谁谱
曲，与诸君、抚掌兼挥肘。钩党梦，醒何有。攀条休怅桓公柳。未
消磨、千林烟月，百年文酒。"明末激烈的党争，龚鼎孳与冒襄等以
清流自许的士人在那里都曾有过无比强烈的道德激情之喷泻，但
是一梦南柯，那曾经辉煌煊赫的大明朝也成了历史的烟尘，遑论一
代士人耿耿于心的正邪清浊与钩党牵引，真所谓江山犹似昔人非，
玉环飞燕皆尘土。伊昔红颜美少年的风流公子冒襄与龚鼎孳，转
眼却已至或将至耳顺之年，修短随化，惟有烟月林下、文酒风流能
慰名士寂寥于万一，真可谓触绪纷来感慨良多，未可目之以一般的
贺寿词。再看其酬赠词中的一阕经典：

> 雨过窗蕉卷。更关河、早鸿嘹呖，被秋驱遣。多少客心难
> 按捺，偏到临歧凄法。讶来往、芒鞋重茧。愁是吾曹萍梗散，

---

① 《烛影摇红·方密之索赋催妆即用其韵》《画堂春·代友人赠所欢》皆出自《定
山堂诗余》卷二；《点绛唇·寿傅太宰八十》出自《定山堂诗余》卷三；《菩萨蛮·为严就斯
侍读公子弥月》出自《定山堂诗余》卷四。
② 《定山堂诗余》卷四。

算名场、失意悲犹浅。纨扇在，嫩频展。 乌衣门第应清显。盼词人、沉香奏曲，禁林挥扁。却向辋川图画卧，华子冈头闻犬。羞献纳、吾冠须免。且共小胥谈博奥，尽奚囊、好句芸签典。烧尾宴，锦绫翦。

——《贺新郎·送毂梁三叠顾庵学士韵》①

毂梁乃冒襄长子禾书之字，龚鼎孳与冒襄为至交，故对冒襄之二子禾书与丹书颇多照拂教诲。康熙九年（1670），毂梁应试不第②，康熙十年（1671）中秋前后，毂梁将归如皋，龚鼎孳写下此词为之饯行。除了一种依依惜别的情思和因毂梁南归而撩拨起的羁宦之感外，更多的则是对毂梁名场失意的同情与歉意。龚氏毕生汲引故交提携后辈不遗余力，而且凭着毂梁之乌衣门第清华世家，博得一第亦是情理之中，可是贵为礼部尚书的他却只能眼睁睁地看着故人之子铩羽而归，"吾冠须免"一句便道出了龚氏心中的多少愧歉与自责。只是比起毂梁的科场失意，更让人横生悲愁之心的却是"愁是吾曹萍梗散"的现实局面。张健柠以为"愁是吾曹萍梗散"一语表明了"社局人物流落四方，政治主张难以实现，冒禾书……的落第只是这种现实局面的缩影，词中的牢骚不平之下蕴含了无限难以追挽的失落之感"③，不为无见，只是这种朋从沦散的局面所触动的，绝不仅仅是政治理想落潮后的无力感，更有历尽劫波回视当年所产生的"升沉之感"与"陵谷变迁之殊"所带

---

① 《定山堂诗余》卷四。

② 冒襄《巢民文集》卷三有冒襄"庚戌菊花二十日"《答龚芝麓先生》，书云："两小儿豚犬耳……南北六七棘闱见摈，即平等一阶亦蹭蹬，出人意外。先生更何取此蹉跌不材之人，而教之爱之，踰其父视如子？"（《续修四库全书》第1399册，上海古籍出版社，2002年据北京图书馆藏清康熙刻本影印，第591页）从中可知冒氏二子多次应举不售。龚鼎孳当时为礼部尚书，于康熙九年与康熙十二年主会试。联系龚词与冒文，毂梁很可能于康熙九年之会试名落孙山。

③ 张健柠《龚鼎孳与定山堂词研究》，北京大学硕士学位论文，2006年，第28页。

来的幻灭感①。

龚鼎孳酬赠词如上述《贺新郎》郁勃深沉、寄慨无端的并不在少数，我们常能在他语悴情悲的酬赠词中看见他忧烦蹇困之身影。如寿仲弟孝绪有"追数流光，叹年年征旅"②的悲酸，赠谢朴先有"病后人怜风露深"③的戚伤，送别陈维崧有"万事不如归计稳"④的倦怠，除夕和韵陈维岳有"尽典朝衫，难偿酒债"⑤的窘悴，祝周亮工则有"与我命同磨蝎住"⑥的相惜，而《百字令·雨夜再送青藜叠纬云除夕韵》更是将聚散之情与兴亡之感熔铸得天衣无缝：

> 疏灯细雨，正客心萧瑟、秋行半矣。青眼高歌人乍别，谁向欢场夺帜。六代江山，五陵衣马，去住今宵里。更阑酒醒，风帆愁见初起。　　扬袂司马游梁，终军使越，寂寂聊为此。一片郁孤台上月，直接石头潮水。楼橹丹阳，菰羹笠泽，乱搅寒衾寐。朔云回首，棋枰翻尽朝市。⑦

曾青藜即明遗民曾灿，青藜与其父曾应遴均为明末砥砺气节的遗民处士，青藜更是以剃发为僧的行动来表明自己誓不仕清的心迹。曾灿与龚鼎孳，这两位出处迥异的士人，却也有一段过从唱和的交汇。康熙十年（1671）秋日，在青藜即将离京南下之际，龚鼎孳作此《百字令》及两阕《贺新郎》饯送之。龚鼎孳以为青藜之南行，恰如司马相如之游梁与终军之使越，路途漫漫知交寥寥，如此

① "升沉之感""陵谷变迁之殊"皆出自《王季友山晖稿序》，《定山堂文集》卷五。
② 《醉蓬莱·为仲弟孝绪寿用叶少蕴上巳韵》，《定山堂诗余》卷二。
③ 《采桑子·赠谢朴先》，《定山堂诗余》卷三。
④ 《贺新郎·其年将发秋夜集西堂次前韵》，《定山堂诗余》卷三。
⑤ 《百字令·和纬云除夕》。
⑥ 《贺新郎·祝栎园先生》。
⑦ 《定山堂诗余》卷四。

冷寂萧索的羁旅生涯，是旧巢已覆不栖新枝的胜朝遗民的一场永无止境的精神放逐，陪伴着他的，是"六代江山，五陵衣马"的无常世运，是翻手繁华覆手苍凉的前尘旧梦。今宵更阑酒醒之时，风帆过处，惟见一江幽愁暗恨。辛稼轩之郁孤台下清江水，刘梦得之潮打空城寂寞回，都将在这个雨夜汇聚到这位风尘失路天涯为家的旅人心中。古往今来之皇图霸业，不过如棋枰胜负翻覆无常，却断送了多少现世安稳，搅动着多少孤眠寒夜。龚氏所写青藜旅途中之所见所感，亦未尝不是一种自我心曲的表露。酬赠而能如此苍凉厚重，已经尽脱虚泛敷衍之习，而成为抒情言志之载体。

歌舞喧阗中的我心伤悲，醉月飞觞里的斯人憔悴，把酒送君时的颦眉相对，人言龚鼎孳"惟饮酒醉歌，俳优角逐"①，又讽龚氏喜作宴饮酬酢篇什，可是又有谁能读懂这些欢场中的哀愁，歌啸时的低回？"故国楼台，江南钿粉，往事成悲咽"②，故国往事不堪回首，江南俊游随水成尘，兼之知交零落，别梦今寒，唱酬面具下是肝肠寸断悲恨满怀，龚鼎孳的身世之戚与家国之悲亦大矣。

三、述怀词

《定山堂诗余》中有不少抒述内心情感的词作。龚鼎孳一生身仕三朝，在明有诏狱之辱，而仕清后又时常承受来自清廷的猜忌与嘲讽，宦海颠踬、故国之思与失节之痛使抑郁惝恍的龚氏常借词体一释胸中积悃，或触景生情，或直抒胸臆，以此表达自己曲折而复杂的心情。

我们首先看龚鼎孳集中以"述怀""感怀""寓怀"等为题的述怀词，这些词作往往充塞着一种个人颠簸于命运的尘嚣浊浪中之无

---

① 《清史列传》卷七九《贰臣传乙·龚鼎孳》，第 6593—6594 页。
② 《念奴娇·和寄秋我》，《定山堂诗余》卷二。

力与凄伤，从而显得抑塞难申苍茫凝重，以其写于国破后之《水调歌头·述怀用苏东坡中秋韵》为例：

> 小住为佳耳，万事总由天。乞天判与沉醉，断送奈何年。往日宝刀横吹，入夜清灯疏雨，鬓发暮云寒。吾老是乡矣，双袖百花间。　倦司马，穷阮籍，只高眠。宿酲刚醒，又问明月可曾圆。长策琼台采药，小隐於陵织屦，雅操仗君全。放眼凭栏久，风露正娟娟。①

人生不过一场流连小住，在这瞬间即逝的光阴里，却是万事由天不由我，这种无法主宰命运的悲凉感，出自一个以清流自命却在时代的洪波巨流中改节投诚、有归隐之心却在清廷的羁縻猜忌中举步维艰的龚鼎孳之口，想必是一种真诚无欺的痛切体验。也许，在这位以倦游相如与穷途阮籍自拟的龚鼎孳心中，明月或有再圆之时，而他今生的际遇与心境，却再也难得圆满之日。

龚氏的述怀词传达的，是他"此生谁恨恨，谁解惺惺惺"②的初心难明之彻骨悲怨，是"玉漏不知金井换"的无情外物烘托下的"恨杳茫"③。龚氏的另一首《木兰花慢·和雪堂先生感怀》更是将一种"惆怅前生""好梦难成"的心怀表达得催人泪下："镜中肠断绝，愁万种、不分明。正柳忆乌啼，云迷马角，惆怅前生。东风恰吹恨到，又酸酸楚楚两眉横。怪底檐花如雨，杜鹃长是吞声。　昭阳粉黛记将迎。翠袖五铢轻。忽凄管催霜，繁笳沸月，好梦难成。休言画工妆点，便浅啼微笑也心惊。惭愧红尘断梗，负他碧涧香羹。"④

---

① 《定山堂诗余》卷一。
② 《临江仙·和雪堂先生韵感怀》，《定山堂诗余》卷二。
③ "玉漏不知金井换""恨杳茫"皆出自《南乡子·和雪堂先生韵感怀》其二，《定山堂诗余》卷二。
④ 《定山堂诗余》卷二。

龚鼎孳的肝肠寸断在于他无法从"前生"的枷锁中挣脱,他的"前生",有似于昭阳粉黛迎君承宠的君臣遇合,有"凄管催霜,繁箭沸月"般的苍黄巨变,有"杜鹃吞声"的亡国之恨与失节之辱。他的"今生",不仅注定要为这样的"前生"承受无尽的心灵磨折,而且还要在"浅啼微笑也心惊"的临渊履薄中度过,清廷对汉臣的怀柔与压制并用的双向策略,使身仕异族的龚氏时有动辄得罪之忧,他曾向曹溶自述入清后之生涯为"不才失路,流浪风尘。愁喜无端,笑啼不敢"①,如此的俯仰随人战惧惊惶,纵得高官显爵终老户牖又有何滋味!歇拍将一种"薄宦梗犹泛,故园芜已平"的凄恻和难以委心任去留的愧恧娓娓道出,亦不由让人为之发为浩叹。

　　除了上述直接以"述怀""感怀"等字样为题的词作外,龚鼎孳还有相当一部分述怀词或有感于风物时序而作,或于山川游览过程中有感而发,下面笔者将对这些"风物时序述怀词"与"纪游登临述怀词"分别展开论述。首先看风物时序述怀词。自古及今,风物之变化与时序之迁流极易触动文人善感之心性,所谓"吾听风雨,吾览江山,常觉风雨江山外有万不得已者在"②,《定山堂诗余》中的落花风雨、平湖秋月亦复不少。如记吴门元夕雨夜之《烛影摇红》③,词人从眼前的"雨丝风片"忆及昔日与友朋于吴门张灯结彩之宴饮欢场,只是人生几度秋凉,欢娱已随流水,笙歌散尽游人去后,只余今日"酒市人归,寂寥弦管"的凄寂索寞,而这种今昔之感不是对过往繁华的简单追念,而是饱含了"烛龙几照朱门换"之改朝换代的无尽沧桑与"青骢纨扇忆长安"这种绵绵无期的故国思忆。龚鼎孳的风物时序述怀词中最有代表性的要数感春词,他的这类词作多以"感春""送春""惜春""追春""春忆""春恨"等为题。

---

①　《答曹秋岳四则》其二,《定山堂文集》卷二五。
②　况周颐《蕙风词话》卷一,《词话丛编》第5册,第4411页。
③　《定山堂诗余》卷二。

余英时先生言:"以隐语传心曲,其风莫胜于明末清初。"①而龚鼎孳的感春词正可谓"以隐语传心曲"的典范之作。"悲落叶于劲秋,喜柔条于芳春",伤春悲秋乃历代文人之习气,但龚鼎孳的感春词却非一般意义上的伤春之作,而多是凝结着身世家国之感的托喻之笔。究其缘由,就在于"春"对经历了甲申国变的明末清初人而言,已经不是一个简单的节序轮回,而是有着极其沉重的悲剧意味的一个象征。明亡于崇祯十七年(1644)三月十九日,时值暮春,"民间多有在三月十九日以送春为名,秘密祭奠崇祯帝、怀悼故国者"②,而对于曾为明臣的龚鼎孳而言,这个雨横风狂的暮春三月,不仅承载了社稷焚灭、主上身殒的惊怖而悲恸的记忆,而且还是自己失节改仕、成为遭世人诟病的"两截人"的命运节点。"凭阑何限苍茫意,故托伤春一泫然"③,在龚氏的笔下,"春"成了最深隐曲折的心绪寄托、最痛彻心扉的前尘回眸,试看其代表作之一:

> 江山如此,年华依旧,分明又度春宵。银鸭吐香,莲铜滴月,朱栏瘦拂长条。闲倚玉屏腰。见鬟云送懒,罗袜藏娇。怕被花窥,一天风露近蓝桥。　　幽情惯是无聊。记青绫宠爱,红研丰标。隋苑莺残,吴宫叶冷,苍茫昨日今朝。清梦转迢迢。望碧天草色,烟雨凄遥。无计留春,泪丝偷印美人蕉。
>
> ——《望海潮·感春》④

此词出自《白门柳》。它从今昔两条线索讲述与顾媚之往昔情

---

① 余英时《方以智晚节考·增订版自序》,生活·读书·新知三联书店,2012年,第4页。
② 白一瑾《清初贰臣士人心态与文学研究》,天津人民出版社,2010年,第402页。
③ 《春昼小饮寓楼同清瑟石疏分韵》,《定山堂诗集》卷一八。
④ 《定山堂诗余》卷一。

事以及今日之厮守年光。上阕言年华依旧又值春宵，美人一幅慵懒娇憨之情态更为这良辰美景增色不少。但词人却于过片陡然流露萧条之意，昔年的追欢逐艳三春行乐，都渐次消隐于隋苑吴宫莺残叶冷的黯淡景致中。国已不国，那男欢女爱郎情妾意的春日盛事，又该何处附丽？只不过徒添昨是而今非的伤感罢了。"无计留春"，甲申年那个无计追挽的春天，于他龚鼎孳而言，是风景不殊山河改异的肃杀，是沧海横流几度易主的无常，是求死不得求退不能惟能求生改节的屈辱。今日纵得再逢花鸟缠绵之三春好景，也断无百纵千随之赏心乐事了。

　　此外，《石州慢·感春》之"凋零乌衣，闲恨犹牵惹"①，《风流子·社集天庆寺送春和舒章韵》之"问红雨洒愁，几番离别，绿蘋漾恨，何代苍茫"②，《念奴娇·和雪堂先生感春》之"五侯亭馆，当年何限歌舞"③，《阮郎归·春去用史邦卿韵》之"送春泪洒落红边。莺愁五十弦"④，《惜余春慢·追春用吴修蟾钱春韵》之"胭脂井畔，燕子楼头，一片粉灰珠扫"⑤等，都道出了转瞬繁华过眼春光给他留下的无限凄凉的追思，其实这都是对旧朝逝去的深切悲叹，龚氏的感春词之内涵大抵不出此范围。但某些作品还在怀旧悼亡之情思中，嵌入了自我人生之反思与历史批判之意识，最典型莫如《大酺·和秋岳春忆》⑥。词上阕除了以"六代莺声，三山草色"道出朝代兴替之无常与大自然春色之亘古不变外，更以一句"悔东华走马，此行原误"表明对自己进入仕途而被裹挟入乾坤巨变的政治风云中的深深懊悔。下阕则对弘光政权展开了严峻的声讨："包胥无一旅。看公等、歌舞夸南渡。为问取、彝吾往矣，祖逖何如，绣芙蓉、那能频顾。梦逐江流去。"君荒臣嬉漫夸歌舞，既无管仲这种富国强兵之人才，亦乏祖逖此等挥师北伐的豪杰，它的恢复无日旋生

---

①　《定山堂诗余》卷一。
②③④⑤⑥　《定山堂诗余》卷二。

旋灭又岂是意料之外。"当时人们对崇祯帝之难守宗庙较多地持宽谅和怜悯态度,而对弘光朝则殊多怨愤。意为南都毕竟是国初定鼎发祥地,若善整纲纪和武备并非无复国'中兴'之转机,然而却一误至此。"①对于龚鼎孳而言,他对弘光朝的马阮祸国更有切齿之恨,若非马阮之流将无奈降顺的他列为"顺案"中人,他当初大可南下避祸,而不至于在降顺之后又降清廷,做了为世人不齿之"双料贰臣",所以国仇私恨,都让他对弘光政权有着无法消释之怨愤。甲申年那个杀机四起天日暗换的暮春,让龚鼎孳此后之人生再难赏悦明媚春光,他笔下的春,极目望去,尽是凋零的光景与宛若数九寒天的阴冷,说到底,他也不过是一个被时代玩弄于股掌之中的伤心人。

复次乃纪游登临述怀词。龚鼎孳于顺治三年(1646)至七年(1650)间,因父丧回乡里居,又携顾媚游览杭州、扬州、镇江、金陵等地,他的纪游登临述怀词多写于这个时期,游踪多在江南一带,如《小重山·重至金陵》《青玉案·虎丘踏月用贺方回暮春韵》《锁阳台·重游京口用周美成怀钱塘韵》等。江南不仅是明清时期全中国的文化中心,更是明清易代之际极其敏感的一个政治地段。南明的福王与鲁王政权于江南相继而立,史可法督师扬州,满洲铁骑移师南下,扬州十日嘉定三屠,惨无人寰的烧杀抢掠使东南民众心中的抗清情绪愈烧愈烈。而清廷初期于江南连兴科场案、奏销案、哭庙案、通海案,就是为了打压江南一地的民族情绪与抗清力量。历经浩劫的江南是名流文士、草野遗逸最为集中的地区,它不仅包蕴着一代士人国仇家恨的隐秘心曲,同时亦是与龚鼎孳渊源甚深的一片故地,所以龚词中总会不时出现江南地区温柔富丽却又倍感沧桑的面容。崇祯十五年(1642),复社在苏州虎丘召开大会,此次大会由郑超、李雯主盟,龚鼎孳与冒襄、方以智、曹溶、杜

---

① 严迪昌《清词史》,第 188 页。

潆、陈名夏等文化名流皆参与其中①。但这次大会之后,复社已是盛极难继,而其后不久便是明朝大厦的轰然坍塌,复社改良政治兴复明室的理想终成梦幻泡影。当入清后的龚鼎孳重新沐浴在虎丘城的溶溶月色下时,不禁感慨万千,他意兴阑珊地写道:"金闾个是迷香路。又月底,移船去。风定石坪笙管度。吴王虹剑,贞娘珠粉,儿女英雄处。　　草痕短簿荒祠暮。入望寒山夜钟句。自负多情天应许。要离事往,馆娃人去,一阵催花雨。"②这个古老斑驳的虎丘城,见证过吴王阖闾的争雄霸业,也曾目睹绝色贞娘的珠粉花颜,只是这一切,如今却都化作了古墓荒祠下的衰败与夜半寒钟里的凄哀。龚鼎孳长叹一声,不论是要离断臂破家之赴死如归,还是馆娃宫轻歌曼舞的倾国奢华,这些儿女心肠英雄豪气,都不过是迤逦于历史风尘中轻若飞絮般的过往,再多的感伤与追忆,也只是换来一场清冷料峭的催花雨。这般对"事往""人去"的执念与惋惜,实乃龚氏在经历亡国之痛后产生的世事无凭、繁华难恃的痛切体会。龚氏最经典的纪游述怀词要数《小重山·重至金陵》:

> 长板桥头碧浪柔。几年江表梦、恰同游。双兰又放小帘钩。流莺熟,唤唤一低头。　　花落后庭秋。蒋陵烟树下、有人愁。玉箫凭倚剩风流。乌衣燕,飞入旧红楼。③

金陵是中国历代士人心中无法自解的一个情结,金陵自古帝王州,自孙吴建业立国,东晋、宋、齐、梁、陈、南唐、明朝纷纷定鼎于此,但龙盘虎踞的钟阜王气却逃脱不了南风不竞的历史宿命,东吴亡于西晋,南朝统一于隋唐,南唐臣服于北宋,建文之南京败于永

---

① 参见杜登春《社事始末》,张潮、杨复吉、沈楙惪纂《昭代丛书·戊集续编》卷一六,第 971 页。

② 《青玉案·虎丘踏月用贺方回暮春韵》,《定山堂诗余》卷二。

③ 《定山堂诗余》卷一。

乐之北京,南明之无力抗衡清,这个"繁华竞逐"的金陵城烛照着一代代士人心中的"悲恨相续"。对于明末清初的士人而言,金陵在他们的政治文化心理中所占的重要位置,又超越了以往任何一个朝代。金陵乃明朝的发祥之地和明太祖孝陵所在处,又是南明弘光政权的依托之所与覆灭之地,它开启了朱明王朝的辉煌壮丽,也目睹了它的舆图换稿,金陵既与朱明王朝结下如此机缘,便也成了感怀故国的清初士人之心灵逋逃薮。加之六朝故都之金陵始终响彻"玉树后庭花"的亡国悲音,清初士人也正可以古喻今见人思己,借历史的风烟稀释对现实的感怆。龚鼎孳在明亡后与顾媚重游金陵,唤起了心中的千头万绪。金陵于龚鼎孳,除了特定的政治象征与文化意义外,更是他与顾媚的定情之所,而今伊人如故,可是心境却早已不复当年。那个逐色征歌的风流少年,那些"狂枕玉箫眠,软伴金虫落"①的青春往事,在金陵铜驼荆棘的现实图景中再难辨认与追寻。金陵让人哀愁的,又岂止陈后主的玉树后庭与孙权之蒋陵烟树。王谢堂前燕犹认得旧日红楼归路,可是龚鼎孳重游金陵,却让他恍隔前尘,雾失楼台月迷津渡,早已是桃源望断无寻处。

　　龚鼎孳之述怀词,明清皆有作,但却以入清后所作为夥为佳,只因经历了几多惊涛骇浪的他已将年少时之轻狂自许与锋芒毕露辗转为内心的愁肠百结情思千缕,所谓百炼钢成绕指柔,而经过岁月淬炼的深情又是柔中有刚百折不回,正与抒发身世之感故园之思时那种恻怛低回而又深沉浩茫的情感基调深相吻合。不论是暮春时节的伤悼,还是六朝旧事随流水的金陵,抑或那注定要救赎"前生"过失的不堪重负的"今世",其实都不过是龚氏心中一条无法泅渡的湍急河流,绝望地歌吟,只因永远到达不了自由的彼岸,而那遥遥在望的岸边,是他的故国、故园、故君以及"白璧微瑕全

------

①　《误佳期·楼晤》其二,《定山堂诗余》卷一。

免"①的故我。"故国神游,多情应笑我,早生华发",这句话或可作为龚鼎孳述怀词的最佳注脚。

四、咏史怀古词

《定山堂诗余》中的咏史怀古词为数不多,均收于卷二《绮忏》一集中②。龚鼎孳的咏怀对象有开国之君钱镠,赤胆孤臣岳飞、于谦、伍子胥,文人高士白居易、苏轼、林逋,钱塘名妓苏小小、出塞宫女王昭君。除了昭君外,其余人都与杭州有着千丝万缕的联系,笔者因此推测龚氏这部分词作应大多作于顺治年间游杭之时。龚氏的咏史怀古词在历史的怀思之外大多包蕴着深沉的现实感慨,而联系龚氏一己之身世与所处之时代,这种感慨便愈发显得意味深长。

《望海潮·过钱武肃王祠用秋岳坐黄鹤楼吊孙吴韵》是龚鼎孳经过武肃王钱镠的祠堂有感而作。钱镠是五代吴越国的开创者,在五代十国藩镇割据群雄纷争的时代里,他披坚执锐身经百战,平定两浙地区的敌对势力,建立了地方割据政权,公元 902 年,唐封其为越王,904 年改封吴王,907 年朱温建后梁始获封吴越王。吴越国历三代五王,至公元 978 年纳土归宋。对这位乱世枭雄小国君主"雄开王气之先"之伟绩,龚氏表达了无限的感佩之情:"虎步风峦,鹰扬蜃国,登时拥上凌烟。冠剑锦山传。有金符玉册,踔武英贤。"将钱镠虎步鹰扬开疆拓宇的英武之姿,于乱世中审时度势以雄踞一方的心机智谋表达得气势纵横、元气淋漓。过片以一句"千秋舞榭歌筵"所透出的深重的历史沧桑感,于上阕极力渲染的豪迈情志中跳脱出来。"余耳韩彭,纷纷灰烬,曾闻伟伐岿然。风

---

① 《贺新郎·为樊子寿》,《定山堂诗余》卷四。
② 本小节所引词作若无特别说明,均出自《定山堂诗余》卷二,不再注出。

景逐时迁。顿罢潮息浙，艮岳输燕。公等无如，空言南渡是何年。"陈余张耳韩信彭越，这些曾经叱咤风云的人物，他们的功业荣名都在历史的洪流中灰飞烟灭，恰如称霸一方的钱镠死后，他的子孙也是纳土归宋，得享荣华却也难保疆土。只是谁也逃脱不了"风景逐时迁"的历史宿命，定鼎中原近一百七十年的北宋王朝终不敌金国的强兵悍将，靖康之难后仓皇南渡建都临安，宋廷竟以当年所灭的吴越一隅为托身之所，而且年年向金人首都燕京输送岁币。世事变幻白云苍狗，历史的轮回充满着无常与悲情。龚鼎孳的感喟良多，未尝不是想到曾经显赫辉煌的大明之一朝沦灭与南渡建国的南明朝廷之无力回天。在这戛然而止的慨叹里，隐藏着太多无法尽言的历史创痕与现实警悟。

　　龚鼎孳吟咏最多的，是那些信而见疑忠而被谤的忠臣烈士，他咏怀岳飞、于谦与伍子胥的三阕，可以说是其咏史怀古词中最为悲慨豪宕而又寄托深沉的词作。先看两阕《满江红》：

　　　　铁骑春寒，英雄恨、何时始歇。对万古、日飞潮射，抗忠比烈。玉剑气横南渡水，灵旗夜卷朱仙月。念青衣、毳帐是何人，关情切。　　金牌愤，风波雪。社稷事，东窗灭。叹一堆黄土，河山顿缺。五国冰长封马角，九天雨又吹龙血。忆当年、壮发怒云高，摇双阙。

　　　　　　　　　　——《满江红·拜岳鄂王墓敬和原韵》

　　　　万里神州，当公世、三光几歇。奉社稷、仰回天步，义声霆烈。翠辇不移螭陛草，丹心长照龙堆月。置死生成败付苍穹，孤忠切。　　弓鸟恨，须臾雪。徐石辈，纷纭灭。视大名诸葛，旂常无缺。策定抗辞灵武赏，事完补洒攀车血。使非公、毋论夺门功，谁陵阙。

　　　　　　　　　　——《满江红·拜于忠肃公墓用岳鄂王韵》

这两阕和韵岳飞《满江红·怒发冲冠》的词作分别追怀南宋的岳飞和明代的于谦，二人的墓地皆位于杭州西湖。他们同样都是于朝廷倾危的关键时刻发挥了重大作用的英雄人物，虽然一则功败垂成，一则力挽危局，但二人却都因奸臣的讪谤谗毁而含冤惨死。岳飞这位时刻以靖康耻未雪而自敦自励的抗金名将，横扫千军平戎万里，在取得朱仙镇大捷将要完成直捣黄龙的夙愿之时，却因高宗的十二道金牌与秦桧强加的一个莫须有罪名而功亏一篑喋血殒命。于谦，在土木之变英宗被俘瓦剌兵逼京师之时，力排南迁之议，立代宗督军务返英宗，力平外患，明之国祚得以存续，于谦功莫大焉。但英宗复辟后，受徐有贞、石亨等辈的唆使，以"谋逆"罪处死于谦。面对这两位保家卫国剖心输丹却死于非命的悲剧英雄，龚词中贯注了满腔悲慨之情。岳飞一死，赵宋更是偏安苟且恢复无由，终至被蒙古所灭。岳飞之死，宣示的不是一个人的壮志难酬，更是唱响了一个王朝一个时代的哀情挽歌。如此苍凉悲咽的慨叹，除了是瞻仰英雄回望历史所生出的无限悲情外，恐怕更多还是亲身经历了明清易帜的龚鼎孳的切肤之痛。相比起远在宋朝的岳飞，生活于明代永乐至天顺年间的于谦更能激起同为明臣的龚鼎孳之情感波澜，奸佞之徒诛锄善类忠勇之臣危身弃生，这不就是一幅最为真实的明末政治图景吗？而"忆当年、壮发怒云高，摇双阙"，又未尝不是龚鼎孳对崇祯年间面折廷争之自我形象的追忆。

比之岳飞与于谦之罹谤遭祸，对于同样因谗毁而死的春秋吴国大夫伍子胥，龚鼎孳心中更有一番别样的触动，《蓦山溪·登吴山吊伍子胥用秋岳乌江渡韵》下阕云："吴箫楚墓，炼就冰霜器。郢树尽青天，违君父、岂同儿戏。倒行鸣怨，七尺等浮云，生有为，死何难，溅血非逞忌。"原为楚人的伍子胥因父兄被平王杀害，背负血海深仇逃亡至吴国，隐忍待时，成为吴王阖闾重臣后，带兵攻楚，掘平王墓，鞭尸三百，最终因遭伯嚭诬陷而被迫自尽。伍子胥其人，历来褒贬不一，龚氏既不非议其"鞭尸三百"之怨毒，亦非简单地对他的遭谗身死报以同情惋惜,他热情地歌颂伍氏建功立业的雄才大略,甚至认为他的死非因小人谗忌,而是有一种功成成仁、慷慨就义的豪情在。龚氏此词或是对其明亡降清之行为的自辩,告诉世人他之所以不以身殉国,并非贪生畏死,而是恨功业之未成壮志之未酬,若能似伍氏般"生有为",朝闻夕死亦无憾恨。严迪昌先生对此词有这样的见解:"言外之意,有其难述处,也有曲折的自省心理。清初出仕新朝的一班大吏如这样借史事舒展隐蔽心态的作品甚多,此亦一个时代带有特异色彩的文学现象。"①严先生作此评论,实在是看到了龚氏盘旋回转之郁结与急于自明的心态。

除了对这些建功立业叱咤风云的忠勇之士的讴歌,龚鼎孳对那些高情逸趣的文人雅士也充满了景仰与向慕,这部分词作读来别有一番情致。如凭吊白居易与苏轼的《琵琶仙》就写得颇有出尘之致,他刻写白苏二人于杭州任上的"管领公事湖山,芳晨并良夜"的风流飘逸,许他们为"金紫神仙",极力赞叹他们的"高韵"与"清狂",表达了自己对他们真醇性情的肯定以及不得与之同时的憾恨,中间更有对二人之"际升平"故能兼金紫之显达与神仙之逍遥于一身的歆羡,比照自己生逢末造亡国再仕的遭际,龚氏的"飞絮恨"与"罗扇泪"并非言之无由。比起未能摆脱案牍之劳形之白苏,梅妻鹤子的林逋更是历经宦海浮沉的中国文人的一个永不消逝的清梦。试看龚氏《满江红·吊林和靖先生墓用吕居仁幽居韵》之下阕:"无官职,东篱菊。有主客,王猷竹。竞廉花立柳,涧林无辱。西禅东封何限事,灌园卖药生涯足。我欲扶残醉访高坟,春鸥熟。"菊竹相伴、花柳相看、涧林相傍,龚氏数笔,便将一种陶然忘机的高人逸士之流风余韵完美地传达出来,同时也表露了自己虽不能至而心向往之的情怀。

① 严迪昌《清词史》,第120页。

值得注意的是,龚鼎孳的咏史怀古词中还为女性留下了一席之地,他有咏怀王昭君的一阕《昭君怨》与凭吊苏小小的二阕《罗敷媚》。咏昭君主要是对其艳冠群芳却埋没画图备尝深宫寥落的不幸境遇、以及赴边和亲琵琶幽怨终至委骨黄沙的凄凉宿命报以深深的惋惜,其中当有词人出仕异族、官场失意的感慨在。而其《罗敷媚·西陵吊苏小二调》,一轻灵幽约,一凄咽悲凉,但都共同有一种佳人已埋湖山、名士空自多情的惆怅与哀感。尤其是其二的“人代凄凉。红粉英雄哭一场”,词人之哭红粉,不仅是怀金悼玉的情怀使然,更是从佳人的命运中看见了自己与众生,从而在空旷无垠的人生宇宙中体悟到一种不堪言说的苍凉。

所有对过去的凝望与凭吊,其实都包蕴着对现实的理解和对自我的剖白。不论是皇图霸业之风流雨打,还是红粉英雄的千古同悲;亦不论是雄才大略者的功成身死,还是高风亮节之士的忘情世俗,不过都是龚鼎孳意念中自我的化身。“渔父当年非愤俗,果孤清、独醒人徒苦。吾醉矣,莫怀古”①,一切的“曾经”里都有一个“如今”的倒影,“别人”的故事中总能无奈地看见自己的不得已,那些愤世嫉俗的怀古之语都是现实中孤清独醒的哀吟,说到底,龚鼎孳的“咏史”与“怀古”不过是一个无法走出“过去”之阴影的伤心人之执着悲辛、亦真亦幻的呓语。

五、咏物词

咏物词在龚鼎孳集中是颇值关注的一种创作类型。《定山堂诗余》中的咏物词仅得八首:存于卷二的《满庭芳》(红玉笼云)、《昭君怨·赋牡丹》《醉落魄·饮遂初芍药花下》《品令·客有以新茗见饷者用山谷咏茶原韵》《雨中花·残梅同秋岳作》《满庭芳·雨中花

① 《贺新郎·湖上午日追和刘潜夫端午韵》,《定山堂诗余》卷二。

叹和吴修蟾韵》《点绛唇·咏草追和林和靖韵》与卷四的《贺新郎·和方虎灯下菊影》。咏物虽然不似言情词、酬赠词与述怀词一般乃龚鼎孳创作重心之所在,却也有着不容忽视的地位,尤其是它与后起之推扬咏物词风的浙西派之精神气质上的相近,更使龚氏的咏物词具备了词史上的特殊意义。研究龚鼎孳之咏物词,要明确两个前提。一是龚氏咏物词之题材非常集中,除了《品令》一阕咏茶外,其余皆咏花草,海棠、牡丹①、梅花、菊花、青草,诸如此类,皆是传统的又深为历代文士喜用的歌吟对象,写来自有风流气与清雅相,而"风流"与"清雅"也正是龚氏咏物词给人的第一直观印象。二是其"体物"之作与"托意"之作的数量相当。咏物词"从一开始就沿着两条不同的路径发展。第一条路径是着眼于'物'的呈现……第二条路径是着力于'意'的传达"②。所谓"物的呈现"就是铺陈体物,而"意的传达"也即托物言志。中国古代儒家文艺观的话语霸权,使得道德内涵与思想深度往往成为评价文学作品的第一标准,故而咏物词中的托物言志之作比之单纯的铺陈体物之作更受肯定与推崇,清代沈祥龙在《论词随笔》明确声言:"咏物之作,在借物以寓性情。凡身世之感,君国之忧,隐然蕴于其内,斯寄托遥深,非沾沾焉咏一物矣。"③中国文学史的此种论调实在不胜枚举,而南宋遗民的咏物词专集《乐府补题》更是集托物咏怀之大成。在这位与南宋遗民一样经历了山飞海立的亡国巨变的龚鼎孳笔下,寄托之作诚然有之,但体物之作却亦平分秋色④。第一,这与龚氏咏物词之体式相关。龚氏之咏物令词与咏物慢词各为四

---

① 《醉落魄》之芍药实指木芍药,即牡丹。
② 路成文《宋代咏物词史论》,商务印书馆,2005 年,第 55 页。
③ 沈祥龙《论词随笔》,《词话丛编》第 5 册,第 4058 页。
④ 本文为叙述方便,将并未寄托深意的咏物词列为与"托意"之作对立的"体物"之作。但龚词中真正对物象进行穷形尽相之正面描绘的并不多见,多是侧面虚写,重在一种优雅情境的传达。

首,其中令词皆为"体物"之作,而慢词则在"体物"中具备了"寄情"之趋向,这很大程度上缘于令词之短小精微,要兼顾"咏物"与"抒怀"实非易事,纵有托意,也是点到即止,往往只在传达一种幽微难明的隐曲情衷,含蓄婉委而无法指明。第二,龚鼎孳虽似南宋遗民一般都怀有深重的黍离麦秀之感,但他毕竟出仕清廷仰人鼻息,自然不可能似遗民般毫无顾忌地抒写自己对故国故君之思忆,四阕慢词中,寄托家国之悲的仅《满庭芳》(红玉笼云)与《满庭芳·雨中花叹和吴修蟾韵》两阕,余下的《品令》与《贺新郎》,一则抒发自己惆怅莫名的乡思之情,一则借刻画菊影来传达一种孤高飘逸之名士标格。即使在有所寄情的两阕《满庭芳》中,也未直接出现对故国故君之感悼,而均借缅怀天宝旧事来抒发一种繁华如梦的家国沧桑之感,可见在龚氏的咏物词中,"我"的形象与个性并不十分突出,而这点在后来之浙西宗主朱彝尊的咏物词中则体现得更为鲜明。明确了龚鼎孳咏物词之题材选择与创作倾向后,接下来再探讨他的咏物词呈现出来的是何种艺术风貌。

首先,龚鼎孳的咏物词多是侧面摹状,虚处传神,常以使事用典来代替对事物的正面描绘。龚氏之咏物词多采用"禁体物"之手法来表现物象,所谓"禁体物",即"不允许对客观事物作正面的直接的描写,而只允许从侧面甚至不从物的角度去表现对象。而且还要达到瞻言知物的艺术效果"①。"禁体物"是咏物诗词的共同艺术取向,尤其在词体创作中更是被奉为圭臬,"咏物词,最忌说出题字"②便是此意。龚氏咏物词中对"禁体物"手法的运用可谓得心应手,他描摹物象时多从侧面着力,遗貌取神就虚避实,而且能够熟练精巧地运用典故以关合物象,故能做到不落言筌而题面尽出,以其咏春草之《点绛唇》为例:

---

① 路成文《宋代咏物词史论》,第122—123页。
② 沈义父《乐府指迷》,《词话丛编》第1册,第284页。

　　帘外河桥,绿围裙带无人主。绣鞯行处。踏碎梨花雨。
目送春山,南浦烟光暮。牵春去。柔肠无数。苏小门前路。

　　龚氏此词乃追和宋代林逋有"咏春草绝调"①之称的同调之
作,林氏原词为:"金谷年年,乱生春色谁为主。余花落处,满地和
烟雨。　　又是离歌,一阕长亭暮。王孙去。萋萋无数。南北东
西路。"林氏之咏草词饱含着伤春离别之怅惘与荣华难恃之凄伤,
颇得杜牧《金谷园》诗"流水无情草自春"之深意,无一"草"字却尽
得风流。龚氏的追和词同样不着一"草"字却处处不离"草"之精神
气韵,以思妇口吻借咏草而营造出一个美丽动人而又充满忧伤的
春日送别场景,不粘不脱,咏物而不滞于物。首句以喻指离别的
"河桥"二字点出送别场景,"绿围裙带无人主"化用五代词人牛希
济《生查子》"记得绿罗裙,处处怜芳草"之句,一则点明送别之所春
草碧连天的景致,同时以"无人主"三字暗示闺人面对一朝分携而
生出的无可依傍的感伤。梨花成阵凋落,纷扬如雨,行人的马蹄过
处,不仅踏碎了一阵梨花雨,使美丽洁白的梨花零落成泥碾作尘,
同时更是踏碎了闺人朝暮厮守的一帘幽梦,恰似梁代萧子显《燕歌
行》"洛阳梨花落如雪,河边细草细如茵。桐生井底叶交枝,今看无
端双燕离"之旨,"绣鞯"两句虽写梨花,实则仍是紧紧绾合春草与
离思。"目送春山,南浦烟光暮"亦是化用语典来点明离情与牵绾
题面,欧阳修《踏莎行》"平芜尽处是春山,行人更在春山外"写尽闺
人送别望远之时的幽思与深情,江淹《别赋》"春草碧色,春水渌波,
送君南浦,伤如之何"更是将伤离怨别之情融入了一望无际的凄凄
草色中。"牵春去",春去更是人之离去,是美好情事的无声逝去,
而结尾阑入"苏小",一则以苏小小"望断行云无觅处"之苦盼牵合
闺人之离恨,再则以美人之神韵为词体增妍。

_____

　　①　王国维《人间词话》定稿第二十三则,第7页。

龚鼎孳的咏物词多如《点绛唇》一般，不涉题字而只从侧面渲染物象之神态，而这种侧面渲染之所以能不落"不着题"之讥，最得力于他对典故巧妙而妥帖的运用。如《点绛唇》之咏草，虽终篇无"草"字，却能"字字刻画，字字天然"①，就在于龚鼎孳对前人语典之运用已臻化境。此外，咏木芍药之《醉落魄》与二首咏海棠之《满庭芳》对李杨爱情之事典与李白《清平调》、白居易《长恨歌》等语典的娴熟运用，咏梅之《雨中花》对朱敦儒之"人共梅花瘦"与林逋之"疏影横斜水清浅，暗香浮动月黄昏"的化用无痕②，写菊影之《贺新郎》对陶潜"不能为五斗米折腰"之事典与刘长卿"柴门闻犬吠"③、苏轼"别是风流标格"④等语典的融化如自己出，一见龚鼎孳所用多为熟典而极少使用僻典，二来龚鼎孳不仅会恰切地借用典故表达一己之情志，且能取陈言入于翰墨而使熟典生出新的意蕴与光彩，确实堪称点铁成金之妙手。

其次，龚鼎孳咏物词兼有"美人貌"与"名士态"，而它们都共同具备一种清雅修洁之品格。在一种尽态极妍的侧面渲染中，龚氏常会以一位国色天香却又哀怨落寞的美人来比拟他所表现的对象（多数是花），他笔下的物象宜喜宜嗔带笑含颦，似人似花亦人亦花，摇曳多情之词体因了美人的转盼多情更平添了几分韵度与情致。《醉落魄》中"匀朱衬绿"的木芍药、《满庭芳·雨中花叹和吴修蟾韵》中"绿蒨裙腰，红销眉晕"之海棠、《满庭芳》（红玉笼云）中"撷艳惊奇"的海棠，皆拟之以千娇百媚之杨贵妃，间或还出现了长袖

---

① 彭孙遹《金粟词话》云："咏物词极不易工，要须字字刻画，字字天然，方为上乘。"《词话丛编》第 1 册，第 725 页。

② "人共梅花瘦"出自朱敦儒《桃源忆故人》；"疏影横斜水清浅"出自林逋《山园小梅》。

③ "不能为五斗米折腰"出自房玄龄等撰《晋书》卷九四《隐逸传·陶潜》，中华书局，1974 年，第 2461 页。"柴门闻犬吠"出自刘长卿《逢雪宿芙蓉山人》。

④ 苏轼《荷花媚·荷花》。

善舞的赵飞燕之倩影①。以美人喻花实是文学创作中的惯常手法,而这种手法在词体创作中更是屡见不鲜,"一是因为词本身以婉约为正宗的基本属性决定了大量女性形象的介入,二是因为美人美物互喻而达到'花面交相映'的审美效果一直是古代文人进行创作时特别追求的"②。龚词中多以美人喻物一方面固为词体增妍添彩,另一面也通过人面花影所营造的这种虚实相间、迷离惝恍的审美效果以规避对物象做一种过实而板重的摹绘,同时更重要的是以人拟物能使词体增添几分情意,静物一转而为风情万种之红粉佳人,不仅物象有了生气与情意,而且还能让人生出无限怜爱与遐想。关于这点,沈义父早在《乐府指迷》中指出:"作词与诗不同,纵是花卉之类,亦须略用情意,或要入闺房之意。然多流淫艳之语,当自斟酌。如只直咏花卉,而不着些艳语,又不似词家体例,所以为难。"③咏物而着艳语,龚氏的咏物词多循此套路,但难能可贵的是,纵然写艳,龚氏却未堕入淫艳一途,究其缘由,就在于闪现于龚词中的美人多为失意之人,《满庭芳》(红玉笼云)中衰老迟暮之昔日宠妃,《满庭芳·雨中花叹和吴修蟾韵》中柔情密誓后香消玉殒之杨妃,《雨中花》中面对暮春景色而生无聊之意的慵懒佳人,《点绛唇》中离别所爱、类于"油壁香车难再逢"之苏小小的思妇,美人迟暮红粉失意,自然就少了缠绵炽烈的闺襜风月,而多了几许清修淡泊之落落襟怀,这样的佳人其实与龚氏用以状菊影之孤高"名士"款曲相通:

> 新月如眉卷。小窗西、疏灯星放,薄寒霜遣。半壁幽花人

---

① 三词主要以杨妃拟花,但《醉落魄·饮遂初芍药花下》有"舞罢留仙,绣袜当风蹴"之句,《满庭芳》(红玉笼云)则有"绣带留仙小立"之语,"留仙"乃用赵飞燕典。

② 李倩《论王沂孙咏物词的"思笔双绝"》,《东南大学学报》,2010年第十二卷增刊,第152页。

③ 沈义父《乐府指迷》,《词话丛编》第1册,第281页。

独夜,碧沁铜瓶清泫。傲篱外、薄英飘茧。瘦硬几枝名士态,
拟纤腰束素传神浅。真率意,画中展。　　一痕墨晕天然显。
漫评量、蜂黄吹褪,玉盘堆扁。才伴征鸿双杵歇,又听柴门归
犬。此坐客、督邮当免。酒冷香残标格,尽年年、秋事银釭典。
红吐穗,肯频翦。

——《贺新郎·和方虎灯下菊影》

龚氏所咏乃一幅水墨菊花图。词人观赏菊影之环境是在一个
霜冷月寒之秋夜,篱外落英缤纷,而挂在壁上的菊影却不受此寒冻
之侵扰,人独花幽,在如此安谧宁和的环境中,词人从对菊花外形
的静赏中深切体察到菊花不随流俗傲然独立之名士姿态,宛若那
不为五斗米折腰之五柳先生。纵然酒冷香残,亦不废菊之天然风
流标格。与《满庭芳》等词中琼脂玉肌的绝色美人不同,《贺新郎》
塑造的是一位高风绝尘的名士形象。"瘦硬几枝名士态",与这位
硬正桀骜之名士形象贴合的,是全词清疏瘦硬之词风,丝毫不见纤
秾靡丽之态。但无论是失意美人,还是孤高名士,都不是寻常的庸
脂俗粉趋奉之徒,在某种意义上,它们是龚鼎孳的士大夫人格之外
化。龚词之所以能聚"风流气"与"清雅相"于一身,咏物对象的选
择固是一方面,而归根结底还在于词中的"美人貌"与"名士态"都
是龚鼎孳对士大夫人格的理想表述。

复次,龚鼎孳咏物词中出现了寄托之作。一种个体化的可贵
情感在两阕《满庭芳》中得到了一种虽有节制却也有迹可寻的流
露。《定山堂诗余》中出现频率最高的物象要数海棠,而与海棠相
关的咏物词也不同于龚氏其他的体物之作,因为词人在当中寄托
了很深的政治寓意与人生感慨。试看其最称典范的海棠词:

红玉笼云,胭脂侵雪,两行撷艳惊奇。乳莺声里,香雨一
庭滋。绣带留仙小立,绛霞畔,飘送琼玑。销魂处、如嗔欲笑,

狂眼任纷披。　　　珠钿芳草路,凭空十载,抛撇幽姿。那堪过天宝,再趁花期。落日华清似梦,弦索冷、妃子容衰。无情甚、东风卖眼,看杀烂柯棋。

——《满庭芳》

全词充溢着浓重的兴亡之感与故国之思,颇得南宋词人托物寄怀的笔意,王士禛称此词"似绣岭宫前鹤发人语"①。晚唐李洞有诗《绣岭宫词》:"春日迟迟春草绿,野棠开尽飘香玉。绣岭宫前鹤发翁,犹唱开元太平曲。"李诗以绣岭宫前缅怀开元盛世的老翁来慨叹太平盛世已如春梦秋云般消逝无痕,当中有着深重的忧时伤世之情,王氏以李诗比龚词,就是深谙龚词之三昧的有见之言。词的上阕以工细深秀之笔点染出海棠那遗世独立的幽洁芳姿,宛如一位摄人心魂的绝代佳人,而不再是无情无识的花草。下阕由咏物转向抒情,将海棠与天宝遗事李杨爱情联系起来,慨叹物是人非繁华如梦,那曾经花团锦簇的艳丽海棠成了迟暮美人的象征,空自回忆开元全盛日天宝承恩时。这位容色衰老的美人,其实就是经历了神州陆沉江山易主的词人之化身。龚鼎孳二十岁进士及第,年甫三十经历甲申国变,屈指十载,这沧海桑田里是海棠的"抛撇幽姿"花时已过,是美人的红颜渐老君恩不再,是龚氏的锐气销磨心事成空。"海棠"除了是词人自我的化身外,它还有更深一层的意义。世传崇祯乃自经于煤山红阁之海棠树下②,"海棠一花不仅代表了燕京承平时的繁华旧梦,更古有唐明皇以'海棠春睡'喻杨贵妃的典故,如果将安史之乱、马嵬之祸与崇祯及周皇后殉国等事联系起来,很容易引起同历兵燹的文人们的共鸣"③。根据词

---

① 邹祗谟、王士禛编《倚声初集》卷一五,《续修四库全书》第 1729 册,上海古籍出版社,2002 年据南京图书馆藏清顺治十七年刻本影印,第 383 页。
② 参见计六奇《明季北略》卷二〇,第 454—455 页。
③ 张健柠《龚鼎孳与定山堂词研究》,第 20 页。

序,我们得知此词作于乙酉年(1645)三月十八日,即李自成攻破北京城一周年之时,崇祯帝忌辰之前夕,龚鼎孳与诸子群集于宣南之韦公祠观赏海棠,这一举动,其缅怀故国故君之意是相当明显的。"沧桑既变,而此花不改"①,"如何倾国恨,又上海棠枝"②,由此我们明了,海棠不再是一个纯粹的物件,也不仅是词人自我之外化,更重要的是,它是明亡的象征。《满庭芳·雨中花叹和吴修蟾韵》"海棠愁重""消魂雨,陡地惊摧",《菩萨蛮·上巳前一日西郊冯氏园看海棠》"花底一声歌,疼花花奈何"③,《菩萨蛮·西郊海棠已放风复大作对花怅然》"那禁风似箭。更打残花片"④,都弥漫着对海棠花的深深爱惜,并对海棠无言承受着"朝来寒雨晚来风"之命运摧折充满了不无心疼的焦虑,龚氏对海棠抱持如此深情,归根结底就在于海棠是大明朝的命运之谶,而其尝尽风雨之苦的形象也是饱经忧患的龚氏之自我写照。

张炎《词源》对咏物词的创作有过一段经典论述:"诗难于咏物,词为尤难。体认稍真,则拘而不畅;模写差远,则晦而不明。要须收纵联密,用事合题,一段意思,全在结句,斯为绝妙。"⑤龚鼎孳的咏物词之能准确把握"体认"与"模写"之尺度而不落入"稍真"与"差远"之歧途,就在于他既能多侧面用笔,不拘泥于体物,又能运用虚实相生之笔触与使事运典之手法处处勾连物象,收纵有度不即不离,真正做到了"所咏了然在目,且不留滞于物"⑥。以张炎的技巧层面之标准评衡之,龚氏于咏物词堪称作手。若揆之以沈祥龙"借物以寓性情"之准的,龚氏之"体物"之作与"托意"之作大体

---

① 《满庭芳》序。
② 《社集韦公祠看海棠同诸子分韵》其一,《定山堂诗集》卷五。
③ 《定山堂诗余》卷三。
④ 《定山堂诗余》卷四。
⑤ 张炎《词源》卷下,《词话丛编》第1册,第261页。
⑥ 张炎《词源》卷下,《词话丛编》第1册,第262页。

相当,尽管不能篇篇合旨,却也有以《满庭芳》为代表的艺术性与思想性俱臻佳境之作品,凭此亦知龚氏的咏物词可不落"方物略"与"群芳谱"之讥。

　　龚氏言情词、酬赠词、述怀词、咏史怀古词、咏物词五类词,最动人处是言情词中的双美遇合,最难言处是酬赠词中的欢场愁绪,最凄恻处是述怀词中的故国之思,最唏嘘处是咏史怀古词中的今古同悲,最隐约处是咏物词中物我关系的若即若离。爱之所生,情之所钟,怨之所至,心之所系,在龚鼎孳笔下,无不有着信手天成丰约中度的表现,将其许为明清之际的一流词家,当非溢美。

第二节　龚鼎孳词的艺术特色

　　龚鼎孳作为清初早期词坛的一流词人,他的词体创作达到了很高的水准,其风致之美、格局之大、变化之繁、技艺之巧,堪称独步当世。笔者将龚词的艺术特色粗略归纳为四点,以期窥豹一斑。

一、长短调兼擅,开长调风气先河

　　龚氏二百零六首词作中,长调与小令均为九十二首,中调二十二首,长短调分布大致均衡。但总的来说,前期作品承明人余绪,以小令中调居多,而后期则长调创作不论于数量还是质量上均占上风,尤其是"秋水轩倡和"中,龚氏一叠数十韵,不仅标示着其词风转变之一大关隘,同时更是其词体创作之艺术巅峰。以下,笔者将对龚氏之小令中调与长调的艺术风貌分别展开论述。

(一) 小令

明末清初的词坛基本为云间风气所笼罩,即推尊五代北宋,崇尚婉丽当行，偏重小令，作词以婉转蕴藉言短意深为美。龚鼎孳早期填词亦是取源《花间》，故以小令之创作为多，尤其是以《白门柳》为代表的早期言情词，率情而作自然而发，纤艳柔婉尽态极妍。龚小令佳处之一，在于抒情之明畅自然而又轻灵婉委。试看京师为官的龚鼎孳是如何表达对远在金陵之顾媚的思念之情的："惜花期。订花期。诉向花愁知未知。天怜两道眉。　　望中疑。梦中疑。斗帐檀丝月午时。香泥塑蝶痴。"①龚氏以自然流转之笔写流年空逝情深转疑的相思之意，不执著于具体情事的描绘，但就在一种轻倩灵巧的笔触中，将这种掺杂着愁怨与疑虑的相思之情表达得淋漓酣畅，缠绵悱恻而又不失生动活泼之致。又如《菩萨蛮·己酉春日摩诃庵杏花下有感直方旧游》："蔚蓝一片山初染。粉红花底看人面。玉笛怕花飞。花开人莫归。　　当时花下客。把酒斜阳立。今日对斜阳。与花同断肠。"②此乃龚鼎孳于康熙八年(1669)追忆与宋征舆(直方)之交游而作。昔日词人与友人酒边花前把臂言欢，而今花开依旧，自己与友人却是阴阳暌隔，只余一襟晚照满腔愁情。全词述情晓畅，使人能快速捕捉其忆旧悼往之题旨；同时它又以杏花作为铺衍情感之结穴，故于畅达之中复显清幽婉转。清代毛先舒评此词"清丽停匀在淮海、小山间"③，看到此词之清丽雅致、妥帖匀称可颉颃北宋名家秦观、晏幾道的作品，不为无见。龚氏的这种近于五代北宋的词风，是为时人推重的。除了毛先舒外，黄永评龚鼎孳的《桃源忆故人·同善持君湖舫送春用少游春闺韵》"缅缈幽倩，自是北宋人本色"④，也是看到了龚氏令词得五代

---

① 《长相思·邸怀》其三，《定山堂诗集》卷一。

② 《定山堂诗余》卷三。

③ 龚鼎孳《香严词》上卷《菩萨蛮·乙酉春日摩诃庵杏花下有感为韶九作》，张宏生主编《清词珍本丛刊》第1册，2007年据清留松阁刻本影印，第766页。

④ 《桃源忆故人·同善持君湖舫送春用少游春闺韵》见《定山堂诗余》卷一；黄永评数语见龚鼎孳《香严词》上卷，《清词珍本丛刊》第1册，第791页。

北宋之精华的缘故。

龚小令佳处之二,在于丽而不淫,艳而复雅。唐五代以来,令词多以柔情曼声为贵,兼之词体多托词帷房,故易有软媚绮靡之弊。但龚鼎孳之小令却能于妩媚之中别具清雅,酣畅之余犹能宛曲。如《浣溪沙·邸怀》其七:"死向云英一哭休。蓝桥风路不中愁。句符明注小红楼。　　青鸟梦尝迷绣户,孤鸳冢莫葬芳洲。诉花难放玉搔头。"若说《长相思·邸怀》其三乃情深转疑,那《浣溪沙》则为爱极生怨,饱受相思之苦的龚鼎孳揣想自己死后的种种情事。他声称自己死后必得跑到顾媚跟前一哭方休,让她明白自己是因情而死。若她不来,也要用符术将她勾来。他还说自己生前曾在顾媚的眉楼里迷途忘返,死后切莫把他葬于芳洲,否则当顾媚前往游赏之时,他会嘱托花儿勾住她的玉搔头,不再让她离开。龚氏落想超妙出语突兀,用一种活泼泼的语言表达出自己对顾媚至死不渝的感情,而"云英""蓝桥""青鸟"等典故的巧妙运用,又使这种风月之情的表达不至于一泻无余浅露直白,故而又得几分幽曲雅驯之美。又如《南乡子·和雪堂先生韵感怀》其二:"槐影落宫墙。宝瑟瑶笙恨杳茫。负了多情帘外燕,昭阳。不见临春镜里妆。

月地问玄霜。萧后台边钿粉荒。玉漏不知金井换,悲凉。只记长门一样长。"此词乃龚鼎孳作于明亡之后,其中有非常深重的兴亡之感,但是这种感受却非直笔写来,而是通过援引汉代昭阳殿、南朝临春阁、隋代萧后等帝妃风流的事典喻指朝代更迭繁华落幕,使得这些事典在绮艳底色之外复具苍凉之态。而歇拍一句"只记长门一样长"更是写出了一种"君不见长门咫尺闭阿娇,人生失意无南北"[①]的悲感,由昔日后妃之失宠而及一己之失路与失意,既保留了令词柔曼纤丽之美感,同时又以一种包蕴深广的士夫气冲淡了全词的脂粉气,提升了全词的精神境界。

---

① 王安石《明妃曲》。

（二）中调

龚鼎孳中调虽为数不多，但也有其独到之处。其特点与小令为近，大抵略于具体情事的摹绘，而重在情思的传达与境界之渲染。但比之小令重在表现情绪的某个节点或瞬间场景，中调的情感内涵更为丰富，情事的脉络也逐渐由隐到显，与小令之抒情性特色相比，中调或可说已经出现了某种类于长调的"叙事"色彩，但总体而言，仍是偏重抒情。试看其两阕中调：

> 宛转珠栏烟共倚。薄倦微寒，小坐香肩比。乍听晓莺啼梦里。海棠又湿鹦哥嘴。　　柳外兰桡添涨水。黛浅嚬深，雨过千峰矣。瘦损落花擎不起。春来一味愁而已。
>
> ——《蝶恋花·湖上春雨用吴修蟾倦绣韵》①

> 粉香城，歌舞地。明月今宵，偏照双峰翠。一夜碧蟾凉似水。为送春归，特到红窗外。　　五更愁，千叠思。对月端详，不许垂杨睡。珠箔檀肩长共倚。断鼓零箫，迸入留春泪。
>
> ——《苏幕遮·同内人湖舫送春用范希文韵》②

两阕均是词人游杭州西湖时作。在《蝶恋花》中，词人写春雨微寒时节，他与顾媚珠栏共倚并肩而坐，听晓莺啼梦，看鹦鹉轻吻海棠，看兰桡迎送远山含黛雨过花落，这些闻见细节的交代，为我们勾勒出一幅山色空蒙莺啼燕呢的"龚顾共赏春雨图"，而这样的写景叙事，又渲染出一种清雅朦胧花柳含情的词境。龚鼎孳在细笔描绘出耳目所及之后，以"春来一味愁而已"作结，留下了无限的弦外之响。龚氏缘何而愁？仅仅是因为疼惜落花而生的怨春情绪吗？此词作于易代之后，联系"春"对龚氏非同一般的意义，也许我

---

①② 《定山堂诗余》卷一。

们可以理解这里的"愁"实是包蕴着明亡仕清的词人许多无法明言
的曲折心事。同样写"送春"的《苏幕遮》也是词人曲寄心怀的一首
作品。龚鼎孳叙述他与顾媚春夜湖上泛舟送春的情景,他与顾媚
于舟中并肩共倚,看月凉如水山峰耸翠杨柳低垂,断续零落的箫鼓
之声不时传来,为这清冷夜色平添了几许萧飒幽郁。全词对送春
事件的交代和对周遭凄清景色的刻画,已让我们感受到一股无声
氤氲的怆恨之情,而"五更愁,千叠思""迸入留春泪"的语句,更让
我们在情景事的交融中感受到那份弥天漫地的怏恨惨戚。从这两
阕词不难看出,比之小令的直感写情或触景生情,中调在写景与抒
情之外,已可见叙事因素之萌芽。但这种叙事不是如长调般铺叙
衍展,而是提笔带过点到即止,如《蝶恋花》的"小坐香肩比"、《苏幕
遮》的"对月端详""珠箔檀肩长共倚",主要目的并不在交代情事之
来龙去脉,而是为渲染全词之情感境界铺垫。而中调写情之特点
与小令还是颇为相似的,往往将复杂纠结之心绪用委婉蕴藉之方
式传达,即便出现"五更愁,千叠思""迸入留春泪"直抒悲感的语
句,也是轻描淡写地以历代文士共有的伤春情愫涵纳不堪闻问的
万千愁思,不说尽不挑明,但就在这种半明半昧若即若离的笔法
中,更能让人在一种情意的留白中去体悟全词的味外之旨。

(三) 长调

"溯源导流"[1]、取法《花间》的云间派大大提升了明词的品格,
堪称明清之交词坛之转捩,但云间诸子论词却有其不可避免的局
限性,他们专意小令,独尊晚唐北宋[2],对南宋慢词则不屑一顾。

---

① 　张渊懿《清平初选后集·凡例》,张渊懿、田茂遇辑《清平初选后集》,清康熙刻本。
② 　更极端者连北宋也置于不屑之列。如陈子龙后学就声言:"五季犹有唐风,入
宋便开元曲。故专意小令,冀复古音,屏去宋调,庶防流失。"(沈亿年《支机集·凡例》,
蒋平阶等《支机集》,《清词珍本丛刊》第 22 册,凤凰出版社,2007 年据清顺治九年刻本
影印,第 475 页。)

但明清之际的时代巨变以及士气人心之变,使得柔婉蕴藉的令词日渐不能满足士人抒写繁复深沉的内心情感的需要,而长调则被愈来愈多的士人作为言志抒怀的陶写之具。龚鼎孳对长调调式的探索也是为时较早的,在早期词集《白门柳》和《绮忏》中,长调分别占到 29% 与 49%①;而到了康熙二年(1663)以后,长调已从数量上完全超越小令中调,而成为龚氏的创作重心。比之小令长于截取某个情感片段来表现瞬间的心灵场景,长调则更善于展现丰富的情感状态或复杂的心理发展过程,从而使人对作品主人公的情感意识有一完整而深刻的体认。长调较之令词,因要讲究章法之起承与意脉之贯通,故更见思致与功力。彭孙遹言:"长调之难于小调者,难于语气贯串,不冗不复,徘徊宛转,自然成文。今人作词,中小调独多,长调寥寥不概见,当由兴寄所成,非专诣耳。唯龚中丞芊绵温丽,无美不臻,直夺宋人之席。"②龚鼎孳之长调创作,为时既早成就又高,确可超越侪辈抗衡宋人而无愧色。

　　龚鼎孳长调特色之一,在于纵横开阖变化多端,而又能做到章法井然境转意连。试看其早年离别顾媚赴京北上时的一系列忆别之作。如《定山堂诗余》卷一的《薄幸·春明寄忆》,这是崇祯十五年(1642)龚鼎孳告别顾媚北上赴任途中作。在乱花渐欲迷人眼的闹市跟前,词人蓦地想起与顾媚在眉楼共度的那些如胶似漆的甜蜜时光,在那段情好绸缪的记忆里忘我地沉湎与流连后,他的思绪陡然回到与情人相隔万水千山的无情现实里,经受了肠回心倒的孤寂与思念后,他发出了掷地有声的甘为情死的誓言:"对真真、暗嘱情场,不负鸾钗紫。鸳裯凤绶,端值龙沙一死。"全词按着今——昔——今的时间线索回旋开展,时空几经交错变换,词人的情绪也

---

　　① 《白门柳》的五十九首词作中,长调有十七首;在《绮忏》的五十七首词作中,长调有二十八首。

　　② 彭孙遹《金粟词话》,《词话丛编》第 1 册,第 725 页。

几经起伏跌宕,但全词之意脉却是贯连始终,那就是对爱情的执着与对情人之牵挛。又如《十二时·浦口寄忆用柳耆卿秋夜韵》:

> 隔江楼,月涌银涛,偏是红绵难洗。正絮扑、棠舣星稀,蕙幄恹恹花气。中酒心期,垂帘时候,旅馆疏灯起。残堞外、一片荒鸡,一半画笳,吹到孤眠人耳。　幽梦中,重寻后会,岂似麝裙同系。笛瘦宝鞍,钗斜玉镜,寸寸含情地。别路千万叠,长亭只在望里。　暗忖量,蓝桥约定,领略三生恩意。两字骊歌,暂时南浦,岂负浓香被。宛转官柳侧,终怜好春轻弃。①

本词为崇祯十五年(1642)龚鼎孳告别顾媚,渡江至浦口时思忆顾媚而作。词人旅馆独居,所见乃疏落灯火,所闻乃残堞悲笳与荒鸡号月,这一切皆是寂寞离愁之外化,所谓"吹到孤眠人耳",只不过愈加凸显了羁人之无眠。辗转入眠后,梦见的却是昔日之良辰欢会,玉笛宝鞍金钗玉镜,这些无比熟稔的物件随着多情的佳人潜入词人之梦魂,梦中的幽情蜜意更让梦醒后的他平添几许落寞情思。恨萦愁绕的词人只能极力自遣,告诉自己既与情人立约定情,来日方长,此刻之别离只是暂时为之。如此一来词人似已释重负,不料结尾又宕开一笔,纵然他日终得耳鬓厮磨,今日为碌碌尘事与情人相隔两地,辜负这明媚春光锦瑟韶华亦是无法释之于怀的一大憾事。《十二时》中词人的情绪经历了落——起——落——起——落几重变化,龚鼎孳对顾媚炽烈浓郁的思念就在这顿挫往复的词情中得到淋漓尽致的表达。复如同作于崇祯十五年(1642)叹惋顾媚不能顺利北上的《兰陵王·冬仲奉使出都南辕已至沧州道梗复返用周美成赋柳韵》②,在第一叠中,词人从远方的情人落

---

① ② 《定山堂诗余》卷一。

笔,悬想因道梗而无法继续北上的顾媚必然是尝尽"朱颜作客"之辛苦,他虽然不得亲见,却料想对方因为思念的煎熬而"瘦损宫腰恰盈尺";到了第二叠,词人的思绪转回自身,对应顾媚之"朱颜作客",自己亦不过一介"京华旅人",而等待情人的焦灼使他食不知味;第三叠中,他先言自己万愁堆积,接着再从对方着眼,"料野馆斜曛,芳影凄寂。回头凤阙情何极",他忖度情人此刻一定是在某个村野馆舍中茕茕孑立,夕阳的余晖把情人的倩影拉得无比纤长而落寞,而当她极目远眺他所在辽远的京城,心下也必定如他这般盛满了许多不堪言说的焦虑与沉重。词人的视点多次转换,而全词的空间也不断在顾媚所在之沧州与词人所在之京城轮替变更,但不论是从对方着眼还是从自身说起,他始终着意渲染一种离愁千端忧思难忘的氛围。不论是今——昔——今的纵向比较,还是她——我——她的横向安排,龚鼎孳都非常善于利用腾挪跌宕的章法构造一种回环往复的词体结构,而这种能多维而全面展现情感世界的结构,也只有依凭于起承离合间极尽变化的长调方得以支撑。从前述词作可见,龚鼎孳前期的长调创作已极尽回环跌宕之致,而其后期的创作则更将这种章法之妙推向极致。

　　龚鼎孳长调特色之二,在于情韵兼胜,铺陈详备而又余韵悠长。若说龚氏的令词多为运用比兴之法,从而达到以简驭繁意在言外的表达功效,那龚氏的长调则更多使用赋笔,于反复渲染与细致铺陈中,使主人公的情感意绪得到淋漓尽致的展示。但赋法铺陈也往往会带来直白发露之弊病,正如"铺叙展衍,备足无余,形容盛明"的柳永终难逃"较之《花间》所集,韵终不胜"的讥评①,如何在长调的"情足"之外解决"韵胜"的问题,始终是考验词人的一大

---

① "铺叙展衍"数句出自李之仪《跋吴思道小词》,《姑溪居士文集》卷四〇,《丛书集成初编》第 1937 册,商务印书馆,1935 年,第 310 页;"较之《花间》所集"数语出自李之仪《跋吴思道小词》,《丛书集成初编》第 1937 册,第 310 页。

关目。深谙《花间》三昧的龚氏以小令作法写慢词,或以景语牵引词情,或在感情贲张处插入含蓄妥帖之言语,使奔腾翻涌之情感有所敛抑与顿挫,从而显得韵味悠然神气冲和,如《石州慢·感春》:

> 香阁春添,庭院昼长,花雨飘洒。清明时候,轻寒小热,暗愁盈把。呢喃燕子,却憎画栋,雕零乌衣,闲恨犹牵惹。拍碎玉阑干,尽黄鹂描写。　　游冶。禁烟吹散,宝瑟风前,紫骝花下。何似一灯寒食,柴门初打。楼头柳色,望里青断天涯。絮飞还殢王孙马。解道莫愁谁,只长干人也。①

　　本词通过往昔之春日盛事与今日之冷寂萧条的对比,传达了亡国后幽恨蟠结、辗转萦遏之情感状态。全词虽也出现“暗愁盈把”“闲恨犹牵惹”之类直抒胸臆之语,但更多却是以叙景推进,在词人极力刻画的那幅香阁寂寥、昼长人倦、春景萧瑟的画面背后,是他迎来送往饱览兴亡后的一颗疲累不堪的心。他也有过年少游冶之轻狂,他也经历过弦管歌吹之繁盛,短短一句“禁烟吹散,宝瑟风前,紫骝花下”,便道出了前尘旧梦里的几多浪漫旖旎。莫说物是人非,如今这“一灯寒食,柴门初打”的冷落光景亦不复当年的骀荡明丽。絮飞还殢王孙马,紫骝认得旧游踪,纵然王孙还是当年的王孙,却已是两世为人魂销目断。词人这种往事如梦心事全非的凄凉情思在一种今昔景致的对比描写中渐渐晕染开来,而含蓄幽远的景语,又使得这种情思的传达真切而灵动,毫无黏滞坐实之弊,使得长调也取得了类于令词的言不尽意余味无穷的言说效果。前举同以“感春”为题的《望海潮》②,龚氏亦是以今——昔——今的时间线索点明了美景短暂、世事苍茫的主题,从他将身世家国之

---

① 《定山堂诗余》卷一。
② 见本书第三章第一节“述怀词”。

感打并入艳情的做法里，从他对时空更迭与情绪起伏的章法安排中，从他那吞吐凝咽蕴蓄无端的表情方式里，不妨说龚氏之慢词实可分镳清真、平睨梅溪，而歇拍的"泪丝偷印"则给人发语已殚，含义未尽的无限悠远之意，从而避免了展衍无余之弊。

如前举《念奴娇·中秋得南鸿喜赋用东坡中秋韵》①，词人得到情人北上音讯时那份汹涌澎湃的狂热与惊喜弥漫全篇，但却非毫无节制一泻无余，词人于歇拍处以"冰蟾遥共，画楼人在吹笛"作结，这对全词之热烈奔放是一种平抑与调和，从而使词作更添一份蕴藉之美。又如《水调歌头·述怀用苏东坡中秋韵》中②，龚氏在表达了倦世之情与归隐之愿后，于结尾处宕开一笔，写道"放眼凭栏久，风露正娟娟"，结以清朗景语，情景交融中给人以悠扬绵远咀嚼不尽之美感。复如《烛影摇红·吴门元夜值雨和张材甫上元韵》③，词人在表达了一种朝代更迭繁华逝水的不尽忧伤后，结尾却从这种百折千回的情感观照中跳脱出来，以"月迷江馆。客散旗亭，一行春雁"收束之，不再剖白与叹息，只以一种散淡迷离之景致回应内心静默凄楚的哀感，但却是无声胜有声、片语抵千言。不难看出，龚氏的长调之得令词神韵，很大程度缘于他能做到"以淡语收浓词"④，这是急管繁弦后的余音袅袅，是山重水复后的柳暗花明，是离殇诉尽后的秋波回眸，自能深化情意提升境界，从而做到情韵兼胜感人至深。

若说以"韵"胜主要体现的是龚鼎孳前期长调的特色，那么以"气"胜则更能概括其后期长调之风貌，故龚鼎孳长调特色之三，在于一气斡旋、振笔直遂，试看龚鼎孳后期所作之《贺新郎》：

---

① 见本书第三章第一节"言情词"。
② 见本书第三章第一节"述怀词"。
③ 《定山堂诗余》卷二。
④ 李渔《窥词管见》第十五则，《词话丛编》第1册，第556页。

一叶惊风卷。正天街、白麻将下,青骢行遣。身世多艰谁自料,老泪苍生频泫。怕滚滚、沸汤投茧。皓月中秋同伫立,眷南枝、乌鹊情非浅。空袖手,力难展。　　朱轮华毂争荣显。但低头、与时聋哑,随人圆扁。径欲拂衣长啸去,何处担琴携犬。便狂醉、难乎其免。羡汝归装烟水路,任骕骦、酒尽休轻典。都市话,并刀翦。

　　——《贺新郎·中秋有感兼送榖梁》①

　　此词作于康熙十年(1671)八月十五,乃"秋水轩倡和"之作。冒榖梁即冒禾书,为龚鼎孳故交冒襄之子。康熙十年,冒襄夫妇六秩双寿大庆,冒禾书归里贺寿,龚鼎孳作词相送。暮年回首,平生之遭际多艰让他老泪纵横。那些覆巢倾卵触机蹈阱的往事已经渐行渐远,只是如今的风平浪息也未能让他一遂平生志愿,身居高位却对故交之子名场失意爱莫能助②,目睹清廷压迫侵凌而导致苍生危难却只能袖手噤声而无力施援,值此中秋送别之夜,独独想起孟德的"月明星稀,乌鹊南飞。绕树三匝,何枝可依"③,可知龚氏那旧巢已覆新枝难栖的悲感自明亡后就未曾稍离。他不是没有拂衣而去的念头,只是却求退不可身不由己,所以他认为榖梁的科场铩羽也未尝不是好事,至少可以山巅水涯任情逍遥,而不必如他这般委蛇取容进退维谷。饱经风霜后的心力交瘁,忧生却只能苟生的无奈,忧世而无力救世的怨愤,如此纷繁错杂的情感,都被涵纳于一首词中,让人得以窥见龚氏最真实的暮年心态以及他对自己一生荣辱浮沉的最贴切评裁,这得益于长调写情详备之优势,而这种优势是不为简雅幽约的小令所有的。且词作一改前期词字梳句

---

①　《定山堂诗余》卷四。
②　见本书第三章第一节"酬赠词"中对《贺新郎·送榖梁三叠顾庵学士韵》的解读。
③　曹操《短歌行》。

栉、细节点染之特色,而呈拂剑扫云、兔起鹘落之势,若说前期以"韵"胜之长调予人岭断云连、余味曲包之感,那后期此类长调则以其奔放跅弛、抑扬抗坠之笔力使人慷慨生哀,而生唾壶击碎之愤。

总而言之,龚鼎孳小令中调柔婉妍丽、含蓄蕴藉,深得《花间》笔意;其长调领一代风气之先,既有情韵兼胜含吐不露之篇,又有神完气足兴会淋漓之词,可以说是清初词坛少有的长短兼擅之大家。

二、前后词风之转变:从绮赡绵邈到沉郁清苍

要探讨龚鼎孳前后词风之转变,首先我们要对他词体创作之前后期作一个时间上的界定。笔者将他作于康熙二年(1663)之前的词作划归为前期作品,这以《定山堂诗余》卷一《白门柳》与卷二《绮忏》为代表;后期词则指他康熙二年(1663)之后的创作,也即卷三卷四之《癸卯后香严斋存稿》,这两个时期的词作表现出较大的风格差异,也是历来研究者关注之重点。受到《花间》"艳科"传统与明代香艳卑弱之词风的影响,龚氏早期词多呈现出"芊绵温丽"①的特点。他作于明末的言情词之秾艳绮靡自不待言,即使在入清后的相当一段时间里,他不断在词中抒写自己的亡国之痛与身世之悲,早年的轻佻儇薄之气不复可见,当中部分词作也以豪宕悲慨之风貌昭示着一种刚性风格之萌蘖,但其主流词风仍是偏向纤丽婉曲一途。直至康熙初年,龚氏人生仕途渐趋平稳而情感阅历愈见丰富,同时也凭借其官场显宦与文坛领袖的特殊地位所提供的与故旧遗子频繁唱酬的机会,他那"苍润清腴而多劲急味"②的晚期词风渐渐形成,他开始集中使用"沁园春""贺新郎"等适合

---

① 彭孙遹《金粟词话》,《词话丛编》第 1 册,第 725 页。
② 严迪昌《清词史》,第 119 页。

发泄豪壮之情的词牌进行创作,而康熙十年(1671)"秋水轩倡和"中二十三首"蕡"字韵《贺新郎》不仅是他"变声的巅峰表现"①,更是标志其晚期词风完全成熟的一个范本。以下笔者将分别对其前后期词作之艺术风貌进行深入分析。

(一) 前期词

龚鼎孳前期词绮赡绵邈、悲咽凄惋。龚鼎孳作词始于明末,明末词坛的尚艳之风与他自身的情感经历,使他这个时期的词体创作以言情为主。他一方面沿袭着花间词人述艳追欢的艳词传统,将一己的情事摹写得缠绵悱恻;另一方面,他又不同于花间词人那种"男子作闺音"的空中传恨隔靴搔痒,他是以一个男性的视角,在词中尽情地抒发他对情人狂热而真挚的爱恋,而这位情人也不再是花间词人笔下那泛化的情感符号,而是一位真实而固定的女性——美貌多情而又才华横溢的顾眉生。龚氏此时的词作虽以艳情为主,但因其情思之真挚及对恋人的爱重,他的言情词并未沾染惯常狎玩淫溢之恶习,而是因情所独钟而显得深挚绵邈风华绮赡,试看:

> 相思明月社,推桃叶、一代水边楼。忆黛比岫遥,花和人瘦,玉围屈戍,珠写箜篌。销魂别,泪如巫峡雨,心逐广陵舟。乳燕幕开,锦笺难托,蜜蜂房闲,香粉都收。　红窗携纤手,双双把鸳盟,订在新秋。只道窦时金屋,管甚闲愁。怅霞生绮陌,谁家弄笛,露凉小苑,何处藏钩。七夕看看过了,梦见还羞。
>
> ——《风流子·春明寄忆》其三②

---

① 严迪昌《清词史》,第 119 页。
② 《定山堂诗余》卷一。

　　这是龚鼎孳北上赴任后所写的相思忆别之作。他想象着情人美丽却因相思而日益消瘦的容颜,他怀念着眉楼里那些精巧华美的物件,因为它们是他与情人两情相悦的幸福时光的见证。想起当日二人将嫁娶之期定在新秋的盟誓,而今七夕将过,情人却杳无音信,而相聚也遥遥无期,词人心中的焦灼与失落是可以想见的。此词写得绸缪婉转富丽精工,除了得力于词人对内心情感的纤细而敏感的捕捉外,再就是词中意象的叠加所造成的绵密艳丽之美感。明月、眉黛、远岫、名花、佳人、美玉、屈戌、珠翠、箜篌、巫峡、冷雨、兰舟、锦笺、香粉、红窗、纤手、金屋、绮陌、笛管、凉露等,数十意象的陈列使用,铺锦列绣而不失典雅熨帖之分寸,缘于全词感情书写之浑灏流转以及意象群于情感氛围之巧妙融入,所以这种意象铺排并不给人生硬堆砌之感,反得锦上添花之妙。

　　龚鼎孳的言情词几乎都予人意象绵密画面精美之视觉感受,如《白门柳》中的《东风第一枝·楼晤用史邦卿韵》之霞绒、金索、檀雾、玉奁、团扇、璧月、珊瑚、紫兰等,《薄幸·春明寄忆》之粉城、菱花、锦帘、银蟾、腻玉、翠云、鸾钗、鸳裯等,《贺新郎·得京口北发信用史邦卿韵》之莺馆、珠轮、星桥、瑶箱、宫烛、薇雨等,这样的意象安排,营造出言情词所必需的艳丽柔美、软玉温香之审美情境也揭示出龚氏早年创作词境偏"艳"偏"柔"的事实。《白门柳》也收入了不少易代后的作品,这些词作虽然总体上并未脱离明季那种偏于"艳""柔"的词境构造,但已在绮艳之情中透入了世变之后隐约怨郁的心声。如前述《石州慢·感春》与《望海潮·感春》二阕更是典型的将家国身世之感打并入艳情的词作,香阁、花雨、玉阑干、黄鹂、宝瑟、紫骝、银鸭、莲铜、朱栏、玉屏、罗袜、青绫等富艳瑰丽的意象群,使词情必然偏于婉变柔曼一途,但同时那种历经沧桑饱受摧折后生出的凄恻低徊、幽咽悲凉的神情意态,则是之前的言情词所不具备的。

不仅仅是风流侧艳的言情词，龚鼎孳入清初期的许多词作都在保留"艳"态与"柔"情之创作底色的前提下，更多地流露出一种幽怨悲凉的情感基调。《锁窗寒·闻子规用周美成寒食韵》是很能体现龚氏入清后悲咽凄惋之词风的一阕佳构：

> 慢卷红楼，兰釭写影，玉蟾窥户。枝头一派，送到落花风雨。对青山、泪珠暗抛，断魂说向天涯语。为个人憔悴，丝丝蓬鬓，十年军旅。　　春暮。牵衣处。有柳外鹂双，桑间马五。湖光潋滟，供奉莺俦鸳侣。忆故园、寒食清明，紫骝碧草依旧否。怕人归、满眼斜阳，画角围芳俎。①

在这首词中，龚氏传达的是自己半生飘零思忆故园的沉重悲感。上片他集中表现的是自己转徙江湖困踬天涯的魂销泪零。依然是珠幔、红楼、兰釭、玉蟾这些艳质天成的意象，却不再有早年渔色征歌之狂热，取而代之的，是"泪珠暗抛"的悲戚，是"丝丝蓬鬓"的憔悴，是"十年军旅"的苦辛。换头处感情略转平缓，在一片湖光潋滟莺俦鸳侣的明媚景致中，那种哀怨怅触的意绪似得以抚平，但紧承而至的思归而情怯的心理，又使那种抽丝剥茧般的悲怨重新笼罩全篇。国已不国，人亦非昨，故园又岂能"紫骝碧草依旧"？一个不需要答案的问询，一个不再有转圜的人生，乡思背后的不能自已的伤叹之情，是形成此词悲咽凄惋之风的情感基础。结尾处的斜阳冷淡、画角凄清的冷色构图，或是龚鼎孳之"艳柔"词风渐转"冷峭"的一个信号。

龚鼎孳前期词多为芊绵温丽、绮赡绵邈，但甲申（1644）乙酉（1645）之后的词作明显地在旖旎情思与富赡辞藻之外，更多了一种幽咽怨断的凄楚与一份清冷萧索的寒意。龚鼎孳入清后的词作

---

① 《定山堂诗余》卷二。

多以曲传心事为主,其直感性抒述之词的数量不及明代,从而更显得蕴蓄无端托兴深远。此外,在前期词"艳"态与"柔"情的主调外,还出现了某种"清"质与"刚"性的变调。马大勇先生以为龚词集中的第一首硬语盘空之作是作于康熙七年(1668)的《念奴娇·中秋和其年韵》[①],其实早在崇祯十六年(1643)龚氏所作之《念奴娇·花下小饮时方上书有所论列八月廿五日也用东坡赤壁韵》一词中,便展现了一种有别于柔婉词风的豪迈品格。全词大笔振迅一气呵成,充满雄奇刚健之凌厉豪气,这才是龚词中真正的第一首硬语盘空之作。而他入清后寄迹吴越的三首咏史怀古词《满江红·拜岳鄂王墓敬和原韵》《满江红·拜于忠肃公墓用岳鄂王韵》《蓦山溪·登吴山吊伍子胥用秋岳乌江渡韵》,还有某些酬赠词如《水龙吟·为介玉寿》《醉蓬莱·为仲弟孝绪寿用叶少蕴上巳韵》等,或悲慨激越,或慷慨奇迈,要皆气势雄豪风格遒劲,脱尽脂香粉腻之闺阁气,可以说是龚鼎孳前期词中的变调,而这些均为后期词风之形成预埋了伏笔。

(二) 后期词

　　龚鼎孳后期词沉郁清刚、苍润劲急。纪映钟为《香严词》作序时称龚鼎孳之诗余"或慷慨悲歌,穿云裂石;或柔情纷绮,触絮黏香"[②],细细究来,"柔情纷绮,触絮黏香"形容前期词风颇为贴切,而"慷慨悲歌,穿云裂石"则是其后期创作的重要特征之一。前已述及,龚氏刚性词风的显现可追溯到明末时期,在顺治年间亦颇有声情悲壮之词的问世,但真正实现其词风向沉郁劲急一路的转型却是在康熙初年之后,而这也是他领袖京师词坛、与遗逸故交频繁

　　① 参见马大勇《龚鼎孳与清初词坛的风云际会》,《西北师大学报(社会科学版)》2000 年第 6 期,第 54 页。

　　② 纪映钟《香严词序》,龚鼎孳《香严词》,《清词珍本丛刊》第 1 册,第 746 页。

唱酬的一个重要时段。如适于发抒壮烈之情的《贺新郎》一调，龚词中有三十二首，其中作于早期仅二首，作于后期的则有三十首之多，除了作于"秋水轩倡和"的二十三首"翦"字韵作品外，余下的七首亦是酬赠次韵之作，虽名为酬酢和韵，但却是借游从酬唱抒发心中郁结，情动于中气形于外，长歌骋怀奴仆风月。若说龚氏早期创作多为《花间》《草堂》之风气所笼罩，那么他康熙年间的词作则明显地流淌着"稼轩风"之血液，而他也正是清初词坛不遗余力地鼓扬"稼轩风"的一个标志性人物。每论及稼轩，人们总会想到"豪放""劲健"一类词语，但"稼轩风"之情感内涵实际却要比这丰富许多，而绝非如此单一之风格显现，正如严迪昌先生所说："辛弃疾的心态和逆反性在词中的表现，既有排奡激昂的悲慨雄放，又有猿啼鹃泣般的凄怨情韵，更不乏貌为萧散闲逸的风神格调"①，而"稼轩风"的这种神情气貌，都非常贴合明末清初文人那复杂隐幽的心绪，自然成了他们表达自我寄托怨望的最佳选择，龚鼎孳无疑也做出了这样的选择，而且他的这个选择不仅造就了他词风的转变与词艺的精进，而且使他无论于当时还是后世，都无愧于京师词坛职志这一身份②。

首先看龚鼎孳后期词中较早的一首代表作《念奴娇·中秋和其年韵》："霜新叶老，乍天街、涌出婵娟孤月。乌鹊绕枝栖不定，万里关山一发。荡妇罗帏，征人铁骑，捣练声偏切。瑶阶露冷，流萤纨扇飞歇。　　恰遇挥麈雄才，吹笙小史，暂遣烦忧豁。城角射雕沙阵阵，催到临渝早雪。金粟含香，银蟾爱影，玉斧休轻折。百年

---

① 严迪昌《"稼轩风"与清初词——兼论"稼轩风"的独异性与时代性》，《首届辛弃疾学术研讨会论文集》，1987 年，第 49 页。

② 京师词坛职志之影响力不仅在于京师地区，更辐射全国。张宏生在《〈今词初集〉与清初词坛建构》一文指出："京城历来是文学活动的中心，许多重大的文学变革，都是以京城为中轴向各地扩散的。因此，龚鼎孳的这种身份（按：京城词坛领袖）确立，其影响当然也就并不仅仅局限在京城而已。"张宏生《清词探微》，上海古籍出版社，2008 年，第 260 页。

此夜,相逢不醉痴绝。"①这是龚氏作于康熙七年(1668)中秋和答陈维崧的一首作品。此词意象密集,瑶阶、流萤、金粟、银蟾、玉斧,可见尚未完全摆脱富艳绵密的品格,但孤月、冷露、寒雪、老叶、关山、铁骑、雕鹰、黄沙等充满冷感与力度的意象的出现,又大大冲淡了前者带来的媚秀之感,掀起一阵苍茫清道之霍霍雄风,也为龚氏今后的创作吹进一股洗尽绮罗香泽之态的烈烈罡风。

今人每论及清初"稼轩风"的鼓扬,都会谈到清初词坛的三次大型倡和,即康熙四年(1665)的"江村倡和"、康熙五年(1666)的"广陵倡和"与康熙十年(1671)的"秋水轩倡和",但是往往忽略了,在"广陵倡和"与"秋水轩倡和"之间,在京师词坛还发生过两次题赠酬唱活动,这两次词学活动规模与影响虽不及上述三次大型唱和,却是清初词坛鼓扬豪宕雄奇之"稼轩风"的关键环节,是清初"稼轩风"由江南艺苑吹拂至京师词坛的重要信号,而作为词坛领袖的龚鼎孳均在其中扮演了不可或缺的重要角色,这便是康熙七年(1668)的《乌丝词》题词倡和与康熙九年(1670)的赠柳词倡和。康熙七年(1668)四月末五月初②,陈维崧携《乌丝词》入京,获得词坛名宿之交口称誉,题词数以百计,龚鼎孳写有《沁园春·读乌丝集次曹顾庵王西樵阮亭韵》三阕③,均呈现出清峭健举、横放杰出之风貌。它们虽比曹尔堪、王士禄、王士禛之作晚出④,却是关系着清初词坛风会之转变的重要作品,试看其一与其三:

　　烟月江东,文采风流,旷代遇之。恰临春琼树,家称叔宝,黄初金枕,人是陈思。如此才名,坐君床上,我拜低头竟不辞。

---

① 《定山堂诗余》卷四。
② 参见周绚隆《陈维崧年谱》,人民出版社,2012年,第324页。
③ 《定山堂诗余》卷三。
④ 曹尔堪有《沁园春·题乌丝词》,王士禄有《沁园春·读陈其年乌丝词赋记》,王士禛词今未得见。

多情甚,倩花间锦笔,描画崔徽。　　　餐霞吐玉霏霏。任拍
遍、阑干绝调稀。更雨铃风笛,伤心绮丽,云鬓雾鬈,过眼权
奇。帘阁香浓,市楼酒罢,错落明珠万斛飞。须记取,有曲江
红袖,围绕留题。

　　鬓且无归,纵饮新丰,歌呼拍张。记东都门第,赐书仍在,
西州姓字,复壁同藏。万事沧桑,五陵花月,阑入谁家侠少场。
相怜处,是君袍未锦,我鬓先霜。　　　秋城鼓角悲凉。暂握手
他乡似故乡。况竹林宾从,烟霞接轸,云间伯仲,宛洛襄裳。
暖玉燕姬,酒钱夜数,绾髻风能障绿杨。才人福,定清平丝管,
烂醉沉香。

　　前者对陈维崧之文采风流极近褒美推奖之能事,并语重心长
地表达了自己对陈氏的深切期望。后者则更多地表达自己对陈氏
才高命蹇、"廿年落拓名场"①之惋惜与怜恤,并在其中融入了自己
对人生世事的深沉感慨。两词一改之前细密幽微之风格,写情叙
事疏阔明畅,一气斡旋略无窒碍。"如此才名,坐君床上,我拜低头
竟不辞"有明显的以文为词的倾向,这对龚氏含蓄婉雅的前期词风
是一种很大的突破。而后一阕更是完全摆落了龚氏以绵密意象营
造词境之惯常风格,不枝不蔓纯以气行,在一片苍茫厚重的氛围
里,将自己对后辈才人的那种混杂着激赏、怜惜、期许连同自伤的
情意表达得痛快直截,宋实颖所谓"怜才爱士之言淋漓往复、刺刺
不休"②,诚不虚也。在此三阕后,意犹未尽的龚氏复依前韵再作
三首。"总狂余故态,欹崎历落,情钟我辈,轮囷离奇。"(《沁园春·
再和其年韵》)"珠树三枝,银釭一穗,醉里乡心低复昂。"(《沁园春·

---

①　曹尔堪《沁园春·题乌丝词》。
②　龚鼎孳《香严词》下卷,《清词珍本丛刊》第 1 册,第 863 页。

再和其年韵》其二)"清吹西园,锦筝北里,惊坐人来一擅场。还抖擞,尽新沙似雪,古月如霜。"(《沁园春·再和其年韵》其三)亦皆老辣苍劲、飞扬腾跃。蒋平阶对龚词的这种风格有着非常到位的点评:"如庄生之说剑,如张旭之作书,挥霍低昂,万怪惶惑,令人不能仰视。"①蒋氏此言乃针对《沁园春·再和其年韵》其二而发,但若施之于作为整体的六首《沁园春》,更觉妥帖惬当。马大勇先生对这六首词作有着极高的评价:"这六首《沁园春》作为一个整体,不仅关涉着清代词坛的一件大事,其自身言情之恳挚,出语之奇丽,风调之凄壮,丁宁反复,荡气回肠,都有别于我们习见的宋词,而又是宋词中所不曾见的一种至高之境。"②"这六首《沁园春》不但在龚集中应被视为转折之点,在清初词坛上轰动一时,即使求之古今词苑,亦是难得一见的珍品,自应有其特殊的彪炳地位。"③将龚鼎孳的词作提升到超越宋词的地位,认为他能在宋词之后开疆辟远,这是一种极高的评价。这六首词作在龚集中的转折地位,马先生略加提及而未作详细交代,笔者以为应作这样的理解:以这六首《沁园春》为标志,龚鼎孳的词作开始从以意象组合的情境构造为主转为以蓄势运气的情感抒发为主,风格也完全从艳柔婉丽转至清刚沉郁。龚鼎孳文坛领袖的身份,又使这六首词中透出的悲壮沉郁的"稼轩风"迅速吹遍京师词坛,成为引领一时风气的创作潮流,清初词坛的风云际会中,龚鼎孳这六首《沁园春》居功至伟。

康熙九年(1670),说书艺人柳敬亭入都,京师词坛掀起一场题赠柳生的唱和活动。对此,曹禾《词话》有如下记载:"柳生敬亭以评话闻公卿,入都时邀致接踵,一日过石林许,曰:'薄技必得诸君

①　龚鼎孳《香严词》下卷,《清词珍本丛刊》第1册,第867页。
②　马大勇《龚鼎孳与清初词坛的风云际会》,《西北师大学报(社会科学版)》,第55页。
③　马大勇《龚鼎孳与清初词坛的风云际会》,《西北师大学报(社会科学版)》,第55—56页。

子赠言以不朽。'实庵首赠以二阕,合肥尚书见之扇头,沉吟叹赏,即援笔和韵珂雪之词,一时盛传京邑。学士顾庵叔自江南来,亦连和二章,敬亭名由此增重。"①可知最早是曹贞吉在柳敬亭的请求下首题二阕,而龚鼎孳看到被柳生书之扇头的曹词,依曹韵即和二阕。不久,从江南来至京师的曹尔堪又连和二首,吴伟业、周在浚、汪懋麟等文坛名宿亦有题赠②,得如许名流之题词赠和,柳生自然名问倍增。曹贞吉的两首开唱之作为《沁园春·赠柳敬亭》《贺新郎·再赠柳敬亭》,龚鼎孳的《贺新郎·和曹实庵舍人赠柳敬亭叟》与《沁园春·前题次韵》即为依曹词之韵而作,龚词呈现出激楚苍凉、悲壮浑厚之风貌,且有极为深沉的荣辱兴亡之感流荡其中,试看其《贺新郎》:

> 鹤发开元叟。也来看、荆高市上,卖浆屠狗。万里风霜吹短褐,游戏侯门趋走。卿与我、周旋良久。绿鬓旧颜今改尽、叹婆娑,人似桓公柳。空击碎,唾壶口。　　江东折戟沉沙后。过青溪、笛床烟月,泪珠盈斗。老矣耐烦如许事,且坐旗亭呼酒。拼残腊、销磨红友。花压城南韦杜曲,问球场、马弴还能否。斜日外,一回首。
> ——《贺新郎·和曹实庵舍人赠柳叟敬亭》③

龚鼎孳与柳生为旧交,曾于顺治四年(1647)、七年(1650)、十三年(1656)数度相会④,而此次重逢,已是康熙九年(1670)。人

①　曹贞吉《珂雪词》卷首,《清词珍本丛刊》第 8 册,凤凰出版社,2007 年据清《珂雪全集》本影印,第 361 页。

②　参见葛恒刚《清初词坛"赠柳词唱和"与清初稼轩风》,《江苏社会科学》,2011年第 3 期。

③　《定山堂诗余》卷四。

④　《赠柳敬亭序》,《定山堂文集》卷六。

代河山世事流转，出入明将侯伯之门的柳敬亭与曾为明臣的龚鼎孳仍在记忆里保留着数十年前那一抹折戟沉沙陵谷夷迁的悲壮血色，而青溪、笛床、烟月这些似曾相识的景象物件又唤起他们对世变之前岁月的缅怀，只是这样的铭记只能徒添他们内心隔世为人的悲辛，光阴流迁下是命途之乖舛与意气之耗损，那些不堪言说的心事，都掩藏在了唾壶击碎的幽愤与樽酒遣愁的颓放中。此词浑灏沉抑，感情的抒发既有疏放之气，又得沉潜之致，达到了极高的艺术造诣，与被誉为"赠柳生诗词之压卷"①的曹贞吉原作殊难轩轾，"盛传京邑"自是情理中事。

　　龚鼎孳词在康熙初年之前，其主流风格是芊绵温丽、绮赡绵邈，但明亡之后的词作明显更添悲咽凄惋之调。早在明末，龚词创作已经开始出现一种刚性之风，这是其后期词转向沉郁清刚、苍润劲急一路的强烈信号。龚鼎孳是清初词坛鼓扬"稼轩风"的旗手，而"稼轩风"之鼓涌与强化，于康熙十年（1671）的"秋水轩倡和"中达到高潮，而龚鼎孳的词体创作也在此高潮中攀至其艺术生命之巅峰，他那敛激烈为沉郁、抗高调成悲凉的风格完全定型并达到炉火纯青之境，健拔而不粗豪，常显纤徐之致；苍劲却不枯索，时得腴润之美，成为康熙初年京师词坛之制高点。

三、毫末技艺中的巅峰之美：和韵词的创作

　　龚鼎孳存世的二百零六首词作中，有和韵词一百四十四首，占比高达 70％。龚鼎孳和韵词皆采用次韵形式，按唱和对象的不同，主要分为追和词与酬和词。追和词乃和古人词韵，一般有两类：一是借追和抒述自我心境，如《阮郎归·春去用史邦卿韵》；二是

---

　　①　王士禛评曹贞吉《贺新凉·再赠柳敬亭》："赠柳生诗词，牛腰束矣，当以此为压卷。"曹贞吉《珂雪词》卷下，《清词珍本丛刊》第 8 册，第 505 页。

借追和古人与现实交际对象进行宾主酬酢①，如《水龙吟·为介玉寿用辛稼轩韵》。酬和词即和今人词韵，多作于交际场合或群体唱和环境。对一般填词者而言，要兼顾词体合律、写意、构境等各种内部特性已自不易，若再加以限韵的要求，无疑是难上加难。而且历代对和韵之作颇多讥评，认为它束缚了个人真实情思之表达，只见才情而不见性情，如谢章铤在《赌棋山庄词话》中谈到："和韵叠韵，因难见巧，偶为之便可，否则恐有未造词先造韵之嫌，且恐失却佳兴"②，便是此意。邹祗谟《远志斋词衷》称："张玉田谓词不宜和韵，盖词语句参错，复格以成韵，支分驱染，欲合得离……近则龚中丞《绮忏》诸集，半用宋韵。阮亭称其与和杜诸作，同为天才不可学。"③虽有张炎诚语在前，但王士禛依然认为龚之和韵词与其和杜诗相类，是不可学步的天才之作。王氏的揄扬虽不无私情之成分，但平心而论，龚氏的和韵叠韵之词确实是佳作琳琅，且当中不少都是出自肺腑的甘苦之言，绝非逞才使气之流可比，试分别论之。

（一）追和词

龚鼎孳的追和词主要集中于《白门柳》与《绮忏》中。龚鼎孳追和对象除唐人李白及刘基、赵宽、陈继儒等少量明人外，绝大多数乃为宋人。他和韵最多的两宋词人是史达祖与周邦彦，分别有 9 首与 8 首；其次为苏轼与辛弃疾，分别为 5 首与 3 首；复次为柳永、黄庭坚、岳飞与刘克庄，皆为 2 首；此外，和向子諲、何籀、孙夫人、秦观、欧阳修、范仲淹、贺铸、叶梦得、吕本中、张抡、张孝祥、林逋等人均有 1 首。这份词人名单传达出两个信息，一方面是龚氏在早年的创作中已经对南宋词人投入了相当的关注，这对明末清初占

主流地位的云间词学观是一大突破；另一方面是从这些风格各异的词人中可看出龚氏对追和对象的选择并无一定标准，而更多的是看原作所押之韵是否利于自我感情之发抒或意境之构造，即主要是从技巧与情感层面上去取抉择，而非出于风格流派之考虑。但是他追和最多的周邦彦与史达祖，则对其早期词风的形成有较大影响。龚氏早期富艳精工、绮赡绵邈的词风以及对字面意象、章法结构的安排，实是近于周史一脉。如《齐天乐·初夏湖楼看雨用史邦卿湖上即席韵》与史达祖原作《齐天乐·湖上即席分韵得羽字》互勘，便发觉二者在意象之绵密华缛、笔法之工细幽秀上颇为神似。《兰陵王·冬仲奉使出都南辕已至沧州道梗复返用周美成赋柳韵》以她——我——她回环往复的叙事结构来表达自己对阻滞远方之顾媚的牵挂，而周邦彦之原作《兰陵王·柳》言"客中送客"①之离愁，时空与人物的视点更是频繁转变，这种曲折回环的章法布局，对龚鼎孳应是颇有启发的。当然龚氏早期所和苏轼、岳飞、辛弃疾等人的词作中体现的清壮顿挫、悲凉沉雄的风貌，又颇可见出其后期词风转变之端倪，可见龚氏之不执一端转益多师的创作态度实是对其风格多样化起了关键作用。

　　《续修四库全书提要》对龚词多用宋韵深致不满："中间用柳屯田、贺方回、周美成、史邦卿诸家之韵者甚夥，徒蹈效颦之讥，无当于词体矣。"②只看和韵之形式而不看创作质量便下此论断，未免责之过苛。实际上，龚鼎孳的不少追和词都显示了相当高的艺术水准，达到了方驾原作甚至等而上之的高度，下面笔者将选择两首与原作情境较为相类的和作进行比对研读。首先看宋代张抡抒述家国之感的《烛影摇红》与龚鼎孳之和作：

──────────

　　①　周济《宋四家词选眉批》，《宋四家词选目录序论》附录，《词话丛编》第 2 册，第 1647 页。

　　②　《定山堂诗余提要》，《续修四库全书提要》第 16 册，齐鲁书社，1996 年，第 474 页。

双阙中天,凤楼十二春寒浅。去年元夜奉宸游,曾侍瑶池宴。玉殿珠帘尽卷。拥群仙、蓬壶阆苑。五云深处,万烛光中,揭天丝管。　　驰隙流年,恍如一瞬星霜换。今宵谁念泣孤臣,回首长安远。可是尘缘未断。谩惆怅、华胥梦短。满怀幽恨,数点寒灯,几声归雁。

——张抡《烛影摇红·上元有怀》①

花信争传,玉钩草色寒犹浅。雨丝风片飐红愁,谁记张灯宴。粉雾檀云暗卷。伴名香、银梅小苑。画桥烟暝,酒市人归,寂寥弦管。　　金翠吴宫,烛龙几照朱门换。青骢纨扇忆长安,人醉雕栏远。十里香尘不断。惜流年、欢长漏短。月迷江馆。客散旗亭,一行春雁。

——龚鼎孳《烛影摇红·吴门元夜值雨和张材甫上元韵》②

张抡乃宋代南渡词人,经历了靖康之难的他在词中抒发了很深的盛衰兴亡之感。明代沈际飞评此词:"前段追忆徽庙,后直指目前,哀乐各至。"③词之上片写乐,主要追忆北宋末年自己于元宵节出入宫廷陪奉皇帝宴游之经历,那时簪缨毕集歌吹沸天,真可谓恍如仙境盛极一时。下片陡地由乐转哀,写亡国后之愁恨。遭乱流寓江南的词人回首故国,徒添日近长安远的凄凉情思。龚词同样也是写家国之思与盛衰之感的,与张词可谓异代同悲,但它不似张词上阕忆昔下阕写今那般泾渭分明,而是把今昔盛衰糅合在一起写,而所有的"今衰"中都有无法摆落的"昔盛"之影子。龚鼎孳不似张抡那般将自我之情感和盘托出,他既不叹"泣孤臣",也不言

---

①　唐圭璋主编《全宋词》第3册,中华书局,1965年,第1409页。

②　《定山堂诗余》卷二。

③　黄氏《蓼园词评》,《词话丛编》第4册,第3070页。

"满怀幽恨",一句"烛龙几照朱门换"就可见龚鼎孳之功力,他已经把一朝一姓之兴亡感触升华至人世沧桑与荣辱无凭的世事观照。相较于张词之重于叙事与抒情,龚词更多地是在写景中融入自己隐约怨悱的情思缕缕。平心而论,张龚二词均不失为佳构,但是事件的坐实与情感的直写却使原唱较之和作少了几分蕴藉之美与深入解读的可能。

再看黄庭坚咏茶之《品令》与龚鼎孳之和作:

> 凤舞团团饼。恨分破、教孤令。金渠体静,只轮慢碾,玉尘光莹。汤响松风,早减了二分酒病。　　味浓香永。醉乡路、成佳境。恰如灯下,故人万里,归来对影。口不能言,心下快活自省。
>
> ——黄庭坚《品令·茶词》①

> 小啜过龙饼。看香色、真清另。寒泉玉净,淡烟写月,乳花微莹。天外金茎,记得长卿渴病。　　雁鱼程永。落花日、多愁境。甚风吹到,故园一片,青山弄影。有底相关,空博万种思省。
>
> ——龚鼎孳《品令·客有以新茗见饷者用山谷咏茶原韵》②

二词皆为咏物体。黄词上片重在描摹茶之形状与功用,下片因实蹈虚由形入神,词人因茶沁人心脾的香味而将其拟之于对影无言却心有灵犀的故人,使得茶在形状与功用之外有了性情与灵魂,亦提升了全词之境界与品格。龚词则是从茶的形状与香色说起,而"寒泉玉净,澹烟写月,乳花微莹"则将茶水清润莹净的品貌、

---

① 唐圭璋主编《全宋词》第 1 册,第 405—406 页。
② 《定山堂诗余》卷二。

热气缭绕的情状与泡沫微起的意态用一种充满美感的语言形神并茂地传达出来,让人顿生一品芳醇之心。"天外金茎,记得长卿渴病"巧用李商隐《汉宫词》"侍臣最有相如渴,不赐金茎露一杯"之诗典,自拟为患有消渴疾之司马相如,而以武帝求仙所用的金茎承露盘中的露水拟所得之茶茗,一见茶茗之珍贵,二也隐喻了茶茗不仅消解了自己生理之干渴,更满足了心灵之渴望。对茶之功效的说明如此典雅而蕴蓄,比之山谷单纯着眼于生理需求的"减了二分酒病",自然更胜一筹。下片中,龚鼎孳蓦地从品啜之茶茗联想到故乡青山上的茶园,顿时百感交集,"有底相关,空博万种思省",他也不禁责问自己,这新茗与故乡有何相关呢,偏偏惹起自己的思绪万千,其实正是从侧面印证了自己沉郁而炽烈的乡思之情。而这样有问无疑意味悠长的作结,比起山谷那俗气毕露、有"伧父之甚"①之讥的"口不能言,心下快活自省"的结句,其高明自不可以道里计。

龚鼎孳的追和佳作,往往能逼肖前贤而又独辟蹊径。如其《西江月·广陵寄忆》追和史达祖《西江月·闺思》,邹祗谟评曰:"瑰奇婉侠,逼似梅溪"②,词风之缱绻婉丽诚然肖似,然梅溪词为男子作闺音,龚词则以男性立场写自己对情人顾媚的牵念,比之梅溪词更有"不隔"之感。又如其追和岳飞的《满江红·拜岳鄂王墓敬和原韵》,王士禛称其"笔挟风霜,气摇山岳,与忠武自赋一篇正是相敌"③,然岳飞的恢复之志在龚词中转为兴亡之叹与自辩之意,不可不察。龚氏更高层次的追和佳作是能超迈前贤。在前述《烛影摇红》中,龚氏以一句"谁记张灯宴"把张抡词中的场景实录进行虚化处理,张词中的叙事明线成为龚词中的抒情暗线,因而和作不再

---

① 贺裳《皱水轩词荃》,《词话丛编》第 1 册,第 696 页。

② 邹祗谟、王士禛《倚声初集》,《续修四库全书》第 1729 册,上海古籍出版社,2002 年据南京图书馆藏清顺治十七年刻本影印,第 286 页。

③ 邹祗谟、王士禛《倚声初集》,《续修四库全书》第 1729 册,第 374 页。

拘执于一朝一姓之兴衰，而更具历史纵深感与情感包容性。又如《十二时·浦口寄忆》乃追和柳永《十二时·秋夜》，二词同为怀人之作，然比之柳词"怎得伊来，重谐云雨，再整余香被。祝告天发愿，从今永无抛弃"的俚浅鄙俗，龚词以婉曲之笔写别离之恨，"两字骊歌，暂时南浦，岂负浓香被。宛转官柳侧，终怜好春轻弃"，艳而不淫，终有品格，无怪邹祗谟两相比较后称龚词"婉至精详，兼融篇炼字之胜，又非屯田所梦见也"①。和韵宋人而能立于宋人更高处，这归功于龚鼎孳对原作进行的深化雅化处理，而绝非胶柱鼓瑟尺步绳趋。

（二）酬和词及其他

除追和词外，龚集中的酬和词亦复不少。同代之人，尤其是共同经历了易代巨变的人们，他们的委屈心事与惺惺相惜的情怀，通常就是凭借一场场的次韵和答而得以交流与发抒，所以龚氏的酬和词，往往更重"当下"的情感交流。龚词早期多追和前人，而后期则多酬和时人，从这个转变也可窥见龚词愈到后来，其现实感与交际功能愈见增强。陈维崧、曹溶、陈维岳、曹尔堪、熊文举等人，都是龚词中常见的次韵对象，他们要么与龚鼎孳款曲相通气谊相投，要么与他有相似的人生经历，既背负着"贰臣"的名节之累，又承受着来自清廷的威劫与折辱，于是发之于词，你唱我和，这种次韵作品，往往都是有感而作因情生文，不是简单的逞才之词，龚词中的不少代表作，即产生于此。试看龚氏的经典和作《风流子》与李雯之原词：

> 谁教春去也，人间恨、何处问斜阳。见花褪残红，莺捎浓绿，思量往事，尘海茫茫。芳心谢，锦梭停旧织，麝月懒新妆。

---

① 邹祗谟、王士禛《倚声初集》，《续修四库全书》第 1729 册，第 444 页。

杜宇数声,觉余惊梦,碧栏三尺,空倚愁肠。　　东君抛人易,回头处、犹是昔日池塘。留下长杨紫陌,付与谁行。想折柳声中,吹来不尽,落花影里,舞去还香。难把一樽轻送,多少暄凉。

——李雯《风流子·送春》①

柔丝牵不住,眉尖小、一蹙又斜阳。问红雨洒愁,几番离别,绿蘋漾恨,何代苍茫。子规说、麝迷青冢月,珠堕马嵬妆。苔卧锦钱,横抛芳影,燕冲帘蒜,偷觑柔肠。　　前欢真如梦,流莺懒风日,枉媚银塘。担阁背花心性,泪不成行。叹楼空杜牧,浓阴乍满,人分结绮,落粉犹香。拈合一春滋味,弹出伊凉。

——龚鼎孳《风流子·社集天庆寺送春和舒章韵》②

顺治二年(1645)四月八日,龚鼎孳与李雯、袁于令、张学曾于天庆寺社集送春,其中多有诗词唱和,李雯先作《风流子》一阕,龚氏步其韵复成一阕,不论原唱还是和作,都达到了很高的艺术造诣。李雯(1609—1647)字舒章,与陈子龙、宋征舆齐名,并称"云间三子"。甲申国变后,李雯接受了清廷所授中书舍人一职。李雯与龚鼎孳私交甚笃,加之二人同有的明亡仕清之经历,故二者的唱和词作体现出情意相通、旨趣相仿之风貌。前已述及,明清之际的送春感春之作往往寄寓了很深的家国之感,此二词亦不例外,它们名为送春,实吊故国。惨绿愁红的春景背后是风流终被雨打风吹去的大明王朝,二词都流淌着对故国旧事无尽的伤怀意绪,以及对自己饮泣吞声屈仕二主的悲凉处境之深深怨叹,幽咽怨断之情而出

---

① 《全清词·顺康卷》第1册,中华书局,2002年版,第353页。
② 《定山堂诗余》卷二。

之以哀感顽艳之笔,让人碰触到一种沉重的生命痛感之余还感受到一份缱绻歌吟的艺术美感。比之原唱,龚氏的和作中带有更多暗示性的文化语码,如"青冢"以昭君之典喻示远赴胡塞客死异乡的人生悲剧,"马嵬"以李杨旧事喻指胡人入侵下的繁华衰歇,"结绮"则以陈后主携后妃投井事暗喻崇祯帝与周皇后之殉国,它们皆以曲笔抒述明亡于异族的时代创痕。相较原唱以借景达情为重,龚词在写景之外,更是有意传达对人事的思省。所以若说原唱的兴亡之感是一种隐述,那么到龚词中这种隐述就略转鲜明。二词各有千秋难分轩轾,均为明清之际送春词中的上乘之作,而龚氏的步韵之作要在原唱的用韵框架中表达自己的独特情思,更为不易。

龚鼎孳步韵时人的佳作颇多,而他与陈维崧的唱和尤为夥颐亦尤受瞩目,试看陈氏原词与龚氏和作各一首:

> 掷帽悲歌发。正倚帻、孤秋独眺,凤城双阙。一片玉河桥下水,宛转玲珑如雪。其上有、秦时明月。我在京华沦落久,恨吴盐、只点愁人发。家何在,在天末。　　凭高对景心俱折。关情处、燕昭乐毅,一时人物。白雁横天如箭叫,叫尽古今豪杰。都只被、江山磨灭。明到无终山下去,拓弓弦、渴饮黄獐血。长杨赋,竟何益。
>
> ——陈维崧《贺新郎·秋夜呈芝麓先生》①

> 玉笛西风发。送宾鸿、一城砧杵,千门宫阙。秋满桑干沙岸曲,曲曲芦花飞雪。又报到、今番圆月。羁宦薄游俱失意,诧长楸、衣马多如发。空刺促,贝刀末。　　小山丛桂难攀折。眼中过、纷纷项领,汝曹何物。只有穷交堪对酒,况是江

---

① 《全清词·顺康卷》第7册,第4221页。

东人杰。任夜夜、兰釭明灭。作达狂歌吾事足，问人生、几斗
荆高血。行乐耳，苦无益。

　　　　　　　——龚鼎孳《贺新郎·和其年秋夜旅怀韵》①

　　康熙七年（1668），陈维崧结束"如皋八载"的寄居生涯来到京
师，陈氏四十有余仍落拓未遇，龚鼎孳赏其才情而待之甚厚，却也
无力为其在京师谋得一官半职。是年秋，陈填《贺新郎》二阕以赠
龚氏，此乃其一，龚氏即和之以答。陈词中对自己的沦落不偶表达
了极大的失落与悲怨，而其情感的表达也充分体现了其年"横
霸"②之词风，正如严迪昌先生所言，"他不惮于'飞扬跋扈'，无意
于以曲隐含蓄来淡化心底的冲激"③，他直接点明自己的失意缘于
京华沦落老大蹉跎，陈氏把自己久经压抑的愤懑化作词中一束束
不受敛抑的情波。若说词的上阕还有些许悲愁婉转之意，那么到
了下阕则完全冲破了传统"温柔敦厚"之诗教精神的羁束，他用一
种疏枝阔节的表达方式连缀起那些充满扩张力与冲击力的语词，
虽是叹老嗟卑，却无促狭拘谨之貌，反让人想起岳武穆"怒发冲冠"
之锥心痛愤与"笑谈渴饮匈奴血"之冲天豪情，让人对迦陵词那种
雄肆激越、纵横奔突的风格有了感性的体认。再看龚词。一句"羁
宦薄游俱失意"，便将自己与陈氏置于"同是天涯沦落人"的失意之
境，此乃提挈全篇的千钧之笔，既绾合了其年京华沦落之窘促，又
道出了自身位高心苦的处境。冠盖满京华，斯人独憔悴，面对既是
"穷交"又是"江东人杰"的陈氏，正好与之狂歌痛饮及时行乐，这也
是他排遣愁郁的唯一途径了。全词俯仰身世放眼今昔，写景则壮
阔苍凉，述情则深沉浩茫，真可谓渐离击筑荆卿悲歌，亦狂亦侠亦

---

① 《定山堂诗余》卷三。
② 陈廷焯《白雨斋词话》卷三，《词话丛编》第 4 册，第 3841 页。
③ 严迪昌《清词史》，第 206 页。

温文。与原词相类,龚词亦伤失意,二词均呈现出开阔恢张、雄浑伉爽之风貌,但较之陈词的激越之风与凌厉之气,龚词更多了几许沉郁之致与雍容之态。《续修四库全书总目提要》认为龚词"激壮之词,不及迦陵"①,实非公允之论。程邃评《贺新郎·和其年秋夜旅怀韵》:"雄深雅健,直逼文章太史公。"②既看到此词外扩之雄健,又领略其内敛之雅深,可谓解人矣。

最后看龚鼎孳的叠韵词。追和词与酬和词之外,龚鼎孳的叠韵词亦是冠绝一时。因叠韵词与追和词、酬和词颇多交集,故不作单独分类。具体到龚鼎孳,叠韵较少见于追和词中,然于酬和词却屡见不鲜,可以说龚鼎孳的叠韵词基本不出酬和之范围。值得一提的是,龚鼎孳的某些酬和叠韵词中还包含了"自叠韵"之因子。如《定山堂诗余》卷四中七叠"缬"字韵《蝶恋花》,乃龚氏观剧时酬和友朋而作,但当中仅前二首为观剧作,后有四首为张韶九作③,一首为幼文作。可见酬唱仅仅是其创作起因,他在脱离酬和情境后,继续叠之以原韵,无意不可入,无事不可言,七首《蝶恋花》中有五首已非严格意义上的酬和词,称之为"自叠韵"更为恰切。试看其中两首:

> 铁拨鹍弦眉总缬。青史人豪,慷慨鸣奇节。啼鴂一声芳草歇。仰天孤愤何由雪。　　清泪樽前弹此阕。不待悲秋,春夜销魂绝。世事到头须了彻。琼楼正挂高寒月。
>
> ——《蝶恋花·和苍岩西樵阮亭蛟门饮荔裳园演剧》其二

> 红泪一巾心百缬。春尽才逢,刚过菖蒲节。懊恨子规啼

---

①　《定山堂诗余提要》,《续修四库全书总目提要》第16册,第474页。

②　龚鼎孳《香严词》下卷,《清词珍本丛刊》第1册,第871页。

③　四首中,一首因聚会作,一首为送别作,另二首"代韶九闺情"作。

不歇。生生催就双蓬雪。　　莫听阳关朝雨阕。禁得年年，肠为分携绝。芳草黏天难望彻。杏花人面扬州月。

——《蝶恋花·送韶九还广陵》

《蝶恋花》是适于抒发缠绵悱恻之情的词调，这七首《蝶恋花》有五首均不离轻柔婉媚之风，此选第二首即为明证。词写送别而极近幽郁哀婉之致，尽显本色当行之妙，体现的是龚鼎孳的"花间"功力，也是这组《蝶恋花》的主流风格。但所选第一首却反其道而行之。它是龚鼎孳观看伶人演出宋琬所编杂剧《祭皋陶》时而作①，尽管它亦未除颦眉泪眼之状，但已明显透出兀傲遒迈、劲峭郁勃之气，让全词精神为之一振。在同一词牌同一韵字下的两首叠韵之作中，龚氏成功地营造了"沉雄"与"纤丽"两种截然不同的美感效果②，确实可称作手。

龚集中有两组规模较大的叠韵词，一是前述连叠七韵的《蝶恋花》，再就是标志着龚氏最高成就的、作于"秋水轩倡和"中的二十三首"翦"字韵《贺新郎》，尤其是后者，词艺上已入圆融无碍之境。康熙十年（1671）的"秋水轩倡和"是清初词坛的一桩盛事，用严迪昌先生的话说，"是'辇毂诸公'发挥影响力的一场社集性质的群体酬唱活动，也是'稼轩风'从京师推向南北词坛的一次大波澜"③，而所谓"辇毂诸公"，便是以龚鼎孳为首的京师大臣词人群体。关于这次唱和的缘起，最初是因周在浚寓居于孙承泽之京师别墅秋

---

① 梁清标《棠村词》卷中《蝶恋花·宋荔裳观察招饮观剧次阮亭韵》其二，词后附宋琬（荔裳）语："初夏仆将往蜀，同芝麓诸公宴集梁家园，伶人演仆所编《祭皋陶》杂剧，座上各赋《蝶恋花》一阕。"《清词珍本丛刊》第 3 册，凤凰出版社，2007 年据清留松阁刻本影印，第 382 页。

② 陆士楷："昔杨用修评陆放翁词云：'纤丽处似淮海，沉雄处似东坡。'余谓合肥先生能撮有其胜。"《香严斋词话》，龚鼎孳《香严斋词》，清康熙十一年徐釚刻本。

③ 严迪昌《清词史》，第 125 页。

水轩，"一时名公贤士无日不来，相与饮酒啸咏为乐"①。一日，前来秋水轩的曹尔堪以一阕《贺新凉》首唱开题，"携尊饯客"而来的龚鼎孳看到曹词后，便兴致勃发地"即席和韵"②，龚氏的推波助澜使得个体的一次即兴填词演变成一场大规模的词学唱和活动，除曹氏与龚氏外，最早的唱和者还有纪映钟、徐倬、陈维岳、周在浚，继之者有王士禄、杜首昌等人，追和人数日益扩增，被誉为"词场一时之盛"③。周在浚广事征集唱和词作，辑录成《秋水轩倡和词》一编，交付遥连堂刊刻。今存遥连堂版《秋水轩倡和词》共收二十六家一百七十六首词作，其中龚鼎孳以二十二首之量与徐倬并列首位④。龚氏在这次唱和活动中，不仅扮演了一个至关重要的推动者的角色，他同时更是一位热情洋溢的实践者，在这次唱和中他的成就堪称最高。汪懋麟从纪实角度评价龚氏之创作："及读《秋水轩倡和词》一编，始于南溪学士，而广于合肥宗伯。纵横排宕，若瑜亮用兵，旗鼓相敌。"⑤周亮工从形式上称龚氏《秋水轩倡和》诸阕"韵险而句弥工，和多而调愈稳"⑥。严迪昌先生则从情感内涵与整体气象上着眼："词情或萧瑟，或清旷，或郁勃，或深沉，皆以气势驭才情，功力至深。"⑦如此种种，皆是对龚鼎孳在这次唱和中所取得之成就的大力肯定。秋水轩倡和既然是清初词坛

①　汪懋麟《秋水轩诗集序》，《百尺梧桐阁集》卷三，《四库全书存目丛书·集部》第 241 册，齐鲁书社，1997 年据中国社会科学院文学研究所藏清康熙刻本影印，第 696 页。

②　"携尊饯客""即席和韵"出自曹尔堪《秋水轩倡和词纪略》，《清词珍本丛刊》第 22 册，凤凰出版社，2007 年据遥连堂刻本影印，第 306 页。

③　杜濬《秋水轩倡和词引》，《清词珍本丛刊》第 22 册，第 305 页。

④　龚鼎孳共作有二十三首"虿"字韵《贺新郎》，《秋水轩倡和词》未收《贺新郎·题沈云宾小像》。

⑤　汪懋麟《秋水轩倡和词序》，《清词珍本丛刊》第 22 册，第 302 页。

⑥　周亮工《定山堂诗集序》，《定山堂诗集》卷首，《清代诗文集汇编》第 50 册，上海古籍出版社，2010 年据清康熙十五年吴兴祚刻本影印，第 233 页。

⑦　严迪昌《清词史》，第 121 页。

鼓荡吹拂"稼轩风"的集中体现,那么身为其中大力参与者的龚
鼎孳,其创作必定也带上了"稼轩风"之深深烙印,以其中两首作
品为例:

　　帘飔微飔卷。正新秋、一泓秋水,一宵排遣。客舍高城砧
杵急,清泪征衫休浣。随旅燕、栖巢如茧。老子逢场游戏久,
兴婆娑、肯较南楼浅。眉总斗,遇欢展。　　　西山半角藏还
显。记春星、扪萝孤照,来青残扁。早雁渐回沙柳路,催起臂
鹰牵犬。虾菜梦、年年难免。且饮醇醪公瑾坐,问风流、军阵
今谁典。花月外,舌须蹇。

　　　　　——《贺新郎·青藜将南行招同檗子方虎维则石潭穀
　　　　　　　　梁集雪客秋水轩即席和顾庵韵》①

　　孤鹤云中卷。喜三回、看山奉敕,九天差遣。何处麒麟高
冢客,杜宇梦回啼浣。跳不出、乾坤围茧。岸柳萧疏村菊放,
任宦情、也向西风浅。筇竹杖,且施展。　　　少豪妄意功名
显。到如今、残棋拍碎,唾壶捶扁。望里关门笳鼓竞,千队射
雕调犬。羽猎赋、衰慵邀免。绝顶藤萝人共坐,尽今宵、觞政
更番典。尘海事,醉余蹇。

　　　　　——《贺新郎·秋日蒙遣祭至唐家岭因游西山》②

　　这场调寄《贺新郎》的唱和限用"蹇"字韵,"贺新郎"是"适宜表
达激壮感情的词调"③,龙榆生先生在分析"念奴娇""满江红""贺
新郎"时称:"取入声之逼侧,以尽情发泄壮烈之怀抱。其有改用
上、去韵者,则虽做壮语,往往郁而不宣,无裂石之奇声,而有沈抑

---

①② 《定山堂诗余》卷四。
③　龙榆生《词曲概论》,上海古籍出版社,1980年,第111页。

之情态。"①而"秋水轩倡和"中的韵字"卷""遣""泫""茧""浅""展""显""扁""犬""免""典""蕙"皆为上声,用这些韵字写成的词作,其感情正是沉咽悲凉郁而不宣,豪壮然不失却沉郁,激宕而犹能蕴藉,在鼓扬刚性十足的词风之同时又不失却词体要眇宜修之美感特质。具体看龚鼎孳的两首词,既很好地验证了时人的"惊挺"之评②,同时又传递出一种颇耐咀嚼的蕴蓄之美。前首作于饯别曾灿之筵席,是龚氏的首唱之作。在及时寻欢逢场游戏的匪浅意兴中,掩藏的却是"随旅燕、栖巢如茧"的无根之感与羁栖之悲,人如旅燕般东西飘零寻觅一个安身立命之所,不料千辛万苦觅得之归宿亦不过一自缚的茧,将自己裹缠在其中,自由尚且不得,何来心灵之安宁与欢愉。"虾菜梦、年年难免"是不如归去之愿想,"花月外,舌须蕙"是莫谈国事的余悸,联系龚鼎孳从好声矜贤到改节投诚、从锋芒毕露到韬光敛迹的人生转变,不难看出他所写绝非临时起兴之言,而是他跼天促地忧谗畏讥之暮年心态的真实写照。再看后一首。置身于秋光山色中的龚鼎孳,却无法真正让自己的心境与眼前萧疏幽雅之景致相融,缘于他时时会因回首往昔而生出壮志难酬之无尽伤怀,但"残棋拍碎,唾壶捶扁"的激楚郁愤却非仅关宦情未了,只因梦回往事前尘,使他一生都"跳不出、乾坤围茧"。这个"乾坤围茧"与"栖巢如茧"是何其相似,但若说"栖巢"仍有选择与更换之可能,那么"乾坤"带来的束缚就真正让人无所遁形了。张健柠以为"乾坤围茧"指的是龚氏"内心世界中难以突破的道德与理想的负担与防线"③,确为的论。甲申国变时的失节之辱与对

---

① 龙榆生《填词与选调》,《龙榆生词学论文集》,上海古籍出版社,1997年,第185页。

② 沈雄《古今词话》:"汪蛟门曰:'钱唐令君梁冶湄,欲合吴祭酒《梅村稿》、龚司马《香严词》与其家司农《棠村词》,汇梓行世,夫祭酒骏宕,司马惊挺,司农起恒朔间,而有柳歌花鞾之致。彼河北、河南,代为雄视,未为三公之旨一也。'"《词话丛编》第1册,第816页。

③ 张健柠《龚鼎孳与定山堂词研究》,第31页。

故君的负疚之情缠绕了他一生，而仕清后的动辄得咎临渊履薄又使他的经怀世务显身立名何其艰难，名节的失落与理想的凋零所带给命运的斫伤，是龚鼎孳终其一生也无法愈合的精神创痕，而这道创痕，经纬交错地织就了他费尽心力也终难逃脱的"乾坤围茧"。这两首《贺新郎》境界开阔、气势恢宏，在击筑悲歌的雄豪意兴中包裹着阵阵紧缩的心绪，"排奡激昂的悲慨雄放"与"猿啼鹃泣般的凄怨情韵"在这里水乳交融并行不悖。龚氏二十三首《贺新郎》中虽不乏如《贺新郎·待人赠别》《贺新郎·代金粟闺怨》等应酬粉饰之篇，但大多都写出了对世事艰危、人心凉燠的切身体会。更值得称道的是龚鼎孳对"茧"这个韵字近乎出神入化的妙用。严迪昌先生在评论《贺新郎·青藜将南行招同櫆子方虎维则石潭穀梁集雪客秋水轩即席和顾庵韵》时谈到："'秋水轩倡和'之所以风行南北，不能不看到正是这个'茧'的物象太易触起人们心头的哀痛了。龚鼎孳的'栖巢如茧'固写得好，在其余各首中，如喻离愁的'春蚕抽茧'，写身世的'沸汤投茧'，拟游子的'银蛾缠茧'，壮世态的'乾坤围茧'，兆病身的'重衾堆茧'，譬月食的'明蟾封茧'……无不精彩叠出。"[1]重复的韵字散发出绝不雷同的动人光彩，缘于龚鼎孳根据自己最真切的人生体验为它们安排了最熨帖的情境氛围。惟有真情实意，文字方能获得恒久之生命，从而触动以至触痛善感者的心灵。聂先于《百名家词钞》中对龚词有如此品评："一夕，余试歌（龚词）于深雪哀弦之次，其声宛转沉郁，悲壮激扬，为之踊跃，为之黯然。"[2]龚鼎孳最优秀的词作，往往能敛"悲壮激扬"于"宛转沉郁"之中，它的激扬让人踊跃振奋，而它的沉郁又使人黯然销魂，二十三首"茧"字韵的《贺新郎》可以说最为集中地体现了这种特

---

① 　严迪昌《清词史》，第 122 页。

② 　聂先、曾王孙编《百名家词钞·香严斋词》，《续修四库全书》第 1721 册，第 163 页。

色，称它们为龚氏词体创作之"巅峰"，实非溢美。

和韵是龚鼎孳词体创作之大宗。在《同人集》收录的龚和韵词《贺新郎·寄祝辟疆偕苏夫人六十用其年寿阮亭韵》的小序中，龚鼎孳自述和韵动机："步和易于速成，差免栖豪阁笔之累耳"①，"速成"之说仿佛印证了其和韵词创作的游戏取巧心态，但这种自嘲式的剖白不足以掩盖其和韵词的独特价值。毫无疑问，和韵词的妥帖工致与否，很大程度上取决于词人才情之高低，龚氏的敏捷之才使他在这里独擅胜场，故王士禛称其和韵词乃"天才不可学"，但若以为这些作品的优胜之处就在于龚氏的过人才气，则失之浅陋。龚鼎孳在和韵词中融入了自己的一枕浮沉梦与"嘤其鸣矣，求其友声"的心愿，当这些深挚入骨的情思与类于文字游戏的和韵相遇，内容升华了形式，才情中有了性情，相同的韵字中有了精彩顿异的魂灵。同时他又在文学价值之外充分发展了和韵词的工具价值。由于其骚坛盟主的特殊身份，他不经意的酬唱举动往往引发大规模的群体唱和，而他亦常以酬和词为工具识拔后进、培护词坛新秀，使唱和一道具大关目大意义，这是在讨论龚氏和韵时尤应注意的。

四、词体的补剂与增妍：题序的大量使用

龚词有一个非常鲜明的特点，就是题序的大量使用。词题与词序合称题序，但词题与词序还是有其各自的特性，对于二者的区别，学界历来众说纷纭难定一尊，而赵晓岚教授的界定还是较为审慎与中肯的："大致有写作缘由交代的，可视为序；仅仅点明时、地、事者，则作为题。"②词体产生之初，有调而无题，词调即为词牌名，

---

① 冒襄《同人集》卷一二，《四库全书存目丛书·集部》第 385 册，齐鲁书社，1997 年据北京师范大学图书馆藏清康熙冒氏水绘庵刻本影印，第 501 页。

② 赵晓岚《论宋词小序》，《文学遗产》，2002 年第 6 期，第 38 页。

词牌与词意基本一致,词牌实则充当了词题的角色。直至北宋初期,当调名与词意的关系日益疏远终至词牌丧失了题目之功能的时候,调外标题以概括词意的现象便愈来愈多。在词体逐渐从应歌小道转向独立的抒情文体之过程中,词的文本之外的阐释空间必然也随之增大,而当词题无法完全满足这份阐释的需要时,文人便衍题为序,能够涵纳更多内容的词序便应运而生了。词体的题序早在宋代便臻于成熟,尤其是词序,经过宋代张先、苏轼、辛弃疾、姜夔等人的探索与发展,早已定型为一种成熟的与词体相辅相成的文学形态,它们除了可以对词的文本进行必要的背景交代或内容描述外,还可以通过与词相关的景物描绘或情感抒写在纪实功能之外获得独立的审美价值。龚鼎孳二百零六首词作中,有题序的一百九十五首,占总数95%,其中有序者十八首,可见其题序的数量是非常可观的。

龚词题序作用之一,在于纪实功能。如《白门柳》中除了一首《一络索》(失路酒狂悲苦)外,其余每首都有题序,把这些题序连起来看,其实就是一部龚顾情史的微型实录。如从崇祯十五年(1642)中秋龚鼎孳得到顾媚归嫁之信至崇祯十六年(1643)中秋顾媚抵达都门之间的坎坷与波折,全凭"中秋得南鸿喜赋"→"冬仲奉使出都,南辕已至沧州,道梗复返"→"闻暂寓清江浦"→"复闻渡江泊京口"→"得京口北发信"→"中秋至都门,距南鸿初来适周岁矣"这些题序为之勾勒描述,否则尽管我们能够通过词作感知词人情感之悲喜,却始终无法掌握事件之来龙去脉,而对事件的不明,也必然导致对词人之情感走向缺乏深度理解。又龚氏众多的酬赠词若无题序,就使人无法明了词作之指示对象,如《满江红》(粉井香天)若无"为孙秋我新纳姬人催妆和韵"之词题,就很有可能导致对词作的误读,因为若将词中的香艳情态施之于龚顾之身,亦无有不妥,但词题则完全避免了这种误读的出现,同时还对孙昌裔纳妾一事作了记载,故又因其纪实性而有了史料之价值。

龚词题序作用之二，在于提示功能。明亡仕清的龚鼎孳在抒发故国之思时，是不能不有所避忌的，而题序的使用则使这种隐约难明的情感有迹可寻。如他的感春词多以"感春""送春""惜春""追春""春忆""春恨"为题，正因为这类词题的大量出现，故使人不由寻绎隐藏于其中的深意，而不是简单地目之以伤春之作。最明显的是《满庭芳》(红玉笼云)一阕，前已论述这是一首感慨兴亡丧乱的作品，除了词之文本蕴含有今昔兴亡之感外，其词序更是做了明确之点醒："韦公祠西府海棠数本，繁艳甲于京师，春时朝士宴赏，不减慈恩牡丹也。沧桑既变，而此花不改。三月十八日与诸子社集其下，感幸系之。"沧桑巨变，而韦公祠海棠之繁艳不改，这种人世与物态的鲜明对比，已经传达了一种物是人非事事休的悲怆怨恕，而"三月十八日"这个无比特殊的日子的记录，更是从根本上揭示了此词感悼旧朝故君的性质。正因题序的这种提示功能，龚氏的词作便能不着一字而写尽国破君亡的深悲剧痛。

龚词题序作用之三，在于审美功能。这里的审美功能主要针对词序而言。比之词题简约凝练的概括，拥有较长篇幅与完整意义的词序在词题说明时间、地点与事件的功用之外，还能交代写作缘起，或叙事或写景或抒情或议论，不拘一格意随笔到，它"不像正统的长篇散文需有较大的容量或明确的主题，它往往只是摄取生活中的某个片断或特定场景，即聚集于某个'点'上来抒写，更可以挥洒自如，呈现出许多正统散文所不具备的美学风貌"[①]。龚鼎孳的不少词序就是重在描写片断的场景与抒发即兴的感想，如若剥离它们对词体的附属地位，它们其实就是一篇篇轻便自由、灵动精致的小品文。如《采桑子·赠谢朴先》之序："与朴先别于真源坐上，五年所矣，尚能诵酒中赠钦郎千子'病后人怜'之句，感其情至，为赋此词。吾党既星散，而千子亦面上草青矣，言之三叹。"龚氏有

---

① 赵晓岚《论宋词小序》，第 41 页。

感于分别五年的友人朴先犹能记诵他当年为千子所写的"病后人怜风露深"①之句，感慨系之，赋词兼序，此短短五十余言交代写作缘起的词序，包蕴着朋辈星散之无奈、人生匆遽之悲凉，同时还有对朴先情深义重的感激，真可谓言简意繁摇曳生情，同时也让我们明白其词之"欢场谁记多情句，四海知音。红泪难禁。病后人怜风露深"所言为何，而不致有突兀之感。又如康熙十年（1671）送别曹尔堪之《贺新郎》（一夕征衫卷），词前有序："顾庵先生薄游京国，与同志诸子觞咏甚欢，方期霁晓寒宵，流连唱答，不谓季秋之朔，幞被遂行。卒卒戴星，莫由瞻送。残灯老眼，摩挲为作此词，仍寄调'贺新凉'，盖七叠先生水亭原韵矣。末段并柬秋老、西堂，夜话弹指弈棋，必将望长安而一笑也。辛亥八月晦日。"除了记录创作日期与交代创作缘起外，此序最为动人之处在于对与曹尔堪等人觞咏酬答的相得甚欢的快意书写、对曹尔堪即将远别而生的不舍与眷恋，以及对韩诗、尤侗二人的殷勤致意，这些时而快慰时而失落的感情，就在一种轻灵流美的笔致中显现出来，在体会一种感人之情的同时，还能获得由语言选择显示而出的一份美感。最典型如写夜泛西湖的《罗敷媚》之序：

> 五月十四夜，湖风酣畅，月明如洗，繁星尽敛，天水一碧，偕善持君击艇于寓楼下，剥菱煮芡，小饮达曙。人声既绝，楼台灯火，周视悄然，惟四山苍翠，时时滴入杯底。千百年西湖，今夕始独为吾有，徘徊顾恋，不谓人世也。酒语清恬，因口占四调以纪其事。子瞻云，何夜无月，但少闲人如吾两人。予则谓，何地无闲人，无事寻事如吾两人者，未易多得尔。②

---

①　《偶憩长椿兰若圣秋在真源斋中约过小饮听吴客歌时千子病后强起》，《定山堂诗集》卷二七。

②　《定山堂诗余》卷一。

　　《罗敷媚》四阕乃龚鼎孳于顺治初年与顾媚游杭时作,其序既写出了西湖四周的明净幽秀,又写出了远离尘嚣独享西湖美景时充盈于心的喜乐与顾恋,还写出了与佳人无事寻事偕饮共泛的从容与美满,而当中的"无事"之语看似无心,实则是词人对自己仕途失意、投闲置散处境的一种有意传达。短短的一篇词序,写得如此清雅澹逸情致蹁跹,不仅对龚顾之吴越游历有纪实之用,对《罗敷媚》四阕的情感内涵有提示之功,而且已经完全实现了其独立于词体之美学价值。

　　龚鼎孳为方以智纳妾时所作的催妆词《烛影摇红》一序,于龚氏词序中独树一帜:

　　　　何来才子,自负多情。选艳花丛,既眼苛于冀北;效颦桃叶,空梦绕乎江南。无处寻愁,歌燕市酒人之曲;有官割肉,悭金门少妇之缘。愿得一心,合为双璧。今且穷搜粉谱,恰遇丽姝。绾髻相思,能诵义山之句;投珠未嫁,欣挑客座之琴。眉黛若远山,脸际若芙蕖。风流放诞,惊绝世之佳人。玉钗挂臣冠,罗袖拂臣衣。微笑迁延,快上国之公子。锦茵角枕,良夜未央。白雪幽兰,新欢方洽。兼以花桴月拍,并是慧心。壁版乌丝,时呈纤手。搴玉堂之红药,比金屋之奇姿。可谓胜绝一时,风华千载者矣。昔宋玉口多微辞,自许温柔之祖,而其告楚王曰,天下之美,无如臣里,臣里无如东家之子。嘻,何隘也。燕赵多佳,凤矜名贵,文鸳择栖,未肯匹凡鸟耳。岂必听子夜于吴趋,载莫愁于烟艇,乃称雅合哉。①

　　此序用语多为骈体,整饬的偶对与富赡的辞藻显示了作者语言功力之深厚,而"昔宋玉"以下的变骈为散则使文势顿生变化与

---

①　《定山堂诗余》卷二。

波澜，从而避免了板滞堆砌之弊。全词显得风华绮艳意态缱绻，徐釚《南州草堂词话》评《烛影摇红》"词既纤秾，序尤绮丽"①，特意拈出序文，甚至认为在文学性上它可以等词作而上之，就是对此序之审美功能的充分肯定。

龚鼎孳的题序作为与词作相辅相成的一种文学形态，既体现了它作为词之附属的纪实功能与提示功能，同时又显示了独立于词体之外的审美功能。龚氏的这些体现了独特美学风貌的词序，或骈或散，亦庄亦谐，可秾艳可清澹，真可谓风情万种精彩各异，既为词体增辉，同时也为文章家族增加了一种特殊品类。

本节将龚鼎孳词的艺术风貌大致归结为四点：首先，是创作体式上的长短调兼擅，在明末清初词坛独尚小令之时开启长调创作之先河；其次，是创作风格上，龚词经历了一个从绮赡绵邈到沉郁清苍的转变；其三，龚词多和韵，龚鼎孳以过人的才情在这种创作限制中表现了自己独一无二的性情，并依托这种历来多受诟病的毫末技艺攀至艺术生命之巅峰；其四，龚词大量使用题序，这些题序具备了附属于词体的纪实功能、提示功能与独立于词体之外的审美功能。

---

① 尤振中、尤以丁《清词纪事会评》，第52页。

第四章　龚鼎孳文研究

　　龚鼎孳于诗词文皆有创作，目前学界对其词体创作评价最高，诗次之，而其文则长期处于湮没不彰之境地，研究之寥落让人瞠目。这很大程度上是由于龚文散佚较为严重，文献搜辑不易，导致各类文学史与散文史对龚鼎孳文欠缺最基本的认识。在《龚鼎孳全集》出版以前，龚鼎孳文集流传最广的仅是《定山堂古文小品》二卷，就连六卷本的《定山堂文集》①都乏人关注，遑论其他。《龚鼎孳全集》的出版使文献搜集之难题迎刃而解，在此基础上展开研究，实不难发现，龚鼎孳文无论衡之于数量还是质量，皆可称名家。

第一节　龚鼎孳文的内容分类

　　《龚鼎孳全集》所收龚鼎孳文集有国图古籍部所藏全集性质的《龚端毅公文集》二十七卷②凡六百零三篇、由龚氏其余文集及方志、碑刻、选本、他人诗文辑得六十篇文，为《补遗》一卷；此外，龚氏其他三种文章汇编《露浣园稿》四卷、《浠川政谱》二卷、《龚端毅公奏疏》八卷亦被收入。根据文章内容的不同，笔者将龚文分成五

---

　　① 　龚鼎孳《定山堂文集》，民国甲子瞻麓斋刻本。
　　② 　《龚鼎孳全集》收录《龚端毅公文集》时，为保持体例一致，将其更名为《定山堂文集》，本书亦依《全集》体例。

类,即酬答散文、写人散文、杂记散文、政论散文、八股时文,此外还有某些不易归类的文体,笔者将另外加以说明。

一、酬答散文

酬答散文,顾名思义,就是为应酬交际所写之文,龚鼎孳的这类散文主要见于序跋、赠序、书札。或应约而为友朋之诗文题跋作序,或于送别之际赠人以言,或于尺素寸牍间向亲友申其款曲,大多起到提供信息、交流情感之作用。酬答之作,因读者之预先规设,往往易落入溢美之窠臼与逢迎之俗套,但龚鼎孳的酬答散文却能做到情文相生亲切感人,可以说是其文集中最见精彩亦最显性情的篇章。品文论艺、言时论政、劝勉警敕、宣郁遣愁是其酬答散文的主要内容,而不同篇章的侧重点则各不相同。

首先看他的品文论艺之作,这主要见于他为别人的诗文书画所作的序跋。如《许菊谿谳牍序》评许氏之谳牍"龙门柱立,则百折不倾;牛渚犀然,而片言立断。盖山岳之笔,运以云霞,天下文章,莫大乎是矣"[1],枯索无味的判案案卷一经龚鼎孳之描述,便成了片言折狱云雷奋发之大手笔,让人从许氏为文之雄豪刚劲中想见其为官之精干明睿。龚氏之品文论艺通常紧扣其人之阅历遭际而展开,故非单纯的评赏之文,而是融入了深沉的人生感慨,也折射出特定的时代氛围。如其在《刘子常诗序》中言:"读子常诗,苍凉悲壮,有冰车甲马、临江横槊之风,而于悯乱伤离,悲天时,忧国恤,一篇之中,三致意焉。《新安》《石壕》《无家》《垂老》诸篇,千载而下,如闻叹息愁怨之声,以乙酉纪难诸诗当之,谁谓古今人不相及乎?"[2]将子常记录明社沦亡之纪难诗拟于老杜作于安史之乱时期

---

① 《定山堂文集》卷一。
② 《定山堂文集》卷三。

的诗歌,取其类于老杜之遭时坎壈而忧生念乱之际遇心怀,誉其诗伤其时悲其遇,正可谓知人论世。《戴岩荦诗序》①乃龚鼎孳在顺治年间为友人戴明说诗集所作序文,文中龚鼎孳对戴氏上书发露奸佞却落得与"与所排击撑柱者同日论贬"的结局深表不平,而对戴诗的品评"摧折以后,其道弥进,其辞亦弥工"等语亦沉潜着一股勃郁之气,于区区品文论艺中却可见明清之际党争之激烈。

除了评诗论文之作,龚鼎孳还有为数不少的书画类之题跋,如《题陈章侯美人画》②记陈洪绶之美人画,《题董玉虬小楼风雨图后》③记董文骥《小楼风雨图》,《为梁苍岩题赵文俶花鸟册》④记梁清标所藏赵文俶花鸟图。龚氏的这类作品大多写得情致翩翩意趣横生,于清丽辞藻与舒徐意态中尽显才士风流。与诗文题跋类似,龚氏的不少书画题跋都有由物及人或由物论世的特点。如《题董玉虬小楼风雨图后》以"元龙之楼"之喻凸显董文骥"萧条高寄""心栖物外"之名士风范。《题许侍御苏长公墨迹》⑤则由苏轼墨迹的浩然之气想见许青屿之劲节高致,更以苏子之风节气骨拟许氏清超绝俗却不免忤世之累的同道趋尚。《题明妃出塞图》⑥从周阆仙画图中昭君"一种征愁别怨,掩抑低徊之致"顿生怜惜之心,借王昭君赴边和亲之事抨击将相之碌碌无为与朝廷之诲侮召辱,同时更将昭君绝代姿容却不见知于君王的命运比于"孤踪自恃,不善逢迎"之才士的悲剧人生。

龚鼎孳酬答散文中的言时论政之作亦复不少。这种言时论政之语虽不具备政论散文之规模与体系,但却由于不受政论文体制的拘限而使其思想情感得到了更为真实的表达与自由的宣泄。如《王铁山司马奏议小序》⑦,短短二百言,却清晰传达了监司守令、

---

① 《定山堂文集》卷四。
②③⑥ 《定山堂文集》卷一五。
④⑤ 《定山堂文集》卷一六。
⑦ 《定山堂文集》卷一。

百姓与朝廷三者间的关系,更提出良心、天理、王法为牧民者之必备。《朱蒿庵都谏奏疏序》①作于僚友朱绍凤因言事被谪之际。杨钟羲《雪桥诗话余集》载:"上海朱蒿庵给谏绍凤,居谏垣四载,奏辄报可。戊戌以论周亮工保闽有功案宜速结,忤旨,降谪建宁司狱。"②始自顺治十二年(1655)的周亮工狱案在很大程度上就是朝官间之倾轧所致,且周氏身陷囹圄之时还拼死解了福州之围,按理说蒿庵为周开脱之谏言本也无可厚非,但清统治者鉴于明士夫结党风气之盛与明朝党争之烈,对当朝士大夫之结党营派是严加防范的,故朝堂之上,若言官对得罪之同僚行求情回护之事,便有市恩之嫌。龚氏此文就是要以作序为名而抨弹市恩之论以纠正言路风气,若人主过疑臣下,必定导致是非不明,因此欲得台谏公允之议,必宽朝廷市恩之禁。与《朱蒿庵都谏奏疏序》类似,论为官之不易的还有作于明末的《送毛簿迁官序》③。此赠序乃龚鼎孳于蕲水任上为送别佐官毛氏作,以"良有司"称许毛氏,同时也提出有司者之艰难困顿:"夫有司者,大共之名也。上自二千石,下至尉史,皆得冒之。而治有司者不一人,所以治之者不一法,台察亦治其行实,司勋亦治其资劳,司马亦治其武功,司庾亦治其缗谷,稍不及格,交口而攻,攒矢当胸,决无完理。故有司之难,莫最今日。"历来人们只关注到乱世民不聊生,却忽略了风衰俗怨之世,官吏亦是跋前疐后动辄得罪。龚鼎孳看到了治无成法众口交攻下吏员成事之难,提出在上者要"知难图易""任人以责成功"。于此种种可见龚氏于酬答散文的创作中融入了严肃的政治反思,而绝非简单的酬酢应答之文。

揄扬同志、劝勉亲朋是龚鼎孳酬答散文的又一重要功能。龚鼎孳以其乐于奖掖风流而在当时声誉广著,此类为友朋扬名广誉

---

① 《定山堂文集》卷一。

② 杨钟羲《雪桥诗话余集》卷二,北京古籍出版社,1992年版,第50页。

③ 《定山堂文集》卷六。

的文字在其酬答散文中可谓俯拾皆是。黄州韦克振于龚鼎孳蕲水任时，倡言成立辟社，意图矫正楚地之文风，龚作《辟社序》①对韦氏大加推扬，除了夸誉韦氏之人品文风外，还交代了韦氏成立辟社志在招集同仁，共襄文事。《黄美中畏合堂近稿序》②除了夸美黄氏为人熟知的文章能事外，更赞叹其不慕荣利的"落落穆穆、深山静云之意"。《送熊雪堂老师归制守章门序》③则对熊文举父丧守制之孝行致意再三，并以熊氏反衬世上以亲殉官之徒，把熊氏之行提升到明人伦正人心的高度。《相国魏贞庵五十寿序》④则颂扬相国魏裔介收人心、培元气、惜人才之举措，并称许其"为仁也大矣"，最后落到祝寿之实，美之曰"仁者寿"。《任春臣诗序》⑤则对任氏不以友朋之浮沉荣辱定去就亲疏的侠义之气极近赞美之能事，这种品质想必是久经宦海风涛阅尽世情凉薄之龚鼎孳最为钦服的。龚氏有相当一部分的劝勉之作，或劝德行于友人封官加爵之时，或慰失意于故人落魄潦倒之际，皆可见龚氏对友朋的款款心怀殷殷寄托。《送王阮亭司李广陵序》⑥乃龚鼎孳于顺治十六年（1659）送别王士禛赴扬州推官任作，谆谆嘱托王氏"尊贤礼士，行古教化"。又顺治十七年（1660）袁懋功开府滇南，龚鼎孳作《送袁九叙司马开府云南序》⑦送之，殷切叮嘱他以"爬搔痾痒，拊摹寡弱"为务，均可见其对僚友寄望之重期嘱之切。对失意潦倒之友人，龚氏更是慰勉劝导不遗余力，其重友之心与怜才之意俨然如见。如《许菊谿谳牍序》安慰遭贬之许氏曰："今虽以执持获微谴，然吾以为心之所安，荣于九迁也。"⑧称为官应执守节操，不求荣爵但求心安，故虽

---

① ②　《定山堂文集》卷二。
③　《定山堂文集》卷六。
④　《定山堂文集》卷九。
⑤　《定山堂文集》卷三。
⑥ ⑦　《定山堂文集》卷七。
⑧　《定山堂文集》卷一。

贬犹荣。《卢元度文稿序》①针对卢氏科场蹭蹬之遭遇,龚鼎孳循
循劝导:"夫文章者,气候之生熟,机缘之迟速,皆有故焉,作者与识
者默转于其中而不自知。元度第耐心待之。世间真好之文,即是
命中之文。吾纵不敢谓中者必好,代纱笼诸君覆拙,而终不敢谓好
者不中,令蓬户才人短气。"龚鼎孳以"好文必中"对"或归狱于文
章"的卢氏深相劝慰,肯定其文为好文,勉励其耐心等待气候之熟
与机缘之至,其对蓬户才人的爱赏与用心,淋漓满纸。龚氏的荐举
尺牍亦颇有特色,一面对受书之人大力推举朋辈后学,另一面则恳
请受书人不惜"荐祢片语"而行"使名士吐气"之美事②,可谓兼揄
扬、请托于一札。试看下篇:

> 独二三故人,皆二十年笔交,高才丽藻,绝伦逸群,以视不
> 孝弟,如百尺楼上人与楼下语,何止十倍曹丕? 不自意小草十
> 余年,既已身名飘絮,还家黑头矣,而此数子者犹低眉帖括,视
> 影不聊,与群辈争槽枥之食。自伤早达,兼为诸君伤迟暮,宵
> 灯忆雨,感怵心魂……盖老公祖艺峰之峻岳,学海之浩澜,登
> 高一呼,雄者臂奋。弟也惰民,回头橐笔负孤时事,中怀猎喜。
> 喜诸子得韩、欧为师,亦喜老公祖得翱、籍、曾、苏为弟子。有
> 此二喜,顿忘两伤,辄不量羽尘,斋粟三日,手书其姓名以进,
> 惟老公祖拂拭矜护。
>
> ——《与某太守三则》其二③

　　龚鼎孳首先奖誉故交之才藻丰赡超轶群伦,接着叹息他们受
尽尘驱物役之苦。十余年间,自己已历尽宦海风尘,而己的故交却

---

① 《定山堂文集》卷二。
② "荐祢片语""使名士吐气"皆出自《与某太守三则》其三,《定山堂文集》卷二六。
③ 《定山堂文集》卷二六。

依旧埋首帖括蹭蹬场屋，穷达之异何啻天渊！自伤早达，不过羁人孤宦之落寞；诸君迟暮，却是物长人促之悲凉。寥寥数语，写尽诸君才高命蹇之乖舛，真可谓语悴情悲。接着龚氏话锋陡变，转而夸耀太守于文坛之高名盛誉，并以韩愈、欧阳修相期许，实为勉其汲引后进延揽人才，同时更希望他能对自己的故交存"拂拭矜护"之美意。此文虽系请托却格调自高，全无卑琐之态；虽为揄扬却非空枵夸饰，确为出自肺腑。

此外，龚鼎孳这类劝勉亲朋的酬答散文中，除揄扬敦进之篇外，亦多有规劝警敕之文，此多见于入清后所写家书中。龚氏在明时以直言敢谏著称，入清之初亦沿袭了明时的党争习气，但清廷波谲云诡之满汉南北之争，兼之在上者对汉官的猜忌隔阂，使得龚鼎孳旋起旋落，饱经宦海浮沉，其早年之锐气锋芒渐次收敛，如他在康熙元年(1662)前后写予两位弟弟的信札中道："回思八九年来，风波忧患，刻刻惊心，今始为收召魂魄之时，实非得意快心之日。所望两贤弟及儿辈万分谨饬，寸步提防，简点语言，慎重举动，劝戒亲族，约束僮奴。"①书札中所言"八九年来"，实溯源于顺治十一年(1654)的南党案，清廷对南方汉官的黜斥重创让时隔八年的他依旧心有余悸，饱历风涛的他不仅自己变得藏锋敛刃谨小慎微，而且苦心规劝族亲"慎重举动"，其临渊履薄之状可以想见。又如顺治十四年(1657)科场案发后，他教诲其子士稹："南闱风波大兴，宜闭门静守，不可出门一步，不可妄谈一字。此何等功令，可不懔懔，而尚喜谈乐道之乎？凡事只须自守，但期无事为福。闱牍版宜速焚，何暇与人争长短也？"②此处不仅可见龚氏为官步步惊心步步当心，亦可见清廷对汉人之威劫控驭已见成效。

历来酬答散文皆多应景逢迎之作，龚鼎孳虽亦不乏应景酬酢

---

① 《与孝绪孝积两弟》其三，《定山堂文集》卷二〇。
② 《示长子士稹二十四则》其五，《定山堂文集》卷二〇。

之篇,却亦常于文中宣郁遣愁,或叹乱世为吏书生办贼,"既苦东寇之未宁,又虞西氛之渐至。茫茫江楚,左顾则左急,右顾则右急。缃文琴榻,断送烽烟;竹韵茗怀,消归戎马。今昔顿殊,击楫闻鸡,但增悲壮耳"①。或悲山河改易陵谷沧桑,如"忆二十年前与许公我西衡量楚才,谓黄州为天下精兵聚处,顾独衰然以无圣为称首。转盼之间,睢阳碧血,歘已千古;临皋一片地,人民城郭,几变灭于樊山夕照中;其人士之秀出行辈者,不遭罹兵刃,则老死逢掖。俯仰斯世,亦可为流连出涕,嗷然而悲矣"②。或厌鲸涛虎吻而愿戢影丘樊:"门生虎齿余生,魂销栾棘。槁项黄馘,誓老山中。岂能复以残躯供人评跋,致北山猿鹤,冷冷笑人"③?借酬答之文一抒胸中积悃,啼笑有情,歌哭由心,而他对劫后余生之人生痛感的书写无疑最绵邈凄恻也最摄人心魂。《山晖稿序》乃龚鼎孳为侍御王广心(农山)之子王鸿绪的诗文所作之序,文中固不乏夸诩之言,但最精彩动人的却是回忆与广心等人的交游以及由此生出的盛衰无常之感:

> 余昔与侍御及宋中丞林屋、吴祭酒梅村、曹司农秋岳数君子聚首长安,交相善也。每暇日经过,辄相与泛澜古今,或松下长哦,或马上唱和,期于追躅古人,庶几建安诸子之胜事。未几而农山以乞养归,诸君子亦皆星流云散,或化去为异物。呜呼!十余年事耳。而升沉之感,陵谷变迁之殊,回视当年,一觞一咏,邈然不可再见,然后知昔贤之泣歧路非无故也。④

岁月如流家国巨变,命运翻手繁华覆手苍凉,承平之长赋慢吟化为乱离之歧路悲泣,昔日之风流少年已作星流云散。朋从沦散

---

① 《上林紫涛按台四则》其三,《定山堂文集》卷一八。
② 《无圣历试草题辞》,《定山堂文集》卷二。
③ 《复熊雪堂老师四则》其二,《定山堂文集》卷一八。
④ 《定山堂文集》卷五。

知己异路,悲莫悲兮死别生离;宦海浮沉平地风波,痛定思痛痛何如哉。沧海之变,非我能言;黍离之悲,非我敢言,故每作迂回吞吐之语,实乃伤心人别有怀抱。

酬答赠别之文,往往易得工巧而难见真情,龚鼎孳之文虽亦不能全免逢迎之俗套,却于品文论艺、言时论政、劝勉警敕、宣郁遣怀中向我们展示了其识见、胸次与性情。或知人论世,或指点江山,或循循善诱,或谆谆致意,或如膏自煎,或如梦初醒,仿佛他面对的,已经不再是特定的交流对象,而是自己半生繁华半生落拓之坎坷经历,是自己欲遮还羞欲去还留的凄苦心境,是自己梦寐想之穷达依之的人间温情,所以龚文中那些激昂中的消沉、放旷中的耽溺、温婉中的感愤、绝望中的企盼也就不难理解了。名为酬答,实则人情之冷暖、世路之险夷与一己之悲欢,故每每读来,多真情而少应景,多体贴而少敷衍。

二、写人散文

龚鼎孳的写人散文主要集中于颂赞文、传状文、碑志文、哀祭文等几种文类,其记述的对象大致可分为朝廷官员、师友故交、家族至亲三种,以下笔者将围绕它们逐一展开论述。

(一) 朝廷官员

因朝廷官员的特定身份,龚鼎孳对他们进行记述,重点一般都在表功勋、美风节,但并非独立地就人论人,而是以点带面以小见大,通过对这些朝廷官员生平的记叙展现了明末清初广阔丰富的社会图景与纷繁错综的天下大势。如为明末清初之朝廷大员王永吉所作之《光禄大夫少保兼太子太保吏部尚书前内翰林国史院大学士谥文通王公行状》[①],此文洋洋洒洒篇幅宏巨,对王氏两朝为

---

① 《定山堂文集》卷二一。

官之经历与功绩娓娓道来，折射出明清时期政治动荡与社会剧变之真实情势。王氏于前明风雨飘摇之际出任蓟辽总督，兼摄山海关之东西，如此关连宗社之边疆重任，却以一人独肩鸿巨，明之无人亦可见矣。王氏纵为文韬武略千古一人，也无力为之，故上书报请"或谓蓟督宜重，则臣请为蓟督；或谓关督宜重，则臣请为关督……臣岂能以一身兼顾东西，不自揣重，流毒封疆耶？"奈何国之将亡，谋国者既无决断又不纳言，"请留南征兵不可，请分关、蓟督不可，请自为蓟督不可，请留出关兵不可，请自为援剿总督不可，请急召东南兵马勤王不可，请召辽镇登坛授钺提督天下援兵，愿以百口保之，不效甘先磔于市不可"。求有为于无能为之世，求报主于大厦将倾之日，却是事事违愿步步掣肘，其扼腕叹息之意，其仰天长叹之态，已在七"不可"中展露无遗。龚鼎孳虽是为他人作记，其实这又何尝不是他自己对那个天崩地裂时代为人臣者报国无门、尽忠无路的最痛切的人生感受。同时又以"一味欺朦，一句不肯直说，一事不肯担当，把持朝政，变乱成法"的首辅陈演来凸显王氏之竭忠尽智，小人秉政纶扉误国，这里已不单纯是道德旌扬或道德批判的问题，而是融入了对国家兴亡的严正思考。龚鼎孳对王氏入清后之政绩也多有褒扬，而铺叙最为详尽的则是王氏遏制党祸蔓延之智谋与护持善类之德行，这当然与深处宦海惊涛中的龚鼎孳对党争酷烈之深切体会和他以朋友为性命的一贯作风相关。如在陈名夏南党案爆发时，王氏就当着皇帝对陈名夏极力辩白的行为严加斥责，表面看来，王氏似乃只知献媚主上而不恤僚友生死之徒，实则不然，龚鼎孳以满怀敬服与感慨的笔触写道："上既已重公，颜为霁，因得乘间调护，揩挂党论，遏其机牙，便北寺同文、刊章录牒之事不复见于今日。"原来王氏观名夏之败已成定局，喋喋辩驳只会激怒人主进一步扩大打击面，为保全南党人士，王氏以廷斥名夏来取得皇帝的信任，如此方能暗中调护南党中人，避免党祸之恶性蔓延，其事之难，其功之伟，其心之苦，龚氏不厌其烦再三致意,并以噤声不语和落井下石之徒衬托之,从而使一位深谋远虑、力挽狂澜的老臣形象跃然纸上。此外,赵开心、郭一鹗、魏象枢等忠臣良士遭贬受黜时,王氏均能善加护持却不矜其德,对此龚鼎孳并未絮絮道来,而只是以王氏为三位良臣开脱的三句话写来,看似淡描轻写,实则将王氏知人善任、爱惜人才、扶植元气之伟岸形象勾勒无遗。而王氏这样位望高隆的重臣,却因兄子被卷入科场案而"两疏自劾,夺五官",这体现的,也不仅仅是王氏一人之升沉成毁,而是清初科场案的牵涉之广与影响之巨,以及它带给清初士人的沉重打击。于王氏一人之行状中,龚鼎孳向我们深刻展示了明清之士风与政风,而对明清鼎新革故之际士夫四面掣肘报国无门的困境与汉官入清后临渊履薄之谨慎心理的刻画,更是寓于一种看似委曲和平实则悲慨幽愤的笔调中。而这篇事件包容性如此庞大的文字,也只有施之于王氏此等身经两朝的重臣元老方称规模。此类为高官立传的行状,笔力稍欠则易流为铺排郡望、藻饰官阶之谀言,龚此文亦不乏溢美夸饰处,但能于风云雷动中展现人物的智谋胆略与风节操守,于人物命运管窥明清社会与政治之变局,中间又融入了作者对兴亡荣辱、正邪忠奸、人情冷暖等严肃而深切的人生思考,亦难能可贵。

　　《郝司农传》①是龚鼎孳为郝杰所作的传记文。郝杰虽在前明有功名有官职,但龚氏对此一笔带过,而重点记述他入清后的言论政绩,尤其对其辨别南官流品、陈缓刑之议、于南党案中显诤默调三事进行了浓墨重彩的勾画,塑造了一位争持国是、虚怀乐善、保全士类的忠鲠之臣。与王永吉之行状专记事功不同,《郝司农传》在表彰了郝氏的为官之德外,还对其侍母孝谨、为人谦抑、济困好施之行止有所交代。文中对郝杰于前明从父之官而假道于贼之逸事进行了形象生动的描述,郝杰过贼境如入无人之地,谈笑自若驱

────────

①　《定山堂文集》卷一二。

遣贼人若使隶役，此等大丈夫奇男子，"使其横身当事，任社稷之重，纾君父之急，必更有卓绝于是者，而惜乎未竟其用也"。龚鼎孳表面是惜郝氏之未竟其用，实乃责统治者未能用才，惋惜中寓褒扬，一个勇武奇伟之大丈夫形象便在一誉一叹中呼之欲出。

《广东琼州府文昌县知县华亭秉侯张公暨元配诸孺人合葬墓志铭》①也是一篇较有特色的记人之文。此篇墓志铭乃龚鼎孳为有同门之谊的明朝文昌知县张秉侯及其妻诸氏而作，诸氏乃附带而论，重点乃在张氏坎坷之人生经历。张氏与王氏、郝氏等朝官不同，他只是蛮荒之地的一介县令，龚鼎孳虽对他在文昌任上的诸多善政不吝赞美，但文章更引人入胜的却是其平凡而波折之人生经历，为文立就的颖异卓荦与久困诸生的坎壈落魄，歌以自壮之凌云意气与慨然投笔之达人知命，出身华胄却自置于壁立无资之地，轻财好义而从不以德自居，为官一方而身无长物，为人一世但留清名，龚氏切切实实地写出了小人物之伟大、平凡中之峥嵘，这比之三公九卿之叱咤风云更深入人心。

上述三文可以说是龚氏写朝廷官员的得意之笔，不仅摹状如绘彰显风节，还将人物命运与时代风会紧紧绾合，而且还融入了自己的严肃思考与政治情感。虽同写官员，但着眼不同各有侧重，绝无千人一面之感。此外，《祭游公入名宦祠文》《祭熊心开理台文》《公祭总宪徐望仁文》《同乡公祭涂印海中丞文》等亦是记朝廷官员之文，虽不乏真情流露，但总体说来还是官方色彩较为鲜明，兹不备论。

（二）师友故交

龚鼎孳写师友故交之文亦不在少数，且多为哀祭文。龚氏的这些师友故交中，为官者不在少数，但与前一类不同的是，龚氏与他们不仅有同朝之谊，而且情同绸缪过从甚密，故不能目之以一般

---

① 《定山堂文集》卷二一。

之为官者。哀祭文,重在寄意哀思,故在描绘人物性格与叙述人物经历上,无法比肩传状文,但毫无疑问,它也会叙及人物之音容笑貌、个性行止,而且作者在这里能够更为自由地抒发他的悼惜缅怀之意,故而它的感情深度与强度,是其他文章难以望其项背的。《祭少宰熊雪堂先生文》①是龚鼎孳为熊文举而作的祭文。龚鼎孳未有科名之时,任前明合肥知县的熊氏对他有知遇之恩,故龚氏终其一生师事之,且二人均为身仕明清两朝之贰臣,出处相同惺惺相惜,故熊氏病逝后,龚鼎孳写下此篇情深意长之祭文表追思于一二。熊氏于前朝驰名艺苑之渊雅风流、抗贼守城之忠勇无畏、抗疏直谏之铮铮铁骨,入新朝后"抗志烟霞,长辞簪组"之高标立世都得到了形象的展现,而甲申国变中的经历无疑最动人心魄。"甲申之变,公死而苏。奋臂捶阉,阙廷恸呼。偕遁于野,托迹萧寺。白刃崎岖,单衫早履。指水誓心,瓜棚之下。地老天荒,谁为知者。"局外人往往脱离特定情境指责贰臣之失节投诚,却不曾想这些贰臣在国破家亡之日所历经之惊险与所承受之创痛。熊氏原也想着临危一死报君王,不料求生不得求死不能,多少内心之绝望,几许造化之弄人,都包蕴在了"死而苏"三字中。奋臂捶阉,恨宵小误国;阙廷恸呼,痛故国丘墟。于白刃飞矢中逃遁,在国已不国时指誓,丹心一片,只因其后一念之差,便再无剖白于天下之日。龚鼎孳写来,字字是情句句是泪,实因际遇仿佛同病相怜。寥寥数行,龚氏便将一个托足无门而挣扎于生死之间之士夫形象展现在我们的面前,让人为之唏嘘。

《祭房师辜在公先生文》②乃龚鼎孳为乡试房师辜朝荐作。辜氏乃有明一代名臣,明亡后投奔郑成功成为抗清志士。为这样一位人物作祭文,稍有不慎即触时忌。龚鼎孳着重写辜氏在前明任官"拊循疮痏,拔擢菁英",分校南闱时"敦雅崇淳,披华落实",国势

---

①② 《定山堂文集》卷二四。

危殆时督饷于楚藩，龚鼎孳陷狱时他奋臂相拯，让我们看见一个有仁心、有识见、有胆略、有担当、有情义的能臣。对明亡后辜氏的行止，龚鼎孳虽不能明言，但从字里行间不难看出他对辜氏的钦仰之情以及由自己失节而对老师生出的深重愧悔，"魂遥桑浦，梦断潮阳。花荧血泪，山割愁肠，未有甚于不肖鼎孳之于我海阳夫子者也"。"为时几何，祸及瞻乌。遂云泥之永判，亦出处之悬殊。二十余年，天南地北。炎海云深，燕山雪白。"正所谓人代悠悠，劳臣蹇蹇，这个用全部生命来践履其政治操守的遗民老臣，就在龚氏隐晦模糊却难掩深情的笔触中渐渐清晰与丰满。

此外，龚氏那些政治色彩较淡的写人之文也是厚重魁伟渊深海阔。如《祭宗伯钱虞山先生文》①除了夸誉钱谦益为文有"海涵岳负"之才外，重在对钱氏"有震天下之大节，济天下之大志，而兼有收拾天下人才，挽回世道之大力与深思"却"始厄于奄祸，再厄于阁讼，三厄于刊章"之遭逢扼腕深叹，面对这位与自己才名相类、出处相同的贰臣友人，龚氏的"数奇"之叹想必亦有自我之块垒在。《祭同年任玉仲侍御文》②乃龚鼎孳为同乡兼同年之任氏作，文中叙述了自己与任氏之"五同"，接着笔锋陡转，"迨沧桑异代，常变互遭，安危异致，劳逸不均，而渐不同矣"，以鼎革后任氏之优游林渚而得"完人"之称与自己浮沉馆寺只得形神之累作比，写出了在政治风云的裹挟下，任氏从一介风尘鞅掌之官吏到啸歌卒岁之隐士的转变。《祭徐文漪文》③追忆友人徐氏与自己自少及壮"骨肉相看"的深情厚谊，赞扬徐氏在自己失意潦倒时不做世人凉薄态的可贵品质，抒发徐氏以归隐相劝却不我之待徒遗我愧的死别之悲。

龚鼎孳的写人之文一般有着以理节情的倾向，但这类悼念师友故交之文却是最能体现其情感张力的文字。因为这些师友故交于

---

①② 《定山堂文集》卷二四。

③ 《定山堂文集》卷二三。

乱世中或赍志全节,与龚氏人生轨辙始同而终异;或苟全性命,与龚氏同膺败名裂检之讥,如此种种都使他涕泣怆恨难以为怀,形诸文字,往往理性规约少而舒写郁陶多,是龚文中很见性情的一类文字。

(三) 家族至亲

龚鼎孳的第三类写人之文是专为家族至亲而作的。龚氏此类文章主要是四篇:《书殇女隆印小像》《待诰赠中宪大夫太常寺少卿前敕封文林郎湖广黄州府蕲水县知县显考颖达府君行述》《待诰赠夫人前敕封孺人继妣王太君行述》《待诰赠夫人前敕封孺人元配童氏行略》,它们分别是龚鼎孳为女儿、父亲、继母、元配所作。因龚鼎孳与书写对象之间或血浓于水或相濡以沫的亲密关系,原应让读者更多看到"情之所钟,正在我辈"的感性抒发,但它们呈现出来的更多却是庄严谨重之貌。作者理性而克制的书写姿态使得他笔下的情感伦常化与道德化,这也使得他与晚明时期独抒性灵的小品作家划开了明显的界限。

此四文中,情感抒发强度以记亡女之《书殇女隆印小像》[①]为最。隆印乃龚鼎孳与顾媚所生女,生于顺治十二年(1655),因出痘而殇于顺治十五年(1658)。龚鼎孳在文中对这个不幸早夭的女儿倾注了全部的感情,他给了她最深切的怀思、最美好的赞誉与最沉痛的悼惜。龚氏记忆最深的,是仕途偃蹇中享受到的女儿带给自己的欢快与慰藉:

> 甫生三月,言笑哑哑,辄能呼父母名号,时吾以蠲执忤时,又屡争大狱,得罪被放,赖吾女晨夕膝前,提携欢笑,俾吾与内人震风凌雨、恐惧卒瘏,一切惊心动魄、绕床拊几之情事,半销镕于清灯浊酒、绣褓呱呱中。

---

① 《定山堂文集》卷一六。

宦途中所遭遇的所有构陷与打击，心灵上必须承受的所有愤懑与委屈，都消解于女儿的绣褓呱呱、言笑哑哑中。他历尽凶惧依然贪恋红尘温煦，只因膝下有爱女承欢，所以失去她，他肠回心倒不能自已，这些描写亦是此文最见性情处。但这些性情文字却统摄于对儒家伦常之道的理想化表达中。对爱女，龚氏许之以"孝""端""慈""慧"四端，如念其"孝"：

> 吾内人之教女也，不为煦煦儿女态，虽爱同掌珠，每见必饬之以恭谨，女唯唯听命，朝夕问安视寝，必有常度，以至当食则先理匕箸，朔望则拜进茶汤，跪立擎卷，悉中礼法。而吾与内人之卧病也，宛转床褥，手自抚摩，惨惨其容，若炙背分痛，且亲为调药，以傅所苦创，至今吾体中瘢痕历历，犹如吾女十指抓搔时。吾内人每念其搴帷问疾状，辄为废午睡久矣。吾太夫人至白下，女之问安视膳，视吾两人恭谨有加，至吾昆弟群从辈，其亲爱悉逾恒格，于母族舅姁亦然，可不谓根心之孝乎！

一个未满四岁的女童，在龚鼎孳的笔下却有着十四岁之心智与举止，按理究来应为太过，这其实正是龚鼎孳写情道德化的典型体现。"孝""端""慈""慧"容或夸饰，却也从另一侧面展示龚氏的爱女如命。

《显考颖达府君行述》①乃龚鼎孳为亡父龚孚肃所作的行状，文中对父亲之为文治学、为人处世之道以及颇得靖节三昧的疏宕性情作了颇为生动细致的描述，而于父亲对自己价值观与用兵谋略的影响更是再三致意，凸显父亲之言传身教对一己之文韬武略、立身处世的重大影响。《继妣王太君行述》②中的王太君

---

① ②　《定山堂文集》卷二一。

是龚鼎孳之继母，行述对王氏视继子如己出、勤苦持家、相夫教子诸种美德款款道来，塑造出一幅母慈子孝的家庭生活图景。《元配童氏行略》①中，龚鼎孳深情追忆童氏的持家有方、事嬟姑有道、训子孙有法，这或许也是封建时代之丈夫对妻子的最高赞誉了。但若与记述顾媚的相关文字互勘，便不难发现此中实有礼法之情与燕婉之欢的差异。

龚鼎孳写人散文大体趋向是以理节情，这使其文风中正醇厚，沉痛而终能敛抑，怨抑而不失平和，这虽然不可避免地对其笔下的人物塑造形成一种理性束缚，但并非说他笔下的人物就丧失了个性与灵魂。不论是站在僚友、门生、友朋的立场，还是以一个为人子、为人夫、为人父的眼光，龚鼎孳对笔下的人物往往有着一种本自心灵深处的体贴与源自生命体验的悲悯，尽管这种体贴与悲悯的表达必须经过儒家伦常话语系统的净化过滤。在龚鼎孳的笔下，不论是位居中枢的三公九卿还是栖迟蓬荜的落魄布衣，不论是蹈险不回的抗清志士还是有苦难言的变节贰臣，不论是骨肉至亲还是葭莩之谊，他们的命运都联结着时代的脉搏。我们无法断定龚氏搦管之时到底是客观地为他人作记还是借记他者来写己心，我们唯一可以确定的是，他自始至终，都不是局外人。

三、杂记散文

龚鼎孳的杂记散文多是小品，依内容可分为山水游记、亭台楼阁记、日常琐事记与诗文书画记四类。首先看他的山水游记，这以《游城南小记》②为代表。此文为龚鼎孳于崇祯十四年（1641）蕲上踏春所作。文章采用移步换景的写法，作者游览的路线为空明

---

① 《定山堂文集》卷二一。
② 《定山堂文集》卷一一。

岩——西爽——万象园。此文清丽简雅浑灏流转,于摹绘景致刻画风情上最见功力,试看他写西爽人家的一段:"西爽一带,人家参差水际,曲栏小阁,画出江南。渔子溪姑从石上捣衣,三三两两,差饶村韵。恨桃花寂寂,不见苎罗山下一缣丝豁游人春眼。舍舟行岸上,看沙堤健儿骤马,朱缨宝袜,腾踏殊常,知幽燕少年,风气尚在。"山水妩媚中自有幽燕豪气,宝马朱缨中不减江南风流,此等山情水意盎然生机,颇有"采采流水,蓬蓬远春"之意境,有烟火气而无尘俗味,是此文最不可及处。虽为山水游记,却也不乏情语哲思。其过熊司马之万象园便感慨万千:"此老一生四海为家,犹不乏平泉绿野之致。今花竹依然无恙,而主人已殂。别馆闲坪,徒助他人玉管金尊之乐,俯仰衰盛,顾不悲哉!吾安得卸却青衫,于兵火不到处选一幽涯,日理钓竿,而洗我七八年红尘之梦也。"过眼繁华物是人非,最能触动文人肝肠,后之视今,已犹今之视昔,他日为余浩叹又将是何人?又念及官场倥偬烽火漫天,作者更生归隐之愿。此篇游记,写景则层次井然丘壑分明,抒情则沉着深秀幽怨悲凉,确实不愧作手。

与《游城南小记》作于同年的还有《三贤祠记》①。三贤祠在黄州城南②,所祭祀的三贤为王羲之、陆羽和苏轼,三人皆曾流寓蕲上。龚氏眼前的三贤祠,是"屋仅三楹,湫隘不能旋马,日久芜弗,渐同市圃",面对如此难登大雅的景致,他却生发出一段妙丽清幽之奇想:"嗟乎!吾生也晚,不获与三先生把臂同游,嚼碧渚之寒香,洒春池之妙墨,掉一叶扁舟于流光深处,扫幽苔而弄苍影。山川寥落,盖又数百年于今矣。脱也三先生为客,余作主人,扪薜探云,呼泉勺月,意思萧散,必有物外相关者,而惜乎其不得见也,悲

---

① 《定山堂文集》卷一一。
② 英启修、邓琛撰《黄州府志》卷五:"三贤祠在县南,祀王羲之、陆羽、苏轼。"见《中国方志丛书·华中地方》第 346 号,台北成文出版社,1976 年据光绪十年刻本影印,第 172 页。

哉!"三楚风光,阅尽几多风流人物的得意高歌失意樽酒,三先生本已生不同时,龚鼎孳更是千年相望,只是英雄相惜无关时代,名士风流只在心间,故龚氏作此等渔弋山水寻幽探胜把臂同欢之想,又转而慨叹慕想之不可实现,理之所必无,情之所必有,怎不让人击节叹赏!

其次是亭台楼阁记。此类文字以《陈氏书阁记》①为典范。此文是身在京师的龚鼎孳为友人陈卜五筑于金陵的书阁所作。此文先叙筑阁之由来,以及其位置与景致;接着回忆与陈氏的旧游欢宴,并畅想陈氏登阁望远之见闻感想;最后称赞陈氏赞筹幕府之功勋,并夸誉其孝友和洽之玉树门庭。本文最有价值的是中间部分,即忆旧游与想登临。作者与陈氏,一在北京,一在金陵,恭逢友人之盛事,提笔作记;忽忆往岁之旧游,感慨丛生:"不自意与公小别,忽复三年,虽寒暄慰藉,旬日无虚,而回忆接轸连茵,撰杖屦而陪宴笑,钟鼓罗前堂,丝竹列后庭,灯炧酒阑,参横月落,客歌既醉,主称未央,曾日月之几何,已不胜江山恝阔之感矣。"忆往昔之欢游,感今朝之暌隔。昔日种种欢,适成如今声声叹。接下来,龚鼎孳想象陈氏登阁望远,视通万里思接千载,知荣华之无凭,识奔竞之徒劳,惜年命之短促,生归隐之心愿。名为陈氏之所思,实则龚氏之所感,在此书阁成了龚氏抒写心曲的一个重要凭借物。此文情景交融、虚实相间,写景则视域宏通气势磅礴,抒情则人我无间笔墨淋漓,写实则大处着笔浑朴厚重,论虚则万里无碍千古在胸,若非文才与识见兼具,断难为此。龚氏另有作于蕲水任上的《山声堂记》②,名为为堂作记,实乃龚氏于案牍劳形之自解自勉。其文笔萧疏简淡,言短意深。

复次,是日常琐事记。龚鼎孳此类记事文数量较多,皆由日常之作为与见闻生发,如记修缮蕲水学宫的《重修通山县学记》、记修

①②　《定山堂文集》卷一一。

筑玉台山的《玉台山新筑围城记》、记中秋夜饮之《中秋饮爱竹轩小记》等。在日常琐事记中，龚氏往往从一个细微的情景着眼，写出自己内心瞬间的迷离与通达，透出盘踞在思想深处的锋芒与亮光，小短文中自有大情感与大思想。如《待雁居小记》①中，龚氏过熊文举处见赵孟頫之《倚马待雁图》，便生出一番"越鸟违巢"的羁旅乡思。又如《晴窗书事》，他见数枝瓶梅而生人生驱迫之感：

> 月来阴雨黯晦，檐溜滴沥，如远公山房，莲漏丁丁吉吉，使人春愁暗长。今午风日稍霁，取架上书一卷，伏几读之，瓶梅细细作寒香，从鼻间度去，急追之，如炉烟因风，一丝散漫，已复再来袭人。因念此数点幽花，入吾碧纱净榻间已十许日，仆兵事冗踏，跌尘土坑暂中，披衣晨出，夜不得息，才支枕小卧，衙鼓一声，好梦又敲断矣。彼冰魂淡淡，孤芳自怜，从开至落，仅博吾半晌幽赏。莺花九十，忽忽焉虚掷其三。人生百年，为茫劫驱迫如此。清福难享，信哉！②

此文应为龚鼎孳于蕲水任上作。萧条阴雨初退，迎来风日晴霁，作者也于冗杂吏事中偷得半晌清闲。瓶梅瘦影，脉脉含芳，其袭人清香正妙在若有若无间。只是作者一介劳吏案牍劳形，此等芳姿玉骨却无暇幽赏，只能任其自开自落自惜自怜。说到底，梅之自怜更是作者之自伤，浮生一梦，听鼓应官宦海驱迫，虚掷了光阴，错过了花时，如何不是人生之大憾？全文虽短，却得梅幽韵冷香之高致。与此文意绪颇为相类之《秋窗纪咏》亦是写得韵致高绝："今日天气凄阴，帘外黄花绕砌，作寒香相对。与顾子拥炉静坐，博山烟吐，如春丝袅晴树，恋恋衣袂间不忍去，墨痕茶韵，清入秋心，画几粉衮，澹无俗艳，人生得此一日，即穷愁牢落，不

---

①② 《定山堂文集》卷一五。

减千石百城也。"①黄花作香,博山吐烟,此中更有佳人相伴,研墨品茗画眉相看,斯时斯地斯情斯景,怎不羡煞长安道上蝇营狗苟之公卿热贵?比之上文,此文于清情雅澹中少了几许孤凄冷落,而多了几许柔情蜜意温润舒徐。于此不难看出,清雅深秀是龚鼎孳记事散文非常重要的一个特点,但龚氏绝非只知才子佳人煮茗赏花的闲逸散人,他的文章还有着关注民生疾苦的一面,这最典型的是他的《吃野菜说》②。龚氏于新雨后启扉看见"园蔬叶叶,青满畦径",便由满园的野菜联想到国计民生:

> 独怜此物没蓬蒿中,与贫士为伍,寒窗一嚼,胜十日太牢,甚不可进于达官贵人钟鸣鼎食、芍药馔、朱砂羹之口。今中原嗷嗷,道殣相属,雁粪榆皮,所在仰以为命,甚且析骨解肢,与乌鸢争攫啄之利,吁!可悲也。彼达官贵人日啖浓鲜,当翠袖捧卮、华茵度梦时,亦曾念及野人藜藿不继无耶?昔人曰:"民不可有此色,士大夫不可无此味。"知言哉。

微不足道的野菜,乃达官贵人眼中的鄙贱之物,于贫士黎庶却胜十日之太牢。朱门酒肉臭,路有冻死骨,是封建时代忧国忧民的文士笔下永不过时的话题,但龚氏此文新警之处更在于提出"民不可有此色,士大夫不可无此味",他虽未明确指出民无菜色与士大夫不可不知野菜之味的关联,但不难想见,只有当士大夫亲尝民间疾苦,方能对野人贫士食不果腹的悲哀感同身受,如此方能爱民忧民。另外于此文中也可看见明末饿殍遍地之惨烈现实,这可以说是龚氏现实主义色彩颇浓的一篇记事散文。

此外,龚鼎孳记佳节宴饮的《中秋饮爱竹轩小记》与《重九登署

---

① 《定山堂文集》卷一六。
② 《定山堂文集》卷一五。

楼小饮记》也是情韵兼备的短篇佳制①。前者乃龚氏作于崇祯七
年(1634)之中秋,明年他即入楚赴蕲水任,根据"此夜极他乡之乐"
之语,甫成进士的龚鼎孳此时应仍客居京师。良辰美景醉月飞觞,
本是何等的赏心乐事,只是念及明年之荆楚宦游,龚氏忧从中来。
月是故乡明,惟弟辈在旁,故将他乡作故乡,但今日之欢聚适增明
年之离愁。后者比之前者,对聚散之感故园之思的表达更为含蓄
内敛。龚鼎孳写蕲水任上重九佳节与昆朋登楼闲看众山秋色,在
营造出一种容与闲易的氛围后,却以若不经意实则笔力千钧的一
句"慨然不知此身在烽火中也"点明自己身处危境,孤臣孽子千里
望乡,已无前篇放歌纵酒之意气,徒留魂牵梦萦之乡思。

　　最后,是诗文书画记,这主要指龚鼎孳为诗文书画所写之序
跋题识,而这些诗文书画的创作者有三类:古人、顾媚与龚鼎孳
自身。它们与酬答散文中的诗画题跋的最显著区别在于,这里
已经剥落了所有周旋应对之下的功利考量与"被看"情境中的表
演本能,只是纯粹为了刹那之艺术感悟或情绪火花而作,因此搦
管之际更是纵意所如不拘短长,如《跋黄鲁直墨竹赋》:"涪翁神
韵高简,流离放逐,不改本色。一片清刚之气,行于笔墨之中,虽
波撇放逸,而位置井然,自成紧密,无一点沓拖态。此等人直是
不俗。"②短短五十三言中,就将黄庭坚书法特点与其精神气质、人
品格调相关联,且点明文眼"不俗"二字后便戛然而止,惜墨如金。
又如《题画兰》:

　　　　舟过燕子矶头,江风殊劲,闺人遂拈弄笔墨以敌其势。于
　　钦视此,当念我篷窗相对,客心悲未央时也。③

　　①　《中秋饮爱竹轩小记》《重九登署楼小饮记》皆出自《定山堂文集》卷一一。
　　②　《定山堂文集》卷一五。
　　③　《定山堂文集》卷一六。

　　此文当是顺治初年龚鼎孳回籍丁忧期间,携顾媚吴越漫游时作。短语成篇,殊有韵致。在"江风殊劲"四语所透出的由行路之难、宦途之险与漂泊之悲共同织就的情绪氛围中,再以"遂拈弄笔墨以敌其势"数语摹绘画兰人挥毫弄笔之灵心静气,于是大江流日夜客心悲未央的苍凉惊挺中,便融入了祸福与共宠辱不惊之贞修从容。短短三十九言包蕴如许深广之情思意绪,岂是浅人能办?而篇幅稍长者更是写得情致翩翩意趣横生,于清丽辞藻与舒徐意态中尽显才士风流,试看《题秋夜省中十绝句后》:

　　　　此予癸未秋夜省中有怀十绝也。时顾子自白下抵都门才数日,予当襆被入直,竟夕辗转,遂成此诗,归寓相视而笑。今几何时,便已天海沧桑,山河辽鹤,景阳钟响,寂历鹃啼,披览吟囊,徒增泪雨矣。然吾两人患难相依,未离咫步,蛟宫虎穴,共影同栖。当萧条黯黮之中,有花解语;使历落嶔崎之性,无人啸歌。莫不哭叹皆佳,欢凄不隔。玉台咏好,依然吹紫玉之笙;鸳枕梦回,何必羡青绫之被。是又鸟啼国破,曲奏雨铃后所意想不到之情事也。嗟乎! 月明蝴蝶,谁为王粲之家;风冷金铜,但积长卿之病。郁郁相对,千秋万世,谁知怜吾者? 诵"退朝亲为点蛾眉"之句,感念茂陵,只不禁泣数行下耳。①

　　此文乃龚鼎孳入清后为崇祯十六年(1643)省中入值时所赋《秋夜省中赋怀十绝句》②而作之文,文中将自己的亡国之痛、塞跻之悲以及乱世风云中红袖揾泪生死与共之情娓娓道来,语深郁而情悲怆,让人在一种强烈的情感共鸣中了悟龚顾情缘,实难以才子佳人之类俗语尽之。此外,他作于早年的诗文集自序八篇,合称

《鹤庐八帙自序》,皆乃旨永神遥的精品。

　　龚鼎孳的杂记散文是其文集中最得晚明小品精髓之佳作,它们一般都篇幅不长,不做高头大论不为佶屈聱牙,摹山水记台阁则情景兼融虚实相生,于日常情事则细处生发小中见大,为诗文书画作记则由创作甘苦而备写身世畸零,舒写郁陶善于造哀,而清远简雅、情理相生、神韵兼备则是它们最值得称道之处。龚氏往往以淡笔写浓愁,于千言万语处不置一词,于饶有深意处戛然而止。文章之味恰似清茶,清香中却自有一股轻淡的微苦,看不清道不明,却如此清晰地绾于眉间心上。吴承学先生曾言清言小品是晚明文人的"浊世清梦"①,龚鼎孳之杂记散文虽非清言,却同样也是他的一场浊世清梦,旅途漫漫世事纷扰,可梦中瑶台清艳风光旖旎,梦醒后虽有回归现实之无奈,却也多了一份对烟雨红尘的深深眷恋。

四、政论散文

　　龚鼎孳的政论散文除了《定山堂文集》卷十的"议"外,另有《龚端毅公奏疏》八卷,可以说政论散文是龚氏散文创作之重头戏。文集中的"议"相当一部分为龚氏于前明蕲水任上奏报上级而作,而八卷奏疏则是入清后上疏皇帝作,它们多是针对当务之急发表自己的观点,以期在上者接纳。龚鼎孳身仕明清,在清王朝更是历任要枢,他虽有风流才子之目,但为官从政却是忧勤励精,以尊主庇民、抉剔时弊为己任,与此相应,他的政论散文也充溢着强烈的以天下为己任的意识,他在崇祯朝的兵科给事中任上就有"一月疏凡十七上"②的记录。虽然他时能化激切感愤于宛曲平和之中,但我们实能感受其文中一股不可制抑的郁勃之气,那里闪

---

① 吴承学《晚明小品研究》,江苏古籍出版社,1998 年,第 290 页。
② 严正矩《大宗伯龚端毅公传》,《碑传集补》,第 2445 页。

现的，是为朝建制的明干，是为民请命的仁厚，是导君于善的忠贤，是做恶惩奸的勇决。他的政论散文从内容上可说是包罗万象，台谏、民生、刑律、兵防、文教、吏治、财赋、科举等等，真可谓巨细靡遗无所不包，其中台谏、民生、刑律则是其关注之核心，以下试分别论析之。

《条上吏治之要以备采择疏》①乃龚鼎孳于顺治元年（1644）十一月所上疏。他对新朝的求贤致治提出了尊贤礼士、辨论人才、优隆台谏与崇奖恬让的四点意见。这些意见的提出，不仅反映了前朝旧臣甫立新朝不自安的心理，更源自旧臣对前明诏狱、廷杖制度戮辱士人所导致的士气摧折有着痛切的体会，而龚鼎孳则将这种心理与体会行之于书面而上达天听，就是希望新朝能为朝野之士人提供一个宽松的政治环境。他论"尊贤礼士"，目的在于新朝能做到"诞布宽仁，新旧诸臣，恩礼如一"，所以他必须让统治者意识到他们的仁酷对士风之正邪有着莫大的影响，士气摧折之直接后果就是士人失去经济之怀而变得苟容取合，士无特操则政失其本，如此一来影响的就是整个国家的命运和最高统治者的利益。"优隆台谏"是龚氏政论散文的一个核心论题。龚氏久居言路之职，对言官的职责有着一种近乎神圣的理解和一种舍我其谁的担当，"夫台谏之官，名为侍从，条臧列否，仰佐高深，故指及乘舆，则天子改容；论及百职，则宰相待罪。合天下之大，四海之众，利病得失，岂繫一端，而萃于数人使言之，任至重也"。龚氏立论，高占位置，将天子宰相都置于言官监督议论之列，使人主莫以侍从之臣等闲视之。言官撄鳞直谏，是为天下之利病、四海之得失作计，故言之任至关重要。但言官也往往会因一言不当人主之意而罹罪遭祸，龚鼎孳于前明弹劾首辅陈演而身陷图圄，而在他之前姜埰、熊开元均以言获罪同被廷杖系狱，故他对言事所要承担的风险也有着清醒

① 《龚端毅公奏疏》卷一。

的认识,所以他迫切地希望人主广开言路、虚心纳谏。"夫台谏七品小臣,去就甚易,而所言则系乎廊庙之阙违,此未可以品级差等论也。"言官之沉浮荣辱本无足挂齿,但他们的去就却系乎廊庙阙违,优隆台谏即社稷福祉。至于辨论人才则是希望人主知人善任;崇奖恬让则是专为不仕新朝之士人而发,而这个群体中的相当一部分则是怀恋故国之明遗民。龚氏之奏议文,高明之处在于能深切揣摩人主的心理,做到"忠言顺耳"。如《条上吏治之要以备采择疏》虽有强烈的自我保护意识与护持明代旧臣遗民的目的,但他自始至终的论述都把自己置之度外,而把人才、言官的命运与天下之利病紧密结合在一起,而天下之利病就是人主之祸福,故人主听来,不能无动于衷。龚氏论台谏的还有《微臣感激知遇敬陈职掌大端敢因受事之初共砥勿欺之义疏》《请重言路以责时效疏》《主德已昭纳谏之美言官尚多未殚之忠请尽破嫌疑之格套以收献替之实益疏》,论爱惜人才的则有《惜人才以收器使之效疏》等,均可与此篇互参,兹不备论。

民生亦是龚鼎孳政论散文关注之焦点。无论仕明抑或仕清,龚氏重民生的理念是一以贯之的,这在很多篇章都得到了体现,如《宽民力以裕赋税之源疏》《急纾民困以固邦本疏》《感诵皇仁敬陈民困仰乞敕部亟议拯救之策以固根本之图疏》《遵谕陈言欲安小民之生莫先禁报逃之害谨抒一得以备采择疏》等,常言及蠲租减税、抚恤灾民、招抚流民、完善逃人之法等项。他仕明时所作之《清理积逋议》①是当中颇具代表性的一篇。此文当作于其蕲水任上,是论财赋与论民生相结合的一篇文章。文中起首即披露了兵戈抢攘之际江北七郡积逋累累的现实,指出逋欠之情况有二,一是"欠在小民,而不忍追呼",二是"欠在豪右,而不可征求",并针对这两种情况提供了不同的解决方案。对于小民,应抚恤兼劝导,正所谓

①　《定山堂文集》卷一〇。

"抚恤残黎,培养国脉,劝耕讲义,俾之欢然乐输";对于豪强,则应采取严惩手段。此外,他还提出要"禁署篆之透支,清兵饷之抵销,核转解之迟疾,一一予以成法,确守力行"。以此为例,不难看出作为地方官员的龚鼎孳深悉民生疾苦以及民变将会导致的严重后果,而对豪右与官府的唱和为奸则是深恶痛绝,而且他对制度建设之重要性有着深刻体认,可以说他既有拯民于水火的菩萨心肠,又有疾恶如仇的霹雳手段,同时又触及制度建设的根基问题,他的这种心肠、手段与卓识形之于文,便不是一种空洞的理想表达或道德口号,而是一种切实可行的政治措施。

　　龚鼎孳的政论散文对朝廷的刑律亦多有建白,这与他顺康两朝都曾在刑部任职的经历有关,同时也是其明刑慎罚之治政观念的体现。如他在顺治十年(1653)任刑部右侍郎时上《遵谕陈言乞赐采择以广皇仁以答天眷疏》论"司审之规宜定也"以为汉官争取与满官平等的司法权力①。又如在《直陈刑狱之失请亟赐清理以苏冤抑以召天和疏》②中,龚氏列举了不依本律、滥刑、悬坐、淹滞、滥禁、雷同、屡驳、株连的律法八害,备言律法之疏漏、官司之苛酷与受害人之冤抑,轸恤孤寒悲悯告怜,条分缕析鞭辟入里。《请复秋决以广皇仁疏》③针对康熙帝对情罪属实的囚犯撤免秋审而立正典刑之谕,反复论证秋审之重要性,认为帝王应重惜民命、尚德缓刑,对于法难容、于情可悯者,不宜仓促正法,而应反复周详,留待秋审,体现了龚氏重生慎刑的思想。《请恤妇女以广皇仁疏》④秉着"妇女不应轻禁"的原则,对妇女之入官从流者、身怀有孕而罪应拷决者等诸种情况提出不同的处理方案,与此相类的还有《请酌缘坐以恤株累疏》⑤,都同样反映了他矜恤妇女、慎行株累的观念。

---

① 　见本书第一章第一节。
② 　《龚端毅公奏疏》卷六。
③④⑤ 　《龚端毅公奏疏》卷四。

《请宽失出以期平允疏》①则对失出之罪重于失入之罪的不合理进行了深入分析，认为朝廷应对承问官员并非出于徇情枉法的"引律未协，拟罪稍轻"予以宽贷，这样才能避免承问之官从重拟罪以求自全的情况发生，体现了龚氏对当时刑赏制度的深入反思与合理批驳。

除了台谏、民生、刑律外，龚鼎孳的政论散文还涉及国防战略、社会文教、朝廷吏治等诸多方面，如论兵防之《兵事议》《联络寨堡议》《直发海寇酿祸之根密请乾断疏》，论文教之《遵谕陈言培养士气以定安民之本疏》《钦奉上谕敦孝弟以重人伦疏》《钦奉上谕笃宗族以昭雍睦疏》，论吏治之《圣明图治方殷综核贵收实效敬陈末议仰备采择疏》《特纠不职台员请旨处分以清官方以振风纪疏》《督按举劾互异请严饬查处以清吏治以重官评疏》，或指陈危机抨击时弊，或补罅弥漏敦风厉俗，真可谓频繁天下计，忠悃辅国心。除了奏议文外，龚氏还有少量并非上呈皇帝或上级的政论文，由于摆脱了由身份压制所带来的表达桎梏，故这类文章更显胸胆开张议论闳深。如《士习议》针对士习不端之三病，提出"奔竞之风宜戢也""嚣张之气宜锄也""师儒之权宜重也"三款有司治士之策，于时风士习之讥斥可谓严峻刻峭抉骨得髓，较之于一般奏议文，更见性情与胆气。

言说目的的明确和言说对象的固定使龚氏的政论散文形成了较为一致的特点，即论事恭和但不迎合，言辞恳切但不激切，如此一则旗帜鲜明地表明自己的政治立场，使其文能"以其效见诸世"②，二则使在上者于道义和情感上都可以接受他的建议。创作上如此多的拘限，不妨说龚鼎孳在写作它们之时是戴着镣铐跳舞，但令人称奇的是，他能舞得如此惊采绝艳。

---

① 《龚端毅公奏疏》卷四。
② 《柯岸初都谏奏疏序》，《定山堂文集》卷一。

五、八股文

　　《露浣园稿》乃龚鼎孳年轻时所作之八股文集，凡四卷，虽为少作，却集中体现了龚氏深厚扎实的经学功底与追求雅正的文学观。创制于明代的八股文在很长一段时间被当做陈词滥调的代名词而遭世人鄙薄，而明清的制义大家也多被视为末流而难登文学史叙述的大雅之堂。我们毋庸讳言八股文对于明清文人尤其是求取功名的读书人所造成的精神束缚与思想戕害，但也不能脱离特定的历史情境而将八股文所独有的文学特色与思想价值一笔抹杀。八股文于"代圣人立言"的宗旨之外，对文章之命意布局、体式章法、对偶声调、文风辞气等各方面都有严格而精准的要求，所以真正优秀的时文作者，不仅需要深厚的儒家道德文化修养，而且还必须具备缜密的逻辑思维与通观全局的文字驾驭能力，如此方能游刃徜徉于时文殿堂，明清的不少古文大家同时也是时文大师，这绝非偶然。龚鼎孳十九岁举于乡，年二十成进士，年少得志的很重要原因就在于他写得一手好时文，其门人严正矩在《大宗伯龚端毅公传》中就称龚氏"年甫舞勺，精于制举义，每一篇出，冠绝侪耦"[①]。与龚氏同时的人对其八股文的评价都很高，如熊文举称其"深秀而超迈，逸度仙姚"[②]，乡试房师辛朝荐誉其"高博华异，不傍津筏"[③]，同年冯斐赞其"有炼格为神，吐精为液之奥"[④]，可见龚鼎孳的八股文在时辈当中是卓然挺立的。日本学人横田辉俊称："谈到明清文学，如忽略了八股文，便无法把握住它的真精神。"[⑤]那么我们也不

---

　　①　严正矩《大宗伯龚端毅公传》，《碑传集补》，第 2444 页。
　　②　熊文举《露浣园稿序》，《定山堂全集》附录，第 2555 页。
　　③　辛朝荐《露浣园稿序》，《定山堂全集》附录，第 2555 页。
　　④　冯斐《露浣园稿序》，《定山堂全集》附录，第 2556 页。
　　⑤　［日］横田辉俊《八股文》，［日］前野直彬《中国文学概论》，台湾成文出版社，1980 年，第 193 页。

妨说,谈到龚鼎孳的文,如果略过他的八股文,也同样无法把握他的真精神。

　　龚鼎孳生活的晚明,政治、经济、文化等各个领域都发生了翻天覆地的变化,文学上也掀起了一股突破传统、追新逐异的狂潮,而这股狂潮也席卷了历来作为官方话语的神圣不可侵犯的八股文。自万历以来的政治窳败、纲常沦丧到天启、崇祯时期愈演愈烈,孔孟之道、程朱理学所宣扬的修齐治平之学已经与现实格格不入,深刻的政治危机导致了非孔斥圣的时代潮流,天启以来的八股文普遍不尊经守注,士子随心所欲各抒己见,以致有"裂规偭矩""以酸寒嚣竞之心说孔、孟行藏"之讥①。崇祯时期虽出于救亡图存、整合人心的需要而一度有人于八股文之回归神坛、振衰起弊大声疾呼,但八股文于明末的式微已是无法扭转的颓势。尽管如此,那些深受儒家正统文化浸染的士人依然在努力维护着八股文的传统,他们矩步圣贤言必忠孝,于时代的狂潮逆流中作出了一个传统读书人的最后坚守,龚鼎孳就是其中一员。龚氏曾言:"夫制举义,则亦今士之律令也,遵天子之制,服孔、孟之教,而明程、朱之心。"②可以说龚氏的八股文创作,就是对他自己这句话的身体力行。如卷一《臣事君以忠》③,龚氏不仅严格按照八股文之破题、承题、起讲、入题、提比、中比、后比、束比、大结的体式行文,而且以雅驯遒密之笔代圣人立言,将自己理解的臣道细细敷衍。提比言在朝任官,应蹇蹇是承夙夜匪懈,矫矫自好致身于君,此乃虚讲。中比则由虚入实,切实提出"忠君"之准则,即不必问君之行为或可事与否,因为这样一来臣子对君上便有厚薄斟酌之意,这是作者所不认

---

　　①　"裂规偭矩"出自顾炎武著,陈垣校注《日知录校注》卷一六"试文格式",安徽大学出版社,2007年,第919页;"以酸寒"数语出自王夫之《夕堂永日绪论外编》二十七则,《船山全书》第15册,岳麓书社,2011年,第854页。

　　②　《上谷九子起社稿序》,《定山堂文集》卷二。

　　③　"臣事君以忠"出自《论语·八佾》。

同的,他认为臣子对君上只应以至诚相感以行止明心,做到情之至
恪与周旋之至真。后比则承中比未尽之意述之,以古之荩臣为忠
君之楷模,认为应像他们一样对君上做到"有良友之情而辞其分"
"有切体之爱而忘其劳",后比一出,文之题旨便更显充分与全面。
束比则分言"忠"与"君",提出"忠"乃人之性,而"君"乃臣之命,因
乃性命之所在,故"故臣事君以忠,断断如也。"束比与收结虽寥寥
数语,却简劲铿锵收束有力,起到振发全篇的效果。此文深刻阐发
了儒家推扬的忠君之道,而其命意谋篇之尊经守注、遣词造句之醇
正古雅、起承转合之巧妙安排,使得无论以经义或文学之目光衡
之,它皆无愧典范之称。

　　在这个离经叛道、非孔孟而薄程朱的时代里,一方面,龚鼎孳
的八股文于内容上依然谨守孔孟遗训发扬程朱精神,另一方面,他
于形式上却并非对八股原有格套尺步绳趋,而是体现了一种突破
传统自由抒发的创作精神。除了以《臣事君以忠》为代表的完全严
格按照八股体式行文的若干篇章外,《露浣园稿》中还有不少多于
或少于八股的文章,如《任重而道远》《诚则明矣明则诚矣》《象忧亦
忧二句》等,这也属于时文之正体①,而龚氏真正逸出传统框架走
向新变的则是那些"以古文为时文"的篇章。"以古文为时文"是自
正德、嘉靖以来出现的时文创作风尚②,它的出现体现了当时某些
士人为改变八股文的枯索内容与僵化体式所做出的努力,而它的
广为流行不仅为八股文创作注入新鲜血液,同时也促使士人创作

---

　　① 　龚笃清:"文有八股只是这种文体的标准格式,它是以八个论点来讲明问题。
如果你只用六股即六个论点来阐述问题也未尝不可。有的只用四股,甚至二股来说明
问题也是允许的。有的文章则有十股、十二股、十四股,股数的多少,视文章的需要和作
者的喜好而定。"龚笃清《八股文百题》,岳麓书社,2010年,第33页。
　　② 　方苞《钦定四书文·凡例》:"至正、嘉作者,始能以古文为时文,融液经史,使题
之义蕴,隐显曲畅,为明文之极盛。"方苞编,王同舟、李澜校注《钦定四书文校注》,武汉
大学出版社,2009年,第1页。

出更多兼具"古文气息"与"时文法脉"的佳制①，说到底这就是八股文的经学性质日趋弱化而文学性逐渐加强的一种表现，而这种文章改革的风潮也不可避免地影响到龚鼎孳。《露浣园稿》"以古文为时文"的文章虽为数不多，但却是风标独异不容忽视。如《兴于诗立一章》②，在入题之后，便围绕孔子所言之"兴于诗，立于礼，成于乐"展开议论：

> 彼夫恣意流览，而无所动于中，岂其有禁之乎？不然，何恬愉者之少也？夫人忽焉以起，皆有遥永之情，而特不能孤恃其所往，及观于咏歌之会，而游泆亲矣。取其风泽，与为淡涵，兴焉者所以静致其叠叠也，则诗之教耳。
>
> 极情宏逸，而无所就于闲，岂其有导之者乎？不然，何严重者之少也？夫人确然自命，皆有静正之几，而特不能谨于所履，及观于绳矩之则，而步趋端矣。取其中正，与为楷模，立焉者所以相安于秩秩也，则礼之教耳。
>
> 入理宏深，而无以几于化，岂其有制之者乎？不然，何融湛者之少也？夫人悠然以思，皆有精微之致，而特不能神明于厥终，及观于音节之间，而天人合矣。取其和平，与为周洽，成焉者所以息气于深深也，则乐之教耳。

此三节为文中的对偶段落，除此三节外，其余皆是散体单行。此三节虽属对工整，却不符合八股文两两成对的原则，而更类于一般古文中的排比。若说此文依然留有明显的八股比偶之痕迹，那么《君子有九》则于古文与时文之合一更近了一步③。它紧扣孔子

---

① "古文气息""时文法脉"皆出自高塘《高梅亭读书丛钞·论文集钞·杂条》，黄秀文、吴平主编《华东师范大学图书馆藏稀见丛书汇刊》24 册，北京图书馆出版社，2006年，第 113 页。

② 《露浣园稿》卷二。"兴于诗，立于礼，成于乐"出自《论语·泰伯八》。

③ 《露浣园稿》卷二。"君子有九思"，出自《论语·季氏十六》。

所言之"君子有九思：视思明，听思聪，色思温，貌思恭，言思忠，事思敬，疑思问，忿思难，见得思义"顺次展开议论，沿着"九思"一气说下，句与句之间虽仍有对仗，但已经与八股文所要求的段落两两对偶相去甚远，而于古文之骈散相间更为神似。

龚鼎孳的八股文，取熔经意自铸伟词，平实典雅清通简贵，文章一意贯通却非平铺直叙，而是跌宕时起，顿挫频见，起承转合妙合无间。更为可贵的是，龚氏的时文不取浮词丽藻，不入硬语僻典，不作无根之谈，不为悖道之语，乃时文之体式正大、辞宏气畅、义充理实者。"所号为时文者，将以与时浮沉"①，生活在一个传统被颠覆权威被粉碎的年代，龚鼎孳作为修齐治平之学的忠实信徒，他以尊经守注的姿态在时文天地里寻求着传统与现实的契合点，在不违背代圣人立言的大原则下，在时文创作中打破僵化格式，引入古文技法，在思想得到更自由充分的表达的同时，也使时文得到了体式的拓宽、语言的革新与文学品格的提升。龚鼎孳对时文之文学化所做出的努力，也再一次有力证明了其文创作之多元性与可塑性。

六、其他类别的文

除了上述五类体式，龚鼎孳文集中还有不少不易归类却个性鲜明才思横溢的优秀篇章，由于篇幅所限，笔者无法一一列举，只能挂一漏万，对其中之乞休文、祝告文与告示审语作一大概描述，但期读者见微知著，对龚氏的散文创作有一简括而不失全面的理解。

（一）乞休文

龚鼎孳入仕清朝后，因饱经世事沧桑与宦途险恶而对官场生

---

① 黄宗羲《时文易题辞》，《明文海》卷三一〇，中华书局，1987 年，第 3198 页。

涯心生倦意,加之未遂庭闱之养,故念归心切,屡上乞休之文,而他晚年更因体衰多病不能视事而屡上辞呈,无奈乞养不得告老不允,直至病逝也未能一遂平生归养之愿,只余下那些情悲意切的乞休篇章徒供后人评说。

　　龚鼎孳的乞休文集中于《龚端毅公奏疏》卷一、卷四与附卷中,皆以诚挚之笔向主上哀哀告怜拳拳致意。如顺治初年上呈之《恳恩给假省亲以展子情以广孝治疏》称:"尔时道途多梗,亦未敢更及乌私,然每念乱后,庭帏飘零无地,中宵呜咽,意往形留。感温峤绝裾之非,心如剚刃;读李密陈情之表,血欲沾衣。况臣家最窭贫,数遭烽火,流离琐尾,饘粥难供,其于人子至情,尤为独苦。"①言及自己因未尽孝道而内心备受煎熬,大乱初定劫后余生,念及双亲辛苦备尝,自己又岂忍安于轩冕华服击钟鼎食?其思亲重孝之情,其难报亲恩之愧,力透纸背。顺治十八年(1661)二月龚鼎孳之继母王氏逝世,龚氏呈国子监堂乞为代题回籍守制,谕下命其在任守制,他悲痛难禁地写下《沥陈哀苦至情恳乞代题回籍守制以伸子情以广孝治呈》②,将自己对母亲的"生不能相养于共居"而只求殁得以凭棺以尽哀的愧悔痛悼之情表达得淋漓尽致:

　　　　职闻命自天,惶悚无地,犬马尚知报主,职虽微眇,宁无依恋君父之忱?但痛念职夙遭闵凶,幼而失恃。职母王氏育职于孩稚无知之时,顾复拊摩,恩勤备至。每佐职父课子诵读,以慈母而兼严师。职赖教养深恩,幸获成立。迨职父奄忽见背,距今十有五年,茕茕孀居,艰辛备历。职浮沉宦路,莫遂乌私,瞻望庭帏,寸心如割。汤药未尝于生前,含殓未亲于身后,揆诸子道,已无地可以自容。若并不得徒跣奔丧,凭棺洒血,

---

①　《龚端毅公奏疏》卷一。
②　《龚端毅公奏疏》附卷。

尽报本之微诚，守三年之定制，扪心自问，非惟无以对职母，亦
实无以对职父矣。

　　龚鼎孳诚恳剖白自己乞假请归非乏忠君恋阙之情，实乃为人
子者职分所在。王氏于自己虽非亲生却情逾骨肉，她对继子视若
己出的教养恩情，十五载寒暑的孀居独守，几十年如一日的操持门
户，对这样一位含辛茹苦任劳任怨的慈母，生而不能侍养于前已是
大憾，若死还不能尽孝于后，那么自己如何以人子之面目自立天地
之间！天人之隔屹岵之悲，千载之下，犹能想见其擗踊扪心洒泪陈
情之状。"读李密《陈情表》而不堕泪者，其人必不孝也"①，而龚鼎
孳之乞养文，亦足以相抗《陈情》一表于千秋之间。
　　龚鼎孳屡屡乞休，除了与其孝亲之情有关外，也与入仕新朝后
难以自解的愧悔心态以及官场倾轧宦途失意相关。其作于顺治元
年(1644)之《衰病残躯不能供职谨补牍陈情乞恩允放启》即言："自
知已审，性诚戆劣，命复奇穷，一年之间，九死备历，再尘仕版，必致
偾辕。既不能逭缧绁于前朝，又安能效忠说于今日？负先帝教戒
玉成之德，昧人臣进礼退义之闲，徒积诟讥，奚裨尘露？"②将自己
作为新朝旧臣的一种进退失据、俯仰自愧的境况表达得如许充分
透达，不由让人对其难以自主之命运产生一份悲悯之同情。顺治
二年(1645)，龚鼎孳纠弹冯铨而自贻讥诮，连上《恳恩允放回籍养
亲疏》《微臣招尤已甚揣分难容乞恩允放归养以保余生以全廉耻
疏》③，将自己心灰意懒忧谗畏讥的心态刻画无遗，其言虽谦卑自
抑，实难掩胸中之悲愤怨望，悲楚戚伤中的郁怒激烈，使其乞休文
逸出平常格套而自具一股兀傲之气。而他晚年的乞休之文，已是

---

① 　赵与时《宾退录》卷九，上海古籍出版社，1983 年版，第 116 页。
② 　《龚端毅公奏疏》附卷。
③ 　均见《龚端毅公奏疏》卷一。

日暮西山时的休暇之想,之前的摧心之恸与兀傲之气已经难觅影踪,剩下的,是有感日之将夕而恳请收拾残骸的气骨衰敝,以及屡称宠命优渥之下的谨小慎微,读来有一种俯仰今昔而来的悲酸与无奈。

(二) 祝告文

祝告文乃祷告神灵之文,讲述的是祝告者对神灵的祈求或感恩。被视为献媚于鬼神的祝告文常常备受讥议,但即使是这类文字,龚鼎孳也有不少篇章写得情文并茂婉娈深切。《浴莲庵诵经禳灾疏》①乃龚氏于明朝蕲水任上为蕲邑禳灾而作,名为寄望神灵销祸兴福,但最震撼人心的却是蒿目时艰而生之现实感慨:

> 盖中原劫数,不苦寇则苦兵,否亦苦旱,而疫疠特为之补遗。蕲邑连年有大役与大患,兼婴大灾,而祸乱似几乎独酷。因思乙亥二月以后,距今首尾六七载之间,触绪攒眉,浑身是泪,针作毡而同坐,蘗惟哑以耐尝。试问闾阎,何处是高枕无忧之地;翻疑父老,果曾为夜户不闭之人。居则荷戈,行则裹粮,冰铁洒宵衣,愁听山边之刁斗;壮者四方,老者沟壑,狐狸竞野啸,谁分月下之头颅。

明之末世,世积乱离社稷阽危,龚鼎孳以一介书生知蕲水之政,蕲黄乃当时流贼肆虐之地,加之灾疠频仍,故龚氏虽官卑职小,却必须担当起平寇安民之一方重任。只是四野烽烟万户蓬蒿,就连龚氏自身,亦是枕戈旦待寝食难安,"试问""翻疑"两句有锥心之痛,现实已无安身立命之地,往昔徒遗繁华如梦之叹,若非身历疆场血火亲睹白骨蔽野,怀有淑世热忱的龚鼎孳又何以发为此言?

---

① 《定山堂文集》卷一四。

大局已定大势难回，天时人事皆不可为，只能寄望神灵，祈求"燮理有人""销兵及早"。本为邀宠于鬼神的祝告文，却写得如此心痛神摧字字关情，只因这里满载着龚氏的救世理想与现实关怀，所以它能在一个风雨如磐的时代唱出最强音。

　　龚鼎孳更为感人的是为父母妻儿所作的祝告文。为父母祈福的有《乱后得家书为双亲祈福疏》《祈寿保安疏》①。《祈寿保安疏》乃龚氏为远在千里适值五旬的父亲祈福求寿而作。全文多以骈偶行之，却无丝毫矫饰造作之感，盖以矜重之笔写深悲，故言整饬而情激宕："伏念某身匪空桑，遇同食蓼。崎岖九死，空复称子称人；断送一生，岂止惭卿惭长。批鳞甘蹈刃，久贻父母之忧；临难昧结缨，遂抱忝生之恨。谬谓尽忠者不能尽孝，讵意负君矣即以负亲。有分羁愁，无家菽水。望云目断，梦中乌鹊频飞；啮指心惊，乱后庭闱何处。"将自己不能菽水承欢反贻忧双亲、不能尽忠报国而愧负双亲的惭怍表达得如许痛彻心扉，使人亦为其掬一把同情之泪。

　　《祈子疏》二则②乃龚鼎孳为人乐道之篇章，它们是龚氏与顾媚于顺治五年(1648)求子而作③。此时龚鼎孳元配童氏已育有一子士稹，但龚鼎孳最为宠爱之顾氏却仍无有所出，顾氏"百计祈嗣"④，两文应是龚鼎孳游杭州时于灵隐寺向神佛求子而作之祝告文。两文最动人之处并不在于传达求子心切的愿望，而在于龚鼎孳对自己与顾媚患难与共生死相随之情缘的描绘，同时更刻画出了一位灵心慧性、忍辱负重而又深明大义的女性形象："金戈铁马，年年多难相从；圜土井泥，虩虩惊魂未定"⑤，在命运翻云覆雨的掌

---

①　均见《定山堂文集》卷一四。

②　《定山堂文集》卷一四。

③　《祈子疏》其二，清光绪听彝书屋刻本《定山堂古文小品续集》题下注"戊子"，戊子即顺治五年。

④　余怀《板桥杂记》中卷，第33页。

⑤　《祈子疏》其二，《定山堂文集》卷一四。

心里与丈夫相濡以沫相随以命,如此完人,自己又怎忍让其无一儿半女承欢绕膝。于龚鼎孳的虔诚祈祝中,我们捕捉到一份人生多艰的感慨,以及由这份感慨牵引而出的对爱与生命的庄重解读。

此外,《祷雨文》《谢雨文》《生辰礼佛疏》《祈禳火灾疏》《还愿礼佛疏》等篇章也让我们看见龚鼎孳在现实生活与情感世界中的不同侧面。龚氏之祝告文,寄言神灵而抒发自我,在一个天人沟通的情境里,让我们看见民生之多艰与世运之消长,听见来自人心最深处对爱的渴求与执念,不知它们当年是否感动了神灵,但毫无疑问的,从它们中流溢出来的真情深深打动着我们这些凡夫俗子。

(三) 告示审语

这里谈的是主要是龚鼎孳作于蕲水任之《浠川政谱》。《浠川政谱》凡两卷,乃龚氏于前明蕲水任上的治政情况记录,卷一的《山声堂偶存》收录的是详文与告示,卷二之《谳牍偶存》收存的则是审案批语。详文乃向上级陈报请示之文书,内容主要涉及报灾请蠲、巩固军防等方面,与前述之《龚端毅公奏疏》八卷相类,故不再赘述,而把注意力集中于其告示与审语。这些公文作为一种通报性的政治话语,于文学性与情感性上必然有所不逮,但当中也不乏充满机趣与智巧的篇章,未可轻易放过。

《试士示》是龚鼎孳主持县试之前通告应考士子而作,试看他是如何把枯燥无味的公文写出翩翩情意的:

> 记本县出就童子试时,才束发耳,偶然著笔,顿遇赏音。泮水三秋,曲江一瞬,即不敢尽归功于文事,而一片灯寒宵永之况,自信殊坚。今诸童中,岂无少负才名,长犹淹顿者乎?岂无神驹汗血,见影即飞者乎?岂无四壁萧然,五车徒拥者乎?岂无谷兰自芳,人菊共淡,邈焉俦伍,寂不闻声者乎?岂

无生长华胄,独表素心,浊世翩翩,秀生裘马者乎? 有之则是十步之内,臂皆可把;一日之罗,羽皆可拂也。①

　　龚鼎孳从自身的童试经历说起,亲切款洽,这无形中便拉近了自己与士子的距离,不再是长官的例行通告,而是一个科场过来人对后来者的叮咛关切。接着以五句反问鞭策怀瑾握瑜者,同时也将自己的爱才惜士之意传达开来,让人为之感激振奋。龚氏浅浅寄言深深道款,原本的官样文章一经他的笔椠,便血肉丰满神采飞扬,真无愧才子之名。《催输示》也是一篇匠心独运的告示文②。蕲水流贼猖獗,龚鼎孳为抵御敌寇而下令修筑城墙,期间为募集钱粮而写下此文。为了让邑民心甘情愿地捐资输粮,龚氏并未采用长官口吻严限追比,而是极言危城之害,指出修固城墙乃当务之急,若掉以轻心,"无事不知有事之防",那只能导致"有事始悔事事之晚"的严重后果。以理晓之外,龚氏更是以情动之,不吝笔墨地叙述自己的任事之劳与恤民之意:"今试从痛定之余,默自循省,有一日不攒眉,一事不棘手者乎? 有曾委事于姑且,分责于异人者乎? 有敢以一丝扰小民之物力,一字烦上台之区画者乎? 沐汗栉风,不知昏旭者屡矣,而未言劳也。"以连续之反问倾吐一己之鞠躬尽瘁忧深念切,同时表明若非筑城之事迫在眉睫关系存亡,自己亦断不会取财于民,而自己所做的一切又皆为保民之命谋民之福,将自己为民父母的一片苦心和盘托出。

　　龚鼎孳之审案批语在《浠川政谱》中亦占相当篇幅。他的审语主要涉及婚娶争执、田产纠纷等方面的内容,它们由于体现的是古代执法原则与封建道德取向,故以今之观念衡之,大多已无现实意义,但若以文学之目光观之,则不难发现,当中不少篇章以情理相兼之笔达彰善瘅恶之意,显示了龚氏断案之严明与批审之精到,这

————————

　　①② 《浠川政谱》卷一。

也是他此类文字之独特价值所在。如《批王氏争产案》①中，王比部逝后不久，其长子光宙亦物故，其少子光宠因与嫡母汪氏、长嫂胡氏有隙，而未能得其应有之田产，故有此争产之构讼。龚鼎孳判决汪氏与胡氏但守光宙之故物，而予光宠以应得之产，判之以理法，而晓之以情义，"嫡庶虽有异分，而子母原无异恩"，"试令汪孺人回头自思，省得一分，竟是何人之血胤而必为是拘拘也"，藏颖词间语重心长，想那昧于情理之人读来必不能无自愧之情。除了这类劝善惩恶周详备至的审语外，龚氏还有一些短小精悍妙趣横生的批词，读来别具风情。如《批词六则》其六："折柳章台，颇称佳话，果是老鸨亲自写与从良乎？券约既明，不致莺猜燕妒，正不必印花红押为鸾鎞凤管作风月证盟耳。"②寥寥数十字，既点明了倡女从良之合法性，又以谐谑风趣的笔触表达了自己对这份姻缘的祝福，俏皮而不涉儇薄，用笔经济而又恰到好处，正如龚永孚所言："断语详明而运以极雅绝韵之笔，才人作吏，如许风流，殆亦千秋之佳话也。"③

总体而言，《浛川政谱》是政治性鲜明而文学性稍逊，但这并不妨碍它在龚鼎孳的散文创作中占一席之地。它的高明之处，就在于不少篇章能化刻板为灵动，能于寡白中见性情，它体现的不仅是龚氏运用语言之智巧，更显示了他处理政事、体察人情之高妙，所以方能涉笔成趣触处成春，于严肃枯淡之题目中作出情意与境界。

本节将龚鼎孳文分为酬答散文、写人散文、杂记散文、政论散文、八股文五大类，兼及乞休文、祝告文、告示审语等小类。裴世俊先生言："我国古代散文有着独特的面貌，文、史、哲不分……审美性散文固然代有继作，但占据主流的是文学化的应用文与学术文。"④

---

① 《浛川政谱》卷二。此文亦被收入《定山堂文集》卷一五，作《书王比部争产牍后》。
② 《浛川政谱》卷二。
③ 龚永孚《浛川政谱序》，《龚鼎孳全集》附录，第 2561 页。
④ 裴世俊《钱谦益古文首探》，齐鲁书社，1996 年，第 9 页。

龚文中,除了政论散文为纯应用文,杂记散文与部分酬答散文为审美性散文,而八股文为文学化的学术文之外,余者基本都可纳入文学化的应用文之列,因而其文多是疏理致用与言志抒情的有机结合。他的文字或矜慎,或婉笃,或兀傲,或闲逸,但大多有温度,有性情。他的酬答散文是一次次与他者遥远的对话,写人散文是一段段听不到回音的追忆,杂记散文是一场场倏然而逝的浊世清梦,政论散文是沧海横流中一名士大夫义不容辞的担当,八股文是离经叛道的时代里一名读书人坚守的精神堡垒,走进它们,看到的不应仅是冷硬的文字,更是荒凉时月下鲜活人生与滚烫心肠。

第二节　龚鼎孳文的艺术特色

在对龚文之体类有一大致了解后,我们再分析其文的艺术特点。笔者归纳了六点,下面将详细展开论述。

一、疏理致用,矜慎谨重

龚鼎孳是一个才子气很重的人,他的不少篇章以盛气缛语彰显其才藻艳逸,以及晚明风流在他身上印下的烙痕,但作为一个有经世之志的封建官僚,搦管撰文之目的通常是经世济民有裨世务,这也正是传统的"文以载道"观的强有力体现。当龚鼎孳涉笔政论文与八股文时,他那任情肆志之才子习气就会有意识地被敛抑与淡化,取而代之的,是矜慎谨重的儒者之风。

首先看其政论散文。龚鼎孳的政论散文,因多是面向皇帝与上级的奏议文,故行文多恭顺平稳,但这并不妨碍他直切明确地表明自己的政治立场。他的政论文论事则设身处地,析理则剀切沉着,结构严整脉络分明,刚柔相济进退合度,真正做到了他自己所倡言的"有伦有脊，无抗无庳"①，其奏疏《灾民情迫倒悬救荒贵在当厄恳恩敕部酌议亟行蠲恤以拯残黎疏》②堪称此中典范。此文乃龚鼎孳于顺治十一年(1654)二月转户部侍郎后，为江淮亢旱成灾上疏请蠲免田赋而作。龚氏在文中沉痛呼告，为人主描绘了一幅惨不忍睹的江淮旱灾图。龚氏极言灾民颠连无告之惨状，人主出于道义便不忍恝然置之；又言民蹈藉以亡穷极生变之危机，人主本于私利更不能漠然视之，试看他是如何高明立论的：

> 夫一郡荒而旁郡不荒，民犹可以就食；一年荒而连年不荒，民犹冀有宿春。今则饥馑频仍，江淮同困。嗟此无衣无食之众，孰非问耕问织之人。使其束手以待毙，则少一民；使其不肯束手以待毙，则多一贼。所少者民，则赋税之源亦少；所多者贼，则收拾之费亦多。

饥馑频仍，江淮同困，龚鼎孳表明实在是无计可施才斗胆恳请人主蠲免田赋。这些无衣无食呼天抢地之灾民，平日皆为耕织持家勤俭度日之良民。若人主坐视其毙，则少一良民，不必待今日之蠲免，赋税之源亦必减少；若民不甘就死又无以为生，只得落草为寇或揭竿而起，良民变而为逆贼，不仅减少了赋税之源，还增加了剿贼之费，这样一来人主就更是赔了夫人又折兵。尽管受灾之地已是天日无光，但统治者并非单纯的道德主义者，他在本质上是要为他所在的统治集团谋取最大利益的，所以要他蠲免平日富庶地区的一年田赋，他内心必定是不情愿的，所以龚氏在陈述了民不聊生的现实后，更重要的就是让人主看到如此为之其利何在。龚氏在论述完了灾民之惨状与现实之利弊外，还有一段更为精彩的论

---

① 《柯岸初都谏奏疏序》，《定山堂文集》卷一。
② 《龚端毅公奏疏》卷二。

述："臣非不知军兴需饷，司农方苦于持筹，然窃观皇上于畿辅水灾，悯恤备至，沛颁宫帑，普及兵民。赈之为德也过于蠲，而旱之望恩也同于水。活得一分百姓，即所以维挽天心；留得一方良民，尚可办输国课。"表明自己深知蠲免田赋将带来的影响与天子统筹全局之难，但治国为政有轻重缓急之别，他还援引前事，极力颂美顺治京城赈灾之仁德，这样一则使人主立于道德高位，使其耻于见死不救而自毁令名；二则说明同为天灾之下翘首待援的天子之民，故不能厚此薄彼，前既可赈，今亦须蠲。而且解民倒悬，天心可挽；灾厄过后，国赋可完。龚氏论政，既有拯民于水火的肝肠，又有导君于善的智慧，而这不得不归功于其文布置周密环环相扣，指事造实明白洞达，晓之以理动之以情，使人主心悦诚服地接受他的建议。

再看其八股文。八股文"代圣人立言"的话语模式在很大程度上决定了文风之醇雅端慎，但龚氏八股文的可贵之处在于庄严而不迂狭，思深而力沉。如《任重而道远》①一篇，乃八股文传统体式下的一篇佳作，共有十股，试截取前六股观之：

正以既命为士，则当立意之初，已超然于天下之上，而欲以薄积致之，虽士亦将自愧之矣，为其为之而无以自胜也；（起股出股）

且称名之日，已居然为儒者之行，而欲以小局收之，虽士亦将中悔之矣，为其为之而无以自久也。（起股对股）

夫士之处此，盖极难耳。有任焉，其任非犹夫人之任也，任则重矣；而因有道焉，其道非犹夫人之道也，道则远矣。（出题）

天下事，泛泛而图之，则一人常足以兼数事，迨深而求焉，而后知此一事者，集数事之精神，犹不足以毕之也，而其量又未可止也。夫以数事之精神，用之一事，而其量又未可止，此

---

① 《露浣园稿》卷二。"任重而道远"出自《论语·泰伯八》。

其事谁能尽之？（中股出股）

天下事，忽忽而为之，则数人不足以营一事，迫进而求焉，而后知此一事者，竟一人之力量，乃实有以举之也，而其途又未可骤也。夫以一人之力量，而其途又未可骤，此一人谁则宽之？（中股对股）

故夫学问之儒，其往也有端，其至也有候，卒未有无意而成之者，夫亦见胜任若斯之难也。宏济多艰，正可以观终身之所守，而实无异物以中其心，斯乃有自致也哉？（后股出股）

涵养之士，择焉而必精，守焉而必固，卒未有无心而造之者，夫亦见为此者不可不勉励也。不屑近小，正足以观宁静之所施，而实无他途以岐其向，斯固有由然也哉？（后股对股）

起股围绕"士不可不弘毅，任重而道远"之题意生发议论，提出士不可以薄积致之，不可以小局收之，点到为止精炼紧凑，为后文蓄势而又不说尽。出题承起股之意，紧扣题旨，以三句话点明文眼，收承上启下之妙用。中股一反前之正说，从反面横生议论，紧扣题之"任重""道远"，批判了泛泛而图忽忽而为的怠惰与草率，再以两个反问强调士人任之重道之远，故对这个身兼重任的群体不可稍假宽纵，从而呼应起股，关上连下。后股由反入正，从正面陈说正因士人任重道远，故可观他们终身之所守与宁静之所施。若说前文讲的是因人以尽事，那么此处论的就是因事以观人，宕开一笔而又深入一层，振起全篇之精神，同时而又为下文之爽利收结留有余地。此文笔致庄重用意深刻，偶对精切又宽严相济，开合有致承转有序，虚实相间正反相生，无迂阔之味而多厚重之气，不仅于龚文集中独树一帜，即使置于明清制义名篇之列，也无须多让。

需要指出的是，这种疏理致用、矜慎谨重的特色并非仅体现于龚鼎孳的政论文与八股文中，当他在酬答散文、写人散文、祝告文、告示审语涉及国计民生、盛衰治乱、伦常之道等内容时，这种特点也是显而易见的。但这种特色在政论文与八股文中的呈现，是龚鼎孳的有意乃至用力为之，试观其言：

> 他文散华落藻，无足重轻，章奏则专资拜献，而遂以其效见诸世，故言路之得失，世运之盛衰也。苟当维新愿治之会，不出位而妄谋，不逾时而强谏，又必有伦有脊，无抗无庳，能使天子动容，生民蒙泽，垂之于简册，被之于来叶。
>
> ——《柯岸初都谏奏疏序》①

> 夫士而有志于捷取功名，至于揣摩迎合，此其心尚可以出而任天下事乎？故臣在闱中，与诸臣相期，务取深心博古之士，以励夫世俗之急功名而弃实学者。不惟其词，惟其理；不惟其才，惟其气。
>
> ——《癸丑会试录序》②

　　第一段话体现了龚鼎孳是把奏议当作"经国之大业，不朽之盛事"对待的。之所以如此重视，在于龚鼎孳的自我定位是朝官而非文士，朝官的奏议必须要奏"效"，它要直接面对现实并旨在解决问题，它的价值实现就在于使"天子动容，生民蒙泽"，要做到这点，奏议的写作就必须"有伦有脊，无抗无庳"，所以"疏理"是为了"致用"。第二段话是康熙十二年（1673）龚鼎孳任会试主考时所作。他明确指出自己的取士标准是士子有志"实学"，清初官方语境中的实学，是指"以经、史（其核心为"经"）为载体的学术"③，因此瘠义肥辞之文自然不入其法眼。在他看来，士子之时文是否做到理

---

　　①　《定山堂文集》卷一。

　　②　《定山堂文集》卷二。

　　③　吴超《实学：清初"文治"语境中的关键词探究》，《长江论坛》，2012 年第 3 期，第 77 页。

充气盈乃成败攸关，而这种衡文标准，目的在于审视士人是否"可以出而任天下事"。由以上言论不难看出，龚鼎孳对政论文与八股文的现实功用是非常重视的，也正因如此，他笔下的这两类文字切理餍心，于庙谟民隐款款道来，经怀事务补察时政，即便有所讥刺亦词气安闲，足见其启沃之心、安民之意。

二、舒忧娱悲，情真意切

龚鼎孳最为重视政论文的写作，但其文集中最具个性与文学色彩的却是那些以情动人的篇章。龚鼎孳"宣郁遣愁"说的提出就说明其充分意识到抒发真情实感在创作中的重要作用①，而他的多数篇章都体现了对这一理念的身体力行。《前后燕游草序》②中，龚氏对交游三十年之故人秦咸的文采超群却沦落不偶之遭际深致叹息：

> 然其诗日益以工，其年日益以暮，其心日益以不平。以不平之心，当衰落之年，为益工之诗，宜秦子之欹崎历落，咨嗟而三叹也。虽然，吾辈老矣，红烛青尊，一灯相对，故人为乐几何？吾愿虞桓逍遥杖履，归而咏山居、田家之诗，悠游卒岁而已。

才命相妨叹老嗟卑，文人才士之精神创痛莫过于此。只是龚鼎孳一仕途通达之局外人，却能以如此心眼写出秦子之感愤悲忧，若非心意相连痛痒相关，何以至此！冠盖满京华，斯人独憔悴，不如归去息影林泉，啸咏属文悠游卒岁，亦不可不谓人生之乐。这种

① 见本书第五章第一节之"'性情说'与'原心说'的并立"。
② 《定山堂文集》卷五。

悲辛满怀之旷达,皆源于龚氏悲其不遇哀其不平而忧其不达的一片衷肠,其情憭之切怛,让人悄然动容。

康熙三年(1664),龚鼎孳迁为刑部尚书,适值其五十生辰,他启笺谢客,作有《五十谢客启》:"五十之年,忽焉己至。未能闻道,实愧知非。念严慈见背者有年,抚岁月如流而兴痛。兼之母丧在堂,妻室连逝,蒲柳弥增憔悴,松楸日切梦魂。屈指及堕地之辰,回首尽伤心之事。"①半百之年回首人生,几多困厄几许憔悴,兼之母丧妻逝连失至亲②,人生如梦惟余旧欢新怨。龚氏以他人所无之笔道出人人共有之情,故言者凄切,闻者神伤。顺治八年(1651),龚氏在听闻好友冒襄之爱姬董小宛病逝后,寄书冒襄③,以哀感顽艳之辞表达了自己"泣名花而悲晓露"的沉痛与顾媚"写恨沾巾"的悲切,无论冒襄,即使我们这些百年以下之局外人,读来亦陡升红颜薄命之叹。

龚鼎孳与冒襄情好甚笃,顾媚与小宛又曾同为旧院姊妹,故龚氏将悼念小宛之文写得情深义重原是意料之中,但更令人称奇的是,向来的"谀墓"之文竟在龚鼎孳的情意浇灌下生出了艳丽奇葩。龚氏有一类为友人之亲朋所作的碑志哀祭文。此类文章历来备受指摘,因为作者与墓主逝者之间往往并无深交甚至素昧平生,但作者却因受人请托而在文中对墓主逝者极近夸饰之能事,即使连韩愈这样的大手笔也难逃"谀墓"之讥,可见要作好此类文章实非易事。龚氏此类文章亦复不少,如《公祭王司农夫人文》《公祭某太夫

---

① 《定山堂文集》卷一七。

② 龚氏继母王氏卒于顺治十八年。据董以宁在《公祭合肥龚夫人文》中所写:"无何太夫人即世……犹幸夫人为之经济大事,情之至而礼更无想。奈夫人抱痛以来,形神俱瘁,欲事太夫人而不得,竟为相待于黄泉。"(董以宁《正谊堂文集》,《清代诗文集汇编》第112册,上海古籍出版社,2010年据清康熙刻本影印,第424页),可知龚氏元配童氏于王氏卒后不久亦离世。其后顾媚于康熙二年病逝。

③ 《与冒辟疆九则》其四,《定山堂文集》卷二六。

人文》《祭严仑玉太翁文》等，平心而论，值得称道之处并不为多。即使如此，龚氏仍是有一篇感人肺腑的佳作：《钱母赵太孺人墓志铭》①。此文是龚氏应僚友钱侍御之请为其母所作之墓志铭，它之所以感人至深，缘于龚氏借表彰钱母而怀念生母，故非虚语敷衍，而是真情贯注。文章开头凌空发语，振人心目："呜呼，吾何忍铭太孺人哉？盖太孺人之殁也，以崇祯戊辰之九月，而吾母杨太夫人之弃貌诸孤，亦适以是年之九月。余时年十四，虽少长于侍御君，其为孤童则一也。"一开篇就将钱母与吾母、侍御与自己的命运遭际紧紧绾合，入手擒来，文势顿生波澜，从而为后文的抒发情志留下了广阔空间。龚氏接着对钱母为女为妇为母之孝谨贤淑、温良慈爱娓娓道来，对钱母的叙写更是将他深藏心底的思母之情搅动得汹涌澎湃：

> 吾之丧吾母也，三十余年，而如隔世。十四而犹有童心，赖吾严父之教以有今日。中间仕宦连蹇，乍起乍踬，同文北寺，风波凶惧，以忧吾母于地下者多矣。而又浮湛世路，蹉跎白首，系官于朝，未能遗君之羹，以上先人之丘墓，若侍御之惠文獬角，持英荡之节，过里门，休车骑，起孤槽于荒郊坏土、鬼雨酸风之中，而大葬之高风马鬣、丰碑赑屃之下。是以侍御之为孝子，较吾之为恶子，不大相越耶？而吾之念吾母，不更难已于侍御之念其母耶？

眼看别人的母凭子贵，回思自己不仅不能给予母亲死后荣华，反以发肤之身历尽风波，贻母忧于地下，俯仰之中焉能无愧？吾与侍御，为孤童则一，于孝母之道则弗如，细思之下怎能释怀？龚氏以沛然莫御之笔写难遏之深情，一旌侍御光宠亡母之孝行，二见其

---

① 《定山堂文集》卷二一。

自身念母思亲之至情，三则痛己之遭逢不偶。历来不登大雅之堂的"诔墓"之作，因为有了作者真切乃至痛切的情感融入其中，便也有了一种直指人心的力量。

赵树功先生在评价龚鼎孳的尺牍文时说："芝麓之书，于聚散离合之情的发抒，读来往往粘丝牵絮，轻愁点点；而写生死之情，更是下笔无节制，千言万语倾倒不尽，哀情太重……"①其实不仅是尺牍文，龚鼎孳所有的抒情散文几乎可以此言尽之。生离死别之哀，国事蜩螗之哀，变节投诚之哀，众口交攻之哀，临渊履薄之哀，这种种剪不断理还乱的悲情愁绪，导致了龚氏文章"哀情太重"，而这一切不过缘于他内心交错着对紫陌红尘的深切眷恋与刻骨绝望。情之所钟正在我辈，乃文章家之不幸，却也是文章之大幸。

三、抉剔世情，理充气盛

除了以情动人的篇什外，龚鼎孳还有不少以气取胜的文章，这主要集中于其反思时政、抉剔时弊的创作中。龚氏衡文取士时对时文创作持有"不惟其词，惟其理；不惟其才，惟其气"②的标准，其实这也是他在进行散文创作时一以贯之的准则，下面我们就来品读他这类理充气盛的篇章。

前人探究明亡之由时，往往归咎于小人误国。天启年间宦官魏忠贤擅权，一批朝官依附于魏氏而成阉党。魏氏垮台后，崇祯帝定逆案以惩处魏氏党羽，但"阉党余孽"却是未能禁绝。其时高标自诩的东林党人不仅与阉党势成水火，而且与齐、楚、浙、宣、昆诸党亦是相互倾轧攻讦，而继东林之后崛起的复社等带有鲜明政治色彩的社团又与朝内党派相互应和，致使明末党争愈演愈烈，而

---

① 赵树功《中国尺牍文学史》，河北人民出版社，1999年，第517页。
② 《癸丑会试录序》，《定山堂文集》卷二。

"君子小人"之论更是风行朝野。于政治上倾向东林党与复社的龚鼎孳亦是于酬答散文中时发"君子小人之论"。如《戴岩荦诗序》言:"盖今士大夫不讲于名教久矣,荃艾错糅,罔别其臭,实不能知,而诡曰吾不立门户,用是君子、小人摩肩杂进者数年,及因时发愤,稍知有所薿涤,顾复驱君子于小人之网,并弹射焉。"①对士大夫之不讲名教而自号为"不立门户"之不满,对朝廷诛锄善类摧折正气之愤慨,全在作者爱憎分明之纵横笔致中传达开来,情激气盛中可见明清之际士夫的门户观念之牢不可破。龚氏之论虽不无偏执,却与其人生经历、政治立场有着莫大关联,而这种观念于明清之际以清流自诩的士夫之间亦有着相当的普遍性。这便使得龚氏以一个道德捍卫者居高临下的姿态和一种不容置辩的语气来激浊扬清黜邪奖正。君子之高风亮节,小人之可鄙可哕以及龚氏内心烈烈如炽的卫道激情,就在一种横放杰出、毫不黏滞的文气中显露无遗。

最能体现龚文之磅礴气势的是《与陈冢宰》②一文。这是龚氏写与当朝吏部尚书陈名夏的绝交书。龚氏之尺牍文多为谦和温文之作,而此文却一反其道而行之,其措辞之犀利,指斥之激烈,称得上是龚文集中独一无二的篇章。顺治三年(1646)龚鼎孳丁父忧,他上疏为父请四品封诰③,被给事中孙光祀弹劾,顺治八年(1651),时任吏部尚书的陈名夏等若干大员甄别台员,"丁忧后,援赦免议"④的龚鼎孳本应官复原职,但陈氏考虑到之前孙光祀的弹劾,对龚氏"批降二级用"⑤。龚氏非常不满,愤而致书陈名夏,于是便有了这篇奇文。龚文首先声明"一时之升沉,固不足论,而是非不可以不明。是非明,则公论昭而人心服",表明自己并非为一

---

① 《定山堂文集》卷四。

② 《定山堂文集》卷二六。

③ 《叩乞圣慈照例恩恤以光泉壤疏》,《龚端毅公奏疏》卷一。

④⑤ 《清史列传》卷七十八《贰臣传甲·张煊》,第 6501 页。

时之降黜而贻书问罪，而是为了辨清是非昭明公论。接着发明孙光祀乃前朝逆案孙之獬之子，而孙之獬曾被自己纠驳，故孙光祀对自己的纠弹是出于私怨而非公心。龚氏从历史恩怨与政治品格上予以政敌迎头痛击，从而使自己高占地步，获得了道德优先之话语权，接着便炮如连珠地严斥孙氏之妄言构陷与陈氏的固党修郄，试看其针对孙氏所言之"及闻父讣，而歌饮留连"而作的严正驳斥：

> 闻丧以后，摧恸实不欲生，嗣是请旨回籍，及候勘合、乞恤典，仓皇一月，匍匐而出国门，毁瘠已深，委顿欲死。人非禽兽，何忍覆心逆性，哀乐倒行？且对饮何人？有何证据？当时胡不明确指陈？而信笔空描，曾参杀人，岂可以横口为定案乎？此又通国所知也……事理乖谬，不可以欺三尺童子及狂惑愚昧之夫，而独可以欺阁下。

龚鼎孳称父丧之后，自身痛不欲生，却不料招致孙氏"歌饮留连"之"污蔑"[1]，龚氏抓住对方言论步步进逼、层层批驳，"且对饮何人？有何证据？当时胡不明确指陈"？疾言厉色，数问连发，让难以遏制的愤激喷薄而出，一愤孙氏信口雌黄深文巧诋，二怨陈氏信从孙氏颠倒黑白，言陈氏堂堂尚书，竟不若三尺童子与狂夫愚生，若非智之不及，便是德之不足。龚鼎孳至此，已是声色俱厉放言无忌。他意犹未尽，接着以大段篇幅怒谴陈氏之信从孙氏，可惜者有三：一曰小人已败之局不可护，二曰论断伦常之事不可轻，三曰挟仇报复之端不可开。每一层皆滔滔汩汩，将陈氏护持小人自损声名之不智、夺情任事以亲殉官之不孝、待己以宽责人以苛之不仁、借公名而报私仇之不忠、贪天之功掠人之美之不义、亲小人而斥贤者之不明如数道来，铺张扬厉激切负气，让人想见其义愤填膺

---

[1]　关于孙光祀弹劾龚鼎孳事，见本书第一章第一节。

横眉怒目之态。龚氏最后表明心志的一段话更是掷地而有金石声，除了表露自己不惧报复绝不俯就的胆气外，更警醒陈氏莫要玩弄权术操纵计典，以免资怨助祸乐极生悲，真可谓字字裹挟风霜，言言击中要害。《与陈冢宰》可以说是龚鼎孳文集中最见个性与锋芒的一篇文章，那崭绝凌厉的语言攻势与快意恩仇的生命锐气让全文充盈着一股强烈的冲击力与震撼力。他将一个掌其沉浮定其升黜的上级大僚批驳得体无完肤，这是何等的酣畅横肆恣纵直截，历千年而下直与孟子之"说大人，则藐之"之精神境界相通相接。

龚鼎孳的论政论世之文，充斥着强烈的辨彰清浊的道德感与以天下为己任的使命感，这一方面是其个性与立场所致，同时也是晚明"士习甚嚣，党同伐异"①之风的延续，故其文风棱芒四出奔放驰骤，让我们在一个哀怨怅触的多情才子之外，还看见一个矫激傲岸的士夫形象。

四、结撰巧妙，笔法灵活

龚鼎孳行文，有大法而无定法，其结撰之巧妙、笔法之灵活，往往给人别出心裁、丰富多彩之感。

龚鼎孳酬答散文中的家书是其文集中最为朴实亲切的篇章，往往不做刻意藻饰与安排，只是以家常话语将自己的思乡之情、羁宦之苦、对长辈的牵念以及对子侄辈的教诲款款道来，显得通俗而直白，它们体现了龚文创作中强调实用性的一面。但这并非一成不变，他的家书中亦出现了若干实用性趋弱而审美性增强之篇章，如《上从祖叔父谐玉先生》："正月以后，无一刻不作归想，无日不作归计。初谓碧柳摇晴，绯桃绽露，可以归矣，已而不然。继谓梅雨

---

①　梁启超著，朱维铮校注《中国近三百年学术史》，复旦大学出版社，2016年，第300页。

初肥,朱樱风老,可以归矣,已而不然。既谓水槛荷香,冰帘萤度,可以归矣,已而不然。今则雁背生霜,秋蛩啼月,秋思正瘦,荡子长征,忧起高城之砧,怨满斜阳之笛,曰归曰归愁岁暮,其奈若何?"①此文写出了岁月如流而自己却羁留如昨的困境,它的妙处在于以时序的变迁来凸显由于空间的固定所带给自己的焦灼与无奈,其用笔之清奇秀美、旖旎深婉一改龚氏家书之口语化交流,体现了其创作之不拘成法信手任心。

又如写人散文中的哀祭文,龚氏不少篇章全用四言韵语写就,不论是鸿裁大篇如《祭王铁山太宰文》,还是纸短情长如《祭徐文漪文》,他均能把自己的深切追思与沉痛悼念淬炼于清修雅饬的四言句中,虽有形式的拘限,却无不达之隐衷。除了这类整齐划一的四言体祭文外,他还常以散笔写祭文,如《同乡公祭涂印海中丞文》《祭同年朱蒿庵都谏文》《祭房师辜在公先生文》等,当中虽不乏偶对,但却摆落了四言体之形式束缚,使得文章从一种语势的顿挫抑扬中得到更为充分的情感体现。我们无须对不同的创作形式加以轩轾,任何一位优秀文章家的笔法都是不拘常格的,因为他能于不同技法的使用中游刃有余。

又如杂记散文中的自序文,龚鼎孳并不重点介绍自己的诗文集,而是往往从斯时斯地的一种轻纱薄雾般的朦胧心境慢慢写开,直到满纸的哀愁与感慨氤氲开来,让读者觉得自己面对的不是自序文,而是一段段美丽朦胧的心灵絮语。而即使同样是絮语,也绝不带来雷同之感,试看《鹤庐八帙自序》中的《燕瘴》《秋叶》两文:

> 居长安者一载,仆仆尘土中,既鲜良俦,兼乏名胜。邸中兀坐,如枯灭老头陀,纵有所会,都无可语。醒即酒之,醉即梦之,一枕黑甜,绝不关人间世。偶然寄兴,或勉为清丽之言,而

---

① 《定山堂文集》卷二〇。

爱语未生，遄思已邈，实自诇其不情也。虽复心想所至，缭绕
音先，缠绵骨里，又似梦中呓语，期期不休，以醒者听之，其不
掩口而胡卢者寡矣，此旅人情事也。秋来简残纸，得数百言，
不忍弃之落叶堆中，聊以纪梦云尔。

——《燕寱》①

　　秋来读书园中，万事萧然，只余孤我。纸窗竹�，一灯寒
影，自悲也，已而自笑。时闻凉风摇曳之声，黄叶敲人心胆俱
碎，则又放情独往，未易为怀。每午夜披衣踞榻，急呼小童煮
茗焚柏，助我清脾，此时心想淡然，不自知其何极也。昼则从
家大人、叔氏后，闲步荒堤，看霜枫红紫变色，因慨然发叹。孤
吟袅袅，问诸潭清石落之间，惟夕阳残照，白月横来，时复消人
余兴而已。

——《秋叶》②

　　《燕寱集》乃龚鼎孳于崇祯七年(1634)应举客居北京时所作的
诗文集，《秋叶集》为龚氏年少时之诗文集，而它们的自序都写得情
思浓郁幽婉窈窕，那种少年多愁文人易感的细腻情思瞬间就能拨
动人心底的弦丝。《燕寱》写羁旅之情可谓入木三分，仆仆尘土之
辛劳，邸中兀坐之无聊，借酒遣愁一醉方休，潇洒不羁的背后深藏
着羁客劳人无可告诉之寥落意绪。醉醒梦我之间，记下的，皆是道
不清又忘不掉的轻愁浅恨，托言梦呓，亦不过庄生晓梦迷蝴蝶般看
似超脱的耽溺。若说《燕寱》仍有为诗文作序之痕迹，那么《秋叶》
就纯似一篇秋景小品。幽人孤影，寒灯相伴，自悲自笑，此情本自
索寞，又逢黄叶敲窗，更添一份怅然。草木无情，有时飘零，本是最
自然的生灭荣枯，但在有心人的眼中，却是别样一番萧瑟光景。此

_____

①②　《定山堂文集》卷五。

文虽短,却描写了三个不同时间段的景致与意绪:午夜之披衣踞榻煮茗焚柏,白昼之闲步荒堤霜枫变色,傍晚之夕阳残照白月清晖。全文读来,虽然悲愁,却也轻倩;虽然萧瑟,却也明丽。同为自序,前者全关乎情,且涉及所序之诗文集;后者情景交融,虽无一笔提及所序之《秋叶》,文中却暗自以景语关联之,真可谓横说竖说,语默皆妙。

　　在龚鼎孳的酬答散文中,《丁野鹤逍遥游序》①可谓是一篇不袭故常的奇文。称其奇特,因龚氏实以小说笔法行之。文章开头并不介绍丁耀亢(野鹤)其人其诗,只是从故旧王子房说起。开篇点明"子房矜慎许可,为子房故人良难",为后文埋下伏笔。接着叙述自己与子房定交之经过,然后着重以传奇手法描写子房之奇人奇事:

　　　　是时疆事且裂,中原灌莽,鞠为贼巢,诸道解围之兵,摇手顿足不敢进。子房顾独慷慨议天下事,时与石交曹子古遗及吾等一二人弹指出血,泪痕、酒痕交涴于袖,长安公卿闻而怪之,或遂有昵就之者,乃子房即亦喜自见,上拟管、乐,下犹不失峤、侃,薪薪如也。一日所乘马逸,堕身沟岸,腰背作苦,卧病鹫峰者匝月。吾等时时过视,摩挲一榻,形殊愈而神王,曰:"劳苦诸兄弟望我厚,今却断送一边材矣。"方吾等鼓掌时,壁间常隐隐有数人,则子房故人中之尤亲昵者也。

　　王子房狂直慷慨一血性男子,生于中原板荡之际,自拟边材将器,所交必皆忧国忧民之人。龚鼎孳此时不直接交代丁氏,而是以"壁间常隐隐有数人"句设下悬念,颇有唐传奇作意好奇之风。子房讨贼身死后,龚氏于海陵偶遇山东丁野鹤,"与之谭,伉爽磊落,

――――――――――
　　①　《定山堂文集》卷四

心知为豪杰士。及叙述平生所与游,则固吾子房壁间一人"。主人翁至此方才正面出场,但前之叙事不为多余,一则可见丁氏得为子房尤亲昵者,必非凡俗之士;二则可为后文之伏笔,野鹤得遇龚鼎孳,"已出哭子房诗,并索吾为子房所上书,共读之",突出了丁氏对故友生死不渝的真情厚意,正所谓生死见交情。下文转入正题,谈及丁氏《逍遥游》诸诗,除了作者对丁氏诸诗的赞誉外,还加入了丁氏之自评:"吾等称诗小异人者,腹中多数卷史书耳。"简短一言,便使一种缘于诗书满腹的自信跃然纸上。作者身为"小说"中的人物之一,其情感状态也得到了较为充分的体现。不难看出,此文中小说之三要素情节、人物、环境皆已具备,而人物的性格、神态、语言、心理又如在目前,以小说笔法来写序文,却又未曾失却序文的特征,比之纯粹的序文多了跌宕的故事情节与丰满的人物形象,比之纯粹的小说又多了议论的空间与表达的自由,可以说是双美兼得相得益彰。除此之外,前述之写人散文《郝司农传》中关于郝杰假道于贼的记述,同样亦是以小说为古文辞。

　　龚鼎孳为文,有局阵纵横五花八门之妙,文与文之间命意容或相似,但立局布置则大不相类,变化多端却又天衣无缝,不蹈故辙故能出奇制胜,这也可以说是龚鼎孳不愧名家之称的重要原因。

五、融典于文,蕴藉渊深

　　融典于文是龚鼎孳散文一个很重要的特点。"若夫文之以喻人也,征于旧则易为信,举彼所知则易为从。"[1]典故的使用不仅易于取信读者,而且典故之历史包容性与内涵丰富性能使作品显得蕴藉渊深、典雅厚重,而不是一览无余的浅白与肤庸,同时也易于使读者从事类的联想中迅速掌握文章所要表达之意涵。所以只要

---

[1]　黄侃《文心雕龙札记·事类》,上海古籍出版社,2000年,第187页。

不是逞才使博滥用典故,那么适当的用典实能为文章增色不少,龚氏为文亦是深谙此道。

典故的运用能收到以少总多、情貌无遗的言说功效。龚鼎孳为友人谢朴先作像赞,称其"不侧孟嘉参军之帽,居然幼舆岩壑之风。今但见其秃衿芒屦,神怀萧寂,以为道人畸士,岂知其风流蕴藉,为朗朗玉山之叔则,濯濯春柳之王恭也耶"①? 短短数十字之像赞,龚氏连用《晋书》中孟嘉落帽、《世说新语》中谢鲲之一丘一壑、裴楷之"玉山上行,光映照人"与王恭之"濯濯如春月柳"的四个典故,从而勾勒出一位气度宽宏、风神超迈的高人形象,能于如此简练的语词中传达出如此丰富的涵义,实应归功于用典之贴切精到。龚氏为何省斋之悼亡诗作序,言"荀奉倩之抱神伤,难堪死别;潘安仁之对遗挂,犹是生前"②,用《世说新语》中荀粲因妻死而哀毁早逝之事典与潘岳《悼亡诗》中"流芳未及歇,遗挂犹在壁"之语典来喻指何氏的丧妻之痛,用两个最著名的悼亡典故来说明寡鹄孤鸾之恨萦愁绕,可谓言简意深。

典故的运用能使情感的表达含蓄而有节制。甲申夏,龚鼎孳滞留京师,其时清人入关,龚氏南归未果,乞休不允,郁郁寡欢而发为"吾等生逢戎马,身作俘囚,登王仲宣之楼,时无刘表;读庾子山之赋,梦绕江南。兰荒芷老,悲三径之难寻;玉树后庭,与千秋而同感"③之慨叹,以"悲旧乡之壅隔兮"④的王粲尚得遇刘表来反衬自己的徙倚无依,以身仕敌国之庾信表达乡关之思的《哀江南赋》来暗合自己对明王朝之哀思,以蒋诩辞官回乡而得二仲从游三径的掌故来表达自己乞归不得之悲戚,以一曲《玉树后庭花》的亡国悲音来倾吐自己的黍离之感。立身于新朝的龚氏自然不敢将此等心

①　《谢朴先像赞》,《定山堂文集》卷一三。
②　《何省斋悼亡诗序》,《定山堂文集》卷四。
③　《题画与曹秋岳》,《定山堂文集》卷一六。
④　王粲《登楼赋》。

意平白叙来,故惟有运用典故,借古以讽今,在古人古事的外衣下来表达自己对现实的深创剧痛。又如在《祭同年任玉仲侍御文》中,龚氏就连续用典来表达自己的悲哀恸怛之情:"午桥明月,犹忆吹箫;楚馆苍烟,徒嗟逝水。登王子之堂,人琴俱毁;过桥公之墓,车辙销魂。岂不恸哉? 计纵百年,忧深孝章,愁添洗马。公抱西河之恸于生前,余哭子期之亡于燕邸。只今秋风华表,鹤不归家;木下洞庭,人悲歧路。"①这里的典故有杜牧《寄扬州韩绰判官》"二十四桥明月夜,玉人何处教吹箫"、《论语》中孔子所言"逝者如斯夫,不舍昼夜"、《世说新语》中王徽之献之兄弟之人琴俱亡、《后汉书·桥玄传》中曹操之车过腹痛、孔融《论盛孝章书》之论盛氏多忧、《世说新语》中卫玠渡江之"百端交集"、西河教授子夏的丧子之痛、伯牙子期的千古交情、丁令威之化鹤归乡、《九歌·湘夫人》中"袅袅兮秋风,洞庭波兮木叶下"、《荀子》中杨朱泣歧,经史子集信手拈来,皆为我用如自己出,既使文章典雅深沉,同时典故含蓄凝练的表达也避免了悲痛之情的过分宣泄,从而使文章有一种节制中和之美。

典故的运用能避免文意流于鄙俗与浅薄。顺治八年(1651),李藻先于顺天乡试下第,南还之时,龚鼎孳作序以赠之,对历史典故的纯熟运用使得全文寄慨遥深悠然意远:

> 文靖功奠江左,而韵流丝竹;太真志清王室,而色动镜台。标映风流,居然高简,负英雄之姿者,无妨燕婉之情。若夫鹿车沉饮,深衷寓于闲关;庐侧醉眠,伺察终无他意。韬精埋照,有托而逃,酒色之正,顾不可与入道乎哉?
>
> ——《送李素臣南归序》②

---

① 《定山堂文集》卷二四。
② 《定山堂文集》卷六。

文中用谢安之功在邦家而寄情丝竹、温峤之志在澄清而萦怀佳人的典故,来证实英雄多为情种;又以刘伶之鹿车沈饮下之韬精闭关,阮籍之醉眠妇侧而终无他意的典故,来说明酒徒不废道心。此中种种不过是为了劝解李氏莫要志气衰颓,仕途虽暂时不通,只要雄心常在道心不泯,中林泉石金石丝竹醇酒佳人亦不失为人生乐事。如此意念,若直截说来只怕流于俗陋,故"据事以类义,援古以证今"①,从而使全文境界顿生情思超举。

"是以属意立文,心与笔谋,才为盟主,学为辅佐。"②文章之用典实为最能体现作者之才学处,因为学不足则无以驱遣典故,才不高则达不到使事无痕,以此衡之,我们不妨说龚鼎孳确为博综典籍才高学富之人。他的用典,既能指事类情深入隐微,又能融典于文自出己意,丝毫不给人以饾饤典故矜才炫博之感,确为难能可贵。

六、语言传神,句式多变

语言句式虽属文章末技,但古人云"辞程才以效伎"③,词句在很大程度上影响着文章的言说效果,同时也体现着作者才情之高低与技艺之优劣,故未可小觑。龚鼎孳之语言风格随文而变,或典雅矜重,或轻灵流丽,或纵横凌厉,或平易亲切;其句式则骈散相兼长短互见,给人以不拘一格变化错综之感,对其文章独特韵致的形成起了重要作用。

龚鼎孳散文之所以能予人一种艺术美感,在于他能将语言的形象美发挥到极致,他巧妙运用字符之组合摹形状貌传情达意,让人流连于美妙绝伦的物态人情中,如品醇醪如餐瑶屑。试看:

---

① ② 刘勰《文心雕龙·事类》。
③ 陆机《文赋》。

　　　　章侯画法,妙绝一时。所作美人图,风神、衣袂奕奕有仙
气,尤出蹊径之外⋯⋯今于沛上友人觅得此轴,笔墨倩冶,工
而入逸,脱去脂粉,独写性情,乍凝睇以多思,亦含愁其欲语,
徘徊想似,如矜如疑。即其间芳草无言,裙香暗展,石影映珊
瑚之骨,兰风浮玉碗之香,点缀旧幽,亦令人魂消心死,而况揽
翠蛾于临镜,约绣带于合欢者哉? 吾心中一瓣香,又在汤临
川矣。

　　　　　　　　　　　　　　　　——《题陈章侯美人画》①

　　陈洪绶画笔下之美人何等形貌今已难见,只是一经龚鼎孳形
容,便宛然若生。美目清扬顾盼生辉,玉骨琼肌风送微芳,临镜自
照顾影自怜,龚氏不仅传达出美人之艳质天然,更以"凝睇以多思"
"含愁其欲语""徘徊""矜疑"状其神情意态,使画中人栩栩如生。
作者以灵动跳脱的文字摹写出活色生香的画中人,其令人心旌荡
漾的美丝毫不逊于汤显祖笔下"近睹分明似俨然,远观自在若飞
仙"之杜丽娘写真,龚氏能将画意如此完美地转化为诗情,实属不
易。又如《吴陵秋社诗序》摹绘诗社文士日夜觞咏之情状:"夕漏既
终,星催人散,灯火青黯,虫言悄然,牙签一枝两枝,横斜枕畔,与钿
粟花须上下。未停午,则门前剥啄,短笺长幅,似落红坠絮,滚滚来
矣。"②在一番黑夜与白昼的轮替中,在一种阒寂与喧阗的比照下,
龚氏将一场精神盛宴带给文士的那种深刻的宁静与蓬勃的生气用
一种诗化了的笔触娓娓传达出来,名士风流世味清欢,让人们也不
禁为这种诗意的存在心生向慕。

　　龚鼎孳之语言除了形象美之外,还有一种回环起伏的音乐美。
试看《赠薄尘上人序》:"从数千里外想西湖,一恨事;从数百年后想

---

　　① 《定山堂文集》卷一五。
　　② 《定山堂文集》卷三。

东坡,一恨事。髯翁邈矣,吾不得见,见一笔、一墨、一吟、一咏,如一巾、一袂、一笑、一语焉,是此老犹与我拱揖乎石几蕉榻之侧也。若乃烟妆月抹,有美一方,吴黛锁其遥愁,楚云结其幽梦,六桥花柳,几成千古相思之谱,温柔有乡,吾独难老,安得不令情痴断肠耶?"①且不论此文之清词丽句有夺目摄魂之妙,光从语言的往复交替、长短伸缩与快吟慢咏间,就营造出疾徐有致之节奏感与和谐流动之韵律感,而这种音乐美又与烟妆月抹、吴黛楚云的形象美结合在一起,谱就了一阕温丽缠绵、闲澹幽雅之西湖曲。又如《蔡伯朗像赞》:"伊何人,秀而美。剑横秋,笔生蕊。致翩翩,殊自喜。疾衔枚,夺枭垒。黄金印,紫貂珥。莲花幕府歌钟起,为报将军折展齿。伟丈夫,当如此"②,读来竟有古风情味,究其所以,则是缘于三字句与七字句的交迭错综、押韵谐律将文章的音乐性凸显到极致,而诗乐本不分家,故文在这里也因音乐这个中介而获得了诗歌之情韵。

龚鼎孳行文,或骈词俪句对仗工整,或奇句单行长短错出,或骈散兼行随义而发。如《朱清瑟雪访诗序》,全文很大篇幅乃用骈文写就,摘取其中一段观之:

> 元夜凭栏,雪花如絮,远峰冻合,近树微茫。君歌仙去之诗,我写澹烟之影。寒香作国,琼树见而不飞;素艳为邻,绛烛怜而并永。迨乎青山渐昵,白雪矜传,高流订翰墨之缘,老衲奉茗薰之位。琴尊妙合,萝竹交迎。茶沼寻幽,人讶季疵未往;丝桥索醉,鸟疑苏髯重过。讵云名士风流,殆具游人清福。③

----

① 《定山堂文集》卷六。
② 《定山堂文集》卷一三。
③ 《定山堂文集》卷三。

　　龚鼎孳为朱氏诗集作序，将文人元夜观雪、翰墨共赏、品茗寻幽之雅趣全用骈语道出，四六间错抑扬有致，对偶精切呼应巧妙，于整饬中见灵动，于偶俪中见生气，作者的情感、文章的意趣与骈文的形制达到了水乳交融的状态。更为难得的是，常有形式主义之讥的骈文，在龚氏的笔下却显得文采高华词风清隽，不落藻饰堆垛之流，不入夸奢斗靡之途，恰与文中所言"素艳"二字深相吻合，给人以轶尘绝迹不着色相之感。

　　除《吕仙醉像赞》《还愿礼佛疏》《题园次倡和诗》等若干篇章外，龚鼎孳纯为骈四俪六的文章并不多见，龚文更多是有骈有散，做到了骈文之韵与散文之气的完美融合。仅以其政论散文为例，龚氏玄孙永孚称其奏疏"卓乎贾长沙，陆敬舆之遗风"[①]，将龚氏奏疏拟之于前代奏议名家贾谊、陆贽。平心而论，龚文矜慎谨严之风与贾谊铺张扬厉、带有战国纵横家气息的文风大不相类，但陆贽的骈体奏议却可在龚文中觅得仿佛，如"故礼不可太简，简则玩心生，玩则肆，非所以尊朝廷也。然避简而趋于太烦，烦则厌心生，厌则怠，亦非所以式久远也""臣闻致治之道，莫急于用人；而求才之方，恒兼乎使过。即以臣负咎之身，本无寸长可采，皇上既洗濯而拔用之矣"[②]。龚氏之奏疏虽以散体文为主，但这种奇偶迭用的笔法亦不鲜见。政论散文之外，这种寓骈于散的例子于龚氏其他文类中更是俯拾皆是。骈偶相间，使得文章既有排偶工整形成的旋律美，又有参差错落带来的气势美，同时还有一种自由与规矩相平衡产生的张力美。"骈中无散，则气壅而难疏，散中无骈，则辞孤而易瘠。两者但可相成，不可偏废。"[③]龚鼎孳之文能集藻采华赡与气

---

①　龚永孚《龚端毅公奏疏跋》，《龚鼎孳全集》，第 2550 页。

②　"故礼不可太简"数语出自《酌议礼仪以垂一代定制疏》，《龚端毅公奏疏》卷一；"臣闻致治之道"数语出自《惜人才以收器使之效疏》，《龚端毅公奏疏》卷四。

③　刘开《与王子卿太守论骈体书》，刘麟生《中国骈文史》，东方出版社，1996 年，第 102 页。

势苍浑于一身,相当程度上就得益于这种吸收了骈文因素的散体文创作。

　　陆机《文赋》曾言每当下笔属文之时,"恒患意不称物,文不逮意,盖非知之难,能之难也"。此中之"能",很大程度便是语言锤炼与句式安排的技巧。龚鼎孳为文精于此道,故有必达之隐,无难显之情。从他的笔楮下流溢出来的文字,总是如此精准而传神,而他对这些携着生命与灵气的字符进行着连词成句的思维活动时,总能从句式的骈散、长短、疾徐、轻重的变化中传达出文章独有的情思与气韵,可以说龚鼎孳是当之无愧的语言大师。

　　本节将龚鼎孳文的艺术特征归纳为六点,当把这六点结合起来,便大体可得龚文艺术之全貌。龚文一旦涉及国是民生、盛衰治乱、伦常之道的内容时,便是"疏理致用,矜慎谨重"的儒者面目;但同时他的不少篇章注重抒发真情实感,以情动人,某些文字甚至予人"哀情太重"之感;此外,其抉剔世情一类的文章奔放驰骤,以气取胜,这类文章与"哀情太重"文字一道,体现了龚鼎孳风流逸宕之才子气,与其矜慎谨重的儒者面目形成鲜明对比。其文不论疏"理"述"情"抑或使"气",皆能做到如下三点:行文结撰巧妙、笔法灵活,有大法而无定法;善用典故,为文蕴藉渊深;语言精准传神,能集华采与气势于一身,于句式的无端变化中传达出文章独有的情思与气韵。

第五章　龚鼎孳文学思想探析

在以上几章探讨龚鼎孳文学创作的基础上,笔者拟对龚鼎孳的文学思想作一探析。龚鼎孳是明清之际的文学大家,但他的理论建树却远不能达到其文学创作之高度。他的文学思想主要分为"诗文观"与"词学观"两大块,相形之下,他的诗文观比词学观更为系统与全面。但它们均散见于他为友人的文集所作的各类随感式、印象式的序跋中,可见他并没有建立起文学批评的自觉意识。但即便如此,龚鼎孳作为顺康之交的文坛盟主,他的文学思想反映的就是特定时代下文学之主流意见,藉此可以探视清初文学观念之重构与整合,故而研究他的文学思想实在也有窥一斑而见全豹的重要意义。

第一节　龚鼎孳的诗文观

明代文坛流派纷呈,争讼不休,其中影响最巨的是以前后七子为代表的复古派和以公安、竟陵为代表的性灵派,他们引发的学古与求真、法度与新变、雅与俗、情与格诸种争论,成为贯穿有明一代诗文批评领域的核心问题。明清之际,经历了前所未有之政治劫难与社会动乱的人们在总结明亡教训的同时也把对明代诗文的反思提上了正人伦振士风的高度。明七子的"工于气象,歉于神明"①固然为人不满，而公安派之浅率鄙俗与竟陵派之尖新奇僻也同样招致不少非议，尤其是竟陵派的"以凄清幽渺为能"②，更是被视作消飒不祥的亡国之音而承受着来自文学界域外的种种责难。尽管众声喧哗难定一尊，但明代壁垒森严相互攻讦的门户习气在明清之交已然渐次消退，复古派的格调论与性灵派的主情说在明末清初文人的努力整合下逐渐从水火不容走向折中融合。最典型如以陈子龙为首的云间派法乳七子，倡言先辨形体但又承认情志为本，以钱谦益为代表的虞山派取法公安，强调性情为本却又不废形式。在这个百派回流的理论反思与重构过程中，一代文坛盟主龚鼎孳也发出了自己的声音。他的诗文观受到复古派和竟陵派一定程度的影响，但他也认识到二者的不足。他的诗文观未能超出时代思考范畴之外，而且多散见于他为友人所作之印象式感悟式序跋中，但这些林林总总的片段式表述却有着一以贯之的观念与原则，接下来笔者将对此展开详细分析。

一、推尊汉魏三唐

崇古复古是明代文坛的一大标志，而前后七子则是明代文学复古思潮的代表人物。"正德、嘉靖、隆庆之间，李梦阳、何景明等崛起于前，李攀龙、王世贞等奋发于后，以复古之说，递相唱和，导天下无读唐以后书。天下响应，文体一新。"③七子受宋严羽"以汉、魏、晋、盛唐为师，不作开元、天宝以下人物"④之复古论调的影响，倡

---

① 陆次云《皇清诗选自序》，谢正光、佘汝丰《清初人选清初诗汇考》，南京大学出版社，1998年，第72页。

② 钱谦益《刘司空诗集序》，钱曾笺注，钱仲联标校《牧斋初学集》，上海古籍出版社，2009年，第908页。

③ 永瑢等撰《四库全书总目》卷一九〇《〈明诗综〉提要》，中华书局，1965年，第1730页。

④ 《沧浪诗话校释·诗辨》，第1页。

言"文必秦汉,诗必盛唐"①,认为"文自西京,诗自天宝而下,俱无足观"②,具体而言,他们主张散文学先秦西汉,五古与乐府学汉魏,七古与近体诗学盛唐,七子希望通过恢复汉魏盛唐格高调逸的审美传统以变革当日"台阁体"与"性气诗"所带来的平庸萎弱之文风。七子论诗也有鲜明的"尊情"之主张,但由于过于重视前人之法度与格调,以至是古非今尺寸古法,所作诗文格调高古却其中枵然,其后学更是堕入模拟剽窃虚伪矫饰之歧途,但其影响却一直延至清初而未衰。在文章领域七子之影响不如唐宋派,清人更乐于接受唐宋派提倡的文从字顺、平易畅达的文风而不取秦汉文之艰深古僻,龚鼎孳文亦有着向唐宋古文传统回归的鲜明倾向,只可惜他在这方面的论述是少之又少,而他推尊汉魏三唐的言论多是针对诗歌而发,这是展开论述之前必须明确的前提。接下来再探讨龚氏复古诗学观之具体内涵。

首先,在师法对象上,他以七子为风雅正宗。七子的格调说以汉魏盛唐的形式风格为最高典范,后人只能趋步追随而不能变革超越,这种复古论调自然对诗文思想内容的表达构成限制;但另一方面,汉魏盛唐之诗歌审美传统又确实是中国古典文学最辉煌的一面旗帜,其古雅浑灏、风清骨峻的面目与雄奇壮阔、高华遒爽的气象已经积淀为华夏民族审美意识中最本源也最重要的组成部分。七子在诗风萎靡不振之时举出这面旗帜以唤醒人们的一种健康积极的审美意识,自是功不可没,所以尽管其后有公安、竟陵纠弊于前,又有钱谦益猛烈抨击于后,却一直流风未歇。以龚鼎孳去世的康熙十二年(1673)为界,在此之前的清初诗坛三十年,其主流声音依然是对汉魏盛唐诗的推崇,而龚鼎孳也是汉魏盛唐传统之忠实维护者。他虽然与钱谦益私交甚笃,但对钱氏弹射七子的言

---

① 《明史》卷二八六《李梦阳列传》,第 7348 页。
② 《明史》卷二八七《李攀龙列传》,第 7378 页。

论,他是深不以为然的,邓汉仪《慎墨堂笔记》记载:"钱虞山选历朝诗,极诋李空同。龚孝升曰:'空同诗自宏正,传来二百余年,到老先生眼中,似未可轻骂。'"①他以绵里藏针的方式否定了钱谦益对前七子魁首李梦阳(空同)的指摘,同时旗帜鲜明地肯定空同诗风乃宏大雅正之体,而且其追和明七子的诗歌在其追和诗中所占比例仅次于和杜诗,可见他对七子是真心服膺的。《定山堂诗集》卷三一有《寄金长真太守》一诗,中有"更采遗编扶大雅,深灯点笔尽琳琅"之句,诗下自注云:"长真重刻《何大复集》。"何大复即前七子之代表何景明,龚鼎孳褒扬金氏重刻何景明文集乃扶轮大雅之盛举。此外,他在《跋王子云手卷》感叹"弇州往矣,历下邈然"②,对后七子之魁首弇州(王世贞)、历下(李攀龙)表达了很深的向慕之情。七子在其心中风雅正宗之地位显然可见。试看他为云间张寄亭诗集《云门稿》所作之序:

> 乐府踞两汉之巅,五古造建安之室;歌行雄迈,合李杜为一家;近体森严,综三唐之诸美;五绝方驾乎摩诘,半律伯仲乎龙标;至五排则又洒笔千言,江海潒瀚,无以测其所至,洵天下才也……而信阳、北地以来,风雅一席,舍斯人其谁归……云间固多才,于斯人而益信。
>
> ——《张寄亭云门稿序》③

序中将张诗方之前贤极尽赞美之词,称美其诗具汉魏三唐之体格风度,更言张氏已摩建安诸子、李杜双雄、王维(摩诘)、王昌龄(龙标)等诗坛大家之垒。酬赠溢美固不必全然取信,但龚氏评诗

---

① 邓汉仪《慎墨堂笔记》,《四库禁毁书丛刊补编》第57册,第518页。
② 《定山堂文集》卷一五。
③ 《定山堂文集》卷五。

以汉魏三唐为标准却是一目了然。他还肯定张氏接续信阳（何景明）、北地（李梦阳）风雅之席的功绩，可见在龚氏心中，七子之传统就是汉魏盛唐之传统，代表着风雅正宗。之后他因称许张氏而感叹"云间多才"，这并非无关痛痒的应酬之语。在七子确立的诗歌传统被公安、竟陵质疑排击后，以陈子龙为代表的云间派不遗余力地重建汉魏盛唐之诗歌传统，虽然云间派对七子之理论做了一定的修正，但修正正是为了维护与发扬，他们在本质上是属于七子一派的诗学阵营，正所谓"云间诸子……以大樽为眉目，追沧溟之揭调，振竟陵之哀音"①。龚氏将汉魏三唐诗歌、七子与云间派并举，看似无心，实则有意传达了他所认定的一条正统诗歌之发展脉络：汉魏三唐→明七子→云间派。

尽管龚鼎孳将明七子抬举到极为崇高的地位，但他对七子并非盲目追随，他曾经明言七子失之于隘②，可见对七子诗学观存在之缺陷流弊，他还是了然于心的。而对七子诗学观之利弊的清楚认识，既是龚氏反思明代诗学的基点，也是他构建自身诗学思想之起点。在明确了龚氏对七子的基本态度后，再来分析他推尊汉魏三唐的相关言论：

> 铁夫之诗，乐府、歌行卓然得古人之神味，其全体似青莲之豪宕飘逸，而顿挫沈郁、横空盘硬句亦近似少陵。至五七言近体往往以古调出之，气骨遒劲，正从不甚修饰处见梗概磊落之意。
>
> ——《姜铁夫诗题辞》③

---

① 顾景星《周宿来诗集序》，《白茅堂集》卷三四，《清代诗文集汇编》第 76 册，第547 页。

② 《定山堂文集》卷五《过日集序》：即近代历下之选，取其近于历下者而已；竟陵之选，取其近于竟陵者而已。二者虽或失之隘，或失之泛，而皆得其性情之所近。

③ 《定山堂文集》卷五。

往者诗学榛靡，士竞为新声，置古法于不问，与治独与其友具区葛震父、淳湖邢孟贞倡和切磨，一以汉魏三唐为法，含情超隽，吐词简远，得古人之灵气清格，而脱去庸熟窠臼，远近翕然宗之。

——《顾与治茂绿轩诗集序》①

乃吾读然石诗，其悲壮类少陵，奇险类昌黎、东野，冲淡类襄阳、苏州，而兴会所至，率意挥洒，亦有在香山、眉山之间者。

——《彭然石留质堂诗题辞》②

这三则材料都从不同的侧面说明龚鼎孳推尊汉魏三唐之真正意涵。第一则材料以姜铁夫之乐府与歌行拟之于李白、杜甫盛唐两大家，再称赞其近体诗能以古调出之，所谓"古调"，即古雅浑朴刚健明朗、不大讲究辞藻与属对的汉魏古诗，这种论调，与七子对汉魏盛唐诗歌的顶礼膜拜是一脉相承的。

第二则材料显示了龚鼎孳的取径远较七子宽阔。材料开头龚鼎孳批判士人"竞为新声，置古法于不问"，所谓"新声"，即指公安、竟陵倡导"性灵"却堕入浅率与幽峭的不良诗风，"古法"则是指七子以法度格调为重的复古诗学观。虽然龚氏舍性灵派而从七子派，但他却从两个层面拓宽了七子的复古主张。一是在取法对象的层面从七子标举盛唐拓展为囊括三唐③，突破了七子"诗必盛唐"的狭隘眼界，将整个唐代丰富的诗歌资源都纳入可资借鉴的范围。他时常将"开元"与"大历"并举，"《净悦游》诸诗，原本性情，发

---

① 《定山堂文集》卷五。
② 《定山堂文集》卷三。
③ 唐诗分期历来说法众多，如宋严羽《沧浪诗话》"五体"说（唐初体、盛唐体、大历体、元和体、晚唐体）、元杨士弘《唐音》"三唐"说（初盛唐、中唐、晚唐）、明高棅《唐诗品汇》"四唐"说（初唐、盛唐、中唐、晚唐）等。此处"三唐"泛指整个唐代。

摭忠孝,出《风》入《雅》,郁然开元、大历之篇"①,"盖西屏之诗,原本性情,纬以《骚》《雅》,鼎彝苍然,薰兰芬郁,开元、大历而下,无足当其位置者"②,"其(存永)为诗,典则高华,珠光玉洁。原本于古诗、乐府,而泽以开元、大历之风藻,盖称其家学,每进愈上矣……"③"开元""大历"分别为唐玄宗、唐代宗之年号,开元盛世是盛唐之巅峰阶段,开元诗风实乃盛唐诗风之代指;大历时期已入中唐,经历了安史之乱的唐朝由盛转衰,此时的士人不再有盛唐文人那种自信昂扬的情志,顿由生气弥满、高华壮丽之盛唐气象一转而为冷落寂寞、细润清雅的大历诗风。大历诗风较之开元诗风,虽有韵致但气骨已衰,自然不为排诋天宝以下诗之七子所喜,而龚鼎孳屡屡将"开元"与"大历"相提并论,可见在他的观念中,盛唐与中唐皆为唐诗之繁荣期,在这个层面上可以说他已经破除了严羽与明七子狭隘的唐诗观。二是在取法方式的层面从七子注重外在形式之模拟转而为强调学习古人诗歌之"灵气清格"。"灵气清格"的提出,实际是将复古派对气格的强调与性灵派对情感的重视融合会通之结果。"得古人之灵气清格"与竟陵"务求古人精神之所在"④的说法实有异曲同工之妙,皆为力求协调"师古"与"师心"之关系而得出的折中之论。龚氏虽然法乳七子,却能意识到他们机械拟古之"庸熟窠臼",他批判公安、竟陵之"新声"造成的靡弱文风,但同时又能不为成见所囿,取其可用之处,因此才能吸取众家精髓,避免七子论诗的褊狭。

第三则材料中,其用以夸美彭诗而列举的诸位唐诗名家中,少陵(杜甫)、襄阳(孟浩然)乃盛唐诗人,昌黎(韩愈)、东野(孟郊)、苏

---

① 《罗诃庵〈净悦游〉序》,《定山堂文集》卷三。
② 《吕西屏诗序》,《定山堂文集》卷四。
③ 《徐存永尺木堂集题辞》,《定山堂文集》卷四。
④ 钟惺《隐秀轩集自序》,钟惺著、李先耕、崔重庆标校《隐秀轩集》卷一七,上海古籍出版社,1992 年,第 260 页。

州(韦应物)则是中唐诗人,这从另一个角度印证了龚鼎孳盛中唐并重的诗学观。从这则材料中,还能看到龚氏颇能欣赏唐诗中的异量之美。举凡杜甫之悲壮、韩孟诗派之奇险、孟浩然与韦应物所代表的山水田园诗派之冲淡,均能令其容纳乃至激赏。但他对唐诗中尚通俗坦易的元白诗派和宋诗就很有夷然不屑之意味。他在赞美彭诗能兼唐诗诸家之美后,来了一个意味深长的转折,"而兴会所至,率意挥洒,亦有在香山、眉山之间者",认为彭诗类于香山(白居易)、眉山(苏轼)之处是率意挥洒之笔,亦即未经深思熟虑之败笔。"元轻俗白",推崇格高调雅之复古诗论家自然无法赞许元白诗派之浅俗,同时元白诗派于诗中叙事议论的习气实已开宋诗风气,自然不为尊唐派认可。龚氏不诋以韦应物为代表之大历诗人之冲淡幽隽,却不能接受白居易之诗风,实隐然见出他对竟陵派之认同度要远高于公安派。苏轼才大学博,作诗不主故常,是北宋诗坛第一大家,龚氏屡屡在文中称道苏轼之风节格尚,其词多有和东坡韵,其文对苏轼亦颇有借鉴,但苏轼作诗纵意所如信笔挥洒在龚氏看来却有"率意"之失。苏轼诚有部分率易粗豪之篇,但更多却是自然高妙的佳作,他之所以不入龚氏之法眼,根本原因在于他是"以文字为诗,以才学为诗,以议论为诗"①之宋诗风的典型代表,自然与推尊汉魏三唐之龚氏相左。于此可见,龚氏论诗有其开放性与包容性,但他对通俗诗派和宋诗的评衡却不在这种开放性与包容性的界域内。

　　综上可见,龚鼎孳虽然继承了明七子推尊汉魏盛唐的复古论调,但他也看到了七子诗论之狭隘而力求变革,他一方面拓宽了七子取法之门径,从汉魏盛唐进而为汉魏三唐,对唐代不同时期的不同诗风(通俗诗风除外)都表现了一种难能可贵的宽容意识;另一方面,他努力寻求一条能够平衡"师古"与"师心"之关系而有益于

---

　　①　《沧浪诗话校释·诗辨》,第 26 页。

诗歌健康发展的康庄大道,提出了"得古人之灵气清格"的主张,为弥合复古派与性灵派之间的理论隔阂做出了自己的独特贡献。

二、"性情说"与"原心说"的并立

"性情说"是龚鼎孳诗文观之核心。不少研究者认为继承七子倡言复古是龚氏文学思想之关键,实际上,和"性情论"相比,龚氏推尊汉魏三唐的复古论只能处于被统辖之次要地位。而且龚氏的复古论只针对诗学领域,而他的性情论则是统摄一切文学创作的观念总领。龚氏的这种言说选择与明末清初一种力求复兴儒家传统的诗文语境有着很大关联。清初士人把明亡的原因归结为传统失坠而导致的士风与学风之败坏,那么回归传统就成了拯溺救弊的唯一出路。明清之交影响最大的文学社团复社带头掀起"尊经复古"之风,家国存亡之际倡言"复古",已经大不同于明七子从形式风格上的专意拟古,而是具备了一种强烈的现实品格与道德情怀,他们要恢复的,是"以程朱理学为指导思想,以济世致用为基本宗旨的儒学传统"①。而这种现实关怀反映到诗文领域中,便是伦理色彩极其强烈的"性情"取代晚明以来张扬个性凸显人欲的"性灵",成为文学领域的核心观念。

"性情"最早是一个哲学概念。"性情论是先秦以来中国古代思想家、哲学家关于人性、道德理性与生命情感、情欲之间相互关系、对应状态的思考。"②可见"性"与"情"是一个概念的两个维度。先秦儒家对"性"与"情"关系的论述,最有代表性的说法是郭店楚简《性自命出》中的"性自命出,命自天降。道始于情,情生于性"和

---

① 蒋寅《在传统的阐释与重构中展开——清初诗学基本观念的确立》,《中国社会科学》,2006 第 6 期,第 158 页。

② 马育良《关于中国性情论史的学术思考》,《皖西学院学报》,2010 年第 1 期,第 131 页。

《荀子·正名》中的"性者，天之就也；情者，性之质也"。"性"主要指人性、天性，是生而有之的，而"情"则指人的情感与情欲，它源自天性又深受后天生活环境之影响。自汉迄唐，人们对性情关系的把握从先秦"情生于性"的观念渐渐演化成"性善情欲""去情复性"的二元对立论。到了宋代，"性情"成了宋儒哲学体系中的核心概念，程朱一系的理学家，把"性"等同于他们思想体系的最高范畴"理"，成为世界之本源的"性"在"性情"关系中自然占据着主导地位，"性"与"情"二者间的主从、本末关系在空前发达的理学语境中正式确立。在理学家的眼中，"性"乃天理在人身上的体现，故无有不善；而"情"作为人的情感与情欲，则有清浊善恶之分。为理学家推许的"情"都是发而中节、循道复性的道德情感，除此便是遮蔽人心的私欲杂念。宋儒为"性情"学说奠定的这种理论基调，对中国哲学史、中国思想史乃至中国文论史都产生了无比深刻的影响。

　　文学领域的"性情说"最早可追溯到《诗大序》的"吟咏情性，以风其上"，而诗序的作者又对这种讽谏其上的诗篇作了"主文而谲谏"的表达形式层面之要求，其实这里已经将"情性"与儒家"温柔敦厚"的诗教观①建立起了一种至关密切的联系，可以说"性情说"在文学领域诞生伊始便带有鲜明的伦理政教色彩。六朝时期，随着文学"自觉"时代的到来与乱世中儒家道德教条之思想控制力的减弱，"性情说"也由汉代的强调社会关怀与政治干预更多地转为重视个体之情感表达与个性凸显。刘勰《文心雕龙》的"气以实志，志以定言，吐纳英华，莫非情性"（《体性》）、"文质附乎情性"（《情采》）、"文采所以饰言，而辩丽本于情性"（《情采》）、钟嵘的"气之动物，物之感人，故摇荡性情，形诸舞咏"（《诗品序》）等等，他们所言的"性情（情性）"更为看重的是抒情主体的自然情感与个性气质。

―――――――――

　　①　《礼记·经解》："温柔敦厚，《诗》教也。"

可以说,汉代与六朝分别确立了中国文论领域之"性情说"的道德本位与情感本位。若说哲学层面的"性情说"强调道德本位,那么文学领域中的"性情说"则远为复杂,在其漫长的发展历程中,既有道德本位的言说,也有情感本位的诉求,同时也不乏既肯定情感抒发又要求道德制约的中正之论。可以说,晚明之前,"性情说"的三种理论取向都是并存不悖的,只不过时有主次轻重之别而已。晚明时期,公安派受李贽"童心说"的影响,高举"性灵"的旗帜反对七子的拟古蹈袭,竟陵派虽然延续公安派标举"决不与众言伍"①的"性灵之言"②,但他们在成熟期的理论中已经摒弃了公安派大力凸显真实人欲与热烈情感的"性灵",而把表达情感与涵养道德调和,提出了返归理学思维的"性情说"。谭元春明言:"夫性情,近道之物也。"③钟惺则称"欲其性情渊夷,神明恬寂,作比兴风雅之言。"④清初士人虽然对竟陵派口诛笔伐,但他们的"性情说"其实与竟陵派是一脉相承的,黄宗羲对"一时之性情"与"万古之性情"之辨析和对后者的推崇⑤,王夫之"诗源情,理源性"⑥的观念,钱谦益对"发乎情,止乎义礼"⑦的诗教观之恪守,无一不标示着"性情"取代"性灵"而成为清初文学的核心观念,士人大多倾向以重申道德情感的永恒性来反拨王学左派与公安派独重自然情感的晚明文

①②　谭元春《唐诗归序》,《续修四库全书》第 1589 册,上海古籍出版社,2002 年据辽宁省图书馆藏明刻本影印,第 524 页。

③　谭元春《王先生诗序》,《新刻谭友夏合集》卷九,《续修四库全书》第 1385 册,上海古籍出版社,2002 年据明崇祯六年张泽刻本影印,第 410—411 页。

④　钟惺《简远堂近诗序》,钟惺撰,陆云龙评《翠娱阁评选钟伯敬先生合集·文集》卷二,《续修四库全书》第 1371 册,上海古籍出版社,2002 年据中国科学院图书馆藏明崇祯九年陆云龙刻本影印,第 300 页。

⑤　参见黄宗羲《南雷文定》四集卷一《马雪航诗序》,《清代诗文集汇编》第 33 册,上海古籍出版社,2010 年据清程志隆刻本影印,第 282 页。

⑥　王夫之评选,张国星校点《古诗评选》卷二评陆机《赠潘尼》,文化艺术出版社,1997 年,第 91 页。

⑦　钱谦益《季沧苇诗序》,《牧斋有学集》卷一七,第 759 页。

学观,清初人的"性情说"多是"情感的理性化与理性的情感化"①。龚氏的"性情说"虽然在这种俨成一代风气的文学思潮中并无多少独到之处,但由于他兼受竟陵与七子影响,所以他的"性情说"颇可见出他依违于两派之间的特点及与他复杂的人生经历相呼应的充满张力的诗文观。

龚鼎孳"性情说"的形成当源起对竟陵派文学观之借鉴。竟陵派兴起于万历后期,其影响播于四方蔚为一代之盛,作为两大主帅钟惺、谭元春家乡所在之湖广地区,更是对其文学观风附影从奉为正宗。朱彝尊称"启、祯之间,楚风无不效法公安、景陵者"②,其实,竟陵派之影响力远在公安派之上。钱钟书先生就明确指出:"余浏览明清之交诗家,则竟陵派与七子体两大争雄,公安无足比数。"③可见竟陵派强劲之势。龚鼎孳的进士同年湖广麻城刘侗乃竟陵派之重要代表,龚氏与之有书信往来④。龚鼎孳于崇祯八年(1635)至十四年(1641)任职于湖北蕲水,那正是竟陵派文学势力范围。在蕲水与龚氏过从甚密的楚士黄正色⑤、黄耳鼎⑥、金瓯⑦等人或名列竟陵,或与谭元春交情颇深⑧,他们对竟陵派的态度也深刻影响了龚鼎孳。崇祯年间的龚鼎孳有过一段服膺竟陵的经历,他与谭元春还有书信往来⑨,在书信中他表达了对这位文坛前

---

① 蔡镇楚《中国文学批评史》,中华书局,2005 年,第 326 页。
② 朱彝尊《静志居诗话》卷二二"杜濬"条,人民文学出版社,1990 年,第 706 页。
③ 钱钟书《谈艺录》,商务印书馆,2011 年,第 248 页。
④ 《定山堂文集》卷一七《答刘同人年兄启》,卷一九《答刘同人》。
⑤ 《定山堂诗集》卷一《和答黄美中寄怀》,卷五《送黄美中令芜阴二首》,《定山堂文集》卷二《黄美中畏合堂近稿序》。
⑥ 《定山堂文集》卷六《贺黄以实奉使旋里序》,卷一九《答黄以实》。
⑦ 金瓯字卜公,《定山堂文集》卷一四《采隐庵募请藏经疏》提及。
⑧ 关于此三人,参见何宗美《竟陵派与复社关系初探》,此文收于《明末清初文人结社研究续编》,中华书局,2006 年,第 280—281 页。
⑨ 《定山堂文集》卷一九有《答谭友夏》《与谭友夏》《答谭友夏二则》。

辈极大的仰慕之情,并始终以未能一晤谭子之面为憾。《顺治蕲水县志》卷二二收有两篇《序龚孝升先生诗》,第一篇的作者为谭元春,第二篇的作者则为与谭元春、龚鼎孳私交甚笃的竟陵籍蕲水教谕詹在前①。此外,龚鼎孳还与谭元春二子谭笈(只负)、谭籝(只收)过从酬答②。据此称龚鼎孳与竟陵派渊源颇深并非无的放矢,而龚氏早年文学观之形成亦与竟陵派有着莫大关联,其作于蕲水任上的《贺黄以实奉使旋里序》一文是探究其"性情说"的重要篇什,这不仅是他早年折节竟陵的明证,更囊括了其"性情说"的所有理论要素,现笔者将其摘录如下:

> 夫清亦何名,岂徒字句间按衍得之乎?归本忠孝,发撼性情,斯乃物之至清,无有尚焉耳。夫性情之为物也,不可究端矣。性情得者,其人必真,其言必素。真与素合,言与人合,夫然后情与性合也。故以人配性,以言配情,兼斯二者,则近乎道……今之退谷与寒河,四天下之退谷、寒河也,学其肤清,殆于无肤;学其气清,殆于无气;学其穆穆,殆于木耳,取而覆之,去乃万里,两先生怒矣。黄子之退谷、寒河,则犹然两家故物也,岂惟不怒,爱亦有之,畏亦有之,离而独之,乳而一之……凡此皆黄子之情与性所著端焉者也。夫无性情,则无愧愤;无愧愤,则无文章。愧愤失,不可以言赏罚;文章失,不可以言是非。今天下何性情之少也?烽燧烛囊,豺狼在途,瘅人百罹,至尊独忧,当之者,其事愈难,其情愈变,文章之士,几不可为

---

① 《顺治蕲水县志》卷二四《艺文四》载:"詹在前,号卓尔,景陵人,举人。崇祯甲戌任蕲水教谕。"刘佑修、杨继经纂《顺治蕲水县志》,清康熙雍正间刻本。又谭元春著、陈杏珍标注《谭元春集》卷一九有《送詹卓尔谕蕲上》《托詹卓尔访黄美中山居》,上海古籍出版社,1998年,第526页。又《定山堂文集》卷一九有《答詹卓尔》《与詹卓尔》《答詹卓尔七则》,在与谭元春的书信中亦屡次提及詹卓尔。

② 《定山堂文集》卷一九有《与谭只负昆仲》《答谭只负只收》。

功矣,而吾终以望之性情之人。昔涪翁曰:"临大节而不可夺,
此不俗人也。"……惟不俗乃以见性,惟不夺乃可言情,古之名
士所以自处与处人家国者,本领往往如是。盖其视君父忧劳
实有与我毛发骨髓相系属者,今日铭彝勒虞、不可方物之英
人,固即当日调花弄鸟、独往独来之韵人耳。

——《贺黄以实奉使旋里序》①

　　这段话中首先值得关注的是龚鼎孳把"清"作为诗文的一种重
要特质而加以标举。以"清"论诗,中晚明不乏其人,七子后学"末
五子"中的胡应麟与屠隆均有相关言论②,钟惺《简远堂近诗序》中
也对"清"作了诗学层面上的申说:"诗,清物也。其体好逸,劳则
否;其地喜静,秽则否;其境喜幽,杂则否;其味宜淡,浓则否;其游
止贵旷,拘则否。"③复古派与性灵派均把"清"作为诗歌最重要的
特质,可见"清"并非特属一派之理论范畴。陈广宏先生以为,胡应
麟以"清"论诗是在风格论之层面讨论,而屠隆与钟惺则已将讨论
之重点移向本体论④。屠隆论诗衡文,不论是文学史观上的"随世
递迁"说还是针对创作主体的"舒畅性灵"论,都与七子有相当程度
的背离,而与性灵派颇为接近⑤。龚氏将诗文中"归本忠孝,发摅
性情"的内容表达冠之以"清",并认为这是诗文创作的最高境界,

　　①　《定山堂文集》卷六。
　　②　胡应麟《诗薮》外编卷四称"诗最可贵者清",并有"格清""调清""思清""才清"
之分。胡应麟《诗薮》,上海古籍出版社,1979年,第185页。屠隆《凌沂州集叙》称:
"诗于天壤间,最清物也。亦恒吐清士口吻,山溜之响琮琮然,松篁之韵萧萧然,灵濑所
发,涤人心神,沁人肌骨,必无俗韵。"屠龙《栖真馆集》卷一二,《续修四库全书》第1360
册,上海古籍出版社,2002年据湖北省图书馆藏明万历十八年吕氏栖真馆刻本影印,第
455页。
　　③　钟惺《简远堂近诗序》,《隐秀轩集》卷一七,第249页。
　　④　参见陈广宏《竟陵派研究》,复旦大学出版社,2006年,第327—330页。
　　⑤　参见蔡镇楚《中国文学批评史》,第280—281页。

与屠隆、钟惺一样，也是在本体论之范畴立论，这种理论基调更接近性灵派而非复古派。但龚氏的"清"又不仅是屠隆口中的"清士口吻"或钟惺笔下静逸幽旷的主体心性，相比之二人理论品格之内敛性，龚氏论"清"与"性情""忠孝"密切相属，更有一种关注社会干预政治的现实品格。

第二，以"不俗"释"性情"。在龚鼎孳眼中，"清"是诗文创作的最高艺术境界，而"忠孝"与"性情"则是诗文要达到这个最高艺术境界所必须具备之思想内涵。龚氏所说的"性情"大不同于摒弃道理闻见而凸显人的自然情感的"童心说"与"性灵说"，他的"性情说"，实是对竟陵派重返理学语境之"性情说"的继续。"惟不俗乃以见性，惟不夺乃可言情"，以"不俗""不夺"释"性情"，亦可见竟陵之影响。公安派为矫复古派追求格调之"雅"而堕入因袭之弊，故主"俗"与之抗衡，袁宏道就声称"宁今宁俗，不肯拾人一字"①，公安之"俗"，包括形式和内容两个层面，前者指不避野言俗语，后者指敢于描写世俗之人情物欲，虽有力冲击复古派过分求"雅"之风，但矫枉过正又陷入俚俗率易之途。竟陵将七子的拟古习气与公安派的浅俗文风都当作自己反思拨正的对象，倡言"性情"而又主张"不俗"，明言"世未有俗性情而能作大文章者"②。竟陵于风格上以幽深孤峭为宗，于内容上乐于表达幽人高士超凡绝俗之情怀，自然于风格与性情上都要求脱俗返雅。谭元春在《序龚孝升先生诗》一文中，不惮其烦地对诗人之"性情"与"不俗"再三致意："披《鹤庐八帙》至竟，'云影无心，霜棱有骨'，作者将自评耶？若'磊落代歌泣，寒心惟自保'，又知作者壮志忧国，高绪敦物，有诗人性情之才焉。性情者，无时无之，谓一行作吏此事便废，性情可废乎？予尝

---

①　袁宏道《冯琢庵师》其二，《袁宏道集笺校》，上海古籍出版社，1979 年，第 781—782 页。

②　钟惺《题马士珍》，《隐秀轩集》卷三五，第 571 页。

言诗人胸中据一'韵'字便俗，仕人胸中避一'俗'字便不高韵，又当
从云影无心微观作者亭亭落落之意也。"①谭序"性情"之所指乃龚
鼎孳诗歌所体现出的忧国忧民之"壮志"与风物怡情之"高绪"，而
从其再三强调的"云影无心"中，又可见出谭氏虽"壮志"与"高绪"
并举，但其重点却在讲求心性修养之"高绪"，而不在凸显带有强烈
的政治社会责任意味之"壮志"。而所谓"韵"与"俗"的辩证对举，
又在于说明"性情"的"高韵"非可着意求之，"性情"的"俗"亦不可
刻意避之，而是要诗人在一种"云影无心"般迥绝凡尘的、自然且自
由的状态中不求而致。于此可见，竟陵派说"性情"、释"不俗"有着
强烈的老庄色彩，带有一种不可说、不可道的形而上意味。龚氏于
诗歌格调上祖法七子，外在形式自然追求不落俗套；同时他追踪竟
陵标举"性情"之不俗，但他所言之"不俗"与竟陵注重心性修养之
"不俗"还是有着很大区别，谭元春明确提出却又有意无意架空了
的"壮志"，在龚鼎孳这里，被赋予了一个空前重要的理论地位。龚
氏引用黄庭坚"临大节而不可夺，此不俗人也"之言来说明自己的
"性情观"。"临大节而不可夺"最早出自《论语·泰伯》："曾子曰：
'可以托六尺之孤，可以寄百里之命，临大节而不可夺也。君子人
与？君子人也。'"把面临安危存亡重大关头而不改变志节当成君子
人格最重要的表现之一，而且曾子所说的君子人格的三种表现都有
很强的政治事功之意味。黄庭坚则把这种君子人格与"不俗"之书
法观结合起来："学书要须胸中有道义，又广之以圣哲之学，书乃可
贵。若其灵府无程政，使笔墨不减元常、逸少，只是俗人耳。余尝为
少年言，士大夫处世可以百为，唯不可俗，俗便不可医也。或问不俗
之状，老夫曰：'难言也。视其平居无以异于俗人，临大节而不可夺，
此不俗人也。平居终日，如含瓦石，临事一筹不画，此俗人也。'"②人

---

① 刘佑修、杨继经纂《顺治蕲水县志》卷二二，清康熙雍正间刻本。

② 黄庭坚《书缯卷后》，《山谷题跋》卷五，《丛书集成初编》第1564册，商务印书馆，1936年据《津逮秘书》本影印，第47页。

能做到"临大节而不可夺",前提是"胸中有道义",如此待到非常之际才能执节守义,这样才能与平居言不及义临事一筹不画的凡俗之辈区别开来。可见龚氏所言之"性情"既非公安派所说的个体情欲与自然情感,也不同于竟陵派所言的超拔凡俗、带有心性修养意味的"孤衷峭性",而是一个继承了传统儒家君子人格思想、重内在道德更重外在事功的理论范畴,龚氏正是在这个意义上言说"性情",以此拨正竟陵向内收缩而丧失了现实品格的"性情说",而这也正是龚氏在继承竟陵"性情说"基础上所做出的重大发展。

第三,以"忠孝"为性情之根本。这段话中龚鼎孳对竟陵派作家黄耳鼎(以实)极尽称美之能事,并认为他是善学钟谭二子者。从龚氏自述"仆五霜潦倒,行与楚辞"①之言看来,此文当作于崇祯十二年(1639)前后。此时钱谦益已在文坛开启批判竟陵之先河②,但其时竟陵势头尚健,故零星的批判尚未蔓延成风,但当时也陆续有人注意到了竟陵派引发之流弊。龚氏显然也意识到了竟陵"幽情单绪""孤行静寄"之文学宗尚所导致的脱离现实人生与逃避社会责任的不良倾向,当时社会政治形势是"烽燧烛眚,豺狼在途,瘅人百罹,至尊独忧",四方多故天下岌岌人主忧危,竟陵派在诗歌创作中却依然醉心于"奇情孤诣"的隐士风标,虽也不乏对时局的关注但更多却是对个体心性情怀的省察体悟,自然引起以龚氏为代表的一批以天下为己任的正统士夫的不满。但龚氏并未归咎于钟谭,而是将批评的矛头指向不善学竟陵之徒,认为他们"学其肤清,殆于无肤;学其气清,殆于无气;学其穆穆,殆于木耳。取而覆之,去乃万里",因而导致退谷(钟惺)、寒河(谭元春)"两先生

---

① 《贺黄以实奉使旋里序》,《定山堂文集》卷六。

② 何宗美称钱谦益作于崇祯十年前后的《刘司空诗集序》开启了文学史上对竟陵进行全面评判和清理的先声。参见何宗美《明末清初文人结社研究续编》,第291—292页。

怒矣",原因就在与他们只是从形式技巧方面学钟谭的清幽静穆而失落了可贵的现实关怀与担当精神。他称赞黄子乃善学钟谭者,因为黄子的诗文中有"性情",而有"性情"方有"愧愤",有"愧愤",才有真诗文。而龚氏这里能激起人心之"愧愤"的"性情"实以"忠孝"为旨归,即所谓"视君父忧劳,实有与我毛发骨髓相系属者",认为真名士应心系君国天下,言下之意,真诗文亦然。"今日铭彝勒虞,不可方物之英人,固即当日调花弄鸟、独往独来之韵人耳",龚氏此言实际是将竟陵派独善其身的文学追求与儒家士夫兼济天下的社会责任结合起来,是赞誉更是劝诫,通过一褒一贬指明诗文发展之正途,期待竟陵能走出关注个体"孤衷峭性"的狭隘天地。不论是明亡前夕烽火榛莽中之忧君念国,还是入清后的承平岁月里作为文坛盟主配合统治者消解遗民情绪,"忠孝观"都是龚氏"性情说"一以贯之的理论根基。"《净悦游》诸诗,原本性情,发掘忠孝,出《风》入《雅》,郁然开元、大历之篇……"①"诵其诗,不知其人可乎? 夫忠孝,则风雅之本矣。"②"夫诗之为道,以言性情。论诗于今,尤必取诸怀抱。怀抱远者,其人必忠孝……"③在龚氏心中,"忠孝"乃风雅之本、性情之根,忠孝者必然有着积极的入世精神、强烈的现实关怀和道德意识,因此"忠孝观"还是他借以强调诗文现实功用的有力武器,试看以下两则材料:

> 今夫诗之为教也,温柔敦厚,其关于君臣朋友之际者为多。杜少陵坎壈陇蜀,一饭不忘君,至其抗救房次律,追惜吴侍御,怀台州则讼言直道,寄李白则比节黄公,率皆正色奋词,于患难颠沛之时无少鲠避。即坐是流落,终不悔。乃若秋风

---

①　《罗䚡庵〈净悦游〉序》,《定山堂文集》卷三。
②　《燕市四子诗序》,《定山堂文集》卷四。
③　《邓孝威官梅集序》,《定山堂文集》卷三。

雨脚,茅屋铁衾,思大厦之如山,甘吾庐之独冻,稷契许身,饥溺由己,其用意更为何等!

——《张康侯诗序》①

非夫性情大有过人者,固不能赓清庙、陈明堂,与夫呼旻天而念共人也。然则诗之系乎其人,顾不大哉? 简斋先生生当晚季……至闻金鼓则感愤无衣,望烽烟则沈忧漆室,虽当一觞一咏,折杨折柳,无不缠绵君父,缱绻苍生……是先生之诗,非寻常流连花月、寄托酒茗、赠送酬答之繁制也……先生虽身处请室,而怨慕悱恻,未尝一刻去诸怀。其与牧斋诸先生琅琅和答,诗益高健苍浑,神似少陵。议者以为诗穷而后工,而不知皆先生忠爱之悃所溢涌滂湃而出之者。是先生为千古之第一诗人,而孰知先生为千古之第一忠孝人哉?

——《刘简斋先生诗序》②

第一则是龚鼎孳崇杜之言论。龚氏于历代诗人中尤尊杜甫,他为《杜诗论文》作序,声言"诗之有少陵,如文之有六经也"③,无疑是将杜甫之诗史地位最高化乃至圣化,而他在诗歌创作中也大量规摹老杜,是清初当之无愧的学杜大家。龚氏对杜甫的推崇,一是缘于他自身推尊汉魏三唐的诗学观,杜甫作为盛唐最杰出的代表而又能集前代之大成,自然为龚氏景仰。但龚氏确立杜甫为最高诗学典范的原因更在于老杜之"忠孝"已成为历代士人追步的人格标本。他在《张康侯诗序》中把杜甫作为"温柔敦厚"之诗教的典型,原因就是杜甫颠沛造次而"一饭不忘君",守君臣之义急友朋之

---

① 《定山堂文集》卷三。
② 《定山堂文集》卷五。
③ 吴见思注,潘眉评《杜诗论文》,台湾大通书局,1974年,第3页。

难哀民生之艰。杜诗中有不少揭露弊政感慨民生的变风变雅之音，实已突破"温柔敦厚"诗教之藩篱，但龚氏依然以"温柔敦厚"许之，一方面是经历了国难世变的明清之交的人们对"温柔敦厚"的重新认识与定位①；二是在龚氏心中，诗教的根本旨归在于"忠孝"，诗歌存"忠孝"之心便得性情之正，如此便无违于诗教"温柔敦厚"之精神。

第二则乃龚鼎孳为刘简斋诗集所作之序。刘简斋即晚明名臣刘荣嗣，万历四十四年(1616)进士，他刚正立朝政绩卓著。崇祯年间因开罪王应熊等权臣而被诬陷入狱长达三年，崇祯十一年(1638)方获保释，随即病故。龚鼎孳受简斋冢孙刘云麓之嘱托，在简斋身后为其诗集题序。在这篇序文中，龚氏同样以"性情"与"忠孝"品衡刘诗，他许简斋为"千古第一诗人"与"千古第一忠孝人"，言下之意认为正是简斋的"忠孝"成就了其诗歌之非凡成就。而龚氏所褒美的"忠孝"，便是序中所言"缠绵君父，缱绻苍生"之情，忠君爱民心怀天下，即使身在请室含冤莫白也不改其度。龚氏称简斋诗歌"神似少陵"，并非仅从刘诗之高健苍浑上着眼，更是看到了简斋那"未尝一刻去诸怀"的"忠孝"与杜少陵之"一饭未尝忘君"心气相通异代仿佛。以"忠孝"衡诗，龚氏便格外强调诗文的现实功用，那些"寻常流连花月、寄托酒茗、赠送酬答之繁制"在他心中是达不到"忠孝"之高度的(虽然这类创作在他自己的诗集中占了很大比重)，而必要"闻金鼓则感愤无衣，望烽烟则沈忧漆室"这些融入了浓厚之现实情怀与政治担当意识的诗歌才得称上"忠孝"之作，它们的作者才是真正"性情大有过人者"。龚氏在不同场合一再强调诗文之功效性，论诗如《纪伯紫金陵故宫诗跋》所言"《诗》亡然后《春秋》作，为诗而无关治乱，无裨鉴戒，虽不作可也"②，论文

---

① 参见张健《清代诗学研究》，北京大学出版社，1999年，第30—39页。
② 《定山堂文集》卷一六。

章则体现得更为鲜明。在众多文类中,龚鼎孳最为重视政论散文中的奏疏,除却著有八卷《龚端毅公奏疏》外,他还多次强调奏疏的重要性,如"古昔以奏议炳著,代不乏人,惟贾长沙、陆敬舆蔚为称首,盖不独其忠爱恻怛,识力伟巨,足以谋王体、断国论,而文章言语之妙,剀切婉挚,读之划然心开,自能令当宁转圜,群贵折角"①。"盖章奏之体,与艺苑他文不同。他文散华落藻,无足重轻,章奏则专资拜献,而遂以其效见诸世,故言路之得失,世运之盛衰也……能使天子动容,生民蒙泽,垂之于简册,被之于来叶。"②奏议要体现作者的"忠爱"与"识力",而"文章言语之妙"只是达到"当宁转圜,群贵折角""天子动容,生民蒙泽"之目的的具体手段。以上某些言论虽未出现"性情""忠孝"等字眼,但不难看出,龚氏是站在一个朝廷命官的角度来论诗衡文,他强调诗文的现实功用,并非泛泛而谈隔靴搔痒,他是抱着改良政治的态度要求诗文能够反映现实治乱问题,从而上达天听改善民生,这体现的正是"缠绵君父,缱绻苍生"的"忠孝"情怀。

第四,对创作主体的性情与诗文之表现形式之间的关系,龚鼎孳认为是前者决定后者。"格调优先"还是"性情优先",是区别复古派与性灵派最主要的理论标志③。龚氏法乳七子而取汉魏三唐之格高调雅,而他又借鉴竟陵派而言"性情说",那么他又该如何在自身之理论系统中调和"格调"与"性情"之关系呢?"性情得者,其人必真,其言必素。真与素合,言与人合,夫然后情与性合也。故以人配性,以言配情,兼斯二者,则近乎道。"在这篇早年写就的《贺黄以实奉使旋里序》中,龚氏明确提出以"性情"统领"格调"。他认为,得性情者,其人必不虚伪矫饰,发之于诗文,其言必然朴素无华

---

① 《朱蒿庵都谏奏疏序》,《定山堂文集》卷一。
② 《柯岸初都谏奏疏序》,《定山堂文集》卷一。
③ 参见张健《清代诗学研究》,第53—54页。

而非雕琢修饰,而内容(真)与形式(素)、文品(言)与人品(人)若能
密合无间则诗文近之于"道",这种论调颇有重道轻文之倾向。从
他的法乳七子推尊汉魏三唐诗的格高调响看来,他并不排拒形式
之美,但为了"性情"的表达能近乎"道",他把对言辞形式的考虑放
于从属之地位,要求它能摆落一切藻饰浮华,从而把道德性理与人
情的结合以最朴素最本真的方式呈现出来,这就是龚氏所说"其言
必素"的真意。"性情得者"可以推出"其人必真",却无法导出"其
言必素",但他却以"以言配情"这种形式从属内容的思维方式消解
了语言形式的独立性,可见龚氏是典型的"性情优先"派,尽管他的
"性情"大不同于公安派的"性灵",也与竟陵派的"性情"有着明显
的区界。龚氏"性情优先"的思想在其品诗论文当中屡屡得见,现
摘举二例以见一斑:

> 近修之诗,向固尝读之,谓非汉魏初盛不道。今把读全
编,复包括古今,不规规乎一家之言。则自道性情,极诗之变
化矣……其诸大小文,顿挫曲折,皆意到笔随,洼隆诘屈,句廉
磕触,靡不淡宕摇曳,以抵于适得所止而止焉。至于自写数十
载之行藏,山巅水澳,僧庐芳舍,饥寒逼侧,瘦妻弱子,真啼强
笑之情状,或偶有记注,忽留千古之是非,或典册高文,不遗渔
樵之琐屑。文益奇而格益变,格益变而情迭出,庄生云天籁,
靖节谓称心,竹肉之传声,化工之貌物,庶几似之。夫风水相
遭,至文成焉,正以二物者置之方圆委折,罔不毕肖,故古人谓
天下文章在是者,真也。真也者,文之所从生也。
>
> ——《答朱近修》①

　　然选者大抵采声誉、广交游,标榜逸士及一时名位之通显

①　《定山堂文集》卷二七。

者。其初也，取天下人之声诗以役已；其既也，驱在我之性情以从人，而要非古人作诗之意指，此其弊亦终于徇人而已矣，故选日甚而诗日衰。吾同年曾二濂都谏仲子青藜，肆力诗道……其为诗也，清真微婉，远追韦柳；其选诗也，旁搜博购，以己意毅然去取之，虽声誉、交游与当时名位之通显者未之或遗，然惟论其诗而已，无所为徇人之具也。或谓青藜是选惟取其性情之所近，犹是青藜之诗也，不知诗本性情，选诗而违其性情，亦岂可以为选乎？即近代历下之选，取其近于历下者而已；竟陵之选，取其近于竟陵者而已。二者虽或失之隘，或失之泛，而皆得其性情之所近。

　　　　　　　　　　　　　　　　　——《过日集序》①

　　第一则龚鼎孳品评友人朱一是（近修）之诗文，对这段文字，万国花有这样的评论："龚鼎孳此文与其说评的是朱一是的诗文，不如看作是他自己诗学视野由顺治年间的'非汉魏初盛不道'扩展到'包括古今，不规规乎一家之言'"②，并认为龚氏晚年萌生了接受宋诗的倾向。笔者以为这种说法值得商榷。龚鼎孳接武七子崇尚汉魏盛唐的诗学观自始至终未曾发生多大变化，若有变化也不过是从七子惟汉魏盛唐是取扩展到汉魏三唐，对宋诗他不是不置一词便是夷然不屑，实在谈不上兼取唐宋包括古今。他之所以对近修诗文不吝赞美，着眼点并不在于其"不规规乎一家之言"，而在于其能"自道性情"。当"格调"准则遇到"性情"准则，龚氏的处理是让前者从属于后者，在"自道性情"这个前提下，诗人逸出常轨，"极诗之变化"是可以被理解与接受的。接下来，龚氏又谈论近修之文章。这里他品诗与论文采取的最高标准皆为"性情"，他把庄子所

---

① 《定山堂文集》卷五。
② 万国花《诗家与时代：龚鼎孳及其诗论、诗歌创作研究》，第153—154页。

说之"天籁"①、陶渊明所说之"称心而言"②用到文学领域，更借鉴苏洵以"风水相遭"论文和苏轼"常行于所当行，常止于不可不止"的说法③，目的都在说明文章若自道性情便能自然成趣浑然天成，汉魏初盛的诗文理想让位于意到笔随、格随情变的天人凑泊之艺术境界，并由此而引出重"真"的文学思想。蒋寅先生以为，清初人对"真诗"的推崇成为统摄一切诗歌观念的最强音④，其实从先秦《庄子·渔父》标举"真者，精诚之至"以来，重"真"便是华夏民族文论思想与美学思想最重要的理论范畴之一，除了小说领域允许甚至鼓励适度的虚构与夸张外，其他类型的文学体裁尤其是在正统之诗文领域中，对"真"的追求从来不曾过时。即使是被人诟詈为"以剿袭为复古"的前后七子，也把"真诗""真我"抬举到很高的地位，只不过他们格调优先的原则对他们诗文中真情的表达构成了很大的限制。明清之交，从云间派到虞山派，文学领域完成了从格调优先到性情优先的转变，摆脱了范古之束缚的清人又把"真"置于一切文学标准之上，不仅诗学领域如此，其他领域也如此，龚氏正是以"真"统论诗文。"性情得者，其人必真"，在龚氏心中，"真"就是"性情"最本质的体现，诗文得"真"，便是有"性情"，而形式层面的"非汉魏初盛不道"还是"包括古今"就不再那么重要了。

第二则更典型地体现了龚鼎孳论诗首重"性情"的特点。曾灿（青藜）是明清之际的遗民，也是当时著名的选家，他的《过日集》选

① 《庄子·齐物论》，杨柳桥《庄子译注》，上海古籍出版社，2006年，第16页。
② 陶渊明《时运》诗。
③ "风水相遭"出自苏洵《仲兄字文甫说》，《嘉祐集笺注》卷一五，上海古籍出版社，1993年，第412页；"常行于所当行"数句出自苏轼《与谢民师推官书》，孔凡礼点校《苏轼文集》卷四九，中华书局，1986年，第1418页。
④ 蒋寅《在传统的阐释与重构中展开——清初诗学基本观念的确立》，《中国社会科学》，2006年第6期，第165页。

当代海内名家诗二十卷,是当时颇有影响力的诗歌选集。龚鼎孳为《过日集》作序,针对当时选家中普遍存在的以诗之外的标准选诗的情形,否定了或以选诗广声誉交游,或标榜逸士或邀宠时贵等种种不良风气,认为它们都是"驱在我之性情以从人"的表现。他特别推奖曾灿选诗本于性情,而非以古今贵贱亲疏定去取。选诗首先要"旁搜博购",也就是要抱持一种宽容的艺术态度,最大限度地吸纳各种诗歌资源,不能先存成见于心;其次要"以己意毅然去取之","己意"也即一己之"性情",这种"性情"非指选家随心所欲之爱憎,更多的是一种贴合选家自身之文学思想并力求"一归之于正"的道德情感。以"性情"选诗,这样既不会使诗选沦为"徇人之具",也能借此感发天下人之性情。龚氏论诗原本七子,尊汉魏三唐,而他的"性情说"又多少受到竟陵派的影响,但在这里,他不偏袒历下与竟陵任何一方,他对二派诗歌成就的高下与诗学宗旨的广狭不置一词,而是以"性情"对纷争不休的二派进行了调和,既看到复古派失之狭隘,也承认竟陵派过于肤泛,但认为二派的选诗都是严格按照自身的诗学宗旨与情感道德倾向以定取舍,因而认为他们"皆得其性情之所近",而只要具备"性情",诗歌就有可取之处。

　　晚明时期,"'性情'的概念往往被解作'情'的偏义复词"①,对人的情欲与自然情感的表现成为风靡一代的文学主潮。但明末清初之际,诗教传统取代自我表现再度成为文学领域关注的焦点,人们对"性情"的解释又回归到了传统儒学的框架中,人们对"性情"的阐发出现了与晚明时期相悖反的状况,"性情"多是作为"性"的偏义复词出现于各种文论中,龚鼎孳笔下的"性情"毫无疑义也属于这种情况。龚氏文学思想中不乏对人的自然情感的重视,但它

① 蒋寅《在传统的阐释与重构中展开——清初诗学基本观念的确立》,《中国社会科学》,第160页。

并不以"性情"的面目出现,而是以"情"言之。龚氏康熙九年(1670)寄诗于吴伟业时说:"仆少托吟咏,不计工拙,惟求适情。积之数十年,遂盈卷轴。"①这里的"情"就不带什么性理的意味而专指人的自然感情,可见龚氏少时写诗是非常重视自我情感的抒发的。龚氏还有不少言论虽不出现"情"的字眼,但都体现了龚氏重"情"的思想,试举二例析之:

> 且身既败矣,焉用文之? 顾万事瓦裂,空言一线,犹冀后世原心;宣郁遣愁,亦惟斯道。
>
> ——《与吴梅村书》②

> 因思古人文字之内即具肝肠。苏子卿之于李陵,人品宵壤殊绝,而握手赠心,呢呢情至,千载而下,犹令人涕陨。无论浮世荣贱不足计,即身名成败亦不著诸胸中矣。彼其心吐之口中,而后人得之纸上,字间有泪,处处有声。若舍文字而言肝肠,吾不信也。
>
> ——《答王子云》其四③

第一则乃顺治七年(1650)龚鼎孳行经临淮之时写与吴伟业之书札。其时吴伟业尚未出山仕清,在给这位隐居乡里守节不仕的遗民友人的信中,出仕三朝的龚鼎孳表达了自己的惭悔之情,而他也在这封书札中提出了诗文创作的目的在于"冀后世原心"与"宣郁遣愁"。"冀后世原心"指的是期望后人能从他的诗文中了解其

---

① 吴伟业《定山堂诗集序》,龚鼎孳《定山堂诗集》,《清代诗文集汇编》第50册,2010年据清康熙十五年吴兴祚刻本影印,第221页。

② 《定山堂文集补遗》卷下。民国甲子瞻麓堂重校刻本《定山堂文集》卷六在文题下注"庚寅秋临淮舟中"。

③ 《定山堂文集》卷一九。

心苦之状,从而对他有一份同情的了解。"宣郁遣愁"即认为创作
诗文是宣泄悲情愁绪的重要渠道。龚氏在此不把诗文作为说教传
道的工具,而是将其作为自己抒发情感与后世借以了解自己本真
感情的重要途径。屈原之"发愤以抒情"①、司马迁之"发愤著
书"②、韩愈之"不平则鸣""舒忧娱悲"乃至金圣叹之"怨毒著书"③,
这些重视个人之不幸遭际以及肯定个体内心怨愤不平的情绪之发
泄的言论,无一不是"原心说"与"宣郁遣愁"说之同调。所谓"心"
"郁"与"愁",指的都是人的自然情感,且这种情感偏于悲愁怨郁一
面,与经过儒家伦理修饬的中正—平和的道德情感大不相同,实已
突破了儒家"温柔敦厚"之诗教的藩篱。龚氏也以"宣郁遣愁"作为
品衡诗文之标的,如其在《前后燕游草序》④中,便对秦虞桓"道湮
郁而写幽思"的诗歌深相褒美,并称"一时论者以为过激,而不知虞
桓胸中盖有大不平之感也",充分肯定了诗文抒发一己不平之情的
功用。

　　第二则龚鼎孳借苏武李陵故事表达的中心思想是从文字可见
作者之肝肠。这里的"肝肠",与浮世荣贱、声名成败无涉,甚至不
关乎人品高低。"握手赠心","彼其心吐之口中",此"心"即"后世
原心"之"心",即所谓"肝肠",是人未加修饰的最本真的情感状态。
后人能从作者的"心"中读出文字的声泪,而文字有了声泪,便有了
直指人心的力量。这段文字龚氏有感于降臣李陵故事,颇有夫子
自道的意味,而这种"文字见肝肠"的论调其实正是对龚氏立足于

---

　　① 屈原《九章·惜诵》,洪兴祖撰,白化文等点校《楚辞补注》,中华书局,1983年,第
121页。

　　② 司马迁撰,裴骃集解,司马贞索隐,张守节正义《史记·太史公自序》,第3300页。

　　③ "不平则鸣"见韩愈《送孟东野序》,韩愈撰,马其昶校注,马茂元整理《韩昌黎文
集校注》卷四,上海古籍出版社,1986年,第233页;"舒忧娱悲"见韩愈《上兵部李侍郎
书》,《韩昌黎文集校注》卷二,第144页;"怨毒著书"见金圣叹《金圣叹全集·贯华堂第
五才子书水浒传》第十八回评,江苏古籍出版社,1985年,第283页。

　　④ 《定山堂文集》卷五。

自身情思的"原心说"与"宣郁遣愁"说的阐发。

综上可见,龚鼎孳的"性情说"是在借鉴竟陵派的基础上发展起来的一个理论范畴,这是一个生发于理学语境中的观念言说。所谓"性情",多数情况下指的是一种发自人心而又合乎伦理规范的道德情感,它最高的艺术境界是"清",最本质的美学要求是"不俗",最根本的道德指向是"忠孝",它对诗文的形式风格起着天然而绝对的决定作用,可以说它在龚氏的文学观中占据着统摄一切观念的核心地位。晚明狂飙突进式的主情思潮,也在龚氏的身上留下了一抹浓重的痕迹,加之国难世变带给他的精神创伤,使他对个体自我情感的表达也有着相当程度的重视,他提出了与晚明主情说遥相呼应的"原心说"与"宣郁遣愁"说,它们虽不似"性情说"占据着龚氏文学思想的核心地位,但它却体现出龚氏诗文观跳脱出理学思维的重要一面,它们与"性情说"的并立展示了龚氏诗文观中道德主义与重视情感表现之间的巨大张力。

三、影响创作主体的内外因归纳

龚鼎孳的文学观非常重视创作主体所受的内外因素的影响。"性情"与"心"无疑是龚氏最为看重的两大内因,那么是否还有其他内因影响着作者? 又有何种外因引起了龚氏的重视? 请看以下一则材料:

> 文章之道,原本聪明,而触发于闻见。源之深者,其流必远,故聪明不深者,虽触于闻见,而无以发其聪明,则聪明限之也。然聪明既深者,无所触于闻见,亦无以发其聪明,则闻见限之也。惟聪明之人与闻见相遭,而天下之文章,莫大乎是。史迁昔日游览天下之名山大川,收其奇气,以发为文章;而张燕公之在岳州,诗亦凄婉,人谓得江山之助,大率由斯道也。

　　蜀地介在西陲,山川奇峻,甲于寰宇,如所称锦江玉垒、丙穴青城诸胜,传在方舆者,不可胜纪,苟非渊、云、司马之伦生于其地,而得纵观其佳胜,则必如韦皋、严武之建节,叔度、文翁之剖符,青莲、工部之流寓,出入于蚕丛鸟道之间,浚发其幽壮沉郁之思,流于讴吟,而播于传诵。使世之未尝至其地者,亦如置足于峨嵋之巅,泛舟于滟滪之下,目眩神摇,叹为奇绝。则山水之生面,固开于游者之闻见,而游者之闻见,又足以益未尝游者之聪明。

——《顾西崿诗序》①

　　在此文中,龚鼎孳明确提出"文章之道,原本聪明,而触发于闻见"。所谓"聪明",即人的资质禀赋,而"闻见"联系下文看来,主要指的是江山之助。国文论中历来是对作家的后天积累与道德修养的强调占主流地位,虽持天赋论者有独重天资之论调,但更多的人是在肯定作家后天修为的同时承认作家先天禀赋之重要性。以气质才性评论诗文是天赋论的重要体现。从汉魏时人刘劭《人物志》以"气"论人之才性,再到曹丕《典论·论文》正式将"气"引入文学理论范畴,以"文气"说明人的气质天赋对于文学创作的重要意义,中国文论中的天赋论便正式确立。南朝刘勰的"才难然乎,性各异禀"②,北朝颜之推的"必乏天才,勿强操笔"③,宋代杨万里的"风趣专写性灵,非天才不办"④,明代袁中道的"予谓天生才不尽,人亦各有所长"⑤等等,都是天赋论的典型论调。袁济喜先生言:"大凡

----

　　①　《定山堂文集》卷五。

　　②　刘勰《文心雕龙·才略》。

　　③　王利器撰《颜氏家训集解》(增补本)卷四《文章第九》,中华书局,1993年,第254页。

　　④　袁枚著,顾学颉校点《随园诗话》卷一第二条,人民文学出版社,1982年,第2页。

　　⑤　袁中道《四牡歌序》,《珂雪斋集》卷九,上海古籍出版社,1989年,第451页。

喜欢性灵的人，一般说来是比较倡导天才论的，认为天才非格调所能拘限。"①龚氏推举的"性情"大不同于"性灵"，他是在儒家传统伦理的框范下强调人的品性道德对创作的重要性，这种评论诗文的思路与"性灵"派是背道而驰的，它往往导致对人的才性之忽视，但龚氏却在高举"性情"旗帜的同时，还能认识到人的先天禀赋对诗文创作的重要性，不能不说是难能可贵的。至此，龚鼎孳对影响诗文创作之内因的总结共有三点：性情、心、聪明。"性情"指的是发自作者内心而又合乎社会伦规范的道德情感，它具有规范性与永恒性；"心"指的是作者受外界影响而自然引发的内心喜怒哀乐之情感，这是一种原生态的活泼泼的情感，它强调的是真实性与自然性；"聪明"则指作者的天资禀赋，不待外求，带有某种天然性与先验性的色彩。

至于诗文创作中的外因，龚鼎孳亦总结了三种：江山之助、人生阅历与书卷学问。龚氏关于"江山之助"最集中的表述便在上举《顾西巘诗序》一文中。"江山之助"一词最早出自刘勰《文心雕龙·物色》，"若乃山林皋壤，实文思之奥府……然则屈平所以能洞监《风》《骚》之情者，抑亦江山之助乎"？说明山林皋壤对屈原创作《离骚》有巨大的感发作用，此后人们多以"江山之助"表示山川风物对文士创作灵感之启迪。屈原以外，历代的诗文大家，如司马迁、李白、杜甫、苏轼等人，无一不是足行千里遍游山河，人们对"江山之助"的认识也日益深化。《新唐书·张说传》称张说"既谪岳州，而诗益凄惋，人谓得江山之助"②，当诗人遭贬，走出宫廷台阁的狭小天地而接触到广阔无垠的关山塞漠，他的眼界得到开拓，激情得到释放，精神境界得到提升，表现在诗歌中，便是一番别样的

---

① 袁济喜《论中国古代文论中的天赋论》，《宝鸡文理学院学报》，2002 年第 4 期，第 42 页。

② 欧阳修、宋祁撰《新唐书》卷一二五《张说列传》，中华书局，2011 年，第 4410 页。

气象。在这个意义上,山川景致对诗文之助益确实是不可估量的,
所以杜甫云"云山已发兴,玉佩乃当歌"①,陆游说"挥毫当得江山
助,不到潇湘岂有诗"②,袁中道言"山川之奇,已相发挥;朋友之
缘,亦既凑和"③皆是此意。龚氏此段关于"江山之助"的论述几处
明显借鉴了前人之理论表述,如"张燕公之在岳州"取自《新唐书·
张说传》;"史迁昔日游览天下之名山大川,收其奇气,以发为文
章",以江山之"气"论文章之"气",则脱自苏辙《上枢密韩太尉书》
之"太史公行天下,周览四海名山大川,与燕赵间豪俊交游,故其文
疏荡,颇有奇气"④。龚氏对"江山之助"的认识并无多少超越前人
之处,但值得注意的是他结合创作天赋来谈"江山之助"。大好河
山横之目前但人却没有创作天赋,固然不能写成好诗文;人天赋异
禀但没有外在景物来感发其内在的"幽壮沉郁之思",则同样不能
成就好诗文。只有当内因"聪明"和外因"闻见"二者兼具,才是真
正的文章之道。

　　龚鼎孳论"聪明"与"闻见"的关系颇具辩证色彩,但人们也很
容易注意到,人的"闻见"除了自然景物之熏陶感染外,还应该有着
社会生活与人生阅历方面的内容。其实张说之遭贬,李杜之流寓,
其漂泊流离之际创作的不朽诗文固然有着山水景物触动个人情思
之因素在,但外在景物之所以能激起人的表达欲望与创作激情,根
本还在于人自身之际遇所带给他的心理感受被外在风物搅荡激活
了。龚鼎孳在《顾西崦诗序》对人生阅历并无深入阐发,但他在其
他很多地方的论述都表明了他所说的"闻见"其实是有着社会人生
的重要层面的:

---

　　① 杜甫《陪李北海宴历下亭》。
　　② 陆游《偶翻日稿有感》。
　　③ 袁中道《解脱集序》,《珂雪斋集》卷九,上海古籍出版社,1989 年,第 451 页。
　　④ 苏辙著,曾枣庄、马德富校点《栾城集》卷二二,上海古籍出版社,2009 年,第
477 页。

虞桓以明经入对,一时舟车所过,山川人物,风谣击壤,新丰鸡犬,偃师歌舞,无不观焉览焉、觞焉咏焉。至其中忧思感愤之蓄积,道湮郁而写幽思,又如听崩崖裂石之声,如闻怨夫寡妇之叹,一时论者皆以为过激,而不知虞桓胸中盖有大不平之感也。

——《前后燕游草序》①

子长足迹遍天下,而其文始奇;子美夔州以后,而诗亦老;子厚播迁非人之地,而诸记与山水并传;子瞻海外之游,直云奇绝快平生,则儋崖万里,枕椰一宿,竟是笔墨间纵横光怪之所变现,舒亶、李定诸人,皆著作之功臣,而杖履之益友矣。

——《读与三塞外诗偶书》②

秦咸(虞桓)的觞咏歌吟固然有感于赴考途中所见之山川人物风谣歌舞,但他之所以写出让论者以为过激的言辞,根本在于他内心忧思感愤的大不平之感,而这种情思无疑是其偃塞坎坷的人生际遇造成的。第二则中龚鼎孳举了司马迁、杜甫、柳宗元与苏轼的例子,史迁漫游东南、杜甫流寓夔州、柳宗元播迁永州柳州、苏轼远谪儋州,表面看来仍在谈山川地域,但其主要精神已转至对人生阅历的强调。除了史迁青年漫游尚带有乐观情思外,其余三人都是人生极度失意之时辗转异乡,杜甫是逃难漂泊,柳宗元与苏轼都是被统治者放逐于离京师千里之远的蛮荒之地。"舒亶、李定诸人,皆著作之功臣",舒亶、李定是宋神宗时期的御史中丞,他们是苏轼"乌台诗案"的主要推手,这一句更见出龚氏在此强调的是人生的不幸遭际对诗文创作的影响,也即欧阳修所言"诗穷而

① 《定山堂文集》卷五。
② 《定山堂文集》卷一五。

后工"①之意。窘困境遇对诗文的陶铸之功，龚氏在《王山长了庵集序》中也再次以屈原和贾谊为例提及："灵均放而《离骚》作，贾傅迁而《鵩鸟》赋，然则憔悴幽忧，卑湿愁苦，乃千古陶炼文心之具；而上官、子兰辈之申詈，绛、灌诸人之摧阻，当其排俊疑杰，使之侘傺不偶，正所以昌大乎文章也。"②不是舒亶、李定、上官、子兰、周勃、灌婴排俊疑杰之流真能昌大文章，他们的卑鄙行径使苏轼、屈原、贾谊陷于穷途厄境，本是诗人之大不幸，但也正因遭遇不幸，诗人的人生体验才会更加丰富与深刻，当他们内心有了"忧思感愤之蓄积"，他们的诗文才能在单纯的艺术表现外具备恒久的生命力。

　　除了江山之助与人生阅历，龚鼎孳还注意到了诗文创作中一个很重要的外因——书卷学问。有明一代学风空疏，士人"束书不观，游谈无根"③，公安派"善为诗者，师森罗万像，不师先辈"④的口号，更使趋风相从的士子写诗作文时冲口而出信手涂抹，而完全不顾及必要的学问积累与艺术借鉴。清初士人在反思明亡时，多归咎于明代学风空疏士人学殖荒落，于是重视学问就成了清初普遍的社会风气，反映到诗文理论中，便是强调创作主体的学养对创作诗文的重大意义。钱谦益的诗学观便是灵心、世运、学问三者并举⑤，吴伟业评龚鼎孳之诗也是才、性情、学识三者并重⑥，方以智《通雅·诗说》也称"读书深，识力厚，才大笔老，吞吐始妙"⑦，清初

---

　　①　欧阳修《梅圣俞诗集序》，杜维沫、陈新选注《欧阳修文选》，人民文学出版社，1982 年，第 259 页。

　　②　《定山堂文集》卷四。

　　③　焦竑《焦氏笔乘·续集》卷四"韩献忠"条，上海古籍出版社，1986 年，第 300 页。

　　④　袁宏道《叙竹林集》，《袁中郎全集》卷一，台北伟文图书出版社有限公司，1976 年，第 194 页。

　　⑤　钱谦益《题杜苍略自评诗文》："夫诗文之道，萌折于灵心，蛰启于世运，而苗长于学问。"《牧斋有学集》卷四九，第 1594 页。

　　⑥　吴伟业《龚芝麓诗序》，《吴梅村全集》卷二八，第 664—665 页。

　　⑦　方以智《通雅》卷首三《诗说》，《景印文渊阁四库全书》第 857 册，第 47 页。

士人的此类论述实在不胜枚举。"书卷学问"也是龚氏观念中影响诗文创作的三大外因之一，他在为丁耀亢诗集《逍遥游》作序时这样写道：

> 已复尽读其《逍遥游》诸诗，天海空寥，回翔自适，以杜陵之声律，写园吏之襟情，无响不坚，有愁必老，至其苍古真朴，比肩靖节，唐以下未易几也。野鹤自言曰："吾等称诗小异人者，腹中多数卷史书耳。"夫能读史，斯能阅世；能阅世，斯能玩世。
>
> ——《丁野鹤逍遥游序》①

他对丁诗极尽赞美之能事，甚至将其与陶渊明之诗比肩，然后借丁氏之口道出其诗之所以不同凡响，在于"腹中多数卷史书"。他以为读史能助人阅世与玩世，意即读史能使人世事洞明，同时还能持有一份超旷通达之人生态度，发之于诗文，便有了胸次有了眼界，自然不同于流俗。龚氏在《姜铁夫诗题辞》中提到："铁夫耽研史学，成书满家，读书取友之乐，原本性情，非浮慕为名高者，故其立言高迈不群若此。世人诗学不进，正坐胸中书卷少耳。"②龚氏所言的"胸中书卷"归根结底要以"胸中性情"为根底，耽研史学精勤学问，非为博取浮名，而是"原本性情"，所以当"性情"与"书卷"结合，诗文便能高迈不群迥出流俗之外。从这两条材料中，可看出龚氏对史学非常重视，这种取向其实有着深刻的时代根源。万历中叶以降，心学盛行，导致士人空谈心性，以不涉世务为高，正所谓"悟门既辟，一切穷理居敬之学，视为尘垢秕糠，而流弊且中于人心"③。东林学派有感于此，力辟王学，转而提倡经世致用的实学，此影响

---

① 《定山堂文集》卷四。
② 《定山堂文集》卷五。
③ 吴桂森《真儒一脉序》，高廷珍辑《东林书院志》卷一六，清雍正刻本。

直至清初而未衰。明末清初之文化语境中的实学,指的是"以经、史(其核心为"经")为载体的学术"①。在"尊经复古"之风气席卷一代的当时,尤其是鼎革后士人对明代学风士风进行严肃反思的关口,对经史之学的强调几乎成了当时有识之士的共识,如黄宗羲言:"问学者必先穷经,经术所以经世。不为迂儒,必兼读史。"②邵长蘅言:"夫六经,道之渊薮也,故读书先于治经……然后综贯诸史,以验其废兴治忽之由。"③这种因反空疏而返经史的群体认知,并非仅缘于复古思潮的推动激发,而是基于一种"由经术以达于世务"④的现实诉求,而文章之事不过是从属于"经术"与"世务"之末技。龚鼎孳言:"夫文章者,气谊之共事,而经术之端末也。经术不深,气谊不备,则其文亦靡然而莫知所向。"⑤在身为儒家正统士夫的龚鼎孳看来,文章之事不过"经术之末端",人最重要的还是从经史之学中陶铸性情澡雪精神。龚鼎孳曾说:"盖士君子学古有获,使直方刚大之气养而无害,乃能发为昌明博厚之文章。"⑥学古一方面使学问精进,但更重要的却是主体身上"直方刚大之气"的培养,龚氏这里借用了孟子的"养气"说⑦,所谓"使直方刚大之气养而无害"说的是培养正义之气,也即提升自身的人格修养,言行合之于道,文章便能"昌明博厚",这样方能改变"士习之不振久矣"⑧之困局。可见"书卷学问"的旨归在于化育士君子之"性情"。持有这种"人

---

① 吴超《实学:清初"文治"语境中的关键词探究》,《长江论坛》,2012 年第 3 期,第 77 页。

② 《清史稿》卷四八〇《儒林列传一》,第 13105 页。

③ 邵长蘅《与魏叔子论文书》,《邵子湘全集·青门簏稿》卷一一,《清代诗文集汇编》第 145 册,2010 年据清康熙三十九年毗陵邵氏青门草堂刻本影印,第 252 页。

④ 钱谦益《常熟县教谕武进白君遗爱记》,《初学集》卷四三,第 1120 页。

⑤ 《启社二集序》,《定山堂文集》卷二。

⑥ 《庚戌会试录后序》,《定山堂文集》卷二。

⑦ 《孟子·公孙丑上》。

⑧ 《启社二集序》,《定山堂文集》卷二。

品决定文品"之论调的龚鼎孳之所以能与重道轻文的道学家区别开来,关键在于他对"心"和"聪明"这两种创作内因的强调。

　　本节探讨了龚鼎孳的诗文观。总体而言,龚鼎孳在强调"性情"为本的前提下,批判地继承了七子的格调说,取古人之灵气清格而不袭七子之字拟句摹,努力在师古与师心之间找到一个支撑理论之平衡点。他把"心"(自然情感)与"聪明"(天赋)作为与"性情"并立的影响创作主体的内因,从而避免使文艺观陷入纯道德主义;而他强调的"江山之助"、人生阅历与书卷学问这三大外因,其实与三大内因存在着一种隐约的对应关系,"江山之助"能够浚发人之"聪明",坎坷的人生遭际能够激起人心中忧愤不平的情感,书卷学问能有助于陶冶人之"性情"。龚鼎孳的诗文观表面看来不成系统,但实际上已经构成一个理路清晰的潜体系。

第二节　龚鼎孳的词学观

　　明末清初,词体文学由"中衰"走向"中兴",龚鼎孳以其创作实践与词学活动成为清词中兴帷幕的重要开启者之一,是清初词坛举足轻重的"辇毂诸公"之首。虽然龚氏倚声填词堪称一时之选,但他对词体文学的理论阐发却甚为少见,比起诗文观之自成体系,其词学观未免有失之过简之憾,但即便如此,我们还是可以勾勒出其词学观的大致理路。

一、"雅靓观"与"兴寄说"

　　词诞生于中唐,自晚唐五代逐渐形成了"词为艳科"之局面,中间虽有以苏轼"微词宛转,盖诗之裔"①为代表的尊体说,并开创了

――――――――――

　　①　苏轼《祭张子野文》,《苏轼文集》卷六三,第1943页。

以诗为词的创作先河,但词体在内容上的记情述艳和风格上的侧艳婉媚一直被视为本色正宗。到了明代,文人普遍受到"小道""卑体"的词体观之影响,更是严守诗词之别,以诗言志,以词言情,且认为诗雅词俗,甚乃将词溷同于曲,明人首将词分为婉约、豪放二体,崇婉约而抑豪放。态度上的轻视与观念上之狭隘,使淫艳与鄙俗两种不良风气于明代词坛大行其道,造成有明一代词风不振,词学由是而"中衰"。明末清初中原板荡山河陆沉,社会政治的急剧变革带来了士人文学观念之转型与创作态度之转变,近人叶恭绰说:"清初词派,承明末余波,百家腾跃,虽其病为芜犷,为纤仄,而丧乱之余,家国文物之感,蕴发无端,笑啼非假……"①在这样一个长歌当哭的时代里,历来被视作小道末技的词体也成了士人抒发情志寄写心怀的重要载体,顾贞观言"国初辇毂诸公,尊前酒边,借长短句以吐其胸中,始而微有寄托,久则务为谐畅。香岩、倦圃(曹溶),领袖一时"②,"微有寄托"是强调词作之情感内蕴,"务为谐畅"则偏重词体声律、风格等形式因素,这是一个词的思想内涵与表现形式并重的时代,而"领袖一时"的龚鼎孳则在这场词体变革中扮演了重要的角色。

　　生活在明清之交的龚鼎孳,濡染于晚明纵情声色之社会风潮中,自然也有一种风流放旷之习性,当这种习性折射到词体创作中,便是多艳词创作,而风格也偏于绮丽柔婉一路,龚氏早年所作的记录其与顾媚情缘的专集《白门柳》便是他以艳词起家之明证。在当时,即使是"开三百年来词学中兴之盛"③的抗清英雄陈子龙,他与他所开创的云间派从创作和理论两个层面都极大提升词体品

---

　　① 叶恭绰选辑,傅宇斌点校《广箧中词》卷一评陈峗《大酺·王府基怀古》,人民文学出版社,2011年,第18页。

　　② 顾贞观《答秋田求词序书》,谢章铤《赌棋山庄词话续编》卷三,《词话丛编》第4册,第3530页。

　　③ 龙榆生《近三百年来名家词选》,第4页。

格,但也依然恪守诗庄词媚之格局,论词均以婉娈哀艳相尚,可见明末清初的士人虽然试图努力打破明代的"卑体"观,并大力抨击明词鄙俗淫亵之弊,但对艳词的喜爱和对婉约风格的崇尚,却依然与明代词坛一脉相承。龚氏的词学观也表达了他对艳词的一种本能的创作偏爱,但他自幼深受儒家传统道德的影响,同时又接受了佛教教义的熏陶,这使他在醉心于艳词创作之时又不能不有所顾忌,他自题《白门柳》云:"暂出白门前,杨柳可藏乌。欢作沉水香,侬作博山炉。靡曼相倾,恣心极态,江南金粉奉为艳宗。吾所云然,不专斯谓。要之发乎情,止乎礼义,其大略可得而观焉。"①"暂出白门前"四句出自南朝乐府《杨叛儿》,龚氏用此,一则点明《白门柳》得名之由来,二则说明《白门柳》如《杨叛儿》一般,乃写男女悦慕之情的作品。他倾心并擅长于这种"靡曼相倾,恣心极态"的艳词创作,但在追随这种尽态极妍的"艳宗"之时,他又以一句"发乎情,止乎礼义"作出一种回归儒家传统诗教观的姿态。而在早期词集《绮忏》中,他更进一步表达了对多作艳词的反省:

　　湖上旅愁,呼春风柳七,凭栏欲语,时一吟《花间》小令,为晓风残月招魂,脱口津津,寻自厌悔。昔山谷以绮语被诃,针锤甚痛,要其语诚妙天下,无妨为大雅罪人。吾不能绮,而诡之乎忏,然则吾不当忏绮语,当忏妄语矣。

——《绮忏》题辞②

　　龚鼎孳早年作词由《花间》入,词风妍丽婉美,在当时有"句香字艳,直逼《花间》《尊前》"③之誉。但随着这类创作的增多,龚氏

---

①　《定山堂诗余》卷一。

②　《定山堂诗余》卷二。

③　毛甡《香严斋词话》,《香严斋词》,清康熙十一年徐釚刻本。

的"厌悔"心理愈来愈强,但他另一面又认为只要语妙则艳词可作。北宋黄庭坚因多作艳词而被法秀和尚斥为"当堕泥犁之狱"①,这个典实常被正统文士引以警世或自诫,龚氏论词也常援此为例,但他的目的不在于以此否定艳词创作,而是以为"要其语诚妙天下,无妨为大雅罪人"。作词不妨为大雅罪人,这个观点其实来自后七子之领袖王世贞,他在《艺苑卮言》言:"盖六朝君臣,颂酒赓色,务裁艳语,默启词端,实为滥觞之始。故词须宛转绵丽,浅至儇俏,挟春月烟花于闺幨内奏之,一语之艳,令人魂绝,一字之工,令人色飞,乃为贵耳。至于慷慨磊落,纵横豪爽,抑亦其次,不作可耳。作则宁为大雅罪人,勿儒冠而胡服也。"②王氏此论首先肯定写艳乃词体最重要也最可贵的本质,而且崇婉约抑豪放,不仅以婉约为正宗,更以其为唯一正途。其次是认定词体是与"大雅"文学相对立的体裁。"大雅"是《诗经》之一类,它大部分是西周贵族所作,主要是歌颂周王之功绩德行,也有部分规讽之作,风格雍容稳重,"大雅"历来被视作诗之正声,也常被用作反映"风雅"精神的整部《诗经》的代称。每个时代在文风颓靡不振之际,都有文士以恢复大雅正声为己任而振臂疾呼,但这种对大雅正声的追求大多局限于有明道载道功能的诗文领域。王世贞论诗文高举秦汉盛唐之旗帜,批评"六朝之文浮,离实矣"③,六朝文风以其浮靡轻艳而缺少朴实醇厚之气受到王氏的批判,但在词体领域,王氏却认为滥觞于六朝艳语的词作本该以求"艳"求"工"为己任。这种流连于花月闺幨之艳冶声吻,在王氏心中实乃有愧大雅正声,但如果反其道而行之,只会落得"儒冠胡服"的不伦不类,因此为了保持词的文体特性,王氏宁为"大雅之罪人"而不为"儒冠胡服"者。龚鼎孳同样对创作艳

---

① 潘永因编,刘卓英点校《宋稗类钞》卷六,书目文献出版社,1985年,第491页。

② 王世贞《艺苑卮言》,《词话丛编》第1册,第385页。

③ 王世贞《艺苑卮言》卷三,丁福保辑《历代诗话续编》中册,中华书局,2006年,第985页。

词非常矛盾,一方面他自觉这有违于儒家传统教义,他的"厌悔"实际是一种不自安的心态;另一方面,他又力图从"语妙"这种形式美的角度来寻找艳词创作的合理性,但他并不掩盖艳词思想性方面的缺陷,所以纵然艳词创作者语妙天下,也仍为"大雅罪人"。在这种观念下,他对自己多作艳词也作了一种有意无意的遮蔽,认为它们不为"绮语"而为"妄语",以此来减轻自己的负罪感。龚氏对艳词的矛盾态度,沈雄《古今词话》亦有记载:"钱光绣曰:芝麓尚书,自受弘觉记莂,仆与偶僧俱忝为法门兄弟。尚书退食之暇,闭户坐香,不复作绮语。有以《柳塘词》进者,尚书曰:'艳才如是,可称绮语一障。我可以谢过于山翁,并可以谢过于秀老矣。'因驰翰相讯,偶僧答以《歌头》有云:'不入泥犁狱底。便主芙蓉城里。抱槧也风流。莫借空中语,大雅定无尤。'尚书重为之首肯。"①从此则可见,除了受儒家教义影响外,龚氏不作绮语与其信奉佛教亦有紧密关联。佛教"十善"中第五善为"不绮语",可知佛教视绮语为一障。龚氏自在弘觉寺受记莂以来,便弃绮语不作。当他看到沈雄的《柳塘词》,有感于其多作艳词比起自己有过之而无不及,又举法秀痛斥黄庭坚之例以自嘲,颇具谐谑意味地说有了《柳塘词》后,自己的绮语也就小巫见大巫而不成其过了,这对沈雄也隐然有规劝之意。面对龚氏的驰翰相讯,沈雄答以作绮语也有高下雅俗之别,下者俗者自入泥犁地狱,高者雅者却可主芙蓉城②,只要不以黄庭坚之"空中语"文过饰非③,小词中亦可见"大雅"。沈雄此语让龚氏对

---

① 沈雄《古今词话·词话》下卷,《词话丛编》第 1 册,第 813 页。

② 芙蓉城是古代传说中的仙境。欧阳修《六一诗话》:"(石)曼卿卒后,其故人有见之者,云恍忽如梦中,言我今为鬼仙也,所主芙蓉城……"见《历代诗话》上册,第 271 页。

③ 潘永因《宋稗类钞》载:"法秀师尝语鲁直曰:'公作艳歌小词,可罢之。'鲁直曰:'空中语耳,非偷非杀,不至坐此堕恶道。'师曰:'君以笔墨海淫于我法中,当堕泥犁之狱,岂止堕恶道而已。'鲁直由此不作词曲。"潘永因《宋稗类钞》卷六,书目文献出版社,1985 年,第 491 页。

艳词产生了新的看法,他内心的矛盾挣扎似乎终得释然,那龚氏本身又是如何调和"绮语"和"大雅"之间的关系的呢? 龚鼎孳最直接的做法就是为艳词披上符合儒家传统道德之伦理外衣,最典型如他评时人梁清标之艳词《一剪梅·闺词》云:"直是秦嘉徐淑小影,他若偷韩窥宋一流,那得如许雅靓。"①梁词写得颇为香艳柔靡,是不折不扣的"绮语",自身就依违于花间艳语与传统伦理的龚鼎孳又将如何置其褒贬呢? 龚氏很坚决地要把他所称许的艳词与韩掾偷香邻女窥墙之类有伤风化的行止区分开来,他很高明地将词中摹写的香艳缠绵之情状解读为类于秦嘉、徐淑夫妻之间的相濡以沫琴瑟和鸣②,男欢女爱的艳词丽曲被置于五伦之一的"夫妻"关系中,故天经地义顺理成章,不涉于淫不及于乱。龚鼎孳标举"雅靓",若说"靓"兼指词体形式之婉丽与内容之艳冶,那么"雅"更多就指词体精神品格之"雅正",龚鼎孳正是以这种处于儒家道德框范下的"雅正"精神有意无意地消解着词体创作内容上的"艳冶"给传统道德审美带来的冲击。他作于晚年的《广陵倡和词序》更是把这种"雅靓观"提升为与中国传统诗教相接的"兴寄说":

　　向读荔裳、顾庵、西樵三公湖上倡和《满江红》词,人各八阕,缠绵温丽,极才人之致,叹为温韦以来所未有也。今年三公复泊邗上,携四方诸同人刻烛倚韵,更人得《念奴娇》词各十二首,狎与盛矣。余惟自昔名人胜士,放废屈抑,往往作为文词以自表见。即或流连香粉,称说铅华,类宋玉之繁靡,等陈思之绮妮,要其厥指所托,非属苟然;忠爱之怀于斯而寓,则又不仅歌场舞榭,縢轴题笺,仅作浅斟低唱柳七之伎俩已也。余

---

① 梁清标《棠村词》卷中,《清词珍本丛刊》第 3 册,第 384 页。
② 秦嘉、徐淑为东汉时人,秦嘉为徐淑之夫。秦嘉的《赠妇诗》三首颇负盛名。

曩者憩迹桃叶竹西间,颇爱制小词以送时日,今皆弃为敝帚不复置。间览诸君子之作,风流骀宕,兴寄甚高,余即才尽肠枯,而见猎心喜,能无望红桥烟柳,一为怊怅哉!

——《广陵倡和词小引》①

康熙五年(1666),宋琬、曹尔堪、王士禄、陈维崧等十七位词人在广陵举行了一次以《念奴娇》为题的大型词学唱和活动,龚鼎孳之序正是为此而作。龚氏开头所言之"湖上倡和"发生于康熙四年(1665)②,是年,宋琬(荔裳)、曹尔堪(顾庵)、王士禄(西樵)三人相聚于杭州西湖,相遇之时三人都是刚刚摆脱缧绁之灾的失意者,他们遭逢灾狱的原因虽各不相同,但那种同是天涯沦落人的心态,兼之身处接连发生科场案、通海案、奏销案而导致人心惶惶的江南地区,使得词人选用了《满江红》这个"适宜表达激壮感情的词调"③来承载内心的悲愤、惨痛、惊悸与庆幸,毛先舒对三子之词作有如此评价:"俱极工思,高脱沉壮,至其悲天闵人、忧谗畏讥之意,尤三致怀焉而不能已。"④三子词中的迁客逐臣心态引发了清初士人的强烈共鸣,不少论者还认为此次唱和"标志着词坛对稼轩词风接纳的开始"⑤。康熙五年(1666),三子复聚于广陵,并纠集起一批文士叠韵酬唱联为巨轴,湖上唱和所蕴蓄的悲天悯人、忧谗畏讥的情怀在广陵唱和中得到了进一步的激荡与深化,海内词人应声唱和,蔚为一时风雅盛事。作为文坛领袖的龚鼎孳对两次唱和评价颇高,但话说得较隐晦含蓄,需要细细寻绎方能参透。龚氏对湖上唱

① 王士禄、曹尔堪等撰《广陵倡和词》,清康熙刻本。

② 又称"江村倡和"。

③ 龙榆生《词曲概论》,第111页。

④ 毛先舒《潠书》卷二《题三先生词》,《四库全书存目丛书·集部》第210册,齐鲁书社,1997年据北京图书馆藏清康熙刻思古堂十四种书本,第639页。

⑤ 刘东海《顺康词坛群体步韵唱和研究》,上海古籍出版社,2013年,第110页。

和词的评价是"缠绵温丽,极才人之致,叹为温韦以来所未有也",将三子悲忧莫名的迁客心态解为温韦式的才人情致,将一种沉郁悲慨激壮顿挫的词风解为缠绵温丽,我们不免惊讶于龚氏的解读与实际情形间的巨大落差,但我们也必须清楚身兼清廷大僚与文坛魁首的龚鼎孳,他的品衡与论断必然会有所顾忌而不能像草野士人毛先舒那样直陈己见,他的这种说法其实是一种有意的"误读",但他在下文中很巧妙地解开了这层"误读"的迷障。从"余惟自昔"以下,其实就是借昔人之外壳谈三子为代表的唱和词人群之遭逢,指明他们的唱和词作很多是在"放废屈抑"之不得意的情况下写就的,而不仅是才人逞才斗巧而为之。即使词作的表面是"流连香粉,称说铅华",但当中往往寄寓了词人的"忠爱之怀",不能只看表面而将它们与柳永浅斟低唱式的词作等量齐观。这其实就是对上文所谓"缠绵温丽,极才人之致"之类断语的补充说明,以期读者不要低估唱和诸作的思想内蕴。龚氏抬出"忠爱"二字,与诗文观中的"忠孝"颇为相类,正如"忠孝"为"性情"之根本,"忠爱"则是"兴寄"之本质。"风流骀宕,兴寄甚高"是他对唱和词作的总体评价,外"风流骀宕"即所谓"缠绵温丽",而内"兴寄甚高"则因"忠爱之怀"寓于中。"忠爱"既可理解为政治层面上的"忠君爱国",也可理解为社会层面上的"忠诚仁爱"。龚氏在湖上倡和和广陵倡和的词作中找到了艳词与传统道德伦理的一个理论结合点,确立了"忠爱"为本质的"兴寄说"。

"兴寄"就是比兴寄托,它指"通过对目前事物的歌咏来寄寓诗人对国事民生的关怀和理想"[①]。"比兴"最早是从《诗经》中总结出来的一种艺术表现手法,从唐代陈子昂开始,经过李白、杜甫、白居易等大家的发扬,"比兴""兴寄"就成为中国诗学最重要的理论主张之一,强烈的政治意识和社会责任感是它最重要的理论品格。

---

① 徐正英《先秦至唐代比兴说论述》,《西北师大学报》,2003 年第 1 期,第 52 页。

很多论者都将有无"兴寄"作为评衡诗歌优劣的重要圭臬。明词中衰的最重要原因之一是明代词人根深蒂固的"卑体"观,明清之交以陈子龙为首的云间派为了振衰起敝,借用传统诗学中的"兴寄说"来构建词学观。陈子龙论词主情尚婉约,也并未摆脱词为小道的观念,但他能与一味在词中追求艳情的明人区分开来,关键在于他以"风骚之旨"论词。他在《三子诗余序》中说:"夫风骚之旨,皆本言情;言情之作,必托于闺襜之际"①,即认为专写风月闺情的艳词也可以像诗歌一样寄托词人的身世之感与家国之思,用诗学中的"比兴说"调和了词的表现形式与立意谋篇之间的矛盾。我们无法坐实龚鼎孳的"兴寄说"是否受到云间派的影响,但可以确知的是他提出"兴寄说"与陈子龙强调"风骚之旨"的用意是一样的,一是为了解决艳词创作与传统道德之间的紧张关系,二是为了在不改变词体传统创作模式的前提下尽可能扩大词体的表现功能与精神品格。秋水轩唱和之所以能继承并深化湖上唱和与广陵唱和之传统,并使京师词坛成为广陵之后的词学中心②,是与龚鼎孳的这种理论自觉至关密切的。

二、兼赏南北宋,崇尚中和之美

云间派论词推崇五代北宋而贬抑南宋,自此开启了清代词学的南北宋之争。在阳羡词派与浙西词派正式登坛树帜以前,云间派这种尊北抑南的词学观在明末清初的词坛有着很大的影响力。龚鼎孳作为朱陈之前的词坛领袖和清词帷幕的重要开启者之一,他在创作上突破了云间派专尚小令的局限,那么他在理论上是否

---

①　陈子龙《安雅堂稿》卷三《三子诗余序》,《续修四库全书》第1387册,第704页。
②　参见陈静华《"秋水轩倡和"文学活动研究》,南京师范大学硕士学位论文,2012年,第17页。

也有自己的独特贡献呢？

首先应当明确的是，受明代词坛风气的影响，龚鼎孳论词偶也以"花草"为准的。所谓"花草"，是编于五代的《花间集》与编于南宋的《草堂诗余》两部词集的合称。《花间集》是中国第一部文人词总集，它的艳情性与绮丽婉约奠定了词体文学本色正宗的审美规范。《草堂诗余》是一部收录了晚唐五代词和宋词的词选，此编"所收作品从时代上看，偏于晚唐、五代、北宋；从风格上分，独好婉丽"①，它在明代崇婉约抑豪放的词学环境中极度流行。标举"花草"，其实就是对五代北宋的推尊和对婉约之美的崇尚。试看龚氏对余怀、梁清标与丁澎词的评价：

> 澹心余子，惊采绝艳，吐气若兰。而搦管题词，直搴淮海之旗，夺小山之纛者。
>
> ——《古今词话·词评》卷下引②

> 棠村旖旎纤靡，宛似《花间》，其芊绵俊爽，则又《草堂》之丽句也。洵当排黄轶秦，驾周凌柳……
>
> ——《棠村词·词话一》引③

> 温柔细润，周柳之遗。
> ——《扶荔词》卷三引龚评《永遇乐·贺梁玉立尚书新婚》④

第二则可见龚氏以"花草"为衡词标准。需要注意的是，龚氏

---

① 孙克强《清代词学》，中国社会科学出版社，2004年，第95页。
② 沈雄《古今词话·词评》卷下，《词话丛编》第1册，第1041页。
③ 梁清标著，梁新顺点校《棠村词》，河北人民出版社，2013年，第5页。
④ 丁澎《扶荔词》，清康熙刻本。

虽时"花草"并举,但二者在其心中并非毫无轩轾,如其评丁澎《摘
得新·幽思》道:"《花间》绝调,与《草堂》迥别。"①《草堂诗余》作为
书坊迎合市场需要而刊刻的选本,极度流行于尚艳尚俗的明代词
坛,但它"所采亦多芜杂,取便时俗,流传浸广"②,在那些崇雅黜俗
的文士的心中,自然是"不及《花间》诸集之精善"③,从龚氏崇"花"
抑"草"的倾向看,他是有意识地与明代的趋俗词风划清界线。龚
鼎孳在这三则中援以称许友人的前代词家都是北宋名家,秦观(淮
海)、晏幾道(小山)、黄庭坚、周邦彦、柳永,这五人中,除黄庭坚外,
其余四人都是北宋词坛婉约派的代表人物④。黄氏不少作品虽有
"非本色"之讥,但也有部分词作"写得比较婉美,堪与秦观词媲
美"⑤,在当时便有"秦七黄九"之称⑥,龚氏在此秦黄并举,也是着
眼于黄氏这部分婉美之作而发。此外,"惊采绝艳""吐气若兰""芊
绵俊爽""温柔细闻"之类评语无疑都偏于婉美柔曼一路。他在评
曹溶词时,最激赏的也是曹词似晏幾道词"合情景之胜,以取径于
风华者"⑦。龚氏尊"花草"、心折于五代北宋之婉约词风从以上诸
例可见一斑,但若因此断定他论词也属于云间派厚北薄南的路数
便有失偏颇,因为他也有部分南北宋并举的论词之语:

> 三复诸词,凄惋则李后主也;潇洒则苏眉山也;慷慨悲怆
> 则刘后村辛稼轩也;香艳芊绵则秦七、柳永也。媚眉花肉,锦

---

① 丁澎《扶荔词》卷一,清康熙刻本。

② 吴昌绶《草堂诗余跋》,《景刊宋金元明本词》。

③ 《四库全书总目》卷一九九《〈类编草堂诗余四卷〉提要》,第1824页。

④ 将词分为婉约、豪放二体其实并不全面,而且婉约派中不同词人的风格也大不
相同,但为了论述方便,姑取明人之二分法。

⑤ 杨海明《唐宋词史》,天津古籍出版社,1998年,第369页。

⑥ 陈师道:"今代词手,唯秦七黄九尔,唐诸人不迨也。"陈师道《后山诗话》,《历代
诗话》,第309页。

⑦ 沈雄《古今词话·词评》卷下,《词话丛编》第1册,第1036页。

　　心绣肠,目送手挥,情不给赏。

——《拜鹃亭诗余跋》①

　　《拜鹃亭诗余跋》是他为熊文举的词集《拜鹃亭诗余》所题。他对熊词有很高的赞誉,认为它兼有李煜之凄惋、苏轼之潇洒、刘克庄与辛弃疾之慷慨悲怆、秦观与柳永之香艳芊绵。龚鼎孳对这几位词家词风印象式的概括虽不尽准确与周全,但也大致到位。他不仅能欣赏婉约范畴中的"凄惋"与"香艳芊绵"之美,他还肯定被公认为豪放派代表的苏轼、辛弃疾、刘克庄的词风,同时他还看到词史上并称的"苏辛"的词风实有"潇洒"与"慷慨悲怆"之别,可见龚氏论词颇能欣赏异量之美,在他心中,五代北宋与南宋都有值得称道的典范词家。无独有偶,他在评程康庄词时也是南北并举:"昆仑……诗余琢字炼句,周、秦、辛、陆,遂兼其胜。"②北宋的周邦彦与秦观,南宋的辛弃疾与陆游,都成了他笔下用以称美友人词作的前贤。值得注意的是,从现有材料看来,龚氏标举南宋时所举词人如辛弃疾、陆游、刘克庄都属于豪放阵营,那是否表明他只欣赏南宋词的豪放派呢? 答案是否定的。笔者在论龚词创作时就指出,龚氏在进行和韵词创作时不执一端,而次韵最多的是南宋史达祖,次为北宋周邦彦,而他早期的词风也近于周史一脉,他之所以没有论及南宋史达祖一脉的典雅派词人,实在是他对南宋词人的取法仅停留于创作层面,而并未上升到理论的高度。龚氏论词兼举南北宋,同时又对婉约、豪放词风兼容并蓄,他虽然对各种类型的词风不加轩轾,但他却有自己明确的审美理想,那就是词的中和之美:

---

　　①　熊文举《雪堂先生文集》卷一九末《拜鹃亭诗余附》,《北京图书馆古籍珍本丛刊》第 112 册,1998 年据清初刻本影印,第 488 页。

　　②　龚鼎孳《自课堂集序》,程康庄《自课堂集》卷首,《清代诗文集汇编》第 42 册,上海古籍出版社,2010 年据民国《山右丛书初编》铅印本影印,第 389 页。

《秋雪词》惊采绝艳，绣口锦心，人所易知也。而其一寸柔肠，千年绝调，腴而不靡，丽而不纤，悲壮而不激烈，旷达而不肤廓，不必以雕镂为工，而玉光剑气隐现于声律芳香之外，非人所易知也。

——《百名家词钞·秋雪词》引①

《秋雪词》是龚鼎孳友人余怀之词，上面所引是龚氏对它的评价。"腴""丽""悲壮""旷达"这四种不同的审美风格并行于《秋雪词》中，它们在龚氏的眼中并无高下之别，关键在于词人创作时要把握一个"度"。腴莹而能温厚故不至于靡软，绮丽而有气骨故不流于纤弱，悲壮而能自我敛抑故不及于激烈，旷达而内有深情方不陷于肤廓。若超过了这个"度"而变为"靡""纤""激烈"与"肤廓"，那就是词体之弊了。这其实是基于儒家的"中和"思想而提出的审美观，"乐而不淫，哀而不伤"②的诗教精神由诗而及于词，说到底，还是"温柔敦厚"的诗教观在统摄着龚氏论词时的"中和"思想。

本节探讨了龚鼎孳的词学观。无论北宋南宋，亦不论婉约豪放，龚鼎孳都对它们表现了一种无所不可的审美容纳，但这种容纳有一个共同的标准，那就是它们不能违背儒家守中致和、温柔敦厚的诗教精神。正是受这种正统诗教观的影响，龚氏对多作艳词抱有非常矛盾的态度，他最终以"雅靓观"与"兴寄说"来调和艳词创作和诗教精神之间的矛盾，词中有"兴寄"正如诗文中有"性情"，都是为龚鼎孳标举的艺术至境。

---

① 聂先、曾王孙编《百名家词钞》，《续修四库全书》第1721册，第420页。
② 孔子评《关雎》，出自《论语·八佾》。

第三节　龚鼎孳文学思想与文学创作之合轨与脱节

　　龚鼎孳论诗文以"性情"为本,论词以"兴寄"为重,这两大核心理论都是处于儒家道德语境中的言说。此外,其诗文观还提出了"原心说"与"聪明说",并强调内外因对创作主体的合力影响,呈现出理论的丰富性与多元性,实已形成理论之潜体系。总体而言,龚鼎孳的文学思想并未超出时代的思考范围与理论水平之外。在清初文学完成自身理论构筑的过程中,龚鼎孳不是一个开拓者,但却不失为一个积极的顺应者与重要的参与者。

　　相比起创作成就,龚鼎孳的理论建树无疑要逊色许多,这主要缘于他并无明确的理论意识。他的文学观大多能与自身的创作实践对应。他论诗以汉魏三唐为宗,故其诗所用典故多为唐以前,限韵诗的追和对象也以汉魏三唐诗人及推崇汉魏盛唐的明七子为主;他论诗推尊杜甫,创作上更是清初诗坛学杜之第一大家,写下了大量从形式、内容乃至风格上踵武老杜的诗篇。他论词兼取南北宋,故作词对长短调无所偏至,既得五代北宋令词之风神远韵自然天成,亦学南宋长调之章法结构思致安排;他论词以《花间》以来的艳词传统为正宗而又强调"兴寄",因此他的多数言情词或写得艳而不靡,或将身世家国之感打并入艳情;也因其论词重价值层面之"兴寄"而不拘于风格层面的刚柔,故作词既有近于史达祖一脉的密丽精工,亦能以疏朗刚健之气发为黄钟大吕之响,成为清初词坛鼓扬"稼轩风"的中流砥柱。其文学观中"性情说"与"原心说"的理论张力,体现在文创作中,便是存在着道学与情意的两重书写。他重视书卷学问,而他在诗词文创作时引经据典信手拈来则是其学问博洽的明证。

　　当然,由于缺乏理论自觉,龚鼎孳的文学观与文学创作之间还存在着一定程度的脱节。他推扬"忠孝"而不满"寻常流连花月、寄托酒茗、赠送酬答之繁制"，但他的诗词文中都存在着为数不少的流于敷衍应酬的赠答之篇；他作词有意取法南宋史达祖且词体风格与之为近，但他论词却对史氏绝口不提；他为文存在着继承晚明小品传统和唐宋古文传统的两种倾向，但他从未旗帜鲜明地以这两种传统号召文坛。

　　文学思想与创作实践的合轨说明龚鼎孳的文学创作是其文学思想的自然体现，却不可称为是其文学思想对文学创作的自觉指导，因为龚鼎孳并不具备这种理论自觉，这从他的文学思想多是对诗词文的印象式评点及其与文学创作的多处脱节上可明显看出。正因为理论自觉的缺乏，龚鼎孳在清初文学完成自身理论构筑的过程中，未能如他在创作领域一样多有创辟乃至引领风气，却也是清初主流文学观建设过程中的一个重要的参与者。

第六章　龚鼎孳与清初文坛

在分别论述了龚鼎孳诗、词、文的内容分类与艺术特色后,接下来,笔者将就他在这三个领域的创作成就与地位影响作一探讨,以此说明他在清初文坛扛鼎揭旗的领袖地位和承前启后的重大影响,并进一步分析他得以领袖清初文坛的原因。

第一节　龚鼎孳与清初诗坛

龚鼎孳作为与钱谦益、吴伟业鼎足而三的清初诗坛大家,他的成就与影响不是简单一句"非二家匹"①便能一笔抹杀的。虽然他于诗艺上确实不敌钱吴,但他独树一帜的艺术特色与他在清初诗坛承前启后的重要地位,却是万万不能被掩盖与取代的。严迪昌先生称龚鼎孳在三大家中"最足称'前代薮公,为之创始'的人物"②,这是作为清初京师诗坛职志的龚鼎孳不能为他人取代的成就与影响,若将这种成就与影响仅仅理解为政治权势的衍生,就未免失之过浅。对龚诗于清初诗坛的影响,笔者主要从三方面进行论述。

---

①　朱庭珍《筱园诗话》卷二,《清诗话续编》第 4 册,第 2228 页。
②　严迪昌《金台风雅总诗人——龚鼎孳论》,《语文知识》,2008 年第 1 期,第 4 页。

一、"江左三大家"中的自我树立："补史"兼"致用"的庙堂诗人

　　作为与钱吴同享大名的"江左三大家"之一，龚鼎孳常被认为是以官爵之隆盛而得以忝陪末座。肇开这种批评论调的当属清代中叶的沈德潜，他于《清诗别裁集》提到龚鼎孳时言："时有合钱、吴为三家诗选，人无异辞，惟宴饮酬酢之篇多于登临凭吊，似应少逊一筹。"①此评影响颇大，也符合龚氏整体的创作倾向，但却忽略了诗人所处之政治环境对其言说姿态的影响。虽然三家均为贰臣，才望相近出处相仿心迹也颇有相通之处，但钱、吴短暂仕清后均屏居乡里，而龚鼎孳则成为清廷臣僚，政治身份的差异必将导致言说策略的不同，龚诗较之钱诗与吴诗更多台阁风味也是毋庸置疑的，但若就此把龚诗定位为肤廓冗沓的酬酢颂圣之作，则无疑有失偏颇。龚诗很突出的一个征象就是鲜明的"诗史"品格，具体表现是其诗作在"补史之阙"外，还收"致用"之功。龚鼎孳的特殊政治身份，使得这种特征为消泯清初庙堂诗群与在野诗群的文化分野提供了极大助力。

　　如前所述，龚鼎孳"性情说"的根基在于"忠孝"，而诗歌"忠孝"的标准在于有关治乱鉴戒。"《诗》亡然后《春秋》作"于龚氏而言，并非只是简单地套用圣贤之言②，他的确有意识地在诗中寓"《春秋》之褒贬"，将"杜陵诗史"③作为诗歌极则。在清初这个弥漫着浓重的怀旧意识与感伤情绪的时代里，三大家都曾把自身对河山

　　① 沈德潜《清诗别裁集》卷一，第14页。
　　② 《孟子·离娄下》："王者之迹熄而《诗》亡，《诗》亡然后《春秋》作。"
　　③ 龚鼎孳《待诰赠中宪大夫太常寺少卿前敕封文林郎湖广黄州府蕲水县知县显考颖达府君行述》，《定山堂文集》卷二一，《龚鼎孳全集》，第1987页。此外，"诗史"说源自杜诗学，孟棨《本事诗》言："杜逢禄山之乱，流离陇蜀，毕陈于诗，推见至隐，殆无遗事，故当时号为'诗史'。"孟棨《本事诗》，《历代诗话续编》上册，第15页。

变色、乾坤易主的痛切感受通过对特定历史事件的回顾与反思而形诸笔端，三人的诗歌都曾获致"诗史"之评。钱谦益晚年所作的《投笔集》被近人陈寅恪先生誉为"明清之诗史"①，清人尤侗认为吴伟业《圆圆曲》《永和宫词》《松山哀》等篇"皆可备一代诗史"②，而龚鼎孳的《金陵篇用李空同汉京篇韵》则获时人张谦宜"不愧诗史"③的美誉。细细比较，不难发现，钱谦益是通过对南明永历政权的关注及对自身抗清经历、复明心愿的隐晦记叙而让"诗"与"史"结合；吴伟业则是借取他人事迹来讲述历史，并在此中暗寓兴亡之感黍离之悲；而龚鼎孳反思金陵荣衰兴亡的《金陵篇》，则更多是通过批判弘光朝廷的马阮弄权来表达自己怀古伤今的情愫。如前所述，对马阮的批判是龚氏诗文非常执着的一个主题④，既是反思明亡，更是出于自辩的需要。他既像钱谦益那样急于自明，但却不再以前明孤臣孽子之身份自许；他如吴伟业一般，让他人而非自身成为笔下历史事件的主角，但比之吴伟业他少了一份不能自已的哀情而多了一种理性反思的意识。

比之钱谦益规模宏大的《投笔集》与吴伟业数量众多的映照兴衰的歌行体，龚鼎孳仅此一诗获致"诗史"之评，看似有霄壤之别，实际上，龚诗中无"诗史"之名而实有"补史"之功的诗作并不罕见，尤多见于其记述时世与反映民生的诗中。龚诗的"诗史"品格于明代已肇其端，其时尤以记述明末战伐与明廷党争的诗作居多。此中典范除五律《述闻·感武陵事作》三首⑤外，更有七古长篇《送熊鱼山给谏出狱诗·甲申上元日》⑥。崇祯十七年（1644）正月十五，

---

①　陈寅恪《柳如是别传》，上海古籍出版社，1980年，第1169页。

②　尤侗《艮斋杂说》卷五，《艮斋杂说续说·看鉴偶评》，中华书局，1992年，第99页。

③　钱仲联编《清诗纪事·顺治朝卷》，江苏古籍出版社，1987年，第1365页。

④　见本书第一章第二节。

⑤　见本书第二章第一节之"记述时事与反映民生之诗"。

⑥　《定山堂诗集》卷三。

因劾前任首辅周延儒而下诏狱的熊开元出狱，遣戍杭州。其时因弹劾首辅陈演系狱的龚鼎孳听闻此讯，百感交集地写下这首七古。诗前有序，交代熊开元与姜埰因建言而被廷杖、下诏狱，表达了狱中诸子因忠贾祸的"奇愁塞胸"①，全诗亦弥漫着一股"缠绵幽愤"②之意。龚氏认为"宰相非人万事误"，直指周延儒擅权误国之失，而非熊氏有意谗潜辅弼，并对熊氏发奸摘伏的行为大加褒扬，浓墨重彩地渲染了一个不顾安危诋斥权贵的直臣形象。周延儒确有招权纳贿操弄权柄之罪，《明史》亦将其列入《奸臣传》，但据史书记载，熊氏之弹劾周氏实乃缘于求光禄丞一职不得为报私憾所致③，其动机未必有多么高尚，但其时周氏已获罪身死千夫所指，而龚鼎孳面对熊氏遭际又陡起同病之叹，正所谓借他人之酒杯浇自己之块垒。此诗记述的不仅是熊开元出狱这个历史事件，更展现了晚明时期内阁与言官的尖锐对立，揭露了明末宰相柄政误国的状况，也客观反映了崇祯苛待臣属与明朝廷杖、诏狱滥行的末世暴政，称之为"诗史"当不为过。

若说类于上述的"补史之阙"的精神品格为三大家所共有，那么龚鼎孳"诗史"品格的独特性更当体现于入清后反映民生疾苦、为民请命的诗篇中。这种区别是由龚鼎孳与钱、吴政治身份的差异造成的。钱诗多写故国之思与复明运动之进程，虽然对现实中的万姓疮痍也有所着墨，如"人民城郭总凄迷，华观楼台长藜藜"④，"罗刹江边人饲虎，女儿山下鬼啼莺"⑤等，但其出发点在于贬斥新朝而非改善民生，他的恸款朴忠指向的是一个逝去的王朝。吴伟业虽写过"斥堠但严三辅靖，愿销兵甲罢长征"⑥之类的劝谏清廷之言，但总

①② 《送熊鱼山给谏出狱诗·甲申上元日》序，《定山堂诗集》卷三。
③ 《明史》卷二五八《熊开元列传》，第6669页。
④ 钱谦益《吴巨手乩斋诗》。
⑤ 钱谦益《西湖杂感二十首》其十五。
⑥ 吴伟业《即事》其六。

体而言吴诗是以"忆昔"与"自讼"为主,对于清廷治下的百姓疾苦,
不在其位的他不愿多言亦不敢多言。但龚鼎孳不同,他身为清廷
僚属,也从心理上完成了从明臣到清臣的转变,怀抱经济之志的他
不可能对现实治乱与人事通塞置若罔闻,因此他写下了为数不少
既可"补史",又可使在上者明于治乱的谏言式诗歌。这些诗篇集
中收录于顺治十四年(1657)刊刻于南京的《过岭集》①中。顺治十
三年(1656)秋龚鼎孳颁诏粤东,次年返回金陵,龚鼎孳将使粤所作
诗歌汇成《过岭集》一编,并"锓之江左"②。《过岭集》中诗歌以系
年先后编排,所录自龚鼎孳吴门舟行始,至离粤北上重返吴门终,
存诗凡282首。行走于地方的他有机会接触并了解京师歌舞升平
之外的另一个疮痍满目的底层世界,《过岭集》移步换形即景述怀,
于自吴至粤的山程水驿中呈现了清初兵连祸结、万户蓬蒿的真实
图景。他把这些见闻诉之于笔端,目的是上达天听,从而解民倒
悬。前所述及的反映民生的三首典范之作《岁暮行·用少陵韵》
《万安夜泊歌·用少陵忆昔韵》《挽船行·用少陵最能行韵》即出于
此③。龚鼎孳揭示了造成民生凋敝的两大原因:一是兵戈肆扰,以
郑成功为首的沿海反清势力与大清军队仍处于激战状态;二是清
政府为应对战争与充实国库而进行横征暴敛。因此种种,把《过岭
集》称为清初的一部微型"诗史"亦不为过。从这些诗歌可以看出,
龚鼎孳内心充满了对劳苦民众的同情,但他诗歌的对话者是朝廷
而非普通百姓,正如万国花所言,他"并不是站在一个同样感受着
迁播流离的下层文人的立场来观照人民的苦难的,他的自我定位

---

① 《过岭集》收录于《四库禁毁书丛刊·集部》第117册,北京出版社,1997年据
清初三十二芙蓉斋刻本影印。

② 龚士稹《定山堂诗集跋》,《龚鼎孳全集》,第2535页。

③ 见本书第二章第一节"记述时事与反映民生之诗"。此三诗见于《定山堂诗集》
卷四。

是为民请命的朝廷大员"①,秉持的是白居易"惟歌生民病,愿得天子知"②的政治讽喻宗旨。《岁暮行》与《挽船行》摹绘了民生之多艰后,重点是劝谏朝廷轻徭薄赋与民休息。《万安夜泊歌》也并未仅仅停留于描述民生惨状,他更关心的是如何引起关注并解决问题,"蠲赈岁看三辅遍,痛哭谁将荒徼说。皇天爱物岂择地,诸老分忧况显秩",指出朝廷不应只在三辅地区施行蠲赈举措而忽视万安这类边远地区,仁政不该择地而施,而应惠及万民,龚氏又指出朝堂上那些高官厚禄的臣子理应为君分忧补君之阙,言下之意,民不聊生灾祸频仍乃官吏尸位素餐之咎,龚鼎孳的慷慨陈词中有着鲜明的以天下为己任的意识。可以说这种注目现实、系心底层并积极寻求解决措施的"诗史"品格,与钱、吴诗所呈现出来的"诗史"品格截然不同,而这正是龚鼎孳在三大家中自我树立的一大根基,同时也是对盛行于时的经世致用思潮的绝好回应。

　　作为"诗史"之作的典范,《过岭集》堪称清初诗坛变雅之声的一大集结。当这些诗歌在龚鼎孳身后被收入《定山堂诗集》时,字句多有改易,这些改易除少量属修饰之需外,多为将可能被视为违碍的字词改易甚至全篇删去。如《过岭集》中《十八滩杂咏》其二"万境尚夷旷",《定山堂诗集》改"夷"作"恬"(卷二);《小潭》末二句:"几时天厌乱,流血净江沱",《定山堂诗集》将"流血净江沱"改作"小艇信江沱"(卷一一);《雨中抵玉山》之二、《庐陵纪事》(章贡争流大壑中)、《过东湖·和空同鄱阳韵》等反映兵燹徭赋之诗篇则被直接删去。虽然《过岭集》中不少诗篇的创作立场是为清廷建言献策,但因其悯时衔恤之情民胞物与之量,兼之"颁诏粤东"带给诗人的逐臣之哀与故国之思,使得《过岭集》赢得了清初遗民诗界的

---

① 万国花《诗家与时代:龚鼎孳及其诗论、诗歌创作研究》,第 164—165 页。
② 白居易《寄唐生》。

高度认可。钱谦益、纪映钟、余怀、杜濬为之作序,纪映钟、杜濬、邓汉仪、余怀、胡介为之作评,他们皆为顺治中后期在野诗群的重要代表。辇毂诗人龚鼎孳获得他们的认可,实则在无形中消泯着庙堂诗群与在野诗群的文化分野,而这也极大地提升了龚鼎孳之物望文誉,为他日后主盟京师文坛奠定了坚实根基。

二、明代复古思潮的回应与反拨:"本于少陵"的尊唐路径

唐宋诗之争,是一条贯穿于清代诗坛诸种递嬗流衍的核心主线。明代因盛极一时的七子派,诗坛的宗唐风尚占绝大优势,即便有公安三袁等另辟宗宋之轨辙,却难以扭转诗坛宗唐抑宋之大势。到了清代,"唐宋诗之争"才开始真正成为一种诗坛现象。《四库全书总目提要》言:"当我朝开国之初,人皆厌明代王、李之肤廓,钟、谭之纤仄,于是谈诗者竞尚宋元"①,七子模拟盛唐而得之肤廓与竟陵派学步晚唐而得之纤仄,的确引起了清初诗坛之反思乃至反拨,也成为某些诗人弃唐音而入宋调的重要契机,但若言清初"谈诗者竞尚宋元",则未免言过其实,正如蒋寅先生所言:"无论什么时代,也无论宋诗如何走红,唐诗的典范意义终究是不可取代的……这里的问题涉及诗歌的终极理想与师法策略的关系。"②因此,所谓"竞尚宋元"其实是在承认唐诗的典范意义的基础上,发掘并承认宋元诗的审美价值,并以之为师法策略打破唐诗独尊的诗坛格局。一般认为,随着康熙十年(1671)《宋诗钞》的刻成,宋诗热在京师形成气候,而至迟到康熙十八年(1679),京师宗宋之风盛极一时③。若依此论,则宋诗热兴起于龚鼎孳主盟文坛时期。可以

---

① 《四库全书总目》卷一七三《〈精华录〉提要》,第1522页。
② 蒋寅《王渔洋与康熙诗坛》,第42页。
③ 参见张健《清代诗学研究》,第371—372页。

确定的是，在这股由唐趋宋的诗坛潮流中，龚鼎孳始终是一个坚定不移的宗唐派。在他之前的文坛盟主钱谦益祧唐祖宋，首开清初宗宋之风；继他而起的文坛领袖王士禛"越三唐而事两宋"①，成为"康熙诗坛宋诗风的真正领袖"②，此外，孙枝蔚、汪懋麟、曹禾、汪琬、吴之振等诗坛名家亦纷纷阑入宋人畛域③，而龚鼎孳，却依然谨守明七子的尊唐法脉。但他并非对七子尺步绳趋，在诗学观上，他所尊之"唐"从七子的"盛唐"拓展为"三唐"④，摒弃了七子狭隘的唐诗观；而在创作路径上则采取了"本于少陵"的尊唐，而非本于七子的尊唐，同时亦不自觉地流露出宋诗习气。

　　师法杜甫，是明末清初许多身份不同、诗学思想不同的诗人所作出的共同选择。杜诗真实地记录了传统士人生逢安史之乱之坎壈遭际与痛切感受，生活在鼎革之际的清初诗人，在安史之乱中看到了易代之际的万方多难，在杜甫颠沛流离的身影中感受着自己播迁转徙的恓惶困顿，在杜甫忧国伤时沉郁悲慨的诗歌中感受着时代加诸他们身上的种种苦难，故而无论他们尊唐抑或宗宋，他们都不约而同地把目光转向这位盛中唐之交的伟大诗人。杜甫经过宋代王安石、苏轼和以黄庭坚为首的江西诗派的揄扬乃至圣化，已经成为中国文化里人格与诗艺的双重典范。明代声势浩大的复古派推崇汉魏古诗与盛唐诗，而作为盛唐代表又远绍诗骚汉魏遗音的杜甫自然也成为他们极度推崇的风雅正宗。明清之际，学杜更是成为席卷一代的诗学浪潮，这除了是明代复古派的流风所至，更

---

　　①　钱林辑，王藻编《文献征存录》卷二"王士正"条，《清代传记丛刊》第10册，明文书局，1985年，第337页。

　　②　蒋寅《王渔洋与康熙诗坛》，第28页。

　　③　邓汉仪《慎墨堂笔记》："今诗专为宋派，自钱虞山倡之，王贻上和之，从而泛滥其教者，有孙豹人枝蔚、汪季角懋麟、曹颂嘉禾、汪苕文琬、吴孟举之振。"《四库禁毁书丛刊补编》第57册，第527页。

　　④　见本书第五章第一节。

是身际沧桑的士人倾心于杜甫以如椽巨笔记录一代时事与自我遭际的"诗史"精神之体现。不仅遗民如杜濬、姜垛、张盖等人以杜甫的忠义自励进而深心学杜，那些名节扫地有苦难言的贰臣也有意识地踵武老杜，以"杜陵诗史汗青垂"①奋励自期。仅以"江左三大家"为例。尊唐的吴伟业与龚鼎孳服膺杜甫毋庸多言，开清初宗宋先河的钱谦益亦是"深心学杜"②者，他甚至以"学杜"这面旗帜消弭唐宋诗之争："自唐以降，诗家之途辙，总萃于杜氏"③，以诗艺集大成的杜甫作为弥合唐音宋调的有力武器。如前所述，"江左三大家"的诗歌都曾得到"诗史"之评，以诗记史，仿佛已经成为那个时代的集体意识，而这种意识，通常是源于诗人对杜甫诗歌之文化基因的自觉继承。吴伟业的《悲歌赠吴季子》被称为"得杜陵神髓"④，《松山哀》有"逼真少陵"⑤之誉，其《即事十首》被袁枚评为"尚有老杜《秋兴》《诸将》叙事之遗"⑥。钱谦益更是公认的学杜大家，且不论世人"虞山源于少陵""饶有浣溪风格"等种种评价⑦，单看其步韵杜甫《秋兴八首》的《后秋兴》，凡十三叠共一百零四首，其规模之宏大、情感之丰盈、用笔之老到、构思之精巧，追步少陵甚至达到了等而上之的境界。钱谦益更以其广博精深之学力为杜诗作注，《钱注杜诗》是清代很有影响力的杜诗注本。那么在这个风行一代的学杜浪潮中，龚鼎孳的学杜又有何特色呢？笔者以为他是清初诗坛当之无愧的学杜大家，他的诗歌无论在形式还是内容上都有意规摹杜甫，在三大家中，他的学杜意识最为强烈、持久与专

---

①　钱谦益《金陵秋兴八首次草堂韵》其八。

②　吴伟业《龚芝麓诗序》，《定山堂全集》附录，第 2529 页。

③　钱谦益《曾房仲诗序》，《初学集》卷三二，第 928 页。

④　朱庭珍《筱园诗话》卷二，《清诗话续编》第 4 册，第 2229 页。

⑤　《吴梅村全集》卷一一胡薇元评，第 307 页。

⑥　《吴梅村全集》卷一五，第 422 页。

⑦　"虞山源于少陵"出自王士禛《分甘余话》，中华书局，1989 年，第 53 页；"饶有浣溪风格"出自王应奎《蓉庄诗稿序》，钱仲联编《清诗纪事·顺治朝卷》，第 1262 页。

一。杨继昌《国朝诗话》曰："国朝歌行，其初遗老虞山入室韩、苏，太仓具体元、白，合肥学杜，不无蛟螭蝼蚓之杂，才气自大，韩、苏，杜之嫡派也，元、白，初唐之遗响也。"①钱谦益兼采唐宋，某些诗作更是近韩、苏而远杜，即便是次韵杜甫的《后秋兴》，其风格亦未尝全然似杜②。吴伟业学唐之取径更宽，"就大量使用律句并结合转韵法以使平仄协调，大量使用对偶句以使语言整饬，大量用典等等方面，它是继承了初唐四杰；就敷衍情节的手段以及将叙事与抒情相融合的技巧等等方面，它是继承了元稹和白居易；就其凄怨沉郁、激楚苍凉的风貌来说，则又接近杜甫和韩愈；就其色彩秾艳的词藻来看，又不无温庭筠和李商隐的影响"③，学杜仅是他多元师法中的一个对象。但对龚鼎孳而言，学杜却占据其师法策略中的核心地位，和杜诗在其追和诗中所占比例将近一半，这个区分成为他别于钱吴的又一大标签。我们不妨探讨一下他是如何学杜的。

首先，是诗歌形式上的和杜韵。龚鼎孳继承明七子的诗学思想，论诗推尊汉魏盛唐，他除了五古多次韵汉魏人诗作外，七古与近体诗中用杜韵的占了绝大比例。时人也认识到龚诗喜用杜韵的特点，王士禛《香祖笔记》记载："合肥龚大宗伯往往酒酣赋诗，辄用杜韵，歌行亦然，予常举以为问，公笑曰：'无他，只是捆了好打耳！'"④王氏问得意味深长，龚鼎孳也答得耐人寻味。袁枚《随园诗话》中有这么一条记载："阮亭尚书自信一生不次韵，不集句，不联句，不叠韵，不和古人之韵。"⑤其实，袁枚口中转述的王士禛所

---

① 杨际昌《国朝诗话》卷二，《清诗话续编》第 3 册，第 1613 页。
② 关于《后秋兴》的风格不全然似杜，参见古尊师《钱谦益诗歌三变》（北京大学硕士学位论文，2005）第三章第三节。
③ 叶君远选注《吴伟业诗选》前言，人民文学出版社，2000 年，第 7—8 页。
④ 王士禛撰，湛之点校《香祖笔记》卷九，上海古籍出版社，1982 年，第 168 页。
⑤ 袁枚著，顾学颉校点《随园诗话》卷六第五十八条，人民文学出版社，1982 年，第 189 页。

谓"五戒"并不为王氏本人严格遵循,王氏于诗歌创作中时常"犯戒",如次韵有《题丁翁秦淮水阁和牧斋先生韵》①,集句有《谢送梅戏集涪翁句成一绝》②,和古人韵有《用韦寄全椒道士韵追赠全椒吴先生国器》③,诸如此类,不一而足。但是,口头标榜与创作实践存在差距是可以理解的,且王氏的次韵诗篇虽非一见,却也不似在龚鼎孳诗中占有压倒性比例。王氏虽声称龚鼎孳的和杜诗"为天才,不可学"④,实际上他对这类诗是颇不以为然的。"常举以为问"的"常",便透出那么一丝不怀好意地追问之迹象,对此龚鼎孳也是了然于心的,所以他只以自我解嘲的一句"捆了好打"敷衍过去。所谓"捆了好打",就是次韵对象的预先设定大大方便了诗歌创作,因为他的诗歌多产生于觥筹交错之际,在一种以诗侑酒逞才斗巧的场合中,自我情感的真实表达其实已经退居次要位置,诗人主要考虑的是如何在最短的时间里写出最贴合情境的诗歌,那么次韵无疑是最便捷的选择,因为选择了次韵的对象便确定了诗歌的韵脚,有时甚至连诗歌的题材、意象都连带生成,那么整首诗的大体框架其实已经成型,诗人剩下要做的,只是搬弄辞藻堆砌典故。龚鼎孳的这个回答很容易导出人们这么一个印象,就是他的和杜诗都是出于游戏目的。确实,他有一部分和杜诗乃为集会宴饮助兴应景而作,如《王玉式招同孙鲁山司马集背洛堂用杜韵四首》《雪后古古礐子础日子寿方虎荆名遥集康侯锡邕湘草武鲁纬云竹涛青藜仲调穀梁武庐同集小斋古老限杜韵即席四首是日稚儿初就塾》《清明日集雪航斋中用杜工部韵》,思想性与艺术性都不足夸示,但他并非所有的和杜诗都作于"酒酣赋诗"之际,他

---

① 王士禛《带经堂集》卷一〇,《清代诗文集汇编》第 134 册,上海古籍出版社,2010 年据清康熙四十九至五十年程哲七略书堂刻本影印,第 75 页。

② 王士禛《带经堂集》卷二,《清代诗文集汇编》第 134 册,第 27 页。

③ 王士禛《带经堂集》卷一六,《清代诗文集汇编》第 134 册,第 115 页。

④ 邹祇谟《远志斋词衷》,《词话丛编》第 1 册,第 652 页。

有因事生情之作如《真州渡口阻风雨用杜工部咏雨韵四首》《真州江口阻风累日忽尔解缆便达金陵即事述怀用杜工部白帝放船四十韵》,有寄怀友人之作如《燕邸人日用杜韵怀秋岳·是夕梦与秋岳论诗》《客岁人日舟中于皇伯紫诸君送至燕矶而返再用杜韵寄怀》,更有反映民生疾苦之作如《挽船行·用少陵最能行韵》《岁暮行·用少陵韵》,龚鼎孳的和杜诗的题材是非常广泛的,笔者在此亦不过挂一漏万,以此说明龚氏的和杜诗绝不限于酒酣耳热之际的即席助兴。

其次,是思想内容上与杜诗的一脉相承。最典型的便是反映民生的四首七言古诗《挽船行·用少陵最能行韵》《岁暮行·用少陵韵》《万安夜泊歌·用少陵忆昔韵》《刺舟行·用少陵负薪行韵》,它们不仅在形式上用杜韵,同时更是在诗中发扬了杜甫悲天悯人的仁者情怀,是对杜甫"乾坤含疮痍,忧虞何时毕"①的忧患意识的承继,这些诗歌的严肃性与价值性,远非一句调侃戏谑的"捆了好打"所能涵纳。

复次,是在风格层面对杜诗的效法。这又可分为两种类型。一类是次韵杜甫的诗歌与原诗风格上的相近,另一类是未用杜韵却有杜诗之风度格调。前者如七古《长安中秋对月行》(一年一明月)②用的是杜甫《相从行赠严二别驾》。杜诗乃避乱梓州时作,时任梓州别驾的严二设宴款待杜甫,此时剑南兵马使徐知道之乱方始平定,面对友人的热情劝客,杜甫心怀开豁,写诗相赠以叙宾主相得之情,全诗写得感激豪宕神完气足,是杜集中不可多得的快诗。《长安中秋对月行》乃龚鼎孳为缅怀亡女隆印而作,情辞恻怆悄然而悲。杜诗酬赠龚诗悼女,一则以喜一则以悲,情感基调颇不相类。但龚诗之"纵横老泪落杯酒,寒飙木叶相吟吼。白榆青桂何

---

① 杜甫《北征》。
② 《定山堂诗集》卷四。

历历,鹑衣击柝铜街走""昆明夜火捷骑悬,那许风尘暗如漆。即知
玉笛静关塞,更遣浮云散箕毕。秋风蔀屋征敛稀,懒我支床任衰
疾"等诗句,悲忧偃蹇依然心系家国苍生,精壮雄浑长歌浩叹,深得
少陵之精神气骨。此外,《稼公将南还过别小斋看绮季作画友沂继
至》《姑山草堂歌·用少陵〈醉时歌〉韵》等诗①,既用杜韵,又深得
原诗疏野朴老之气,所谓"顿挫淋漓中藏无数丘壑,却妙以叠韵行
之"②,这些诗不论从浅层次的次韵技巧还是深层次的风格特征
看,已然入杜之堂奥。龚氏还有一类未曾用杜韵却神肖杜诗的诗
篇,其一是语汇句法之逼肖,如"身世危樯小,江湖独夜宽"③,"苍
茫野哭外,击柝岂销忧"④,"万里秋声兼战鼓,千山兵气隐悲笳"⑤,
"西山草木犹群盗,北极衣冠孰老儒"⑥等句,即便混入杜集中,亦
难辨彼此。其二是全篇神情气韵之相类,如咏昭君的《过昭君故里
和邸店壁上女子韵》⑦明显胎息于杜甫《咏怀古迹五首》之三,《答
澹心见迟茂苑不至之作》其二⑧则于骨力苍劲情感郁勃上得杜诗
之三昧,诸如此类不一而足。

　　时人也认识到龚诗刻意学杜的特点,邓汉仪就在《诗观初集》
中对龚诗与杜诗的种种关联频发议论,如评《石仲生学士招同沈仲
连登城西寺阁看西山积雪》(石气明斜岭):"康乐之神韵,杜陵之气
骨,合而为定山之诗。"⑨评《题李慎庵水部册子》:"绝似老杜'苦忆

---

① 二诗皆出自《定山堂诗集》卷四 。

② 邓汉仪《诗观初集》卷二评《稼公将南还过别小斋看绮季作画友沂继至》,《四库
全书存目丛书补编》第 39 册,第 61 页。

③ 《夜发木樨湾趋瑞洪》,《定山堂诗集》卷一一。

④ 《峡江舟夜》,《定山堂诗集》卷一一。

⑤ 《燕邸秋怀和朱玉籀韵八首》,《定山堂诗集》卷一六。

⑥ 《感春二十首》其四,《定山堂诗集》卷一六。

⑦ 《定山堂诗集》卷三一。

⑧ 《定山堂诗集》卷二五。

⑨ 邓汉仪《诗观初集》卷二,《四库全书存目丛书补编》第 39 册,第 65 页。

荆州醉司马’一首。"①评《九日龙爪槐登高》："极似老杜绝句。"②宋
实颖对龚鼎孳学杜而不拘一格给了极高的评价："故公之诗，自
托物比兴以至登临赠答，其体裁、结构无一不本于少陵。时而清新
流丽，时而横空盘硬，时而排奡崩豁，时而顿挫老成。少陵所云翡
翠兰苕、鲸鱼碧海，于公则唯其有之，是以似之者也。"③平心而论，
龚氏学杜有肖吻前贤处，有驾而上之处，但总体说来，龚诗多歌饮
酬酢之篇又喜平白爽直之语，于情感的深广厚重与表达的沉郁蕴
藉上，自是不能比肩老杜的，而刻意学杜多用杜韵所带来的强烈的
模拟意识，又阻止了他在诗艺探索上的深入。但尽管有这种种的
不足，也不能否认他在清初众多学杜诗人当中是风标独秀成就斐
然的。冯乾以为龚氏的"诗歌理论与学杜方略在清初诗坛有着一
定的影响，是清初七子诗风向杜诗转变的关键人物"④。龚氏虽然
以七子的后继者自任，也有相当一部分追和七子的诗作，而且七子
诗风与学杜也有剪不断的关联，但杜甫转益多师的襟怀与涵纳百
家集历代大成的气象却不是七子惟汉魏盛唐是尊的狭隘趣味所能
框范的，钱谦益服膺杜甫却又大力排击明七子正是七子不等同于
杜甫的有力证明。当代学者龚鹏程更是明确指出，明代复古派尊
崇的，是以王维、岑参、高适、李颀为典范的盛唐风格，对杜甫是选
择性的推崇⑤。从龚氏数量庞大的和杜诗与他对杜甫诗风的刻意
追随中，可见他始终是把杜甫而非明七子作为最高的师法典范。
清初人逐渐认识到明七子"使天下之为诗者，名为宗唐，实祢何而

---

① 邓汉仪《诗观初集》卷二，《四库全书存目丛书补编》第 39 册，第 68 页。
② 邓汉仪《诗观初集》卷二，《四库全书存目丛书补编》第 39 册，第 71 页。
③ 宋实颖《龚芝麓先生诗钞题词》，顾有孝、赵沄辑《江左三大家诗钞》，清康熙绿
荫堂刻本。
④ 冯乾《杜诗典范与清初诗风的递嬗》，《南京大学学报》，2002 年第 5 期，第
132 页。
⑤ 参见龚鹏程《何谓盛唐》，《名作欣赏》，2011 年第 4 期。

郊李，祖李而宗王"①之弊，龚氏作为"江左三大家"之一，康熙初年之后更是成为一代文坛职志，他直接取法杜甫的诗学祈向其实对明七子以来流行的一味伪汉魏、假盛唐之肤廓空疏的诗风是一个有力的反拨。以龚之门下士自居的汪琬大力推扬宋诗的同时亦承认杜诗的典范意义②，可见时人正处于一种努力剥离唐诗与七子诗风之关系的诗学语境中，而龚鼎孳"本于少陵"的尊唐路径无疑为这个语境的生成作出了应有贡献。尽管龚氏身上过多地传承了七子的文学基因，而使这种反拨与剥离未能自觉而彻底，但毕竟他在客观上推动着一代诗学思维的扬弃与转变，而龚鼎孳学杜的最大意义，也应作如是观。

龚鼎孳虽大力学杜，但也并非自囿于此。从前之论述可见，龚诗追和诗上及汉魏六朝，下至三唐，且龚氏论诗往往盛中唐并举，所见所取并不褊狭。若套用蒋寅先生的终极理想与师法策略之说，那么学杜而入其堂奥为龚氏的终极理想，在不违背此理想的前提下，师法策略不妨灵活多元。但我们依然有一个疑问，在龚鼎孳活跃于文坛之时，宋诗风悄然以兴，且在他去世之前的康熙初年已经蔓延至京师文坛，他对宋诗风的态度究竟如何呢？试看王士禛之自述：

> 康熙丁未、戊申间，余与茗文、公戬、玉虬、周量辈在京师为诗倡和。余诗字句或偶涉新异，诸公亦效之。③

---

① 黄宗羲《姜山启彭山诗稿序》，《南雷文定》后集卷一，《清代诗文集汇编》第 33 册，第 163 页。

② 汪琬《尧峰文钞别录》卷二《蓬步诗集序》："唐诗以杜子美为大家，宋诗以苏子瞻、陆务观为大家。此三家者，皆才雄而学赡，气俊而词伟。"汪琬著，李圣华笺校《汪琬全集笺校》，人民文学出版社，2010 年，第 2157 页。

③ 王士禛著，张宗柟纂集，夏宏校点《带经堂诗话》卷八，人民文学出版社，1963 年，第 195 页。

中岁越三唐而事两宋，良由物情厌故，笔意喜生，耳目为之顿新，心思于焉避熟……当其燕市逢人，征途揖客，争相提倡，远近翕然宗之。①

康熙丁未、戊申即康熙六年(1667)、七年(1668)，字句之"偶涉新异"即第二则所言之作诗"事两宋"，"燕市"即"京师"北京，可见在康熙十年(1671)《宋诗钞》刻成之前，宋诗风已在京师文坛流布，而倡导者王士禛与效法者汪琬（苕文）、刘体仁（公㦹）、董文骥（玉虬）、程可则（周量）皆为龚鼎孳之门下士。不妨看看龚氏之文学交游。顺治年间活跃于京师的诗人群体"燕台七子"与康熙初年的京师文学团体"海内八家"②，多与龚鼎孳交游密切。"海内八家"之一陈廷敬《翰林编修汪钝翁墓志铭》言："顺治中，廷敬在翰林，大宗伯端毅龚公以能诗接后进，先生与今宰相合肥李公天馥、今户部侍郎新城王公士正、吏部郎中颖州刘公体仁、监察御史长洲董公文骥及海内名能诗之士，后先来会。顾予亦以诗受知龚公，日与诸子相见于词场。"③陈氏所言当在其中进士的顺治十五年(1658)之后。又惠栋《渔洋山人自撰年谱注补》卷上载："康熙六年丁未……与汪、程、刘、梁及董御史文骥玉虬、李翰林天馥湘北、陈翰林廷敬子端、程翰林邑翼苍辈为文社，兵部尚书合肥

①　钱林撰《文献征存录》卷二"王士正"条，《清代传记丛刊》第 10 册，第 337—338 页。

②　"燕台七子"得名于严津纂辑、顺治十八年刻行的《燕台七子诗刻》，成员有张文光、赵宾、宋琬、施闰章、严沆、丁澎、陈祚明；"海内八家"得名于吴之振辑康熙十年刊行的《八家诗选》，成员有宋琬、曹尔堪、施闰章、沈荃、王士禄、程可则、王士禛、陈廷敬，参见马大勇《清初庙堂诗歌集群研究》，第 117—118 页。关于"燕台七子""海内八家"与龚鼎孳之文学交游，参见万国花《诗家与时代：龚鼎孳及其诗论、诗歌创作研究》第四章第二节"龚鼎孳与燕台七子"（复旦大学博士学位论文，2011 年）、白一瑾《关于"海内八家"的几个问题》（《兰州学刊》，2016 年第 3 期）

③　陈廷敬《午亭文编》卷四四，《清代诗文集汇编》第 153 册，2010 年据康熙戊子刻本影印，第 443—444 页。

龚公实为职志。"①可见,顺治末至康熙初年,王士禛、汪琬、程可则、刘体仁、梁熙、董文骥、李天馥、陈廷敬、程邑等皆为龚鼎孳所主持文社中之核心成员,且多以龚鼎孳之门下士自居,而其中王士禛、程可则与陈廷敬皆为"海内八家"之成员。无论是"燕台七子"还是"海内八家",抑或龚氏其余之门下士,宗唐者虽居多数,但也不乏鲜明宗宋者,如"先摹初唐,折而入宋"②的汪琬、大量使用东坡诗韵的王士禄;更不乏唐宋兼宗者,如"越三唐而事两宋"③的王士禛、论诗尊七子而又称"佳句惊看陆放翁"④的宋琬,即便是力倡宗杜如陈廷敬亦不废宋诗,对"苏陆"更是颇多褒美之词⑤。作为诗坛巨擘的龚鼎孳在这种递嬗大势下,他的创作真的丝毫不染宋调吗? 其实,在前面的论述中已经提到,龚鼎孳虽在观念上排斥宋诗,但论诗文颇重"书卷学问"的龚鼎孳在创作中不时露出"以才学为诗"的宋诗习气,且其用典虽以汉魏三唐为主,却亦不废宋人语典⑥。其次,龚诗亦不乏议论与以文为诗的倾向,如"上下千百年,茫如未开卷。鼎食与鼎烹,其间不能寸"⑦,"国计在本根,毛附先存皮。民困必失所,拯溺焉能迟"⑧,"君仁则臣直,此真台谏耳。丈

---

① 《续修四库全书》第 554 册,上海古籍出版社,2002 年据辽宁图书馆藏清惠氏红豆斋刻本影印,第 153—154 页。

② 邓之诚《清诗纪事初编》卷三,第 323 页。

③ 钱林辑,王藻编《文献征存录》卷二"王士正"条,《清代传记丛刊》第 10 册,第 337 页。

④ 宋琬《读剑南集》,《安雅堂未刻稿》卷五,《清代诗文集汇编》第 45 册,上海古籍出版社,2010 年据乾隆丙戌刻本影印,第 101 页。

⑤ 陈廷敬《存诚堂集序》:"香山之挺出于长庆,苏陆之各擅于南北,迹其流风,会其神解,皆超然于自得之余,岂有意焉竞秀摛华,角一字句之荣名者哉?"《午亭文编》卷三七,《清代诗文集汇编》第 153 册,第 380 页。

⑥ 见本书第二章第二节之"用典的自成境界与凸显主题"。

⑦ 《和答黄美中寄怀》,《定山堂诗集》卷一。

⑧ 《辛丑十二月十九日恭诵诏谕尽蠲新加练饷感恩纪事因赋蠲租行二首追同元次山舂陵行韵》,《定山堂诗集》卷二。

夫有遭遇,讵必属阿唯"①,"防渐先貂珥,居高慎鼓钟。名成非世福,终自羡君宗"②等,龚鼎孳这位坚定的尊唐派的诗中不可避免地出现了宋诗习气,其实正从另一侧面昭示了清代诗坛从唐诗独尊走向唐宋融合是大势所趋。总体而言,龚鼎孳作为承继七子尊唐衣钵的一员,他的理论与创作更多是对明代复古思潮的回应与有节制的反拨,其诗虽有宋诗习气,却未能形成理论自觉。论及对清代诗坛的开辟之功,他明显不逮之前的文坛领袖钱谦益与继他而起的盟主王士禛,作为过渡人物的他被忽略也与此相关。

三、"钱王代兴"的重要衔接

龚鼎孳于清初诗坛有承前启后之功,对此,笔者从三方面进行探讨。

首先是他继钱谦益而起的诗坛职志地位。很多研究者在论及清初诗坛时,都谈到"钱王代兴",认为继钱谦益领袖人文之后,便是王士禛执掌文坛大纛而成为新一代的诗文盟主,其实这种说法是很不严谨的,因为在钱谦益之后王士禛之前,还有一位众望所归的文坛领袖,他便是龚鼎孳。钱谦益学识渊博才力雄赡,在明即有"汉苑文章首"③之美誉,是明清之际公认的诗人冠冕、一代文宗。顾炎武虽鄙薄其人品,历叙文章宗主时也不得不承认"牧斋死而江南无人胜此矣"④。近人徐世昌言:"牧斋才大学博,主持东南坛坫,为明清两大诗派一大关键。"⑤他们不约而同地提到钱谦益在

---

① 《和季沧苇侍御兼吊天中给谏样归自辽左》,《定山堂诗集》卷二。

② 《郭裕九祠部以谏药谪归》,《定山堂诗集》卷一〇。

③ 陈子龙《赠钱牧斋少宗伯》,《湘真阁稿》卷四,《续修四库全书》第1388册,上海古籍出版社,2002年据南京图书馆藏明末刻本影印,第248页。

④ 傅山《为李天生作十首》自注,《霜红龛集》卷九,第236页。

⑤ 徐世昌编,闻石点校《晚晴簃诗汇》卷一九"钱谦益"条,第544页。

东南文化圈的影响力。钱氏作为一代文坛领袖,其影响自然遍及全国而不仅限于东南地区,但同时也必须注意到,自顺治三年(1646)钱氏返乡里居,中间因秘密抗清事泄而遭大狱,直至顺治六年(1649)大狱得解,此后他便一直息影居家。顺治十年(1653),吴伟业于虎丘主盟慎交、同声两社大会,同年被征召入京,隐然有代钱而起的主盟之势,但他于顺治十三年(1656)底即丁忧南还,短暂的入京使他未能在京师文坛扎根树帜。隐居故里的两大巨擘钱谦益与吴伟业,其影响辐射范围大体在东南一带,而对京师诗坛的影响则逐渐减弱。清初东南地区作为文化之渊薮与明遗民的聚集地,论文采风流京城并非其匹,但北京作为全国的政治中心,随着新朝统治者的文化控制意识逐渐增强和以庙堂诗群为主体的京师诗坛的壮大发展,京师诗坛必将占据诗歌领域的最高话语权是毋庸置疑的,而京师诗坛领袖也必将在日后成为领袖群伦的文坛盟主,这个重任,便落在了龚鼎孳的身上。马大勇先生在《清初庙堂诗歌集群研究》中提到:"略微条理由顺治建元到龚氏去世这三十年的诗界情况,可以发现,当时京师诗坛虽不乏名家,能挑起领袖旗帜的却只有龚芝麓一人。"①将龚鼎孳领袖京师诗坛的时间追溯到顺治建元,未免言之过早,其实龚氏真正成为京师诗坛职志应该在顺治中后期。因为顺治三年(1646)至七年(1650),龚氏里居守制遍游吴越,其游踪主要在江南一带,而且此时正是其政治上的低谷期,其身尚且不在京师,遑论在京师诗坛有所建树。顺治七年(1650)到十一年(1654)间,他回京补官,仕途尚算畅达,但好景不长,自顺治十二年(1655)至十七年(1660),他被连降十五级,并一度被调离京师颁诏粤东,尽管此次摧挫较之前更为严重,但由于他是为汉人谋利而获罪,故在士林中赢得了极高声望,兼之其才思敏捷,尝得顺治"真才子"之誉,故位卑而名高,自此便成为京师诗坛

---

①　马大勇《清初庙堂诗歌集群研究》,第72页。

的第一人。郑方坤《午亭诗钞小传》称当陈廷敬年二十释褐之时，"时龚芝麓宗伯以风雅号召天下，诸名士皆出门下，而新城王贻上最有诗名"①。陈氏年二十中进士，时为顺治十五年（1658），而此时龚鼎孳沉沦下僚，言其号召天下未免失实，但其门下群贤毕集却是事实，日后之文坛盟主王士禛此时亦恭执弟子礼，可见其声望之隆。惠栋在《渔洋山人自撰年谱注补》卷上有如下记载："顺治十六年己亥……谒选得江南扬州府推官。是年居京师久，与汪、程泊颍川刘体仁公㦎、鄢陵梁熙曰缉、昆山叶方蔼子吉、海盐彭孙遹骏孙，倡和最多……六合李敬圣一、武进董文骥玉虬亦来会。合肥龚端毅公芝麓以前左都御史谪国子助教，合诸词人，祖席赋诗，联为巨轴。"②在顺治十六年（1659）前后，龚鼎孳在京师诗坛已经具备了号召群彦的影响力，但因官阶之卑故声势未张。康熙元年（1662），长期沉沦下僚的龚鼎孳终以侍郎起用，之后一路平步青云，贵至刑、兵、礼三部尚书。康熙元年（1662），陈允衡《国雅初集》编成，收录清初诗人五十四家，其中龚鼎孳以选诗二百三十首冠于诸人，个中消息，俨然以龚氏为诗坛第一人。康熙三年（1664），"四海宗盟五十年"③的钱谦益与世长辞。才情、名望、官阶，三者的结合注定龚鼎孳是京师诗坛职志乃至四海文坛领袖的不二人选。王士禛《带经堂诗话》记载："甲辰迁礼部，与翰林李检讨（天馥）湘北、（今兵部尚书）陈检讨（廷敬）子端、（今都察院左都御史）台中董御史（文骥）玉虬，泊梁、刘、汪、程辈，切劘为诗歌古文，而合肥龚端毅公芝麓方为尚书，为之职志。"④王士禛内迁为礼部主客司主事的甲

① 郑方坤《清朝诗钞小传·午亭诗钞小传》，周骏富辑《清代传记丛刊》第 24 册，第 131 页。

② 惠栋《渔洋山人自撰年谱注补》，《续修四库全书》第 554 册，第 146 页。要注意的是，龚鼎孳任国子监助教当在顺治十七年，详见前述，惠栋此处当是约略言之。

③ 黄宗羲《钱宗伯牧斋》。

④ 王士禛《带经堂诗话》卷七，第 173 页。

辰年是康熙三年(1664),他正式北上京师在次年八月,故他与京师群彦在龚鼎孳领导下切劘谈艺当在康熙四年(1665)以后。康熙四年(1665)十一月,汪琬寿龚鼎孳而作《十二图题咏序》,中云:"其(按:龚鼎孳)门下士刘体仁公勇绘图十二,合吾党师事先生者若干人,各赋诗为寿,而复命琬序之。"①一时名流齐集龚门,以师事之,龚氏领袖群伦之势已成。康熙六年(1667),王士禛、汪琬、刘体仁等人倡为文社,推戴龚鼎孳为职志②,这是从京师文社这个实体空间里正式确立了龚氏的领袖身份。王士禛在《香祖笔记》中记载道:"康熙初,士人挟诗文游京师,必谒龚端毅公,次即谒长洲汪苕文、颍川刘公勣及予三人。"③可知在康熙初年,龚鼎孳京师文坛职志的地位是得到广大士子的一致认可的,王士禛、汪琬、刘体仁等名流都只能厕身其后。康熙八年(1669),龚氏出任礼部尚书,并于九年(1670)与十二年(1673)两次主持会试,得士甚众门生遍布,四海向风慕义之人何可胜数,龚氏文坛"泰山北斗"的地位已非人力所能撼动。王士禛尽管是清诗真正的开山宗匠,但他执文坛牛耳却是龚鼎孳去世以后的事,严迪昌先生认为王氏真正主盟诗坛始自康熙十九年(1680),并明确提出王氏是在龚氏去世后才取代其京师诗坛职志的权威的④。近人王逸塘曾感叹龚氏不及下寿云:"使天意稍迟回之,其文采物望当非昆山、新城所能及"⑤,认为若天假之年,即使是顾炎武、王士禛之辈在文采物望上也无法企及龚鼎孳。历史的假设并没有太大意义,但它也让人们从另一个角度

---

①　汪琬《钝翁前后类稿》卷三〇,《汪琬全集笺校》,第 649 页。

②　惠栋《渔洋山人自撰年谱注补》卷上:"康熙六年丁未……与汪、程、刘、梁及董御史文骥玉虬、李翰林天馥湘北、陈翰林廷敬子端、程翰林邑翼苍辈为文社,兵部尚书合肥龚公实为职志。"《续修四库全书》第 554 册,第 153—154 页。

③　王士禛《香祖笔记》卷八,第 150 页。

④　参见严迪昌《清诗史》,第 410—413 页。

⑤　王逸塘撰,张寅彭、李剑冰校点《今传是楼诗话》第 182 则,《民国诗话丛编》第 3 册,第 326 页。

认识到龚鼎孳在清初文坛独领风骚的重要地位,这不是一句"钱王代兴"便能抹煞的事实存在。也许人们会质疑龚氏得以成为文坛领袖与他的官位密切相关,但他之前的钱谦益是东林党魁两朝臣属,他之后的王士禛亦任清廷大僚,仅凭文学才华而无任何政治依托便能成为一呼百应的文坛盟主几乎是不可想象的,何况素喜以文治钳制思想的君王又岂会让体制之外的一介草野成为主盟天下的文坛祭酒,事实上文坛领袖主持风会非借重于政治身份不可。马大勇先生认为龚氏得以领袖诗坛,"诚然与他大多盘桓辇下的时空优势有关,与他位高权重的身份优势有关,与钱吴旋来旋去且无意掌麾也有关,然而同时也具备这些外在条件且官位顺达尚胜于龚的王崇简、梁清标等声望乃远不相及,那么龚氏的诗才可称一时翘楚是不应有疑义的"①。所言甚是。

　　其次他对清初诗界人才有培植养护之功。以奖掖后学著称的龚鼎孳,对清初诗界人才的繁荣也有相当的贡献。"燕台七子"与"海内八家"之名满都下,多有借重龚之声望,或受其提携。而龚氏对"八家"之一,也是继他之后崛起的康熙诗坛盟主王士禛的扬誉扶持,更让人看出龚氏于清初诗界的"启后"之功。江左三大家中,王士禛自称少曾奉教于钱谦益与吴伟业②,对钱氏他更是许为"平生第一知己"③,其实王士禛能于清初诗坛声名鹊起乃至成为一代宗主,除了其自身原因外,功劳最大的应是在他之前的两位诗坛盟主钱谦益与龚鼎孳。关于王士禛与钱谦益的渊源,可参见严迪昌《清诗史》关于王士禛的专章论述与蒋寅专著《王渔洋与康熙诗坛》④的第一章。严先生与蒋先生都注意到钱氏的一诗一序对

------

①　马大勇《清初庙堂诗歌集群研究》,第 72 页。

②　王士禛:"余少奉教于虞山、娄江两先生……"王士禛撰,赵伯陶点校《古夫于亭杂录》,中华书局,1988 年,第 73 页。

③　王士禛撰,赵伯陶点校《古夫于亭杂录》,第 66 页。

④　蒋寅《王渔洋与康熙诗坛》,中国社会科学出版社,2001 年。

王士禛得成大名的重要作用,这种观点无疑是成立的,但同时我们也不应忽略第二代盟主龚鼎孳对王氏的造就之恩。实际上龚鼎孳对王士禛的赏誉奖拔更在钱谦益前。王士禛是顺治十七年(1660)至康熙四年(1665)扬州推官任上才与钱氏有书信往来,但早在此之前,他就受到龚氏的赏识,其自撰笔记《居易录》可以为证:"予顺治中未弱冠,偕计吏入京师,公(按:梁清标)与合肥龚端毅公(鼎孳)知之尤深。"①此次赴京当在顺治八年(1651)与长兄王士禄同上公车之时②。顺治十六年(1659),王士禛谒选得扬州推官。其时,已是京师诗坛第一人的龚鼎孳纠集一批诗人为之赋诗壮行,并亲自写有《送贻上司李扬州集园次房研斋分得支先二韵》《贻上留诗别诸子次韵一首》等诗与《送王阮亭司李广陵序》一文③。其时,江淮局势动荡,清廷亦严厉打击江淮士民之抗清活动,初入仕途的王士禛不免把就任扬州视若畏途,龚氏引用前明倪元璐"朝数士治其忠孝,不可曰党;野数士治其文章,不可曰乱"④之言劝诫王氏,告诉他切不可将江淮士民砥行立名揣摩文章的行为视为结党作乱,诗中更有"伏处此邦饶俊杰,仗君凭轼起高眠"⑤之语,告诉他要慧眼识才更要主动交好胜朝遗逸,正如《剑桥中国文学史》所言"遗民无权无势,却可惠予其保护者道德权威与文化资本"⑥。王士禛不负嘱托,与江淮士民推诚相与,同时也广泛赢得了他们的接纳与尊重,而这为王氏日后"领袖诗坛、主盟天下获取了决定性

---

① 王士禛《居易录》卷一三,《景印文渊阁四库全书》第 869 册,台湾商务印书馆,1986 年,第 462 页。
② 惠栋《渔洋山人自撰年谱注补》,《续修四库全书》第 554 册,第 144 页。
③ 《送贻上司李扬州集园次房研斋分得支先二韵》《贻上留诗别诸子次韵一首》见《定山堂诗集》卷二七;《送王阮亭司李广陵序》一文见《定山堂文集》卷七。
④ 《送王阮亭司李广陵序》,《定山堂文集》卷七。
⑤ 《送贻上司李扬州集园次房研斋分得支先二韵》其二,《定山堂诗集》卷二七。
⑥ [美]孙康宜、[美]宇文所安主编:《剑桥中国文学史》下卷,第 193 页。

的条件,坚实地奠定了基础"①。龚鼎孳除了当面对王士禛相赠以言,更在人后为他扬名广誉积蓄声势,阎古古就曾说"向者芝麓云,有诗当示西樵、阮亭兄弟"②,而阎古古正是江淮遗民之代表。出身山左的王士禛能在江淮迅速打开人脉,除了他自身才华过人而又热衷于扢扬风雅接引宾客外,更与龚鼎孳对他的倾力援引有着莫大关联。龚氏去世后,王士禛重过其旧第,感慨万分地赋诗:"往日平津邸,萧条断扫门。春来双燕子,犹忆主人恩。"③忆起主人旧恩的何止春来双燕,更有他这位声闻被天下的诗坛巨擘。若没有龚鼎孳,他能否走到或者能否如此顺畅地走到如今这一步,或许还是一个问号。

复次,龚诗是清初诗风转型之关捩。当今不少文学史叙述都把钱谦益看作清初诗坛第一人,但这个"第一人"应理解为清初诗坛的第一代宗主,而真正首开清诗面目的则要待第三代诗坛盟主王士禛。陈维崧在《王阮亭诗集序》言:"阮亭先生既振兴诗教于上,而变风变雅之音,渐以不作。"④陈氏一针见血地指出了王士禛在清初诗坛最突出的作为在于结束了自明季以来盛行的忧时悯乱的变风变雅之音,而开出了与治世相匹之温柔敦厚润色鸿业的庙堂正雅之声,这种庙堂之音"有温厚平易之乐,而无崎岖艰难之苦"⑤,而无论是钱谦益诗还是龚鼎孳诗,皆难称此制。严迪昌先生认为:"从甲申年起至少有三十年时间,新朝秩序尚未及巩固而

---

① 严迪昌《清诗史》,第 397 页。

② 王士禛《居易录》卷一三,《景印文渊阁四库全书》第 869 册,第 463 页。

③ 王士禛《过龚端毅公旧第》,《带经堂集·渔洋续诗》卷八,《清代诗文集汇编》第 134 册,上海古籍出版社,2010 年据清康熙四十九至五十年程哲七略书堂刻本影印,第 218 页。

④ 陈维崧《王阮亭诗集序》,《湖海楼全集·文集》卷一,《清代诗文集汇编》第 96 册,上海古籍出版社,2010 年据清乾隆六十年浩然堂刻本影印,第 477 页。

⑤ 徐乾学《渔洋山人续集序》,《憺园文集》卷二一,《清代诗文集汇编》第 124 册,上海古籍出版社,2010 年据冠山堂藏板影印,第 522 页。

力谋稳定,其时风云诡谲,心魂难宁。这还不是一个重新建立诗派,以求与庙堂文化统制同步的年代。"①从甲申年(1644)起到龚鼎孳去世的康熙十二年(1673),恰好三十年,不妨说龚氏的去世代表着一个诗坛旧时代的终结,继他而起的王士禛则开启了清诗的新纪元。清初诗坛在王士禛之前的"钱谦益时代"与"龚鼎孳时代"都充斥着感伤乱离悼伤亡国的悲情愁绪,正所谓"亡国之音哀以思",不论遗民还是贰臣,都是人同此心心同此理。但钱谦益与龚鼎孳又是同中有异的,若说钱氏诗风代表着纯粹的变风变雅之音,那龚氏诗风则已经开始了从变雅之音到正雅之声的过渡。龚诗中跃动着为数不少的伤时悯乱之音,而其《过岭集》更是清初变雅之声的一大集结,但《定山堂诗集》同样存在大量的官场应和之作,其台阁风范有力地促进了牻毂诗风的庙堂化缙绅化,这也是龚鼎孳之文才获得官方认可的一大前提。白一瑾为清初庙堂诗风由"变雅"趋向"正雅"划出了一条演进之线索:钱谦益、吴伟业→龚鼎孳、京师三大家→王崇简、梁清标→王士禛②,若以当时主盟代兴之次序论,此线索便可简化为钱谦益→龚鼎孳→王士禛,那龚鼎孳衔接钱谦益与王士禛新旧两代宗主的作用也更为明晰。

钱谦益在甲申年(1644)已经六十有三,他虽在清军兵临南京城时率先迎降献纳,但其后却秘密投身抗清运动,并以胜朝遗民自居,他与吴伟业一样,入清后的大部分岁月都绝意仕进屏居乡里,他的笔下有大量的抒发故国之思复明之愿的诗篇,可以说是典型的变风变雅。龚鼎孳在甲申国变之时甫崭而立,以仕宦生涯论,他仕明十年,仕清却长达二十九年,而且在康熙朝为官的十二年中他历任要枢备受优眷,此外他长期处于与皇权统治需要相协调的京师文化圈中,可以说无论从政治身份还是文化心理,他都完成了从

①　严迪昌《清诗史》,第 326 页。

②　白一瑾《清初贰臣士人心态与文学研究》,天津人民出版社,2010 年,第 418 页。

明臣到清臣的转型,尽管这份转型在最初是多么的艰难苦楚不堪重负。时间的流逝使他诗歌中的亡国之痛与失节之愧日益淡薄,乃至终于成为一道苍凉的背景,供他来敷衍一种浅淡朦胧的怀旧情绪。如其作于康熙五年(1666)的《同古古伯紫诸君夜集限韵》之四:"天气殊佳且小留,鸣鞭更续五陵游。人经丧乱知朋好,路尽关山有帝州。南国杜衡幽士佩,东京河洛孝廉舟。独怜携手沧浪晚,江总还家愧黑头。"①全诗可以搜寻到的前朝的记忆惟有"人经丧乱"与"江总",但前者只是说身经丧乱使人知道朋友的可贵,而贰臣的代表词"江总"也并不重在表达自己的失节之愧,而主要说的是自己已届暮年却未能一遂生平的归隐之愿,白头江总面对青年后生,难免百感交集,这里与其说是"江总"身份带来的"愧",毋宁说是白驹过隙的生命而带来的"悲"。又如《雪后奏事南海子》《过广武回忆壬午出使时二十五年矣抚今追往为二诗以寓慨焉》及次韵吴伟业却立意迥别的《立春日梦杏花盛开元夕复梦如前用梅村庚寅辛卯二韵纪之》②,都是心理转型之完成的鲜明体现。更有甚者,某些诗歌如《秋兴》之一"觚棱云气晓苍茫,辇道秋凝碧露光。岂爱金铺巢翡翠,新开阿阁下鸾凰。尧阶日映仙葖丽,汉诏租蠲左辅荒。栉沐万方勤玉几,敢言欢乐未渠央"③,更染上了浓厚的台阁风味,可以称之为标准的庙堂清音。尽管他的笔下有着钱谦益、吴伟业等人诗中绝少出现的庙堂风范,但"两截人"的身份与心态又是身阅兴亡的他终身无法摆脱的,于是感慨兴亡哀悯民生与顺风承旨歌咏太平在他的诗中并行不悖,郁结孤愤长歌当哭与雍容闲雅颂酒赓歌在他的笔下都有着同样的真诚。正如白一瑾所说,

① 《定山堂诗集》卷三〇。
② 《雪后奏事南海子》见《定山堂诗集》卷三七;《过广武回忆壬午出使时二十五年矣抚今追往为二诗以寓慨焉》见本书第二章第一节之"咏怀诗";《立春日梦杏花盛开元夕复梦如前用梅村庚寅辛卯二韵纪之》见本书第二章第二节之"限韵诗之横纵比较"。
③ 《定山堂诗集》卷二三。

以龚鼎孳为代表的晚辈贰臣诗人,"他们间而也能出颂美新朝的庙堂大雅之音……但是……在闲雅平和之下时常还会出现某些不甚和谐的感时伤世之慨,显露出骨子里曾经丧乱的'变雅'本色"①。龚诗中的这种过渡与转型,一方面既保留了遗民与钱吴等人诗歌中的孑遗心态,另一方面又不时闪现出前者所无的台阁风味。继他而起的王士禛标举兴会超妙、空灵清远的"神韵诗",别立一宗鼓吹休明,天下翕然宗之,于是诗歌的思想内蕴与情感力度退居于诗歌的风神情韵之后,先前与廊庙正雅之响并存的变风变雅之音逐渐失势终至销声匿迹。同是尊崇盛唐,龚鼎孳学杜,王士禛遵循的却是王孟一派山水清音的路数,诗人注目兴废系心民瘼的社会责任感让位于模山范水中的文人高致与名士风流,这种转变除了缘于个人性分之别外,更是清初诗坛从对皇权疏远违离发展到对其俯首听命的强烈信号。自汉儒论《诗》有风雅正变之说以来②,诗之正变便关乎政治隆污民心得丧,愤世嫉俗激楚怨怼的变风变雅就代表着乱世亡国之音,它盛行于明末清初的诗坛实乃因前明气运衰国祚废,于是针砭时弊感伤世变之诗纷纷而作。但当清朝的统治逐渐稳定,天下归一人心思治,变风变雅便显得与新朝气象格格不入,于是温柔敦厚、平和中正的诗风诉求便不仅仅是诗人个体的创作偏好,它更是一种重建新朝文化气象的政治需要。在王士禛去世两年后的康熙五十二年(1713),《御选唐诗》编定,康熙在序中言:"是编所取,虽风格不一,而皆以温柔敦厚为宗。其忧思感愤、倩丽纤巧之作,虽工不录,使览者得宣志达情,以范于和平。"③"倩丽纤巧之作"姑置不论,历来备受尊奉的杜甫"三吏""三别"、《北征》之类反映乱离的忧思感愤的诗篇悉被剔除,这种以温柔敦

----

① 白一瑾《清初贰臣士人心态与文学研究》,第418页。

② 《诗大序》:至于王道衰,礼义废,政教失,国异政,家殊俗,而变风变雅作矣。

③ 玄烨《御选唐诗序》,《景印摛藻堂四库全书荟要·集部》第111册,1988年,第1—2页。

厚为旨归而警惕变音的诗学倾向,是早在王士禛主盟诗坛之时就被贯彻与强化的,《御选唐诗》编定之时,诗坛对变风变雅之音的整肃已告终结,王士禛已将历史与时代交付于他的任务出色完成,毫无疑义地成为被官方高度认可的一代文坛魁首,这也宣告清初"政治权力与诗界权威合流"①之完成。从钱谦益草野孑遗式的变徵之声到龚鼎孳正变并存的双重风貌再到王士禛崇正抑变而发出纯正和雅的盛世元音,当中不仅取决于诗人个体的经历与气质,也是盛世文治的必然趋向。

　　本节探讨了龚鼎孳在清初诗坛的成就与影响。龚鼎孳是清初诗坛新旧两个时代的连接者与启变者。他以"补史"兼"致用"的诗作在"江左三大家"中自我树立,同时也以这些诗作作为消泯清初庙堂诗群与在野诗群之文化分野的重要媒介。置身于唐宋诗之争端倪初现的清初诗学语境中,他以大力学杜且时露宋诗习气的创作倾向对明代复古思潮作出了回应与反拨,客观上推动了一代诗学思维的扬弃与转变。他继钱谦益而起执掌清初诗坛大纛,援引后进奖掖风流,为王士禛在他之后接掌诗坛盟主之位奠定了坚实基础。此外,他的诗中混合了新旧两个时代的文化基因与情感特质,是清初诗坛从变雅之声转向庙堂元音的关键过渡型人物。龚鼎孳是清初诗风丕变前夕的一个典型范本,他本人与诗歌在清初诗坛继往开来之意义,正在于此。

第二节　龚鼎孳与清初词坛

　　龚鼎孳于词体创作上成就斐然,同时他更以京师重臣兼文坛领袖的身份直接影响了清初词坛之生态格局,拉开了清词中兴之帷幕。龚鼎孳生活的明末清初时期,是词从明代的"中衰"走向"中

---

①　[美]孙康宜、[美]宇文所安主编:《剑桥中国文学史》下卷,第194页。

兴"的关键期,而龚鼎孳则在这个转变过程中扮演了至关重要的角色。顾贞观称:"国初摹毂诸公,尊前酒边,借长短句以吐其胸中。始而微有寄托,久则务为谐畅。香岩、倦圃,领袖一时。"①聂先亦有言:"有欲合刻梅村、香岩、棠村为三大家词者,以梅村骀宕,香岩惊挺,棠村有柳欹花軃之致。"②在时人心中,龚鼎孳要么与浙派先河曹溶(倦圃)并为鼎峙词坛之领袖,要么与吴伟业(梅村)、梁清标(棠村)共享清初词坛三大家之盛名,根源即在于他在清初词坛有"始倡宗风"之功③。依陈水云《明清词研究史》的分法,将清代词学划分为初、中、晚三段,所谓清初词坛指的就是从顺治初至康熙末这个时段的词坛格局④。以浙西派蜚声词坛、启变一代词风的康熙十七年(1678)为界,十七年之前则可称作清初之早期,而龚鼎孳、吴伟业、曹溶、梁清标等人正是清初词坛的早期代表。在时人提及的这几位词坛名宿之中,梁清标之文学成就远不能与龚、曹、吴相较,真正的清初三大家应是龚、曹、吴。在被严迪昌先生称作"最能反映康熙中期以前'英才怒生、作者林立'的词人蔚起盛况"⑤的清词丛编型选本《百名家词钞》中,领首的三部词集正是吴伟业的《梅村词》、龚鼎孳的《香岩词》与曹溶的《寓言集》,此选本虽是"随到随梓"⑥,词人之排序并无一定规律,但选家将清初最负盛名的三位词人置首,便俨然有将三人作为清词发轫之意。但细细究来,吴伟业填词虽出手不凡,但他主要着力于诗,其留存词作仅

---

① 顾贞观《答秋田求词序书》,谢章铤《赌棋山庄词话续编》卷三,《词话丛编》第4册,第3530页。

② 聂先、曾王孙编《百名家词钞·梅村词》,《续修四库全书》第1721册,第154页。

③ 丁澎《梨庄词序》:"钱宗伯牧斋、周司农栎园不为词,娄东、合肥诸先辈始倡宗风,皆侧身苏、陆之间。"周在浚《梨庄词》,清康熙刻本。

④ 参见陈水云《明清词研究史》,武汉大学出版社,2006年,第27页。

⑤ 严迪昌《清词史》,第328页。

⑥ 聂先《百名家词钞·例言》,《百名家词钞》卷首,《续修四库全书》第1721册,第143页。

为龚鼎孳的一半,且他在入清后虽有短暂的出仕经历,但大部分时间都称疾里居,他虽与钱谦益、龚鼎孳于诗歌领域并称"江左三大家",但钱氏卒后,继之而起的文坛领袖却是龚鼎孳而非吴伟业①,可见吴氏无心亦无力领袖词坛;曹溶词量不菲成就且高,但入清后长期供职外地,康熙三年(1664)即裁缺归乡,自然也无法如龚鼎孳一般拥有号召词坛的政治资源。可见在清初早期词坛三大家中,兼具主盟词坛之才力与声望的,只有龚鼎孳一人。故而研究清词的中兴,龚鼎孳无论如何都是一个无法避开的关键人物。谢章铤认为吴伟业、龚鼎孳、曹溶、梁清标诸人"在国初实开宗风,不独提倡之功不可忘,而流派之考更不可没"②。以龚鼎孳为代表的这批由明入清的文坛名流对清初词坛的意义就在于,他们以承前启后之姿态拉开了清词中兴之帷幕。龚鼎孳以他的词学创作与词学活动为正处于转型期的清初词坛树立了可贵的典范,产生了莫大的助力,对其贡献,笔者主要分两点进行论述。

一、承接花间词风又另开风气

明末清初之际,为矫明词淫艳鄙俗、词曲相溷之流弊,以陈子龙为代表的云间词派高举五代北宋之旗帜,追求"境由情生,辞随意启,天机偶发,元音自成"③的天然高浑之境,崇尚以《花间》为代表的婉丽当行之美。云间派的这种追寻"词统"以力挽词学宗风倾坠的努力对廓清词坛广为流行的俗艳之风起到了重要作用,赢得了不少有识之士的肯定与追随,正所谓"昔陈大樽以温、李为宗,自

---

① 《清史稿》:"自谦益卒后,在朝有文藻负士林之望者,推鼎孳云。"《清史稿》卷四八四《文苑传》,第 13325 页。

② 谢章铤《赌棋山庄词话》卷八,《词话丛编》第 4 册,第 3428 页。

③ 陈子龙《幽兰草词序》,《安雅堂稿》卷五,《续修四库全书》第 1387 册,上海古籍出版社,2002 年据明末刻本影印,第 726 页。

吴梅村以逮王阮亭,翕然从之"①。明末迄及顺治年间,词坛主流皆沿袭云间一脉,可见子龙于明末清初之词坛居功甚伟。龙榆生就此认定:"词学衰于明代,至子龙出,宗风大振,遂开三百年来词学中兴之盛。"②严迪昌对此则有不同看法:"指出云间词派与近三百年来词风演变的关系是必要的,认定陈子龙开清词'中兴之盛'则不甚吻合史实。"③不同的结论,缘于两位先生从不同的层面立论。龙先生乃从推尊词体的角度赋予陈子龙清词中兴之开拓者的崇高地位,而严先生则着眼于词史的具体辨析而提出异议,二家之说法都不无道理。云间派"首倡对明代词学衰微的反思"④,强调词体要在"言情"之表现手段外寓有"风骚之旨"⑤,从这点看,以陈子龙为代表的云间派对明清之际的词坛实有兴衰起弊之功,故可称其为清词中兴之开创者。但另一方面,云间派并未从根本上打破明人视词为"小道""末技"而又严守诗词之别的词学观念。陈子龙就明确提出:"吾等方少年,绮罗香泽之态,绸缪婉恋之情,当不能免。若芳心花梦不于斗词游戏时发露而倾泻之,则短长诸调与近体相混,才人之致不得尽展,必至滥觞于格律之间,西昆之渐流为靡荡,势使然也。故少年有才,宜大作词。"⑥陈氏以为,诗歌出现艳丽靡曼的西昆体之流是难登大雅的,但词体创作却不妨极近绸缪香艳之态以显示才人之过人情致,这种"诗庄词媚"的观念与明人轻视词体的一贯作风并无两样。云间派标举五代北宋之旨,甚者乃连

---

① 谢章铤《赌棋山庄词话续编》卷三,《词话丛编》第 4 册,第 3530 页。

② 龙榆生《近三百年来名家词选》,上海古籍出版社,1979 年,第 4 页。

③ 严迪昌《清词史》,第 13 页。

④ 孙克强《清代词学》,中国社会科学出版社,2004 年,第 124 页。

⑤ 陈子龙《安雅堂稿》卷三《三子诗余序》:"夫风骚之旨,皆本言情;言情之作,必托于闺襜之际。"《续修四库全书》第 1387 册,第 704 页。

⑥ 彭燕又《二宋倡和春词序》引,《彭燕又先生文集》卷二,《四库全书存目丛书·集部》第 197 册,齐鲁书社,1997 年据上海图书馆藏清康熙六十一年彭士超刻本影印,第 345 页。

北宋都置于不屑之列的复古倾向，又使他们的"词统"追寻一直徘徊于妍丽婉雅之范畴，很难从前人的既定格局中走出而另有创辟。而他们专意小令、排摈长调的做法，更是与明人风习一脉相承，纵然才高如子龙，其小令穷极工巧，亦不免"似元人小曲""仿佛元人"之评①。虽然云间派在国变之后亦写下不少寄兴深微、上接风骚之旨的词作，但理论格局的狭隘与创作偏好的限囿使得云间派画地为牢，未能完全摆脱元明风气，它虽然对明清之际词学中兴有引导之功，却未能肇开一代清词之新气象，清初仍是"沿习朱明，未离《花》《草》"②。按孙克强师的观点，清词中兴局面的真正打开，是在清初阳羡派与浙西派登坛树帜之时，因为只有在这两大词派手中，清词才彻底终结了对明词的沿袭模拟而自成面目。此言甚是。但在云间派渐见衰歇而阳羡、浙西两派又尚未开坛立说的过渡期中，是以龚鼎孳为首的一批由明入清的词坛巨子以承前启后之态势拉开了清词中兴之帷幕，对清初词坛之走向产生了不可忽视的重大影响。在这个意义上说，龚鼎孳亦是功不可没的清词中兴的开启者。

虽未有证据能坐实龚鼎孳填词与云间派的直接关系，但他的前期词风与云间派保持了相当的一致性，即同学《花间》。龚氏早期词旖旎风流，以《白门柳》为代表的写情述艳之作更是与云间派"设色学《花间》"③之精神气质相类无二，尤侗称龚词"如花间美人，更觉妩媚"④、毛奇龄则誉其"句香字艳，直逼《花间》《尊前》"⑤，

───────────

①　陈廷焯《云韶集》卷一三评陈子龙《千秋岁》"章台西弄"、《清平乐》"秀帘花散"，见孙克强、杨传庆点校整理《〈云韶集〉辑评》之二，《中国韵文学刊》，2010 年第 4 期，第65 页。

②　王煜《清十一家词钞·自叙》，《清十一家词钞》，正中书局，1947 年。

③　郑方坤《论词绝句三十六首》，《蔗尾诗集》卷五，《清代诗文集汇编》第 275 册，上海古籍出版社，2010 年据清乾隆刻本影印，第 34 页。

④　尤侗《西堂文集·西堂杂俎》二集卷三《三十二芙蓉斋词序》，《清代诗文集汇编》第 65 册，上海古籍出版社，2010 年据清康熙二十五年刻本影印，第 34 页。

⑤　毛甡《香严斋词话》，《香严斋词》，清康熙十一年徐釚刻本。

都是切中肯綮之评价。《定山堂诗余》的近百首小令,多数皆为深美婉秀之作,王士禛评其《小重山·重至金陵》一阕:"令与陈宋旗亭画壁,未知谁当擅场"①,认为龚词已经达到了与云间派之中坚陈子龙、宋征舆并驾齐驱之高度,就是看到龚氏作词与云间相类而作出的贴切之评。

龚鼎孳填词深入《花间》堂奥之成就,对明清之际云间词风之流衍深入有推波助澜之功,然难能可贵的是,龚氏并未与风靡一时的云间派完全趋同,而是在特定的时代运会中对词体创作进行着自我探索。王士禛称:"云间数公论诗拘格律,崇神韵。然拘于方幅,泥于时代,不免为识者所少。其于词,亦不欲涉南宋一笔。佳处在此,短处亦坐此。合肥乃备极才情,变化不测。"②比之五代北宋令词满心而发肆口而成的自然流畅,南宋词则更为注重思力之安排,前者若为天工,后者则更多体现了人巧之特点,所以五代北宋多天然浑成、蕴藉深远的令词,而南宋则以跌宕往复、穷极工巧的长调称著于世。陈子龙于明代复古思潮浸染甚深,秉持着"文宗两汉,诗俪开元"③的陈氏于词学上提倡回归五代北宋以廓清明词卑靡意格,不过是其复古思潮的一个侧面。但这种独尊五代北宋、专意小令的复古趋向在明清之际风云巨变的时代背景中,难免与词人的情感表达需求产生扞格龃龉,柔婉妖媚、短小简约的令词已经不能表达外界之天翻地覆与内心之澜翻泉涌于万一,于是不少有识之士便对词体创作模式开始了新的探索,龚鼎孳便是这群人中杰出之一员。在龚氏少作《白门柳》的五十九首作品中,长调占了十七首(中调七首,小令三十五首),而在同为早期词集的《绮忏》的五十七首作品中,长调多达二十八首(中调四首,小令二十五

---

① 邹祗谟、王士禛编《倚声初集》卷一〇,《续修四库全书》第 1729 册,第 322 页。

② 王士禛《花草蒙拾》,《续修四库全书》第 1733 册,上海古籍出版社,2002 年据清道光十四年沈氏世楷堂刻《昭代丛书》本影印,第 194 页。

③ 陈子龙《幽兰草词》序,《安雅堂稿》卷五,《续修四库全书》第 1387 册,第 726 页。

首），其数量已然超越小令，到了康熙年间，龚氏更是集中精力创作长调，这便完全突破了《花间》之限囿而自成一家。此外，在龚氏的早期词作中，尤其是甲申（1644）乙酉（1645）之后的创作，不论是柔声曼调的令词还是发唱惊挺的长调，当中多有凄切之思与苍茫之感，已经不是"花间美人"之风流妩媚所能牢笼。

　　龚鼎孳这种取源《花间》而又突破《花间》的创作成就，并不是今人凭空总结的，而是早在当时就为世人广泛认同并极力推崇的。最典型的是由清初两位词坛大家顾贞观、纳兰性德刊刻于康熙十六年（1677）的共收一百八十四位词人作品的清词选本《今词初集》中①，龚鼎孳以二十七首的入选数量位居全集第二，仅次于云间宗主陈子龙的二十九首。顾贞观与纳兰性德对词人的定位和对词作的遴选，并非随意为之，而是将个体之词学观念与对词史的宏观把握相结合后所作出的选择。除陈子龙外，云间派之中坚宋征舆、李雯亦各以二十一首、十八首的数量名列前位，选家对云间词人的尊崇既是对他们在明清之际词坛复兴过程中之先导地位的确认，同时也是选家"铲削浮艳，舒写性灵"②之词学观的鲜明体现。顾贞观与纳兰性德是康熙十六年（1677）前后京师词坛的代表人物，自立于阳羡与浙西两大词派之外，标举独抒性灵，无所依傍，这种对"性灵"的推崇正与云间派"境由情生，辞随意启，天机偶发，元音自成"的主张有异曲同工之妙，而纳兰"长调多不谐律，小调则格高韵远，极缠绵婉转之致"③的偏至之才更与云间派专意小令的词学趋尚不谋而合，可见顾氏与纳兰对以陈子龙为首的云间派的推尊确是其来有自，那么他们对龚鼎孳的推扬又是出于何种用心呢？张

---

　　①　"清词"选本，乃宽泛言之。虽然毛际可《今词初集跋》称所选乃"本朝三十年"之词，但集中陈子龙、王彦泓、施绍莘等人，实应以明人视之。

　　②　毛际可《今词初集跋》，《今词初集》卷末，《续修四库全书》第1729册，上海古籍出版社，2002年据上海图书馆藏清康熙刻本影印，第548页。

　　③　谭献辑，罗仲鼎、俞浣萍校点《箧中词》，西泠印社出版社，2007年，第26页。

宏生先生以为:"《今词初集》中对词坛领袖的揭示,体现在陈子龙身上,主要是着眼于史的发展,则对于龚鼎孳,则主要体现在对他的词学活动的认定。"①张先生以为"创作上并无太多独创"②的龚氏,是凭借其词学活动成为京师词坛领袖,并因此得到顾氏与纳兰的推重,笔者对这种说法不敢苟同。作为康熙十六年(1677)前后京师词坛的代表人物,他们对自己之前的京师词坛职志龚鼎孳的推崇,自然有肯定其词学活动影响了京师词坛格局的用心,但绝不仅止于此。龚氏影响最大的词学活动是在康熙十年(1671)积极参与并大力推动的"秋水轩倡和",而他于这次活动中的最大收获便是一叠二十三韵的《贺新郎》,但这二十三首词作却无一人选《今词初集》,可见认识到选家对龚氏词学活动的重视是值得肯定的,但若因此认为龚氏仅因"年辈既高,地位亦崇"③而得享词坛高名,则无疑是有失偏颇的。当然,顾贞观、纳兰性德都与龚鼎孳颇有渊源。顺治十八年(1661),顾氏入京,以诗得龚鼎孳赏识④。康熙十二年(1673)二月,纳兰会试中式⑤,而龚氏正是会试的主考官之一,可知龚氏与纳兰实有座主门生之谊。二人对龚氏不仅有知遇之感,同时也有对其创作成就与词坛地位之服膺。顾贞观"香岩、倦圃,领袖一时"的论断,表明顾氏对龚鼎孳词坛领袖的地位是充分认可的。此外,顾氏还在康熙四十三年(1704)给陈聂恒的信中说道:"余受知香岩,而于词尤服膺倦圃。容若尝从容问余两先生意指云何……"⑥可见顾氏与纳兰一贯就对身为前辈且词学造诣

① 张宏生《〈今词初集〉与清初词坛》,《南开学报》,2008 年第 1 期,第 115 页。

②③ 张宏生《〈今词初集〉与清初词坛》,《南开学报》,2008 年第 1 期,第 116 页。

④ 见本书第一章第一节。

⑤ 康熙十二年三月,纳兰以病未与廷试。又于康熙十五年殿试中二甲七名,赐进士出身。参见纳兰性德撰,赵秀亭、冯统一笺校《饮水词笺校》附录三《纳兰性德行年录》,辽宁教育出版社,2001 年,第 484、488 页。

⑥ 顾贞观《与栩园论词书》,纳兰性德撰,赵秀亭、冯统一笺校《饮水词笺校》,中华书局,2011 年,第 384 页。

颇深的龚鼎孳很是关注。纳兰《饮水词》中有《浣溪沙·西郊冯氏园看海棠因忆〈香严词〉有感》一词,《香严词》中有《菩萨蛮·上已前一日西郊冯氏园看海棠》、《菩萨蛮·同韶九西郊冯氏园看海棠》二首、《菩萨蛮·西郊海棠已放风复大作对花怅然》凡四首关于西郊冯氏园看海棠的词作①,纳兰此词抚今思昔惜花怀人,忆《香严词》而悼龚鼎孳,不仅看出纳兰对这位座师的追挽之意与景仰之情,也见纳兰对《香严词》之熟稔。由以上例子可知,《今词初集》选家对龚氏的推举,或许不乏私谊酬恩之成分,但亦有着对龚词的真心敬服与由衷认可。笔者以为,《今词初集》之选家将龚鼎孳置于仅次于云间宗主陈子龙的地位,其实是将龚氏视作继陈子龙力廓明词颓风之后的承继清初词坛复兴大任的旗帜性人物。虽然《今词初集》之选家"对于作品的关注要高于作家,传词重于传人"②,但它对词坛格局并非全不着意,云间词人以及羽翼云间的广陵词人、西泠词人都在选本中占据较重分量,词坛新秀亦即当时呼之欲出的浙西词派之宗主朱彝尊,则以二十二首词作位居第五,而当时已经蜚声词坛的阳羡宗主陈维崧亦有十一首词作入选③,可见《今词初集》在传词立论之宗旨外,亦有体认与梳理词坛格局之用意在。

　　《今词初集》所选二十七首龚词中,只有五首是龚鼎孳的后期作品④,而这五首作品中还有三首是"清丽停匀在淮海、小山间"⑤

---

　　①　参见龚鼎孳《香严词》上卷,《清词珍本丛刊》第1册,第766—768页。

　　②　闵丰《清初清词选本考论》,上海古籍出版社,2008年,第36页。

　　③　陈维崧入选词作为数不多,很可能是缘于其豪雄霸悍之创作风格与选家的审美理想有较大差异。顾贞观之徒杜诏为其师《弹指词》作序时称:"迦陵之词,横放杰出,大都出自辛苏,卒非词家本色。"(杜诏《弹指词序》,张秉成《弹指词笺注》,北京出版社,2000年,第545页)陈氏入选词作虽未居前列,但亦在十首以上,可见选家在贯彻自己的审美理念的同时,亦充分认识到词人的词坛地位。

　　④　即卷三、卷四中康熙二年以后的作品。

　　⑤　《香严词》上卷引毛先舒评《菩萨蛮·己酉春日摩诃庵杏花下有感为韶九作》,《清词珍本丛刊》第1册,第766页。

的令词。如前述，龚氏早期词绮艳妍婉风致缠绵，即使是甲申
(1644)乙酉(1645)后的词作，也能敛激烈于沉郁之中而显得凄咽
悲凉，这与云间派"极哀艳之情""穷盼倩之趣"①的宗旨深相吻合，
自然深得选家激赏。但颇堪玩味的是，尊崇云间的顾氏与纳兰，在
选龚词时，作了小令十首、中调二首、长调十五首的安排，长调数量
超逾二分之一，与选陈子龙词的小令十五首、中调十首、长调四首
形成了鲜明对比，而且当中有四首长调都呈现出苍茫凝重、豪而不
纵的凛凛风骨。这一方面说明选家并未被流派眼光所囿，另一方
面更说明了龚氏大量创作长调与推扬"稼轩风"的做法，对明清之
际"中、小调独多，长调寥寥不概见"的词体创作模式和"一以《花
间》为宗，不涉宋人一笔"②的创作风习所造成的冲击与引发的改
革已经不能不被仍旧尊崇云间风气的词学家体认并加以肯定。正
如邹祗谟在《远志斋词衷》称："余尝与文友论词，谓小调不学花间，
则当学欧、晏、秦、黄……欧、晏蕴藉，秦、黄生动，一唱三叹，总以不
尽为佳。清真、乐章，以短调行长调，故滔滔莽莽处，如唐初四杰，
作七古嫌其不能尽变。至姜、史、高、吴，而融篇炼句琢字之法，无
一不备。今惟合肥兼擅其胜。"③作为云间嗣响之广陵词坛的核心
巨子之邹祗谟，不仅对龚氏那神似五代北宋之蕴藉生动的令词深
相叹服，同时也对龚氏之作长调而有短调情韵，又学得南宋词人篇
章字句间的谨严法度而再三致意，一"惟"字，见出龚氏在云间风气
笼罩一代的当时，确有开风气之先的重要意义。

　　龚鼎孳取源《花间》，使他能够融入明清之际盛行一时的词学
风气中，创作了不少"冰心铁骨，饶有玉润珠鲜之致"④的小调令词，

---

　　①　陈子龙《幽兰草词》序，《安雅堂稿》卷五，《续修四库全书》第1387册，第726页。
　　②　郑方坤《论词绝句三十六首》注，《蕉尾诗集》卷五，《清代诗文集汇编》第275册，第34页。
　　③　邹祗谟《远志斋词衷》，《词话丛编》第1册，第651页。
　　④　聂先评龚鼎孳词，参见聂先、曾王孙编《百名家词钞·香严斋词》，《续修四库全书》第1721册，第163页。

这种风调情致于明词有"继往"之意味；而他突破《花间》拘限，大量创作长调，而其中为数不少的作品还回荡着开阔浩茫、一扫《花间》妩媚之"稼轩风"，这对清词的自成一家自具面目，实在有非同寻常的意义，在这个层面上，龚鼎孳对清词实有"开来"之功绩。

二、对阳羡、浙西词派的启导之功

谈及清初词，人们常津津乐道于分别以陈维崧、朱彝尊称首的阳羡派与浙西派，诚然，二派在云间派之后为清词创辟了新天地，是清词中兴之枢纽。但人们却往往忽略了在云间派趋于式微而阳羡、浙西二派尚未形成气候之时，龚鼎孳这位词坛领袖所发挥的承前启后的重要作用。近年来，有学者开始意识到龚鼎孳在清词中兴中的关键地位，如马大勇先生认为龚氏对清初词风之胚变有诸多贡献①，陈欣认为龚氏是"明词向清词转变过程中产生的一个典型标本"②，但对他的贡献与典型性究竟体现在哪些方面，他们的论述却有未尽之憾，笔者以为主要可以归结为两点，下面将分别展开论述。

首先是鼓扬稼轩雄风，启导阳羡词派。谈到龚鼎孳后期词风的转变与对"稼轩风"的鼓扬，不能避开的一个人物就是陈维崧。马大勇先生在《龚鼎孳与清初词坛的风云际会》一文中谈到："康熙七年（1668），一代词宗陈维崧结束了'如皋八年'的寄居生涯辗转抵京，谒见身为父执的龚鼎孳，并带来了他新刻的《乌丝词》……他必然详细玩味了陈维崧的作品，并对词这种文学体裁所担负的使

---

①　马大勇《龚鼎孳与清初词坛的风云际会》，《西北师大学报（社会科学版）》，第53页。

②　陈欣《龚鼎孳词研究》，江西师范大学中国古代文学专业硕士学位论文，2007年，第38页。

命和抒情张力有了一种全新的体认。自此他引吭高唱,大有铁板铜琶之风,靡曼之音反成弱响。在这个意义上说,龚氏是在他去世前五年、以54岁之龄受到后辈才人之激发方真正窥见词之堂奥的……"①这里将龚鼎孳词风之转变归结为陈维崧《乌丝词》的影响,笔者以为这种结论是不妥当的。陈维崧早期的创作"多作旖旎语"②,既未脱明人艳冶之风,又踵武云间之婉丽,其词风开始出现变化是在顺治十三年(1656)以后③,而真正实现其词体创作由"花草"之风转向"稼轩风",则要到康熙五年(1666)前后④。龚鼎孳词风的彻底转型虽亦迟至康熙七年(1668),但铁板铜琶之风在他明末时期的创作中已初现端倪,而在顺治三年(1646)至七年(1650)寄迹吴越之时的不少词作更是壮怀浩气磅礴雄郁⑤,而此时正是"天下填词家尚少"之际⑥,可见龚氏填词不仅为时甚早,且有开风气之先的意义。虽然龚氏与陈维崧的交接可追溯至顺治七年(1650)⑦,

---

① 马大勇《龚鼎孳与清初词坛的风云际会》,《西北师大学报(社会科学版)》,第54页。

② 陈宗石《湖海楼词序》,陈维崧《湖海楼全集·词集》,《清代诗文集汇编》第96册,第215页。

③ 标志着陈维崧词风发生重大变化的《乌丝词》于康熙七年(1668)结集问世,当中所收266首词作的创作时间跨度为自顺治十三年(1656)至康熙七年(1668),即以"如皋八载"为重心的湖海飘零之困顿期。

④ 康熙五年"广陵倡和"中,陈维崧以《念奴娇》为调创作了不少激扬豪放之词。同时他还认识到词与诗一样,都有"陶写性情"(宗元鼎《乌丝词序》,《清词珍本丛刊》第4册,凤凰出版社,2007年据清留松阁刻本影印,第320页)之用,亦即不再将词视作"小道""末技"。

⑤ 见本书第三章第二节。

⑥ 陈维崧《任植斋词序》:"忆在庚寅、辛卯间,与常州邹、董游也……方是时,天下填词家尚少……"陈维崧著,陈振鹏标点,李学颖校补《陈维崧集》,上海古籍出版社,2010年,第52—53页。"庚寅"为顺治七年(1650),"辛卯"为顺治八年(1651)。

⑦ 据周绚隆《陈维崧年谱》,顺治七年三月,陈维崧与龚鼎孳、张恂、祁豸佳、王猷定、许承宣、许承家在扬州同看玉兰。龚鼎孳《定山堂诗集》卷二〇有《同祁止祥张稚恭恭王于一许力臣许师六陈其年看玉兰》。参见周绚隆《陈维崧年谱》,第116页。

而真正缔结心交在顺治十四年（1657）中秋①，但其时尚未摆脱明人词风的陈维崧不可能对龚氏的创作产生什么影响，相反身为前辈的龚氏却极有可能对仍徘徊于香弱一路的陈氏提供某种创作思维上的启迪。我们与其说龚氏是受了某人的影响而产生词风的突变，毋宁说是他前期创作为其后期风格之形成奠定了坚实基础。而陈维崧对龚氏填词生涯的意义，更准确地说，是二人之间的赓和唱酬激发了龚氏更多的创作灵感。

那些认为是陈维崧决定了龚氏词风转变的观点，很大程度上是受"飞扬跋扈""激昂慷慨"之类对陈维崧之习见评价的影响②，但若将龚、陈二人的填词历程还原到清初顺康年间，便会有不少出乎意料的发现。我们不妨看看刊刻于顺康年间的《倚声初集》③是如何看待龚、陈二位词坛巨子的。《倚声初集》是邹祗谟与王士禛共同选定的，是王士禛主持广陵词坛时期的重要成果，有"清词人最善之选本"④的美称。在这部传统思维与新变观念并存的清初词选中，龚、陈分别以六十首、三十八首的入选词作高居第六与第九，其中龚之小令为十九首、中调十首、长调三十一首，而陈之小令为二十首、中调十首、长调八首，二人入选之小令中调大致持平，但

---

① 冒襄《同人集》卷九冒襄《哭陈其年太史诗》之八原注曰："丁酉，余应涴水先生约，始到秦淮。……一日，涴水过访，云'床头有真英雄，忍不令余见？'大索出之（其年）。次日中秋广宴，酒半停剧，限青溪中秋四韵七言律，涴水即席赌诗，八叉立就。此夕其年四律先涴水成，先生叹赏掷笔，遂缔心交。"《四库全书存目丛书·集部》第385册，第396页。

② "飞扬跋扈"见王初桐撰，李保阳整理《小嫏嬛词话》第五十三则引朱彝尊语，《词学》第二十三辑，2010年，第497页。"激昂慷慨"见郭麐《灵芬馆词话》卷二评曹溶词，中有"激昂慷慨，迦陵为最"语，《词话丛编》第2册，第1535页。

③ 严迪昌：《倚声初集》通常被称为顺治年大冶堂刊本。实则邹、王二序虽署的顺治十七年庚子，成书已在康熙之初，书中各家评语中时有康熙四年前的一些记事，可证是随刻随补选评而成的。"严迪昌《清词史》，第67页。

④ 夏承焘《天风阁学词日记》之1931年4月21日，《夏承焘集》第5册，浙江古籍出版社，1997年，第199页。

长调之数目则陈氏远逊于龚氏。王士禛曾对龚词之安排作出解释:"公天才绝艳,脱口矜隽,小令极多碎金,以《白门柳》《绮忏》二卷得之稍晚,已不及载,故予辈于长调特详之。"①可知若非选稿来源的限制,龚氏会有更多小令入选,但邹、王能够做到"于长调特详之",一见长调是龚氏习用之创作模式,亦见龚氏的长调创作在清初词坛享有盛誉,故选家不能轻忽处之。这三十一首长调皆是龚氏康熙二年(1663)以前的作品,幽咽悲凉的主音之外,还出现了不少慷慨悲壮之调。如王氏评《满江红·拜岳鄂王墓敬和原韵》"笔挟风霜,气摇山岳"②,评《水调歌头·述怀用苏东坡中秋韵》"艳思缠绵,壮怀喷薄"③,评《醉蓬莱·为仲弟孝绪寿用叶少蕴上巳韵》"自露英雄本色"④,如此种种,可见在康熙初年以前,龚词已频露"稼轩风"之气息。再看陈维崧。与阳羡词宗惯常予人之发扬蹈厉的风格迥异,陈氏入选《倚声初集》的作品主要为秾艳纤婉之小令,尽管也有少数"冷冷瑟瑟,笔挟冬气"⑤的作品,但多数词作却给人"绮才艳骨之叹"⑥,邹氏评其"矜奥诡艳"⑦,王氏称其"风致璀艳"⑧,可见尚"艳"是陈维崧这个阶段的主要创作取向。陈维崧曾学诗于陈子龙⑨,词学观必然也受其影响,故陈维崧早期词作多规矩云间而学步《花间》,邹氏称将陈维崧词"拟大樽诸词,可谓落笔乱真"⑩,王氏更是直接将陈氏称作"今之温八叉也"⑪,完全是将陈

① 邹祗谟、王士禛编《倚声初集》卷一六,《续修四库全书》第 1729 册,第 396 页。

② 《倚声初集》卷一五,《续修四库全书》第 1729 册,第 374 页。

③ 《倚声初集》卷一五,《续修四库全书》第 1729 册,第 381 页。

④ 《倚声初集》卷一六,《续修四库全书》第 1729 册,第 388 页。

⑤ 《倚声初集》卷七王士禛评语,《续修四库全书》第 1729 册,第 279 页。

⑥ 《倚声初集》卷六邹祗谟评语,《续修四库全书》第 1729 册,第 271 页。

⑦ 《倚声初集》卷一,《续修四库全书》第 1729 册,第 214 页。

⑧ 《倚声初集》卷一二,《续修四库全书》第 1729 册,第 340 页。

⑨ 《湖海楼全集·文集》卷二《许漱石诗集序》:"忆余十四五时,学诗于云间陈黄门先生,于诗之情与声十审其六七矣。"《清代诗文集汇编》第 96 册,第 482 页。

⑩⑪ 《倚声初集》卷六,《续修四库全书》第 1729 册,第 269 页。

维崧作为云间魁首陈子龙的学步者与花间宗主温庭筠的后继者看待。更有甚者,陈氏的某些词作如《红窗睡·夏闺》《金浮图·小武当烧香曲》出现了词曲溷杂之貌,选家"已逗元曲""近于元剧"之评诚不虚也①。可见在《倚声初集》完全成书之康熙四年(1665)以前,在龚氏已经惯用长调创作且不时透出"稼轩风"的趋向之时,陈维崧的创作依然沿袭明末词风,以小令艳词为主,被王士禛视作云间派的登堂入室者②,还不时流露出词笔似曲的倾向,毫无疑问此时的陈维崧词依然被《花间》《草堂》之风笼罩,并无多少开拓性与变革性可言。当词风转变后的陈氏回顾起这个阶段的创作时,意颇不自得,"刻于《倚声》者,过辄弃去,间有人诵其逸句,至哕呕不欲听"③。也从另一侧面证实了陈氏此时的词作确是多"旖旎语"。

广陵唱和是陈维崧词风转变的一个关键时期,同时也是连接陈氏与龚鼎孳填词活动的一座桥梁。顺治十六年(1659),王士禛谒选得扬州府推官,次年赴扬州,此间倡倚声之学,陈氏从之游,并肆力为词,对此,蒋景祁有这样的表述:"自济南王阮亭先生官扬州,倡倚声之学,其上有吴梅村、龚鼎孳、曹秋岳先生主持之。先生内联同郡邹程村、董文友,始朝夕为填词。"④王士禛顺治十七年(1660)至康熙四年(1665)的扬州任上,是陈维崧跟随广陵词人开始大力填词的时期,虽然少年英发的王氏乃广陵词坛的领袖人物,但真正把持词坛风向的仍是雄视文坛的前辈吴伟业、龚鼎孳、曹溶等人。相比起陈氏的"始"朝夕为词,久孚文名的龚鼎孳自然在创作实绩上更胜一筹。周绚隆先生有这样的论述:"强调王士禛对陈

---

①　"已逗元曲"见《倚声初集》卷八王士禛评,《续修四库全书》第1729册,第299页;"近于元剧"见《倚声初集》卷一五邹祗谟评,《续修四库全书》第1729册,第381页。

②　邹祗谟《远志斋词衷》:"阮亭既极推云间三子,而谓入室登堂,今惟子山、其年。"《词话丛编》第一册,第651页。

③④　蒋景祁《湖海楼词集序》,陈维崧《湖海楼全集·词集》,《清代诗文集汇编》第96册,第213页。

维崧的影响，并不是说这就是造成陈维崧弃诗作词的唯一原因。
联系他所师从和与之过从密切的一些重要人物，如陈子龙、宋征
璧、吴伟业、龚鼎孳等，在明末清初都堪称一流词人来看，陈维崧在
成长的过程中，自幼就受着这方面因素的影响。"①虽然周先生并
未特别突出龚鼎孳对陈氏作词的影响，但他肯定这种影响的存在，
这本身就是很有见地的。王士禛主导下的广陵词坛虽比云间派持
论较宽，摒弃了云间诸公"不欲涉南宋一笔"而专尚五代北宋的习
性，但王士禛所代表的"沿风洲、大樽绪论，心摹手追，半在'花
间'"②的词学宗旨仍是主流，婉约词风仍是广陵诸人的基本取向，
故我们不难理解陈维崧此时词作中的柔媚旖旎之态既关乎其创作
惯性，同时也是创作氛围使然。广陵词坛真正实现词风的转型，是
在王士禛离任后。李丹在《顺康之际广陵词坛研究》一书中指出：
"康熙五年的广陵，王士禛已于前一年北上京师。以他为中心的
'花间''草堂'式的唱和也告一段落。……到了小春十月的时候，
最后剩下的 17 人举行了一次大规模的词学唱和活动。这次唱和
最初是在红桥的韩园宴集，赋《念奴娇》，限'屋'字韵，之后的一个
月中，他们在不同的地点，因为不同的原因，采用相同的词调，相互
次韵，酬唱赠答，形成了一道独特的词坛景观。"③这次唱和史称
"广陵唱和"，陈维崧是参与唱和的十七人中的重要一员。唱和调
寄《念奴娇》，本就适合表达慷慨豪壮之情，而押"屋"（入声）韵，就
更是"宜于表达激越峭拔的思想感情"④，故而这次唱和不仅是陈
维崧乃至广陵词坛词风转型的一个重要标志，同时也是清词从蹈
袭明末词风到自成面目过程中的一个关键环节。虽然陈维崧是
这次唱和的重要参与者，但远在京师的龚鼎孳也并非这次词学盛

---

① 周绚隆《陈维崧年谱》，第 35 页。
② 谢章铤《赌棋山庄词话》卷八，《词话丛编》第 4 册，第 3426 页。
③ 李丹《顺康之际广陵词坛研究》，上海古籍出版社，2009 年，第 47 页。
④ 龙榆生《词曲概论》，第 173 页。

事的局外人,他虽未直接参与唱和,却作有《广陵倡和词序》①,从理论的高度说明广陵唱和是吟咏性情且寄托忠爱之怀的作品,他不满于玩日愒时之作而称许如广陵唱和般"兴寄甚高"的词作,可见龚氏对广陵唱和悲歌豪吟之下的深刻内涵是有着深切体会并由衷赞赏的。同时也见龚氏作为主持词坛风会的领袖人物,不论对京师词坛还是地方词坛的重要举动,他都颇加关注,所以称他是康熙七年(1668)亲看了陈维崧之《乌丝词》后方才有所图新之类的说法,都未免低估作为词坛领袖龚鼎孳之文学视域与对词坛动态之敏感度。

康熙七年(1668),陈维崧北至京师。此时的陈氏落魄困顿失意侘傺,而龚鼎孳对他的揄扬与发自内心的顾惜爱重,成为陈氏一生中最为刻骨铭心的记忆。相知相惜的龚、陈二人,时相过从唱答,《定山堂诗余》中有一阕《念奴娇》、六阕《沁园春》、五阕《贺新郎》皆与陈氏相关,抑或和赠,抑或送别,大多写得"感激飞扬,悲歌磊块"②,同样,陈氏词中亦有不少赠答龚氏之作,如《沁园春·赠别芝麓先生即用其题〈乌丝词〉韵》三阕、《贺新郎·秋夜呈芝麓先生》二阕、《贺新郎·席上呈芝麓先生》《贺新郎·将之中州留别芝麓先生》,这些作品均一改早期词之描红刻翠柔媚旖旎,而显得沉雄俊爽奇肆腾跃,其气度品格正可与龚词相埒。一位文坛领袖,一位词坛新秀,二人的唱和从客观上大力鼓荡了"稼轩风"在京师词坛之流行。龚、陈之以词唱和已是在二人完成了词风转型之后,而二人词风之最初转变于空间上并无交集,故而无法导出陈氏乃受龚氏之影响而导致词风突变的结论,同样反面立论也无法成立。但于时间论,龚氏大量使用长调与倾心"稼轩风"远早于陈氏,加之

① 见本书第五章第二节。
② 龚鼎孳《香严词》下卷引宋琬评《贺新郎·其年将发秋夜集西堂次前韵》,《清词珍本丛刊》第1册,第873页。

龚氏文坛领袖之身份，陈氏必然对龚词有所濡染浸润。导致陈氏词风变化的因素是多方面的，我们无法也无须坐实其中一种，但我们亦不能排除在清初文坛叱咤风云的龚鼎孳是这诸多影响因素中的重要一种。

康熙七年（1668）的《乌丝词》题词唱和、康熙九年（1670）的赠柳词唱和，乃至康熙十年（1671）的秋水轩倡和，在这三次鼓扬"稼轩风"的京城词学活动中，龚鼎孳均扮演了举足轻重的关键角色①。按照严迪昌《阳羡词派研究》的划分，将康熙七年（1668）划作阳羡词派形成初期的结点②，此后阳羡派即进入了发展之鼎盛期，严先生提出的原因是康熙八年（1669）夏秋开始，陈维崧就进入了"僦居里门近十载专攻填词，学者靡然从风"③之时期。这诚然是一个重要因素，但笔者以为还有一个被严先生忽略了的原因，那就是康熙七年（1668）是陈维崧受到龚鼎孳揄扬提携而在京师词坛声名大噪的一个重要年份，得到众多词坛耆宿认可与推扬的陈氏，在创派立说之过程中得到众人之风附影从就顺理成章了。而阳羡词派步踵苏辛的词学宗尚与郁勃奇崛的创作风格，处在由龚鼎孳这位词坛领袖积极鼓扬终至盛极一时的"稼轩风"的创作氛围中，更是风行水上无往不利。所以说陈维崧能够开宗立派并成为一代词宗，除了是天挺其才适逢其会外，还要归功于龚鼎孳这位词坛领袖对"稼轩风"之大力扇扬和对他不遗余力的推奖。周绚隆先生目光如炬地指出龚鼎孳对陈氏的重大影响："陈维崧过去虽然才名流传很广，但主要只限于江南一带，这次入京后因赖龚合肥的鼓吹褒扬，加上《朱陈村词》的刊印，使他在京华词坛的影响得到了扩大。虽然这样做的最初目的是博取功名而徼名，但在客观上的确成就

---

① 见本书第三章第二节。

② 参见严迪昌《阳羡词派研究》第三章第二节"阳羡词派的形成及其兴衰"，齐鲁书社，1993 年，第 64—85 页。

③ 蒋景祁《荆溪词初集序》，陈维崧、曹亮武、潘眉辑《荆溪词初集》，清康熙刻本。

了这位词坛巨子。"①在阳羡词人群体编刻的清词选本《今词苑》②中，龚鼎孳以选词三十一首高居一百零九家词人之冠，吴本嵩在《今词苑·序》中称："诗词之道，盖莫盛于今日矣。娄东、庐江振其宗"③，将吴伟业与龚鼎孳并置于清词发轫之崇高地位，但吴伟业二十一首词作入选，仅居第四，这样看来，在阳羡词人心中，真正的清词中兴之祖乃龚鼎孳一人，究其缘由，一在于龚氏对清词发展之诸多献替，更在于他对陈维崧与阳羡词派的影响在当时是无人能出其右的。

再看龚鼎孳对浙西词派的影响。关于龚氏与浙西词派之间的关系，根据目前掌握的材料，多是间接相关，而二者之间是否有直接的关联则尚待考证。人们常津津于龚氏夫妇对朱彝尊赠以千金的怜才佳话④，却很少论及作为词坛前辈的龚鼎孳对朱氏作词有无影响。在朱彝尊自己的表述中，是将曹溶视作对自己影响至深、开浙派之先的前辈词家，他在《静惕堂词序》明确声称："彝尊忆壮日从先生（曹溶）南游岭表，西北至云中，酒阑灯灺，往往以小令慢词，更迭倡和，有井水处，辄为银筝檀板所歌……数十年来，浙西填词者，家白石而户玉田，春容大雅，风气之变，实由先生。"⑤却未有只字提及龚鼎孳对自己的填词生涯之影响。笔者通过分析，认为这种影响应是存在的，虽然它不似曹溶对朱氏的影响那般直接明晰，也许这种潜在的影响连朱氏本人也不曾清楚意识到，但作为清初最大词派之宗主人物朱彝尊，对开清词风气之先且又执京师词

---

① 周绚隆《陈维崧年谱》，第46页。

② 据严迪昌，《今词苑》选政始于康熙八年秋，完成于康熙十年前后。主编为陈维崧，吴本嵩、吴逢原、潘眉协理编纂。参见严迪昌《阳羡词派研究》，齐鲁书社，1993年，第75页。

③ 陈维崧、吴本嵩、吴逢原、潘眉辑《今词苑》，清康熙十年徐喈凤南硼山房刻本。

④ 见本书第一章第一节。

⑤ 朱彝尊《静惕堂词序》，曹溶《静惕堂词》，《清词珍本丛刊》第1册，第266页。

坛牛耳的龚鼎孳不可能全无借鉴,而这种借鉴主要有三:

　　1. 龚鼎孳对长调的使用与对南宋词人的追摹,对朱氏应颇有启发。朱氏填词起步颇晚,据他在《红盐词序》称:"方予与其年定交日,予未解作词,其年亦未以词鸣。不数年而《乌丝词》出,迟之又久,予所作亦渐多,然世无好之者。"①朱陈初识定交在顺治十年(1653)江南"十郡大社"集会上,其时朱氏对倚声填词还知之甚少,只有到顺治十三年(1656)跟随曹溶"南游岭表"之时,才初涉倚声之道。陈维崧《乌丝词》刻成于康熙七年(1668),朱氏作词的数量是在此之后才逐渐增益,但"世无好之者"则说明他当时在词坛上并没有什么知名度。我们再联系龚鼎孳来看。在顺治十年(1653)朱氏"未解作词"之时,龚氏词作已是短长兼擅刚柔相济,而在康熙初年朱氏于词坛声名不彰之际,龚氏已是执掌京师词坛大纛的旗手。那么无论于填词还是成名都远较朱氏为早的词坛前辈龚鼎孳,是否能为这位词学后进提供什么启迪呢? 答案是肯定的。众所周知,以朱彝尊为代表的浙西派是以标举南宋长调,倡导以姜张为典范的清空、骚雅之词风而称著于当时与后世。而早在崇祯末顺治初,当词坛还笼罩于云间派专意小令的填词风气中时,龚鼎孳已经开始大量创作长调,而在他"半用宋韵"的词作中,尤以和南宋词人史达祖之韵为多,龚氏词意象密集却气脉贯通,善用典故而寄托遥深,锻炼精工而带来的"绵丽温润"②之美感,实乃师法梅溪而得其神髓。史达祖"祖述自是清真,而取法全师白石"③,他与师法所自而又为浙派推尊之姜夔本就同属南宋末年典雅词派的重要代

_____

　　① 朱彝尊《红盐词序》,叶元章、钟夏选注《朱彝尊选集》,上海古籍出版社,1991年,第451页。

　　② 徐昆山《香严斋词》评语,黄裳《来燕榭读书记》卷七,辽宁教育出版社,2001年,第237页。

　　③ 陈廷焯《云韶集》卷七,孙克强、杨传庆点校整理《〈云韶集〉辑评》之一,《中国韵文学刊》,2010年第3期,第70页。

表，朱彝尊就称史达祖"具夔之一体"①，而汪森也在浙派理论之代表作《词综序》中言及史达祖乃姜夔之"羽翼"②，龚鼎孳对史达祖的选择虽仅停留于创作偏好之层面，而并未上升到理论认识的高度，但后起的浙派选择了与史达祖同一阵营的姜张，却未始没有受到清初最早创作长调又最早追摹南宋典雅词风的龚鼎孳之影响。《倚声初集》选入龚氏的《木兰花慢·和雪堂先生作》（镜中肠断绝）一词时，对其有"清森萧渺"③之评，而这便与浙派推举的"清空"之旨颇为神似。细品此词，其意象的集中与用典的频繁并不类于姜夔"如野云孤飞，去留无迹"④之空灵跳宕，实则仍是梅溪词风之延续，但前人对史达祖本就有"清新闲婉""奇秀清逸"之评泊⑤，故与他一脉相承的龚鼎孳亦无愧于一"清"字，此"清"虽与姜张之"清"不无区别，但终是路数相近。若说龚氏之"清森萧渺"于浙派或产生过有益的启示，也并非无的放矢。

2. 龚鼎孳的咏物词对朱氏之影响。朱彝尊之称雄词坛与浙西之开宗立派皆与南宋遗民之咏物词专集《乐府补题》的重新问世有着密切关系。康熙十七年（1678），朱氏应"博学鸿词"之征赴京，随身携来抄录常熟吴氏抄本之《乐府补题》，蒋景祁"读之赏激不已，遂镂板以传"⑥，于是这部咏物词集在京师广为流布，并掀起一场

---

① 朱彝尊《黑蝶斋诗余序》，《曝书亭集》卷四〇，《清代诗文集汇编》第 116 册，第 331 页。

② 汪森《词综序》，朱彝尊、汪森编《词综》，上海古籍出版社，1978 年，第 1 页。

③ 邹祗谟、王士禛编《倚声初集》卷一五，《续修四库全书》第 1729 册，第 404 页。

④ 张炎《词源》卷下，《词话丛编》第 1 册，第 259 页。

⑤ "清新闲婉"见张镒《题梅溪词》，毛晋辑《宋六十名家词》，上海古籍出版社，1989 年，第 196 页；"奇秀清逸"见姜夔《题梅溪词》，《中兴以来绝妙词选》卷七，《四部丛刊初编·集部》第 341 册，上海书店，1989 年据上海涵芬楼借无锡孙氏小渌天藏明翻宋本影印。

⑥ 朱彝尊《乐府补题序》，《曝书亭集》卷三六，《清代诗文集汇编》第 116 册，第 303 页。

咏物词之大唱和。正如蒋景祁所言:"得《乐府补题》而耸下诸公之词体一变。继此复拟作《后补题》,益见洞筋擢髓之力。"①《乐府补题》重出,文人墨客群起拟作,咏物之风愈演愈炽,一代词风因之而变,清词中兴之局面正式打开,而《乐府补题》大唱和的发起者朱彝尊也因此得以新的"耸下诸公"之身份号召词坛。自此往后,不论是朱彝尊本人还是整个浙西词派,都笼罩于一片吟风弄月博征典故的咏物风习中,"咏物"已经成为浙派自我体认之重要标志。我们虽然不能确指在朱氏之前的龚鼎孳所作的咏物词对朱氏产生了何种影响,但龚朱二人之咏物词却有着不容轻忽的相近之处。首先是二者都呈现出一种清雅醇美之貌,推崇"清空""骚雅"的朱氏自不待言,而关于龚氏之咏物词,不论是《点绛唇》的清新空灵,还是《贺新郎》的"瘦硬名士态",抑或《满庭芳》的绚烂之极归于平淡,都绝不涉涂脂抹粉之俗艳与搔首弄姿之儇薄,龚氏笔下"美人"与"名士"皆有一种洗尽铅华的清芬澹荡,而这种词风正是为朱氏提倡与推崇的。其次,是二者皆有颇浓的"体物"倾向。《乐府补题》是寄寓着南宋遗民亡国之痛的唱和专集,但朱氏对《乐府补题》的推崇却更多着眼于它是自己倡导南宋慢词以变革一代词风之范本,同样经历了易代之变的朱氏并无意于推扬《乐府补题》那与新朝统治深相抵触的孑遗情绪,虽然朱氏也有部分如《长亭怨慢·雁》之类的感慨身世之作,但他的咏物词集《茶烟阁体物集》中的词作多数体物精微,讲求多侧面多角度对物象进行精工细致的摹形绘状,如严迪昌先生所言,朱彝尊是"借《补题》原系寄托故国之哀的那个隐曲的外壳,在实际续补吟唱中则不断淡化其时尚存有的家国之恨、身世之感的情思"②。这当中除了性分所至与审美理想

① 蒋景祁《刻〈瑶华集〉述》,《瑶华集》,《续修四库全书》第1730册,上海古籍出版社,2002年据清康熙二十五年刻本影印,第8页。
② 严迪昌《清词史》,第253页。

所在,自然也有与龚鼎孳一般的出于对新朝高压政治之忧惧。因龚氏咏物词数量之少,我们无法如描述朱氏一般明确地掌握龚氏咏物词之趋向,但却也并非无迹可寻。龚词中的"体物"之作与"托意"之作大致持平,如龚氏《满庭芳》(红玉笼云)般抒写兴亡离乱之感的词作固罕见于朱氏集中,但龚氏颇有节制的寄意及喜用"婉"笔与"曲"笔状物抒怀的特征,却是在朱词中屡见不鲜的。龚氏与朱氏的咏物词其实不具有鲜明的可比性,一属偶然为之,集中仅存八阕;一则倾力创作,咏物词数目高达一百一十九首。况且,龚氏生活的时代尚被反清思明的民族情绪包围,而朱氏之大力创作咏物词已是置身于人心思治、清廷之文化控制也大为增强的升平之世,自然更难做到"家国文物之感蕴发无端"了。但不论是龚氏的偶一为之还是朱氏于风气大开之后的全力以赴,二者于审美理想与创作趋向上的相近之处,应该不能单纯以"巧合"释之。严迪昌先生认为朱氏能确立词坛领袖之形象主要在于他所鼓扬的咏物盛风,"词坛效其格主要是仿效他的《茶烟阁体物集》的咏物之格,浙西派张扬的词风也正是推出《乐府补题》之后群起拟作《后补题》的咏物之风"①。其实朱氏词中的咏物之格在龚词已经初现端倪,龚词已经出现了以曲隐婉晦之笔以淡化情思表达之种子,而朱氏则是在一个合适的时机通过一个绝佳的范本将这颗种子培育成参天大树。

3. 龚鼎孳的言情词对朱氏的影响。朱氏早期创作和清初大多数恪守"诗庄词媚"之观念的词人一样,多写情爱之作,他这一时期的词集代表《眉匠词》便是多写儿女风月花柳缠绵,后以提倡"清空""骚雅"而蜚声词坛的朱氏悔其少作而未将《眉匠词》收入《曝书亭集》,但并不代表朱氏对言情词之弃绝。其最为人称道的《江湖

① 严迪昌《〈乐府补题〉与清初词风》,《词学》第八辑,华东师范大学出版社,1990年,第52页。

载酒集》中就有不少秀颖灵动、缠绵哀婉之言情词，而他编成于康熙六年(1667)的《静志居琴趣》一集，更是被人视作艳词史上划时代的作品。陈廷焯誉之为："尽扫陈言，独出机杼。艳词有此，匪独晏、欧所不能，即李后主、牛松卿亦未尝梦见，真古今绝构也。"①张宏生先生则将《静志居琴趣》视作继晚唐五代、南宋之后的艳词发展的第三个阶段(康熙年间)的标志性作品②。《静志居琴趣》缘何能得到如此崇高之评价呢？归根结底，就在于这是一部朱氏记录他与妻妹冯寿常的一段铭心刻骨之苦恋的词集，这不是一般的侧艳小词，更完全摆落了淫艳猥亵之基调，出自肺腑的真挚，爱而不得的伤怨，掩抑低回的思恋，把人世间爱情的纯净美好与求不得之苦用具有联章性质的八十三首词娓娓道来。创作形式的独特与情感内涵的真醇，使它鹤立于古往今来汗牛充栋的艳词中而备受赞誉。顾宪融称："《静志居琴趣》一卷首首皆有本事，卷尾《洞仙歌》三十阕，尤可与《风怀诗》参看③，古来连用数十阕长调纪事者，盖自竹垞始也。"④《静志居琴趣》在词史上自当有其不可取代之地位，但若将这种创作方式许之为朱氏首创，则有溢美之嫌，因为早在朱氏之前的龚鼎孳已经开始了用联章体纪事述情。龚氏的早期词集《白门柳》是记述他与顾媚从相识相爱到相守相伴的一段情史，《白门柳》的五十九首词作从结构上讲，也是联章的叙事方式；从内涵上看，也是以纪实的手法对一己之恋情作了真挚动人的表述。张宏生先生比较《白门柳》与《静志居琴趣》有言："在感情的指

① 陈廷焯《白雨斋词话》卷三，《词话丛编》第 4 册，第 3835 页。

② 张宏生《艳词的发展与新变》，《清代词学的建构》，江苏古籍出版社，1998 年，第 71 页。

③ 康熙八年，朱氏写下长篇排律《风怀》二百韵来记述他与冯寿常之间的恋情。《静志居琴趣》与《风怀》一诗每能呼应，冒广生《小三吾亭词话》卷三称："其实《静志居琴趣》一卷，皆《风怀》注脚也。"《词话丛编》第 5 册，第 4711 页。

④ 顾宪融《填词门径》下编，上海中央书店，1936 年，第 90 页。

向上，龚更明确，朱则较隐晦；在感情的体验上，龚略轻倩，朱则更为凝重。这或者是由于顾媚是青楼女子，而寿常是良家闺秀，因而笔致有所不同，取向出现二致。"①张先生指出二集笔致之不同是中肯的，但不仅仅是因为描写对象身份之不同。顾媚虽是青楼女子，但龚鼎孳对她是倾心相许平等相待，纵有一泻无余的激情喷发，也是爱之太切而出以痴狂之语。龚氏之"明确"与"轻倩"，在于他企盼的是一份可以公之于众可以把握未来的为世俗认可的感情；朱氏之"隐晦"与"凝重"，是因为他投入的是一段注定无果的有悖纲常的苦恋，但二者对爱情的真诚与庄重却不是能以笔致之隐显轻重加以轩轾的，同样我们也不能因笔致与描写对象的不同而强分二集之文学成就的高低。而更值得注意的是，龚氏与朱氏一前一后均用了联章体以写艳述情，我们不能无视两者创作手法的相近，对朱氏顶礼膜拜之时却对龚氏不置一词，因为正如张宏生先生所言，"正是龚鼎孳的《白门柳》为朱彝尊的《静志居琴趣》起到了导夫先路的作用"②。

陈匪石言："词肇于唐，成于五代，盛于宋，衰于元……亡于明，则祧两宋而高谈五代，竞尚侧艳，流为淫哇……复兴于清。"③清词中兴在词学史上意义重大，而启变一代词风的阳羡与浙西二派则是学界瞩目之焦点所在。"锡鬯、其年行而本朝词派始成……嘉庆以前，为二家牢笼者，十居七八。"④朱陈于清初词坛堪称双雄，他们引领下的浙西与阳羡二派更是关乎清词气运的两大流派，它们在云间派为清词赢得中兴契机后，以独具特色的词学观念与矫俗而立的创作风格正式打开了清词中兴之局面。但在云间风气渐成回

---

① 张宏生、冯乾《〈白门柳〉：龚顾情缘与明清之际的词风演进》，《中国社会科学》，2001 年第 3 期，第 184 页。

② 张宏生、冯乾《〈白门柳〉：龚顾情缘与明清之际的词风演进》，第 184 页。

③ 陈匪石《声执》卷下，《词话丛编》第 5 册，第 4970 页。

④ 谭献《复堂词话》，《词话丛编》第 4 册，第 4008 页。

响而朱陈双雄尚未崛起之际，是龚鼎孳这位文坛领袖以他的创作实践与词学活动揭开了清词中兴之帷幕，其功之伟，当不在陈子龙力廓明词颓风之下。人称"论清词而不崇顺康，则有清一代为无词"①，那么言顺、康时期词而不及龚鼎孳词，亦难逃昧于词史之讥。

　　本节探讨了龚鼎孳词的成就与影响，笔者将其归结为两点：首先是承接花间词风而又有所突破。龚鼎孳填词取源《花间》，其令词写得风流妩媚，在明清之际云间词派风靡一时之际，龚氏的这种创作取向与当时的词坛风气若合符节。但在云间派独尊小令、偏尚婉丽的论调大行其道之时，他又能突破《花间》局限，成为明末清初词坛最早创作长调的重要词人之一，而且其中不少作品能一扫柔媚之调，显露清刚之气，这实有开启清词自我面目的重要意义。其次，是龚氏对正式打开清词中兴局面的清初两大词派——阳羡派和浙西派有启导之功，在明清之际的云间风气逐渐式微而两大词派尚未崛起之时，是龚氏以他的创作实践与词学活动揭开了清词中兴之帷幕，而这也正是龚鼎孳在词史上的最大贡献所在。

第三节　龚鼎孳与清初散文

　　关于龚鼎孳在散文领域的成就，只有郭预衡《中国散文史》略加提及，郭先生将龚鼎孳与钱谦益、吴伟业等人的文章定位为"文人之文"，并认为钱谦益之文胜在学多，而龚鼎孳之文胜在才多②。这种定位似稍嫌模糊，而此情况的出现是由于龚文成就一直没有得到确切的评骘所致。实际上，龚鼎孳对明清之际散文领域的贡献，可以"承前启后"四字加以概括。所谓"承前"，乃延续了晚明小品抒写性灵之轨迹；而"启后"，则是以回归唐宋古文传统的创作顺

---

①　李一氓《一氓题跋》，生活·读书·新知三联书店，1981年，第192页。
②　参见郭预衡《中国散文史》，上海古籍出版社，2011年，第374页。

应了清初散文的发展大势，后来桐城派的出现正是这种大势所趋下的必然产物。但需要注意的是，这里的"承前启后"更多是一个泛指意涵，而不似他在诗词领域位居冲要及所拥有的无与争锋的话语权。

一、龚鼎孳散文与晚明小品

晚明小品的最大特点，就在于逸出唐宋古文"文以载道"的轨辙而专注于日常生活的描写与个人情感的观照。它们一般篇幅短小，不坐而论道也不肤浅说教，而是以一种亲切而灵动的笔触捕捉日常生活中的微小情事与细腻情思，从而显得情味隽永生趣盎然。龚鼎孳的这种小品文字主要集中于杂记散文与酬答散文中。第四章所举之《游城南小记》《中秋饮爱竹轩小记》《晴窗书事》《鹤庐八帙自序》《无圣历试草题辞》《上从祖叔父谐玉先生》等篇不仅可称作龚氏的得意之笔，即使比之明代一流小品大家袁宏道、张岱等人的作品，也毫无愧色。龚氏小品文之两类题材，一在日常情事的书写，一在生存困境的悲叹。前者是对晚明文人世俗化之审美情趣的一脉相承，而后者则是经历了明清鼎革而又饱尝宦途险恶的龚鼎孳心中永远无法消逝的悲情愁绪。值得注意的是，龚氏第一类书写在承继晚明文人之闲逸风雅的同时，对民生疾苦、世运陵夷多有触及，前举《吃野菜说》便是典范①。而他的第二类书写更是一改晚明小品"世极迍邅，而辞意夷泰"的面目。吴承学、李光摩《晚明心态与晚明习气》指出："当时国家正处于将'天崩地陷'之际，然而在晚明小品文中我们是难以嗅到什么血腥味，也甚罕看到什么刀光剑影的。"②此言诚不虚也，但在这位既是才子更是能吏的龚

---

①　见本书第四章第一节。

②　吴承学、李光摩《晚明心态与晚明习气》，《文学遗产》1997 年第 6 期，第 70 页。

鼎孳笔下却出现了例外。如《鹤庐八咮自序》中的《堞喟自序》乃龚
鼎孳于崇祯年间的蕲水任上作，文章起首即谓："寇始乎秋，祸连乎
冬，首尾三十日，去来如烟，踵相续也。劳臣于此邦，心力竭矣。"①
又如《记略自序》云："戍楼强半，时惊烽火之魂；孤堞偶全，益瘁冰
霜之色。"②二文将起义军猛烈的攻势与自己书生作吏、乱世守城
之艰困和盘托出。晚明小品大家袁宏道感叹的作吏之苦不过是
"违己"之感所致，而龚鼎孳的作吏之苦却是孤臣孽子面对羽书旁
午的泣血之叹，这类罕见于明小品中的"刀光剑影"，使龚鼎孳的小
品文于小篇幅中具备了大胸怀与大格局。入清后，他更是将兴亡
之感、故国之思、宦途之险、出处抉择之难等生命感喟呈现于小品
书写中，如《无圣历试草题辞》《张建侯时艺序》《待雁居小记》《题秋
夜省中十绝句后》等皆为此中代表。比之同时期的张岱小品文那
种追忆往昔繁华而来的浮生若梦之慨叹，龚文更多了一重动辄得
罪、进退失据的人生悲剧体验，这种"个人的几乎没有挣扎余地的
绝望情绪"③，是龚氏小品文中最为动情的书写，同时也是他在继
承晚明小品传统基础上的一种拓宽与深化。龚氏清通明秀的文
风，在这类"虽小亦好，虽好亦小"④的文字中得到了最为淋漓的展
现，或诗酒风流从容闲雅，或触绪纷来唏嘘感泣，有时虽不免"哀情
太重"，却能以若不经意之浅淡语收挽之，故虽通明畅达却非一览
无余，而是尺水兴波委曲婉转，含不尽之意于寸笺短幅外。

　　值得一提的是，龚鼎孳论诗师法七子，尊汉魏三唐，虽也能在
"历下苍奥"之外意识到"公安爽拔"之价值⑤，但对力主"师心"且

---

① 《定山堂文集》卷五。

② 《定山堂文集》卷一。

③ 章培恒、骆玉明《中国文学史新著》下卷，复旦大学出版社，2007年，第252页。

④ 吴承学《晚明小品研究》，第421页。

⑤ 龚鼎孳《题洪谷一华山纪游后》："历下苍奥，公安爽拔，近日西昌先生之高简，
殆兼有之。"《定山堂文集》卷一六。

诗风多通俗明快的公安派认可度并不高①。然而,若专就文章而言,龚鼎孳为文实多近"公安爽拔"而远"历下苍奥",尤其是他的小品文,独抒性灵师心自运,兼具公安之爽拔流丽与竟陵之幽艳孤秀,但又于二派之外深蕴锋芒与力度,让人于文人雅兴之外想见身际鼎革之人的癙瘝焦劳临渊履薄,以及这种焦劳憔悴背后隐藏的救世情怀与终归幻灭的抗争努力。

二、龚鼎孳散文与唐宋古文传统

龚鼎孳的小品文,可以说是晚明文学重情传统的嘹亮回响,但将其置于清初文坛之背景下,这种回响又显得何其微弱与寥落,因为此时散文领域乃朝着回归唐宋古文传统的趋势发展。"明代虽然也出现了像唐顺之、王慎中、茅坤、归有光等取法唐宋的文人,但其说未畅,以七子为代表的秦汉派,以及稍后的以抒情写物、表现个性为特征的晚明小品占据了文坛的重要地位,清初文士欲变明人文风,复取法唐宋。"②且不论清初大儒黄宗羲、顾炎武等继步唐宋的经世致用之文,亦不论清初散文三大家侯方域、魏禧、汪琬"复讲唐宋以来之矩矱"③的古文创作,即使是与龚鼎孳一样以诗名称著的钱谦益、吴伟业论文也均以唐宋为宗,那么龚氏的散文在这种发展大势中究竟充当了何种角色呢?

郭预衡先生认为龚鼎孳的文章"不同于当代的古文家。大抵率意抒写,不拘一格"④,其实这种看法是不那么全面的,这种评价若施之于龚氏之小品文自然是颇为贴切的,但龚氏还有相当一部分文章接续了唐宋古文之传统,而这点则同于当代的古文家。其

---

① 见本书第五章第一节。
② 王运熙、顾易生《中国文学批评通史》,上海古籍出版社,1996年,第350页。
③ 《四库全书总目》卷一七三《〈尧峰文钞〉提要》,第1522页。
④ 郭预衡《中国散文史》下册,第386页。

子士稹称其"道戀韩、欧"①,且不论其以"服孔、孟之教,而明程、朱之心"②为准的八股文创作,他的政论散文、酬答散文、写人散文中亦多有"文擅韩欧振古风"之作品,他的这类文章重在阐发自己的政治主张与儒家思想,若说小品文体现的是龚氏的才子气,那么此类文章则更多体现了他作为一名政治家与深受儒家文化影响的士人所应有的言说姿态。龚氏好议论,尤重言事论政,这与唐宋文人之放言高论、以天下为己任的创作风格如出一辙。如其政论散文重言路重谏官一项,对欧阳修、苏轼等论台谏之文多所借鉴,如《条上吏治之要以备采择疏》论谏官之负重天下:"故指及乘舆,则天子改容;论及百职,则宰相待罪"③,此言基本直接挪用苏轼之奏疏:"祖宗委任台谏,未尝罪一言者⋯⋯言及乘舆,则天子改容;事关廊庙,则宰相待罪。"④其论明末朋党之争,则深得欧阳修《朋党论》《五代史唐六臣传论》之遗意。其所论吏治、军事、教化等均是唐宋文人经久不衰的政论议题。龚氏文章中那种仁民济物救世劝俗的道德情怀、指切时政兴利除弊的政治激情、通经学古含淳茹和的经学气质、文从字顺自然通畅之语言风格,无一不与唐宋古文款曲相通。政论散文外,其驳斥陈名夏的书札《与陈冢宰书》与欧阳修对高若讷"四面攻击,直令他无躲闪之路"⑤的《与高司谏书》有异曲同工之妙。龚鼎孳与唐宋文人之间,存在着某种心灵契合,而他本身也是有意追躅唐宋大家之精神高境。他评姚文燮《募修通都桥引》道:"疏通暇整,雅练高华,唐人杰构也。"⑥布局整栗而又容与

---

①　龚士稹《定山堂诗集跋》,《定山堂全集》,第 2535 页。

②　龚鼎孳《上谷九子起社稿序》,《定山堂文集》卷二。

③　《龚端毅公奏疏》卷一。

④　脱脱等撰《宋史》卷三三八《苏轼列传》,中华书局,1977 年,第 10807 页。

⑤　张伯行评欧阳修《与高司谏书》,张伯行选编,萧瑞峰导读标点,张星集评《唐宋八大家文钞》,上海古籍出版社,2007 年,第 113 页。

⑥　姚文燮《无异堂文集》卷四,民国五石斋钞本。

闲逸,更不乏"雅练高华"之风轨,这体现的正是龚氏以唐文为衡文标准的价值判断。他评程康庄时道:"其古文辞苍深崛奥,直抉柳州、介甫之神"①,龚氏文风多平易而少崛奥,但他能以柳宗元、王安石为文之苍劲深窈、奇崛峭拔称赏程氏,一则说明他超越了风格层面的异同而高度认同唐宋古文的典范意义;二来,柳宗元书信中悲哀深至的身世之感,王安石政论文之精练严谨、主意超卓,分明与龚鼎孳异代同音。龚氏屡屡在文中称说苏轼其人其言,对苏轼之风期高亮、善处忧患心慕口追,而其为文亦时见苏轼明快畅达、元气淋漓之风神韵致,而其平易纡徐而又时露峻急慷慨之气的风神又与欧公为近。虽然较之苏轼,龚氏少了一份入而能出之通达;比之欧公,又少了一份扪心自得之从容,但唯其如此,方见执着用世的热情与无力自解的悲辛,读来另有一番人生况味。此外,值得注意的是唐代奏议名家陆贽对龚鼎孳的影响。陆贽虽以骈体奏议名世,但其文"论深切于事情,言不离于道德"的经世精神与"运单成复"的创作手法②,以及他与古文运动领袖韩愈之间的座主门生之谊,使得这位骈文名家常被视作开古文风气之先的人物而备受后世古文家的景仰。龚鼎孳对陆贽亦是推崇备至,并屡屡在文中言及,如:"古昔以奏议炳著,代不乏人,惟贾长沙、陆敬舆蔚为称首,盖不独其忠爱恻怛,识力伟巨,足以谋王体、断国论,而文章言语之妙,剀切婉挚,读之划然心开。"③又如:"他文散华落藻,无足重轻,章奏则专资拜献,而遂以其效见诸世……垂之于简册,被之于来叶,有所兴起忾慕于斯若唐之宣公者,不其难哉?"④又如:"其

---

①　龚鼎孳《自课堂集序》,程康庄《自课堂集》卷首,《清代诗文集汇编》第42册,第389页。

②　"论深切于事情,言不离于道德"见苏轼《乞校正陆贽奏议进御札子》,《苏轼文集》卷三六,第1012页;"远单成复"见王闿运《论文答陈深之》,王闿运著,马积高主编《湘绮楼诗文集·王志》卷二,岳麓书社,1996年,第550页。

③　《朱蒿庵都谏奏疏序》,《定山堂文集》卷一。

④　《柯岸初都谏奏疏序》,《定山堂文集》卷一。

（按：王永吉）所为文章，疏通博达，风行水止，务畅所欲言。尤长于章奏，有陆宣公、苏文忠之风。"①无论是贾谊、陆贽还是苏轼，其奏议"谋王体、断国论"之器局皆为龚氏所叹服，龚文亦继承了三人奏议辅君化民、切于时用之特点，但龚氏奏议的言说方式实近苏之情切言婉，而远贾、陆之峻切豪荡。然贾、陆二人亦不相类，若说贾谊为文是奔驰恣肆慷慨生哀，那么陆贽则是激愤而犹能敛锐，痛切而不失纡徐，就此而言，龚氏又是近陆而远贾。虽则龚文于锋芒与气魄上不逮陆贽，但龚氏奏议于骈散结合的形式上与陆贽声气相通，且其基于政治道德而生的某些言论亦与陆贽相近。且不论那些忧国恤民启沃君心筹划大计之篇，仅以屡见于龚文的源于明代党争的"君子小人"论调为例，这便与陆贽《论裴延龄奸蠹书》的"君子小人"②之论同声相应，可见于陆贽其人，龚鼎孳是心慕手追而亦能得其仿佛。

　　如前所述，龚鼎孳的八股文创作受到当时"以古文为时文"之风气的影响，若说此乃风气所趋，那么更值得玩味也更不易为人察觉的是龚文中还存在着"以时文为古文"的倾向。如酬答散文《相国魏贞庵五十寿序》以"仁则诚""仁则勇""仁则乐善"三部分称颂魏裔介之"仁"③，每部分则结合魏氏所为详细阐明"诚""勇""乐善"何以有益于家国天下、元气人心，颇似一篇以三节阐释"仁"之时文。又如政论散文《士习议》④，不仅以三节分别阐述有司何以治士习之"三病"，且每节中多有骈句俪语，实乃时文之变体。又如写人散文《书殇女隆印小像》⑤，以四段分述一个四岁女童之"孝"

---

① 《光禄大夫少保兼太子太保吏部尚书前内翰林国史院大学士谥文通王公行状》，《定山堂文集》卷二一。
② 陆贽撰，王素点校《陆贽集》卷二一，中华书局，2006年，第667—669页。
③ 《定山堂文集》卷九。
④ 《定山堂文集》卷一〇。
⑤ 《定山堂文集》卷一六。

"端""慈""慧"，实则仍是"服孔、孟之教，而明程、朱之心"之时文思维的体现。"以时文为古文"的倾向使得龚文较之唐宋古文，道德理性更为浓厚，这也是龚氏以"性情"为本的诗文观的绝佳体现。不可否认，这种倾向在一定程度上限制了作者"情思"之表达与文章"情趣"之流露。

三、龚鼎孳难成散文大家之因

龚鼎孳散文中存在小品传统与唐宋古文传统这两种截然不同的创作倾向，实际与他的文论思想紧密相关，关于龚氏的文学观，笔者在第五章已有详细论述。龚鼎孳论文之核心观念是"性情说"，这是处于理学框架之下的理论阐发，它要求作者在诗文中表现一种归本忠孝、合乎伦理的雅正之情，充溢着浓烈的儒家道德色彩，如"夫文章者，气谊之共事，而经术之端末也"[1]，明确表明了龚氏将文章作为道德与经术附庸之观念。龚氏的"性情说"实乃对晚明主情文学观的大力反拨，但他却又提出了"原心说"与主情观遥相呼应，使我们无法以"崇道"或"主情"之简单二分法区别之。"性情说"与"原心说"的并立展示了龚氏文论中道德主义与重视情感表现之间的深刻矛盾，也只有这种理论张力，才能解释龚氏散文中道学与情意的两重书写。

郭预衡先生称龚鼎孳"论为文之道，在明末清初，不本之六经，不讲八家，也不说秦汉"[2]，这种说法其实是不确切的。龚氏论文实本于经义之学，但他的散文创作却不被此框范。除了那些与唐宋八家一脉相承的载道明理、崇实应务的高文大册外，他的文集中还有承接明代风流的性灵小品，有颇得六朝韵致的骈俪美文，有得

---

①　《启社二集序》，《定山堂文集》卷二。

②　郭预衡《中国散文史》下册，第386页。

秦汉之风的古奥拙朴之文①，而他的那类从人物遭际管窥时代风云且忧愤深广的写人散文更是远绍《史记》之风度标格，诸如此类，真可谓不拘格套绝去蹊径。龚氏正是以其丰富多元的创作、充满张力的理论峙立于清初散文领域。郭预衡《中国散文史》在论述清初散文时，主要分为"学人之文"与"文人之文"两大类②，这更多是着眼于创作者的文化身份而进行的分类，郭先生认为龚文属于"文人之文"；陈平原先生将晚明小品称为"文人之文"，而将清代文章称为"学者之文"③，这是依作品之内容风格进行的分类。笔者采取陈先生之分类视角，以此视角，龚文当为"文人之文"与"学者之文"结合之典型。龚氏"文人之文"重在述情言志，体人情见波澜，充盈着踔厉风发之才子气；"学者之文"重在疏理致用，通经术主雅正，勾画的是他矜慎谨重之儒者面目。需要注意的是，龚氏小品文多是"文人之文"，但其"文人之文"却并非皆为小品，也不乏继承唐宋古文传统的篇章，如前举《与陈冢宰》一文④，剀切直言激荡凌厉，是典型的"文人之文"。这里我们会有一个疑问，龚文既双向继承了晚明小品与唐宋古文的传统，又兼得"文人之文"与"学者之文"之精神气质，可以说文发展到明末清初这个阶段所具有的过渡性特点都在他身上得到鲜明的体现，但遗憾的是，游走于这种双向传统与双重气质当中的龚文，在明末清初散文领域可称名家，却难成大家，原因何在？笔者以为，根源就在于，若说龚文是"学者之文"，那它史裁不足；若说它是"文人之文"，那不少篇章又理胜于辞，显得"情趣"不足。"史裁"不足与"情趣"不足，是龚文的两大弱点，不妨看看它们的具体表现。

---

　　①　如《玉台山新筑围城记》，《定山堂文集》卷一一。

　　②　参见郭预衡《中国散文史》第七编。

　　③　陈平原《从文人之文到学者之文——明清散文研究》之《开场白》，生活·读书·新知三联书店，2004年，第5页。

　　④　见本书第四章第二节。

　　首先，是史裁不足。龚文很重要的一个主题是源自明代党争的"君子小人"之论，如《畿辅人物志序》《罗讱庵净悦游序》《戴岩荦诗序》等。因他于明末特殊的身份与遭际，每当言及明代党争，他便多义气之见与党伐之论。如他为孙承泽七十寿诞所作之《孙北海先生七十寿序》①，文中大力批驳时人的"明亡于门户"之说，对调停君子小人之争的论调大加挞伐，从历史与现实的两个角度来论证君子与小人截然对立的道德归属，将明亡的责任归咎于小人误国，认为当初若非以东林党为代表之君子坚持对阉党余孽的斗争，那么明朝的沦亡就等不到崇祯帝宵旰十七年了。此种论调的偏执之处一目了然。诚然，总体而言，"君子"代表的东林、复社不失为积极寻求社会改革、政治进步的精英团体，但明末党争加速了明之沦亡却是毋庸置疑的。"君子"阵营中，虽不乏"具文章气节"②之辈，但矜名节、争门户而罔顾家国安危者亦比比皆是。当是非之辩沦为意气之争，当正邪黑白的界线在门户观念的影响下不再分明，强分"君子""小人"已经没有任何意义，即便是李自成，亦清楚认识到明廷存在"君非甚暗，孤立而炀蔽恒多；臣尽行私，比党而公忠绝少"③之问题。在朋党这个问题上，清初不少文士都撰文发表一己见解，如龚鼎孳般执着于"君子小人"之论的不乏其人，如明末清初三大思想家之一的黄宗羲便称"君子小人无两立之理"④，对夏允彝身为清流却反思东林过失的做法深致不满；又如东林后裔、复社名士侯方域亦认为调停之说为"君子不取"⑤。但在这些论调外，还有对朋党之争进行反思而非一味站在道德制高

---

　　①　《定山堂文集》卷八。

　　②　夏允彝《幸存录》卷中《门户大略》，清钞本。

　　③　计六奇《明季北略》卷二〇《李自成伪檄》，中华书局，1984 年，第 427 页。

　　④　黄宗羲《汰存录》，《黄宗羲全集》第 1 册，浙江古籍出版社，2012 年，第 331 页。

　　⑤　侯方域《答张天如书》，侯方域著，王树林校笺《侯方域全集校笺》，人民文学出版社，2013 年，第 115 页。

点发论者,如张岱:"笑我明二百八十二年金瓯无缺之天下,平心论之,寔寔葬送于朋党诸君子之手。"①如魏禧:"君子之患,莫患乎勇于自信,而不能屈己以成国家之事。"②如汪琬:"是故唐之亡也,非亡于黄巢,而朋党亡之。明之亡也,非亡于李自成,而门户亡之。乱天下者盗贼,成天下之乱者,朋党与门户是也。"③如东林党魁钱谦益"窃谓天下之盛,盛于士君子之同,而坏于士君子门户之未破……而汉弱而宋亡者,何哉?分别之见,持之太甚故也"④。如夏允彝:"东林中亦多败类,攻东林者间亦有清操独立之人,然其领袖之人,殆天渊也。东林之持论甚高,而于筹虏制寇,卒无实着。攻东林者自谓孤立任怨,然未尝为朝廷振一法纪,徒以忮刻胜耳,此特可谓之聚怨哉。无济国事殆同之矣。"⑤诸人之识见较之龚鼎孳等,其高明不可以道里计。此外,以朝廷官员为描写对象的散文是颇能体现作者史裁之品类,如以"文人之文"著称的张岱,其"学者之文"亦颇具史裁,如论南明名臣史可法:"史道邻有救时之才,而无救时之量"⑥;论明亡时殉节之臣倪元璐,虽承认其"千古得死之正"⑦,却又批评倪氏"得君如彼其专也,行乎国政如彼其久也,乃当死贼猖狂之际,卒不能出一策焉,下先帝于轮台之难"⑧,对这些名垂青史之忠烈节义,他真正能做到不虚美不隐恶,在直抉历史人物之本心、给予他们公正的历史定位的同时,也让人窥见明清鼎革既关乎大明国祚的气数已尽,亦是"时无英雄"而导致的回天乏

---

① 张岱《门户列传总论》,《石匮书》卷一八四,稿本补配清钞本。
② 魏禧《赵鼎张浚陈俊卿虞允文论》,《魏叔子文集·外篇》卷一,第73页。
③ 汪琬《史评十四则·文宗》,汪琬著,李圣华笺校《汪琬全集笺校》卷五〇,第934页。
④ 钱谦益《与吴梅村》之三"论社",钱谦益著,钱曾笺注,钱仲联标校《牧斋杂著·钱牧斋先生尺牍》卷一,第193页。
⑤ 夏允彝《幸存录》卷中《门户大略》,清钞本。
⑥ 张岱《史可法列传》,《石匮书后集》卷二四,中华书局,1959年,第170页。
⑦⑧ 张岱《倪元璐列传》,《石匮书后集》卷二二,第152页。

术。相较之下，龚鼎孳的这类文章多扬美掩过，多门面语而乏诛心之论。如为仕清明臣王永吉所作之《光禄大夫少保兼太子太保吏部尚书前内翰林国史院大学士谥文通王公行状》[1]，此文对明清鼎革之际士夫四面掣肘的困境与入清后临渊履薄之心理的有着真切生动的展现，它对王氏之忠勇谋略再三致意，然对王氏之堵御无功却归咎于"小人与盗贼交出错见"之现状，且对王氏以明廷重臣稽首降清之动机心态更是略过不提，其回护溢美之心，显而易见。当然这一方面与龚鼎孳自身的贰臣身份相关，自然不愿对同类多下抉肤剔骨之言；此外，他的写人散文不同于张岱的史传文，而以颂赞文、传状文、碑志文、哀祭文为多，故多谀美之辞而少平允之论也在情理之中。

话说回来，即便各种原因使得龚鼎孳不便对这些朝官作历史裁断，也不妨碍这类文章写得更富有"情趣"。如通常以"学者"面目示人的黄宗羲所作的《思旧录·钱谦益》，同样未提贰臣钱谦益的出处大节，但却对主盟坛坫的钱谦益所存之诗文数病予以针砭，这种得失之评并无损于钱氏文坛巨擘的形象，反而增加了此文的可信度。此文还记述了钱氏约"余"为老年读书伴侣并慷慨赠金，病革之际将"余"反锁于书室命以代笔作文，且以殁后文字相托数事，于日常细事中勾勒出一代文宗充满人情味又不乏机趣的一面。反观龚鼎孳，其文最富"情趣"的是小品文，主要见其杂记散文与酬答散文中，兼及小类的乞休文、祝告文与告示审语。政论散文与八股文毋论，写人散文应是最能见性情心趣的文字，龚鼎孳笔下却明显表现出"情趣"不足之弊。他笔下的人物往往体现出诸多儒家传统美德，但却无法将"道义"与"情趣"有机融合。其写人散文除了追忆师友故交之类颇见性情外，其余的写人散文大多缺乏"情趣"，即便是写家族至亲之文，亦是严正有余而温情不足。将其与

---

① 见本书第四章第一节之"写人散文"。

明代唐宋派大家归有光的这类文字相比，就会发现龚氏这类文字较少通过日常琐事与凡俗细节刻画人物，即便是最具感情的《书殇女隆印小像》，亦是将对爱女之情融入"孝""端""慈""慧"的道学话语中，尘俗亲情的真实与可贵便被消解于大而无当的儒学套语中。将龚文与黄宗羲《女孙阿迎墓砖》、张岱写族亲的《五异人传》比勘，便不难发现黄文主"情"，张文主"趣"，而龚文重"理"，这无关于"学者"与"文人"之分野，而在于黄氏与张氏是情动辞发，而龚氏却是以理节情，故往往理胜于情。龚氏这类理性而克制的文字与汪琬文风较为类似，在一定程度上也是后世桐城派之嚆矢。但他身上的"才子"气又使其笔下不尽然是雅驯醇正之文，如《郝司农传》就以小说为古文辞，而这是汪琬极力反对的①，更是追求雅洁的桐城派不屑为的，但这反而成为龚文之生气所在，遗憾的是，这类"奇笔"在龚氏的写人散文中并不多见。魏禧尝论侯方域、汪琬与姜宸英文："侯肆而不醇，某公醇而未肆，姜醇、肆之间"②，若依此而论，龚文亦是介于醇肆之间，但这也在一定程度上导致其文个性不彰。

　　章培恒、骆玉明主编的《中国文学史新著》谈到："从顺治时期到康熙前期，在属于文学范畴的散文领域大抵有两种倾向。一种是继续晚明小品的传统，其代表作家为张岱与廖燕；另一种是向唐宋古文的传统回归，其代表作家为魏禧、侯方域与汪琬，被称为'清初三大家'。"③其实，无论是继承晚明小品传统，还是回归唐宋古文传统，在清初散文领域得以占据一席之地的，或以"史裁"见长如顾炎武、王夫之、汪琬，或以"情趣"取胜如侯方域、尤侗、邵长蘅，或二者结合如张岱、黄宗羲、魏禧。龚鼎孳虽然双向继承了晚明小品与唐宋古文两种传统，但除了小品文能做到情趣盎然外，其继承唐

---

　　① 汪琬《跋王于一遗集》："夫以小说为古文辞，其得谓之雅驯乎？"《汪琬全集笺校》卷三六，第 907 页。

　　② 魏禧《答计甫草书》，《魏叔子文集·外篇》卷五，第 247 页。

　　③ 章培恒、骆玉明《中国文学史新著》下卷，第 288 页。

宋古文的多数篇章于"史裁"或"情趣"上并无特出之处，他最得唐宋古文家遗意的是他的奏疏类的政论散文，这些文章切于时用，也的确做到了他自己所提倡的"深论往复，而不病于支，正直忠厚，而不伤于激"①，但要靠这类纯应用文跻身文苑大家之列是颇有难度的，但他本身并不以文人自诩，他创作这些政论文的目的是使"成就君德，爱惜人才，扶养元气"②，与顾炎武所谓"文须有益于天下"③正相契合。这里要澄清的是，并非经世致用之文便无法感激人心，如为后人矜式的唐代陆贽，其《奉天改元大赦制》一出，"闻者虽武人悍卒，无不挥涕感激"④，故无论于政坛还是文坛，陆贽皆得享盛名。可见相较于这种如椽大笔，龚氏还是力有未逮。当然陆贽也是居其位逢其时乘其势，方能有如此手笔，故难以一般文人之标准品衡之。

时人朱鹤龄对龚文有如此评价："芝麓之文，长于论史，陶练古今，气昌词赡，惜其行太通，学太杂，交太滥，应太冗。"⑤朱氏称龚文"长于论史"不过是门面语，接下来"四太"的批评才是一针见血。"四太"造成龚文多圆熟而少锋芒，多人情练达语而少诛心之论发覆之功，然犹不失为一代名家。在龚鼎孳为代表的一批由明入清的作家之后，唐宋古文之传统彻底压倒晚明小品之传统成为有清一代散文创作之大走向，然后出现了显赫一时风靡天下的桐城派古文，虽说桐城文章与本于经义之学的龚文有精神互通之处，但以桐城派之眼光衡之，龚氏之古文时露踔厉激越之气，且不避小说笔法，有"肆而不醇"之弊，自然不符合盛世之文的标准。

---

① 《金紫汾都谏奏疏序》，《定山堂文集》卷一。

② 《严颢亭都谏奏疏序》，《定山堂文集》卷一。

③ 顾炎武著，陈垣校注《日知录》卷一九"文须有益于天下"，安徽大学出版社，2007年，第1043页。

④ 韩愈《顺宗实录》卷四，《韩昌黎文集校注·文外集》下卷，第713页。

⑤ 朱鹤龄《愚庵小集》附录《传家质言》，《景印文渊阁四库全书》第1319册，第196页。

　　总体而言，龚氏对明清之际散文领域的贡献，虽则可谓"承前启后"，但只可称名家，而难跻大家之列。其文虽不乏匠心独妙主意超卓处，但无论是回应晚明小品之传统，还是承接唐宋古文之统绪，龚文大多还是徘徊在"回归"与"继承"的路径，缺少他在诗词领域的那种独辟蹊径、开一代风气之勇力与器局，兼之其古文之"史裁"与"情趣"不足，龚文在龚鼎孳的所有文学样式中最受冷遇，也在情理之中。

第四节　龚鼎孳与清初文学思想

　　由于整体上缺乏理论建构之自觉，龚鼎孳的文学观点多数停留在对诗词文的印象式评赏阶段，但若把他散见于各类文章中的评论连缀起来，又会发觉这些言论之间隐隐贯穿着一条内在逻辑理路，尤其是他的诗文观，已然形成一个理路清晰的潜体系。龚氏之诗文观就其理论渊源而言，实则借鉴了明七子的汉魏盛唐观与竟陵派的"性情说"，同时也对两派进行了理论修正。其理论核心在于标举"忠孝"为本的"性情说"，这与其词学观中"忠爱"为本的"兴寄说"，都是在儒家传统伦理范畴之内的言说。而他所标举的影响诗文的三大内因（性情、心、聪明）与三大外因（江山之助、人生阅历、书卷学问），则构成其理论潜体系。自理论核心看，龚氏的文学思想有着很强的儒家传统文论色彩，但他重视自然感情的"原心说"与强调个人天赋的"聪明说"，又带有鲜明的个性特征，这其实是他在明末清初百派回流的理论氛围中，在"师古"与"师心"的两大论调中寻找理论平衡点的一种尝试，也正因如此，他把在明人看来互不兼容的七子派与竟陵派都作为自己理论思考的生发点。这种折中论调在清初文坛占据主流，如吴伟业，如"燕台七子"中施闰章、宋琬、陈祚明等，他们多与龚鼎孳一样，是承绪七子一脉的宗唐派，却能看到七子之论的褊狭，更认识到学诗者以七子、竟陵分门别户入主出奴所带来的流弊,故持论大体相类。至于清初的唐宋诗之争,作为尊唐派的龚鼎孳虽无兼取宋诗的相关理论,但他不惟七子是从的论调,以及对方兴未艾的宋诗风的宽容,实则在一定程度上推动人们质疑七子派所认定的唐宋诗对立的传统,从而进一步加深对宋诗的了解与接受。在这个意义上,龚鼎孳、吴伟业等人的折中论调,虽不似鼓吹宋诗的钱谦益对清诗所具有的启变之功,但同样奠定了清代诗学"从明代诗学的两极对立走向对立综合的基调"①。另外值得注意的是,龚鼎孳基于儒家道德本位的"性情说",及其取径汉魏三唐的诗学取向,与乾隆年间沈德潜推扬之"格调说"实乃异代同声。

龚鼎孳的词学观比之诗文观,更缺乏体系性,却隐含着他力图解决词体"艳科"范式与词体精神品格之间矛盾的理论诉求。其理论核心"雅靓观""兴寄说"与云间派如出一辙,但他又以兼赏南北宋、婉约豪放并取的审美趋向突破云间藩篱,对之后的阳羡与浙西二大词派不无启益,以此而论,其词学观的"启后"之功实胜于其诗文观。

不难看出,龚氏的文学思想很多都是明清之交文坛最基本的理论命题,如"性情""忠孝""真""学问""兴寄"等等,而他的论述很多也是对主流意见的阐扬,这虽然一方面让他顺应了清初文论之流衍大势,但同时也使他因多创少,无法成为转移一代风会之人物。正如叶燮所言:"从来豪杰之士,未尝不随风会而出,而其力则尝能转风会。"②,龚鼎孳文学观之阐扬,多是随风会而出,却缺少转移一代风会之新见与魄力。如他对影响诗文创作之内外因的认识,丝毫不逊于钱谦益的"灵心、世运、学问"说③,但他却任由这些

①　张健《清代诗学研究》,第 147 页。

②　叶燮著,蒋寅笺注《原诗笺注》,上海古籍出版社,2014 年,第 56 页。

③　钱谦益《题杜苍略自评诗文》:"夫诗文之道,萌折于灵心,蛰启于世运,而茁长于学问。"《牧斋有学集》卷四九,第 1594 页。

很有价值的论述散见错出,不见其整合以成体系的自觉。如他不废南宋、婉约豪放兼取的思想已经包蕴着阳羡派、浙西派的理论基因,但他却只以体现儒家诗教精神的"中和"观消解了自身词学观的颖异之处。归根结底,是理论自觉的缺失使龚鼎孳错失了于清初理论界独树一帜以转移风会的大好时机。总体而言,龚鼎孳的理论思考水平并未超逾于时代之外,但清初文学在完成自身理论建设之时,龚鼎孳这位举足轻重的文坛魁首参与这种主流意见的探讨与建设,其作用是不可小觑的,他的顺应潮流也正说明了那个时代亟须这种声音。

第五节　龚鼎孳领袖风雅之因由

综上所述,龚鼎孳在诗词文的创作上皆有造诣。在诗歌方面,他与钱谦益、吴伟业并称"江左三大家"。他流传至今的诗歌四千余首,题材丰富佳作琳琅,即使在颇受訾议的酬赠次韵诗中,亦有不少独抒胸臆的性情之作,未可一概非之。他是王士禛之前众望所归的京师诗坛职志,他是清初诗坛的学杜大家,他以"补史"兼"致用"的诗作于"江左三大家"中自我树立,也是清初诗坛从"变雅之音"走向"盛世元音"的重要一环。在清初词坛,他更是当仁不让的大臣词人之首。他早期作词沿袭《花间》传统,但不为之所囿,他对南北宋词不存偏嗜,是明末清初最早大量创作长调的词人之一,之后崛起之阳羡派与浙西派都在一定程度上受到他的影响。龚鼎孳晚年更是以其文坛领袖的地位在词坛大力鼓扬"稼轩风",进一步廓清明季词坛的俗艳之风,对清词的自成面目有促进之功。在云间风气渐成回响而陈维崧、朱彝尊双雄尚未崛起于词坛之时,是龚鼎孳以其创作实践与词学活动拉开了清词中兴的序幕。在文方面,龚鼎孳亦堪称名家,他的创作融合了"文人之文"与"学者之文"的双重气质,他既延续了晚明小品抒写性灵的轨迹,同时还有相当一部分文章接续了唐宋古文载道明志的传统，而后者则顺应了清初散文的发展大势，对之后的桐城古文有肇启之功。龚鼎孳之文学思想虽因多创少，不似其创作于清初文坛影响甚巨，但他对主流文学观之阐扬却在相当程度上巩固了载道、雅正之文学观在清初文坛之地位，而其折中观念亦对清代文坛的新变苗头有育成之功。可以说，在明清之交诗词文的领域，龚鼎孳都起到了承前启后继往开来的重要作用，他于清初文坛确有振起艺苑、楷模后进之功。

应该注意的是，龚鼎孳得以领袖风雅，不仅取决于创作成就之特出，而是文才、物望与官阶之共同合力下的结果。首先，从文学的外部因素看，龚鼎孳的物望与官阶为他提供了呼朋引伴以切磋交流、号召群彦以鼓扬新风的种种便利。龚鼎孳于士林中声望大起当以顺治十二年（1655）、十三年（1656）因维护汉人利益且作为南党要员被连降十二级并"颁诏粤东"之政治摧挫为标志。仕清之初，龚鼎孳之贰臣身份使其颇受物议，即使得以位居方面，却难孚众望，然而这次降黜事件却一改他面临之舆论困境。顺治十六年（1659）前后，一批文士齐聚龚鼎孳麾下，此时龚鼎孳已初露执文坛牛耳之势，但官阶之卑使他尚不能声势大开。康熙元年（1662）后，沉沦下僚的龚鼎孳被拔擢起用，历任要枢。康熙三年（1664），钱谦益逝世，龚鼎孳毫无疑义地成为继之而起的文坛领袖，故《清史稿》称："自谦益卒后，在朝有文藻负士林之望者，推鼎孳云。"①此外，更为提升龚氏声望的是他对王士禛、陈维崧、朱彝尊此等肇开清初文学新气象的文坛新星的题奖扶掖，这使得一个以龚鼎孳为核心的、掌握着清初文坛动向乃至命脉的文学群体渐渐形成。而龚鼎孳对这个群体的影响，不仅有着社会等级层面的自上而下的扶助，更有着文学基因上由前及后的传送。而他的文学创作连接明清两个时代的种种过渡性特征，使得他与这个文学群体的互动成为管

---

① 《清史稿》，第 13325 页。

窥晚明文学与清初文学二者之承递与转化的窗口,龚鼎孳所谓"承前启后""继往开来"的地位,也只有置于这个层面理解才算到位与贴切。

再从文学的内部因素看,龚鼎孳本身的文学才能与创作取向是其得以领袖风雅的重要原因,首先关于其文学才能,龚鼎孳其人才情横溢文思敏捷。最为人乐道的就是他的很多诗词都是在觥筹交错中即席限韵而成,倚马可待文不加点,谈笑之间一题数吟一韵数叠,乃至"一夕可得二十余首"①,此绝非闭门造车面壁苦吟之辈能办,若非天赋异禀断难至此。而他这种过人才思也可见于其文学创作各体兼擅,不仅诗词文领域中无所偏至,且诗中的古体近体,词中的长调短调,文中的散体骈体,都是信手拈来挥洒自如。其次,他的文学创作在当时便得享高名,很重要的一点是他书写的主题与当时的社会心理、士人心态紧密贴合,用充溢着才情也流淌着血泪的文字展现出了明清之交士人群体之情绪律动。沈德潜的一句"宴饮酬酢之篇多于登临凭吊"②便开了对龚诗否定评价之先河,而宴饮酬酢之篇不仅遍布其诗,在词与文中也占有相当的比重。但深入解读其作品后也会发现,述怀写志、咏史怀古、托物寓意、写景记事、指陈时弊亦是其诗词文中常见的内容,不难看出其创作手法多元创作题材丰富,酬酢之篇仅其中一端。那我们如何在这林林总总的创作题材中把握创作主体核心的创作倾向? 笔者以为这种核心倾向可从龚氏创作中频繁出现的四大主题加以审视。

一是思忆故国与忏悔变节之双重主题。这是其诗词文中屡见不鲜的书写。甲申国变,一再改节的他苟全性命于乱世,尘埃落定事过境迁后,种种惨淡的现实都逼迫着他在思忆故国的同时,不得

---

① 邓汉仪《诗观初集》卷二,《四库全书存目丛书补编》第 39 册,第 72 页。
② 沈德潜《清诗别裁集》卷一,第 14 页。

不正视自身的不洁及对故国未偿之债孽。如前所述，龚诗常以"开元""天宝""新亭"等事典拟合自身的故国之思，而屡屡自称"恨人"，自拟江淹、庾信、江总等转仕多朝的臣子，见出其因失节而生之忏悔。此外，词中追悼亡国的感春之作，暗伤崇祯旧事的咏海棠之篇，文中那些面对神灵、朋辈、逝者永远也无法停止的自诉"悲苦失路""伤心至痛，失节难明""惭负良友""闵生者之苦辛，悟死归之无累"的文字①，是作为亡国之余与失节贰臣的龚鼎孳心中笔下都无计相回避的一抹岁月之殇。

　　二是党争主题。在明龚鼎孳附吴甡为江北党，与以周延儒为首的江南党针锋相对②；明亡后，南京弘光政权的阉党余孽、逆案中人阮大铖勾结马士英，作"顺案"以攻击昔年清议颇佳却于京师陷落时投降李闯之政敌，而龚鼎孳则顺理成章地成为"顺案"之重点人物；入清后，龚鼎孳成为以陈名夏为首的南党中人，与冯铨为首的北党顿成水火之势。可以说，亲东林、复社的龚鼎孳终其一生都是党派中人，而他所参与的门户之争基本可视作明代东林与阉党之间斗争的延续。入清后，因清廷对门户之争甚为警惕，且又明显采取重北抑南之策略，尤其是顺治十一年（1654）南党案发后，龚鼎孳为存身避祸起见，亦不敢在诗文中频频对政敌露骨批判，所以此后的党争书写，多以宦途艰险、世事无常为辞，但心中的忧愤与惊悸还是会不期然流露，如面对震惊朝野的南党案，龚氏写道："风雨起平津，白日蛟螭走。飞沙过庭树，春樽负初柳。……世事付弹剑，悲歌代击缶。千仞尚鸾翮，一跌竟虎口。"③而在南党案发之

---

　　①　"悲苦失路"见《还愿礼佛疏》，《定山堂文集》卷一四；"伤心至痛，失节难明"见《祈子疏》，《定山堂文集》卷一四；"惭负良友"见《与阎古古》，《定山堂文集》卷二五；"闵生者之苦辛，悟死归之无累"见《同乡公祭涂印海中丞文》，《定山堂文集》卷二四。

　　②　首辅周延儒与次辅吴甡看似皆亲东林，实则大有不同。吴甡对阉党是深恶痛绝；而周延儒则是周旋于东林党与阉党两派之间，且与阉党中人冯铨为儿女姻亲。

　　③　《一和伯紫·时方有瀼水之狱》，《定山堂诗集》卷二。

前,他的用语可是要尖锐激切不少,从前述《与陈冢宰》一文可见一斑①。相较入清后的党争余波而言,明代党争,尤其是弘光朝的马、阮弄权才是龚鼎孳真正的书写重心。甲申国变,李自成败走紫禁城,一批降闯明臣不愿再次降清,意欲南归投靠弘光政权,龚鼎孳亦是当中一员。但把控弘光政局的马、阮却大兴"顺案",使龚氏南归未遂,复降清成为"双料贰臣"。此后他不断地在诗文中不遗余力地批判马阮诛锄善类倒行逆施,"南渡谁秉国钧者,当时争指贵阳马。皖江老狐据当道,清流喋血盈朝野"②。"顾乃责不死于橐笔之书生与被放之累臣,岂非覆心倒行,代贼推刃者乎?"③"甲乙之际,台城幕燕,煽为训狐,二凶连肩,厉威指鹿,甘陵、白马,为肉为血,而雷、周之狱以兴。"④"甲申寇变,率土枕戈。南有二凶,不讨国贼,而讨元祐之遗族。"⑤这种文字复仇同时亦是一种自辩,是龚鼎孳在身名俱裂之后与自身和解,同时也是向世人剖明心迹的一种重要方式。正因如此,他在诗文中特别执着于"君子小人"之论,也只有凭借这种叙述,他才能重回明末"平生肮脏怀"的道德高位⑥,以风裁峻厉、志节皎然的杜乔、李固、范滂等人自许⑦,而不是那个一降再降、风骨落尽的"双料贰臣"。

　　三是归隐主题。非常之际的生死抉择,有时往往只是一念之差,而在这一念之间选择了生存的龚鼎孳,也无形中选择了滔天巨

---

　　①　见本书第四章第二节。

　　②　《为赵友沂题杨龙友画册·和钱牧斋先生韵》,《定山堂诗集》卷四。

　　③　《怀方密之诗序》,《定山堂诗集》卷一六。

　　④　《白仲调时义序》,《定山堂文集》卷二。

　　⑤　《罗讱庵净悦游序》,《定山堂文集》卷三。

　　⑥　《咏怀诗·闲居无事托咏写怀用阮公原韵得四十六首》其三十一,《定山堂诗集》卷一。

　　⑦　如"杜乔与李固,终不悔成名"(《送曹古遗给谏归瘞汾阳十四首》其五,《定山堂诗集》卷一),"孟博登车空贾祸,黄门录牒悬钩党"(《岭南喜晤岳歌》,《定山堂诗集》卷四)。

变平息之后的种种生命不能承受之重。千夫所指的舆论压力、华夷之辨的文化传统下之异族统治、新主的猜忌与朝堂上险象环生的权力之争，让龚鼎孳这个原本抱持强烈事功之欲的风流才俊常常心生倦意与惧意，发之于文字，便是诗词文中随处可见的归隐之想。诗中的"四海兵戈催白发，一樽风雨劝青山"①，"世路难如此，孤行亦当归"②，"饱历仕宦趣，涉险若探汤。微尚寄丘壑，夙昔君所详"③；词中的"还相约，五湖烟水，妻子鹿门仙"④，"万事不如归计稳，听杜鹃、枝上三更血"⑤，"相约卜邻投老去，有青溪茅屋堪重典"⑥；文中的"门生虎齿余生，魂销栾棘，槁项黄馘，誓老山中"⑦，"此行毕先君大事，便当同入深山，采药简书，栖禅偕隐，更无意人间世矣"⑧，"顷已决计乞归……一则少息尘劳，四十年风波疲曳之身，能收拾残喘"⑨。不难看出，龚氏关于"归隐"主题的书写，常常出现于与他者对话的酬酢之篇中，或面对前朝遗民之时以相约归隐拉近彼此距离，或仕途蹉跌之际陡生避世之想以宣泄内心怨望，当然也有年迈体衰之时衷心而发的休憩之想，但他除了人生晚年的归隐之愿较为强烈迫切外，其余不少都是瞬间情绪支配下的感发。遍观其诗词文，可谓时时言归处处言归，却终身未成归计，除了是未获允可及后期的债务未清外，是否还有其他原因呢？私意以为，《定山堂诗集》卷二组诗《题孙沚亭太宰山雨楼图和陶公韵五首》其实道出了龚鼎孳真实的想法。与那些寄赠遗民相约归隐的

---

① 《夏日闲居偶怀》，《定山堂诗集》卷一九。
② 《送别远林兼订白门之约即用留别原韵》，《定山堂诗集》卷五。
③ 《和答澹心兼寿其五十初度》，《定山堂诗集》卷二。
④ 《满庭芳·季弟孝积生辰宴集》，《定山堂诗余》卷三。
⑤ 《贺新郎·其年将发秋夜集西堂次前韵》，《定山堂诗余》卷三。
⑥ 《贺新郎·为樊子寿》，《定山堂诗余》卷四。
⑦ 《复熊雪堂老师》其二，《定山堂文集》卷一八。
⑧ 《答王用五》其一，《定山堂文集》卷二五。
⑨ 《与三弟孝积》其七，《定山堂文集》卷二〇。

诗作不同,此诗是为贰臣友人孙廷铨题《山雨楼图》而作①,比赠答
遗民,此类酬赠贰臣之作显然更能坦露龚氏真实的想法。他在诗
序开头称:"昔人比陶靖节于诸葛忠武,非独观其大节,正以澹泊宁
静与畏荣好古仿佛,襟情之同耳"②,把开济伟业的诸葛亮与洁身
自好的陶潜并提,以拟孙氏这位大节有亏的贰臣,实则是诗人企图
建立一种超越于仕隐出处之外的衡量标准以自我安顿,他真正的
理想是"功成耦松乔,讵与前期违"(其三),即所谓功成身退,兼收
开济之功与独善之美。抱持着这种功成身退理想的龚鼎孳,自然
不会在未及迟暮、尚有可为之日轻易言退,这也正是龚氏"作吏无
妨高士趣"③信念背后的价值支撑。因此可见,龚氏时时言退却终
身未离庙堂,很重要的原因就在于这种示之于人的文字与个体的
真实心态间存在着一定差距,但毫无疑问,"归隐"是龚氏文学中最
为重要的主题之一。

　　四是爱情主题。这主要指的就是龚鼎孳对自己与顾媚之间情
缘的书写。顾媚是龚氏感情世界中最重要的女性,二人共同走过
了二十余载光阴。龚氏的诗词文中都留下了这段岁月里澎湃深情
与点滴感动。词集《定山堂诗余》卷一《白门柳》乃记载他与顾媚情
缘的专题词卷。齿及顾媚的诗歌亦颇多,举其要者,《登楼曲》四
首④记始入眉楼与顾媚定情,《江南忆》四首⑤写铨选入京后对远在
金陵的顾媚的思念,《秋夜省中赋怀》十首⑥乃崇祯十六年(1643)
秋省中入值时为顾媚作,《寒甚善持君送被夜卧不成寐口占答之》
二首⑦、《上元词和善持君韵》二首⑧为崇祯十六年(1643)入狱后念
及顾媚作,《中元为善持君忌辰礼忏六如师以诗见慰和答》二首⑨、

---

①　山雨楼为孙氏位于故里博山之藏书楼。
②　《定山堂诗集》卷二。
③　《送园次出守吴兴次仲调韵》,《定山堂诗集》卷三〇。
④⑤⑥⑦⑧　《定山堂诗集》卷三六。
⑨　《定山堂诗集》卷四一。

《仲冬三日山左道中有感是日为善持君生辰》四首①则为悼亡之篇。在文的方面,除了之前提到的他为顾媚向神佛求子所作的《祈子疏》②中表现了对顾媚的挚爱与感激外,《题秋夜省中十绝句后》言自己与顾媚"患难相依,未离呎步,蛟宫虎穴,共影同栖"③、《题画》其二记述他对顾媚的爱情宣言"英雄热血三斗,不为明主洒沙漠,则为佳人染枕簟耳"④、《题画寄方孩未中丞》⑤赞美顾媚有忠孝之情而无儿女之态,诸如此类,不一而足。龚鼎孳的文字,不论是专为顾媚而发,还是旁及顾媚,展现给我们的,都是二人风雨同舟生死相随的动人情缘,以及他对顾媚发自内心的怜惜爱重。当他锒铛入狱,她不离不弃苦苦守候;后来国破了,君亡了,他曾经的信念与视若生命的名节瓦碎一地,而她仍在,荣辱不惊生死不渝。"自是佳人多颖悟,从来侠女出风尘",龚鼎孳在顾媚身上看到的,已经不仅仅是"秦淮八艳"的倾世容颜,也不仅是琴棋书画的灵心慧性,而是整个时代原本加诸于他却也被她默默分担的惨酷与凉薄,爱情的永恒与温醇也只有在无常世运与惨烈时代的衬托下才能散发出令人动容的辉光。此外,值得注意的是,因顾媚的秦淮名妓身份,龚顾情缘是晚明青楼文化与精英文化互动交融的一个绝妙缩影⑥,所以龚氏在入清后的爱情书写在一定程度上也是追思前朝的一种隐性表达。

　　"思忆故国与忏悔变节""党争""归隐""爱情"这四大主题虽内涵不一,但在龚鼎孳的笔下,都有着人生多艰、荣辱靡常的深重感慨,而这种感慨,是经历过明清易代人们的共同感受,但为什么偏

---

①　《定山堂诗集》卷四二。
②　《定山堂文集》卷一四。
③④⑤　《定山堂文集》卷一六。
⑥　《剑桥中国文学史·晚明文学文化》:"青楼文化唯有参与精英形式,才能光彩熠熠。而精英文化,同样依赖于青楼妓女,唯有在青楼,膜拜爱情、崇尚真情之花才能全然绽放。"[美]孙康宜、[美]宇文所安《剑桥中国文学史》下卷,第175—176页。

偏是龚鼎孳笔下的感慨能够蔚为一代风流呢？龚氏身兼明朝旧臣、清廷大僚、文坛盟主、风流才子多种角色，明清政坛的风云雷动，明清文坛的云蒸霞蔚乃至明末旧院的妓家风流，都在他的笔下有着生动而深刻的体现，他仿佛以区区一身便浓缩了明清之际的万千世态与众生群像。忠不避危与贪生怖死，意气风发与懵瘁恻恒，端严谨重与风流放诞，竟如此奇妙而又和谐地汇聚在他一人身上。过人的才情、丰富的阅历、复杂的心境，使他的文字在传达一己遭际之时更映射着时代的病症与集体的伤痕。前已述及，龚氏的诗词文创作很突出的一个共性是酬酢之篇甚多，而在以诗词为代表的韵文中，更是存在着大量的限韵之作，可以说他把文学的交际功能、游戏功能发挥到了极致。很多人都对其这类作品的艺术价值与思想内涵提出质疑，但他正是在与一群人的互递吟唱中寻找时代与自身的共鸣。他在群体中安放一己躁动不安的灵魂，也在群体的赓续唱和中成就了一种似游戏似深情若欢愉若悲慨的文字。严迪昌先生说过，龚鼎孳"没有于诗坛称宗臣之意"[①]，其实不仅诗坛，他于诗词文领域中，都没有明确的称雄坛坫之意，也因此缺乏理论自觉以拓辟疆土自成一宗。他只是在特定的时代里特定的氛围中写着一些传达心中所想却也不尽然真实的文字，以充满包容性却也个性不甚鲜明的文学思想消泯着其时两极对立的理论思维。于是，低回的诉说触动了时代的敏感，过人的才情强化着他笔下的悲喜，文思的敏捷迎合了众人的期待，官位的隆盛点缀着优雅的文字，中和的审美涵纳着多元的价值，种种因缘际会，使得恰恰是龚鼎孳，这个无心称雄的人物被推至清初文坛光环之中心。

　　本节分别从文学的内外部两个角度探讨了龚鼎孳成为清初文坛领袖的缘由。从文学的外部因素看，他的社会声望与政治地位为他的文学活动提供了诸多便利，而他对众多文坛新星在社会层

---

① 严迪昌《清诗史》，第 351 页。

面的扶掖奖拔及在文学层面的潜移默化，又使他毫无疑义地成为明末清初文坛"承前启后"之大力者的不二人选。从文学的内部因素看，龚鼎孳于清初文坛成就不凡的原因主要有二，一是其人才高当世，有主盟坛坫之雄才大力；二是其自身坎坷的经历与复杂的心态，使得他在作品中执着叙写的四大主题紧密贴合着当时的社会情绪与士人心态，于是在群起共鸣中转移风会，在转移风会中称雄一代。

余　论

　　龚鼎孳,明清之际的一个话题人物。魏宪有言:"兼材难矣。骚人韵士丽于文者,缺经世之具;能臣良吏茂于功者,乏谈天之词。"①而龚鼎孳,却是一位既擅谈天之词亦备经世之具的兼材。他是真才子,十九岁成举人,二十岁联捷成进士,他是清世祖亲口嘉许的"真才子",他是顺康之交领袖文坛的一代盟主。他是真能吏,二十一岁为一方父母,委重投艰于乱世危城,抗流贼缮武备修文教劝农事,使蕲水孤城得以坚守七年无恙,二十七岁为京官居言路,纠弹当路不避势要,一生为官都精勤不倦,充满了他者所不及的实干精神。他是真长者,他爱才若渴以友朋为性命,多少白衣在他的提携揄扬下一举成名,多少遗民在他的荫庇护持下平安度岁。叶襄言"或谓以公之才,遭逢盛世,宜乎发扬蹈厉,嗣明堂之歌,赓郊庙之颂,黼黻治化,成一代雅乐,顾乃咨嗟太息,有劳人羁士勤苦憔悴之思"②。叶氏之言并非虚美。若身际升平,龚鼎孳大可如晏殊之流当个风流雅望的太平宰相,但命运却偏偏将他抛入明清迭代的历史洪流中,让他在此中浮沉挣扎勤苦憔悴。鼎革之际的两度失节,使他生前身后都深负名节之累,但他的正色立朝、为民请

---

　　①　魏宪《百名家诗选》卷四三《范雪樵小引》,《续修四库全书》第1625册,上海古籍出版社,2002年据吉林大学图书馆藏清康熙魏氏枕江堂刻本影世,第137页。

　　②　叶襄《定山堂诗集序》,《定山堂全集》,第2532页。

命、庇护遗民、奖掖后进、为汉官争取职权等一系列作为，又使他获得了包括明遗民在内的许多时人的宽谅与叹服，与时代风云息息相关的人生经历与复杂特殊的道德人格，使他成为明清之际贰臣命运与心态的典型缩影。

明清易代，是龚鼎孳人生的重大转折，也是其文学创作的一个分水岭。余怀在为《定山堂诗集》作序时称："其为诗也，轶宕而多伤，感慨而蕴藉……人见公之揽辔登朝、得时行志，而孰知公之悲天悯人、忧谗畏讥，一篇之中，三致意焉。"①龚氏经历国变后的诗词文创作，确实以"轶宕而多伤，感慨而蕴藉"之艺术张力与"悲天悯人、忧谗畏讥"之情感内涵取胜，后人耿耿于他的"宴饮酬酢之篇多于登临凭吊"，这种一叶障目的成见阻碍了人们更深入全面地了解他的文学成就，同时也不能解释为什么偏偏是龚鼎孳而不是他人，在明末清初英才林立的文坛上领袖风雅。

龚鼎孳以其学富才赡及名公巨卿之身份而为一代风雅宗盟，于簿书鞅掌间奖引气类扬扢风雅，更兼其承前启后的文学创作与文学思想，故对清初文坛产生了深远的影响。但同时也应认识到，他于清代中叶之后的声闻不彰，除却绪论所论之道德本位的评判、"江左三大家"的声名之累及其相关著述的散佚外，还与他自身缺乏立言意识与理论自觉相关。如前所述，他并无明确的称雄坛坫之意，因此诗文创作是率意书写多而推敲熔裁少，诗歌多有"好骋笔，而少酝酿深厚之功。气虽盛，然剽而不留，直而易尽"②之弊；散文创作则乏"史裁"与"情趣"，且理论意识薄弱；倚声一道虽无论当时后世皆可跻身"大家"之列，但其创作亦是缺乏鲜明的理论意识之指导，这种种不足自然导致他难以如其后学王士禛、陈维崧、朱彝尊等人自张一帜自立宗派。但是，这些客观存在的不足并不

①　余怀《定山堂诗集序》，《定山堂全集》，第 2533 页。
②　朱庭珍《筱园诗话》卷二，《清诗话续编》，第 2229 页。

能抹煞龚鼎孳于清初文坛举足轻重的地位。对龚鼎孳这位清初文坛领袖之文学研究的不够重视与深入，就无法于龚鼎孳对清初文学之影响与推动、明末清初之文人心态与文学创作间的关系、明清之交文坛之风云际会及其所引发的各种文学新变等一系列问题上有一清晰的把握与全局的统观。龚鼎孳研究领域还有很大的拓展空间与深入钻研的价值，于此中开展自己的思考与探索，不仅有利于龚鼎孳文学个案研究之推进，同时也会促进对明清之际文坛之流变更迭的认识。本人识力所限，所论多有不尽完善与周全之处，以此求教于方家，以俟来日之补正。

附录一:龚鼎孳生平大事简表

万历四十三年(1615),一岁
十一月十七日(公历 1616 年 1 月 5 日),生于合肥。

崇祯元年(1628),十四岁
龚母杨太夫人逝世。

崇祯五年(1632),十八岁
补博士弟子员。

崇祯六年(1633),十九岁
乡试中举。

崇祯七年(1634),二十岁
举进士。

崇祯八年(1635),二十一岁
授湖北蕲水县知县。

崇祯九年(1636),二十二岁
吴伟业、宋玫典湖广乡试,龚鼎孳任分房考官。

崇祯十三年(1640),二十六岁

在金陵眉楼为顾媚题像。

崇祯十四年(1641),二十七岁

冬,以考绩湖广第一行取入都,授兵科给事中。

崇祯十五年(1642),二十八岁

北上途经金陵,与顾媚相会,旋别顾媚,入京。

崇祯十六年(1643),二十九岁

中秋顾媚抵京,正式归嫁。

十月初七,上疏劾首辅陈演,忤旨,下狱。

崇祯十七年/顺治元年(1644),三十岁

正月与姜埰同时出狱。

三月李自成陷京师,龚鼎孳受直指使职,巡视北城。

五月清兵入京,授龚鼎孳吏科右给事中。十二月迁礼科都给事中。

顺治二年(1645),三十一岁

八月,与弘文院大学士冯铨相讦于睿亲王多尔衮前,龚受多尔衮讥责,多次上疏乞归。

九月迁太常寺少卿。

顺治三年(1646),三十二岁

四月十五日龚父卒于合肥,龚六月闻丧,回籍守制。丁忧期间,除里居合肥外,还携顾媚游览吴越之地。

顺治七年(1650),三十六岁
起复返京。

顺治十年(1653),三十九岁
四月擢刑部右侍郎。

顺治十一年(1654),四十岁
二月转户部左侍郎。
三月,南党案发,南党领袖陈名夏论绞。
五月迁都察院左都御史。

顺治十二年(1655),四十一岁
十月,世祖以龚鼎孳在法司每事好持两议为由,降八级调用。
十一月,以所荐顺天巡抚顾仁贪污伏法与朱四狱案再降四级
调用。

顺治十三年(1656),四十二岁
四月补上林苑蕃育署署丞。
闰五月,因卷入左通政吴达隐匿胞弟吴逵通贼事,罚俸一年。
奉旨颁诏粤东。

顺治十四年(1657),四十三岁
使粤返京途中至金陵等地,逗留数月。

顺治十六年(1659),四十五岁
冬王士禛将赴扬州推官任,龚鼎孳招集京师文士为之赋诗饯
行,龚赠王以诗及序。

顺治十七年(1660),四十六岁

甄别京官,龚鼎孳以"素行不孚众论"拟外调,奉旨内留,复降三级,补国子监助教。

顺治十八年(1661),四十七岁

正月初七,顺治崩。

正月二十五日,继母王太夫人逝世,奉旨在任守制。

康熙元年(1662),四十八岁

七月奉召以侍郎起用。

康熙二年(1663),四十九岁

六月补都察院左都御史。

秋,顾媚卒于京邸。

康熙三年(1664),五十岁

十一月擢刑部尚书。

康熙五年(1666),五十二岁

三月回里营葬王太夫人,并携顾媚榇南归。

九月迁兵部尚书。

康熙六年(1667),五十三岁

王士禛、汪琬、程可则等人在京共组文社,推龚鼎孳为职志。

康熙七年(1668),五十四岁

陈维崧入京,龚鼎孳与之往还唱和,为之推奖揄扬。

康熙八年(1669)，五十五岁

五月调礼部尚书。

康熙九年(1670)，五十六岁

春主会试，得士三百八人。

康熙十年(1671)，五十七岁

积极参与"秋水轩倡和"，创作二十三首"翦"字韵《贺新郎》。

康熙十一年(1672)，五十八岁

婴疾，屡请解任，不获允可。

康熙十二年(1673)，五十九岁

春典会试，得士一百五十九人。

九月初乞休，上允之，着令病痊起用。

九月十二日卒于京邸。

十二月，祭葬，谥端毅。

附录二:龚鼎孳创作于明代的诗歌

说明:明清更迭,龚鼎孳将创作于明代的诗歌尽量删削,但还是有部分保留了下来。本表将在《定山堂诗集》检得的一百零八首明代诗歌,以及其他诗集、方志与笔记中留存的龚鼎孳作于明代的十七首诗歌排列如下,共计一百二十五首诗歌。为行文方便,《定山堂诗集》简称《诗集》。

题　　目	出处	体裁	篇数	创作时间
送熊鱼山给谏出狱诗·甲申上元日	《诗集》卷三	七古	1	崇祯十七年正月十五
述闻·感武陵事作	《诗集》卷五	五律	3	崇祯十四年
方密之曼寓初成招同曹秋岳姜如须张尔唯宴集限韵	同上	五律	1	崇祯十五年
癸未十月初七日以言事下狱	同上	五律	2	崇祯十六年十月初七
送黄美中令芜阴二首	同上	五律	2	崇祯九年之后
感事和王子云韵二首·辛巳	《诗集》卷十六	七律	2	崇祯十四年
范质公司马抗疏谪归寄怀二首和方孩未先生韵	同上	七律	2	崇祯十四年前后

续表

题　　目	出处	体裁	篇数	创作时间
即事	《诗集》卷十六	七律	1	崇祯十四或十五年
有闻	同上	七律	1	崇祯十四年前后
友人以感秋诗索和即步来韵	同上	七律	4	崇祯十四或十五年
子云归自金陵以新诗见贻依韵寄答	同上	七律	1	同上
登晴川阁小饮同舅氏尔立先生家弟孝绪限韵	同上	七律	2	同上
燕邸秋怀和朱玉籀韵八首·壬午	同上	七律	8	崇祯十五年
中秋同阎古古孝廉集方密之太史曼寓分韵	同上	七律	1	崇祯十五年中秋
为密之催妆同秋岳于皇尔唯如须限韵三首	同上	七律	3	崇祯十五年中秋后
古古肮脏负俗为雠者所中变姓名入都秋行尽矣客思无聊且归沛中赋诗留别依韵和之诗成而古古已策蹇去矣	同上	七律	2	崇祯十五年秋
奉使出都马上口占	同上	七律	2	崇祯十五年
除夕入直右掖·壬午	同上	七律	1	崇祯十五年除夕
送李二则归金陵·时癸未以言事在系	同上	七律	1	崇祯十六年
同尹洞庭梁公狄看月大醉	同上	七律	1	崇祯十六或十七年

题　　目	出处	体裁	篇数	创作时间
送姜如农给谏谪戍宛陵兼怀如须大行	《诗集》卷十六	七律	4	崇祯十七年二月
感春二十首·甲申二月	同上	七律	20	崇祯十七年二月
寒夜不寐·癸未初冬日作	《诗集》卷三四	七排	1	崇祯十六年
登楼曲	《诗集》卷三六	七绝	4	崇祯十三年
江南忆	同上	七绝	4	崇祯十五年
长安寄怀	同上	七绝	1	崇祯十五年前后
邯郸怀古	同上	七绝	4	崇祯十五年前后
上元后一夕入直禁中	同上	七绝	4	崇祯十六年正月十六
秋夜省中赋怀	同上	七绝	10	崇祯十六年秋
墨画荷花	同上	七绝	1	崇祯十六年前后
生辰曲	同上	七绝	10	崇祯十六年十一月初三
寒甚善持君送被夜卧不成寐口占答之	同上	七绝	2	崇祯十六年
上元词和善持君韵	同上	七绝	2	崇祯十七年正月十五
同光含万诸公省中夜集限韵	《尊拙斋诗集》（清康熙刻本）卷三	七律	1	崇祯十四至十六年之间
堞喟诗十八首	《顺治蕲水县志》卷二四	七绝	10①	崇祯八年

---

①　其余八首不存。

题　　目	出处	体裁	篇数	创作时间
清泉寺	《顺治蕲水县志》卷二四	七律	1	崇祯八年至崇祯十四年之间
九日饮清泉寺	同上	七律	1	同上
晚秋夜行宿凤城观	同上	五律	1	同上
兰溪即事	同上	七绝	1	同上
和詹卓尔寻三泉诗	同上	七绝	1	同上
题眉生小像	《冷庐杂识》卷七	七律	1	崇祯十三年前后

参 考 文 献

一、基本典籍类

龚鼎孳著,孙克强、裴喆编辑校点《龚鼎孳全集》,北京:人民文学出
　　版社,2014 年。

龚鼎孳《香严词》,张宏生主编《清词珍本丛刊》第 1 册,南京:凤凰
　　出版社,2007 年据清留松阁刻本影印。

梁清标《棠村词》,张宏生主编《清词珍本丛刊》第 3 册,南京:凤凰
　　出版社,2007 年据清留松阁刻本影印。

陈维崧《乌丝词》,张宏生主编《清词珍本丛刊》第 4 册,南京:凤凰
　　出版社,2007 年据清留松阁刻本影印。

曹贞吉《珂雪词》,张宏生主编《清词珍本丛刊》第 8 册,南京:凤凰
　　出版社,2007 年据清《珂雪全集》影印。

曹尔堪等《秋水轩倡和词》,张宏生主编《清词珍本丛刊》第 22 册,
　　南京:凤凰出版社,2007 年据遥连堂刻本影印。

蒋平阶等《支机集》,张宏生主编《清词珍本丛刊》第 22 册,南京:凤
　　凰出版社,2007 年据清顺治九年刻本影印。

陈维崧著,陈振鹏标点,李学颖校补《陈维崧集》,上海:上海古籍出
　　版社,2010 年。

朱彝尊著,屈兴国、袁李来点校《朱彝尊词集》,杭州:浙江古籍出版

社,2011 年。

钱谦益著,钱曾笺注,钱仲联标校《牧斋初学集》,上海:上海古籍出版社,2009 年。

钱谦益著,钱曾笺注,钱仲联标校《牧斋有学集》,上海:上海古籍出版社,1996 年。

钱谦益著,钱曾笺注,钱仲联标校《牧斋杂著》,上海:上海古籍出版社,2007 年。

吴伟业著,李学颖集评标校《吴梅村全集》,上海:上海古籍出版社,1990 年。

纳兰性德撰,赵秀亭、冯统一笺校《饮水词笺校》,北京:中华书局,2011 年。

周亮工《赖古堂集》,上海:上海古籍出版社,1979 年。

魏禧撰,胡守仁等校点《魏叔子文集》,北京:中华书局,2003 年。

阎尔梅著,王汝涛、蔡生印编注《白耷山人诗集编年注》,北京:中国文联出版社,2002 年。

傅山《霜红龛集》,太原:山西人民出版社,1985 年。

顾梦游《顾与治诗集》,翁长森、蒋国榜编《金陵丛书·丙集》,台北:力行书局,1970 年。

王士禛《居易录》,《景印文渊阁四库全书》第 869 册,台北:台湾商务印书馆,1986 年。

惠栋《渔洋山人自撰年谱注补》,《续修四库全书》第 554 册,上海古籍出版社,2002 年据辽宁图书馆藏清惠氏红豆斋刻本影印。

屠隆《栖真馆集》,《续修四库全书》第 1360 册,上海:上海古籍出版社,2002 年据湖北省图书馆藏明万历十八年吕氏栖真馆刻本影印。

钟惺撰,陆云龙评《翠娱阁评选钟伯敬先生合集·文集》,《续修四库全书》第 1371 册,上海:上海古籍出版社,2002 年据中国科学院图书馆藏明崇祯九年陆云龙刻本影印。

谭元春《新刻谭友夏合集》,《续修四库全书》第 1385 册,上海:上海
　　古籍出版社,2002 年据明崇祯六年张泽刻本影印。

陈子龙《安雅堂稿》,《续修四库全书》第 1387 册,上海:上海古籍出
　　版社,2002 年据明末刻本影印。

陈子龙《湘真阁稿》,《续修四库全书》第 1388 册,上海:上海古籍出
　　版社,2002 年据南京图书馆藏明末刻本影印。

杜濬《变雅堂遗集·文集》,《续修四库全书》第 1394 册,上海:上海
　　古籍出版社,2002 年据湖北图书馆藏清光绪二十年黄冈沈氏刻
　　本影印。

阎尔梅《白耷山人诗集》,《续修四库全书》第 1394 册,上海:上海古
　　籍出版社,2002 年据天津图书馆藏清康熙刻本影印。

冒襄《巢民文集》,《续修四库全书》第 1399 册,上海:上海古籍出版
　　社,2002 年据北京图书馆藏清康熙刻本影印。

冒襄《巢民诗集》,《续修四库全书》第 1399 册,上海:上海古籍出版
　　社,2002 年据北京图书馆藏清康熙刻本影印。

方文《嵞山续集》,《续修四库全书》第 1400 册,上海:上海古籍出版
　　社,2002 年据清康熙二十八年王槩刻本影印。

方苞《望溪先生文集》,《续修四库全书》第 1420 册,上海:上海古籍
　　出版社,2002 年据上海图书馆藏清咸丰元年戴钧衡刻本影印

谭元春《唐诗归序》,《续修四库全书》第 1589 册,上海:上海古籍出
　　版社,2002 年据辽宁省图书馆藏明刻本影印。

魏宪《百名家诗选》,《续修四库全书》第 1624—1625 册,上海:上海
　　古籍出版社,2002 年据吉林大学图书馆藏清康熙魏氏枕江堂刻
　　本影印。

聂先、曾王孙《百名家词钞》,《续修四库全书》第 1721 册,上海:上
　　海古籍出版社,2002 年据上海图书馆藏清康熙绿荫堂刻本
　　影印。

邹祗谟、王士禛《倚声初集》,《续修四库全书》第 1729 册,上海:上

海古籍出版社,2002 年据南京图书馆藏清顺治十七年刻本影印。

顾贞观、纳兰性德《今词初集》,《续修四库全书》第 1729 册,上海:上海古籍出版社,2002 年据上海图书馆藏清康熙刻本影印。

蒋景祁《瑶华集》,《续修四库全书》第 1730 册,上海:上海古籍出版社,2002 年据清康熙二十五年刻本影印。

王士禛《花草蒙拾》,《续修四库全书》第 1733 册,上海:上海古籍出版社,2002 年据清道光十四年沈氏世楷堂刻《昭代丛书》本影印。

陈祚明《稽留山人集》,《四库全书存目丛书·集部》第 233 册,济南:齐鲁书社,1997 年据南开大学图书馆藏清雍正刻本影印。

冒襄《同人集》,《四库全书存目丛书·集部》第 385 册,济南:齐鲁书社,1997 年据北京师范大学图书馆藏清康熙冒氏水绘庵刻本影印

陈允衡《国雅初集》,《四库全书存目丛书·集部》第 399 册,济南:齐鲁书社,1997 年据北京图书馆藏清康熙刻本影印。

熊文举《雪堂先生集选》,《四库禁毁书丛刊·集部》第 33 册,北京:北京出版社,1997 年据天津图书馆藏清顺治刻本影印。

顾有孝、赵沄《江左三大家诗钞》,《四库禁毁书丛刊·集部》第 39 册,北京:北京出版社,1997 年据清华大学图书馆藏清康熙刻本影印。

邓汉仪《慎墨堂笔记》,《四库禁毁书丛刊补编》57 册,北京:北京出版社,2005 年据北京图书馆藏民国汉画轩蓝丝栏钞本影印。

熊文举《雪堂先生文集》,《北京图书馆古籍珍本丛刊》第 112 册,北京:书目文献出版社,1998 年据清初刻本影印。

李雯《蓼斋后集》,《清代诗文集汇编》第 23 册,上海:上海古籍出版社,2010 年据清顺治十四年石维崑刻本影印。

黄宗羲《南雷文定》,《清代诗文集汇编》第 33 册,上海:上海古籍出

版社,2010 年据清程志隆刻本影印。

钱澄之《田间诗集》,《清代诗文集汇编》第 40 册,上海:上海古籍出
版社,2010 年据清康熙刻本影印。

程康庄《自课堂集》,《清代诗文集汇编》第 42 册,上海:上海古籍出
版社,2010 年据民国《山右丛书初编》铅印本影印。

曹溶《静惕堂诗集》,《清代诗文集汇编》第 45 册,上海:上海古籍出
版社,2010 年据清雍正三年李维钧刻本影印。

顾景星《白茅堂集》,《清代诗文集汇编》第 76 册,上海:上海古籍出
版社,2010 年据清康熙四十三年刻乾隆二十年续刻光绪二十八
年补刻本影印。

朱彝尊《曝书亭集》,《清代诗文集汇编》第 116 册,上海:上海古籍
出版社,2010 年据民国涵芬楼影印清康熙五十三年刻本影印。

王士禛《带经堂集》,《清代诗文集汇编》第 134 册,上海:上海古籍
出版社,2010 年据清康熙四十九至五十年程哲七略书堂刻本
影印。

顾贞观《顾梁汾先生诗词集》,《清代诗文集汇编》第 148 册,上海:
上海古籍出版社,2010 年据民国二十三年铅印本影印。

周亮工《尺牍新钞》,上海:上海书店,1988 年。

邓汉仪《诗观初集》,《四库全书存目丛书补编》第 39 册,2001 年据
南京图书馆藏清康熙慎墨堂刻本影印。

严正矩《大宗伯龚端毅公传》,闵尔昌编《碑传集补》,台北:文海出
版社,1973 年。

郑方坤《三十二芙蓉斋诗钞小传》,闵尔昌编《碑传集补》,台北:文
海出版社,1973 年。

王士禛撰,孙言诚点校《王士禛年谱》,北京:中华书局,1992 年。

王士禛著,张宗楠纂集,夏宏校点《带经堂诗话》,北京:人民文学出
版社,1963 年。

王士禛撰,湛之点校《香祖笔记》,上海:上海古籍出版社,1982 年。

王士禛《池北偶谈》,北京:中华书局,1982年。

王士禛《分甘余话》,北京:中华书局,1989年。

李清《三垣笔记》,北京:中华书局,1982年。

吴伟业《复社纪事》,《昭代丛书·戊集续编》卷一五,上海:上海古
　　籍出版社,1990年。

杜登春《社事始末》,《昭代丛书·戊集续编》卷一六,上海:上海古
　　籍出版社,1990年。

余怀《板桥杂记》,上海:上海古籍出版社,2000年。

计六奇《明季北略》,北京:中华书局,1984年。

徐鼒撰,王崇武点校《小腆纪年附考》,北京:中华书局,1957年。

彭孙贻《平寇志》,上海:上海古籍出版社,1984年。

董含撰,致之校点《三冈识略》,沈阳:辽宁教育出版社,2000年。

冯梦龙《甲申纪事》,上海:上海古籍出版社,1993年。

《崇祯实录》,《台湾文献史料丛刊》第三辑(52),台北:台湾大通书
　　局,1984年。

吴伟业《鹿樵纪闻》,《台湾文献史料丛刊》第五辑(96),台北:台湾
　　大通书局,1987年。

顾炎武著,陈垣校注《日知录校注》,合肥:安徽大学出版社,2007年。

李天根《爝火录》,杭州:浙江古籍出版社,1986年。

谈迁撰,张宗祥校点《国榷》,北京:中华书局,1958年。

李清撰,何槐昌校点《南渡录》,杭州:浙江古籍出版社,1988年。

赵翼著,王树民校证《廿二史札记》,北京:中华书局,1984年。

谈迁《北游录》,北京:中华书局,1960年。

刘佑修、杨继经纂《顺治蕲水县志》,清康熙雍正间刻本。

王方岐纂、贾晖修《合肥县志(清康熙三十六年刻本)》,《天津图书
　　馆孤本秘籍丛书》第6册,北京:中华全国图书馆文献缩微复制
　　中心,1999年。

何文焕《历代诗话》,北京:中华书局,2004年。

丁福保《历代诗话续编》，北京：中华书局，2006 年。

丁福保《清诗话》，上海：上海古籍出版社，2015 年。

郭绍虞编选，富寿荪校点《清诗话续编》，上海：上海古籍出版社，
　2016 年。

沈德潜《清诗别裁集》，石家庄：河北人民出版社，1997 年。

邓之诚《清诗纪事初编》，上海：上海古籍出版社，1984 年。

钱仲联《清诗纪事·顺治朝卷》，南京：江苏古籍出版社，1987 年。

袁行云《清人诗集叙录》，北京：文化艺术出版社，1994 年。

谢正光、佘汝丰《清初人选清初诗汇考》，南京：南京大学出版社，
　1998 年。

李灵年、杨忠《清人别集总目》，合肥：安徽教育出版社，2000 年。

柯愈春《清人诗文集总目提要》，北京：北京古籍出版社，2001 年。

唐圭璋《全宋词》，北京：中华书局，1965 年。

龙榆生《近三百年来名家词选》，上海：上海古籍出版社，1979 年。

陈乃乾《清名家词》，上海：上海书店，1982 年。

尤振中、尤以丁《清词纪事会评》，合肥：黄山书社，1995 年。

唐圭璋《词话丛编》，北京：中华书局，2005 年。

南京大学中国语言文学系《全清词·顺康卷》，北京：中华书局，
　2002 年。

张宏生等《全清词·顺康卷补编》，南京：南京大学出版社，2008 年。

孙克强等《历代词人词话》，天津：南开大学出版社，2012 年。

张廷玉等《明史》，北京：中华书局，2011 年。

赵尔巽等《清史稿》，北京：中华书局，1977 年。

《清实录》，北京：中华书局，1985 年。

王钟翰点校《清史列传》，北京：中华书局，1987 年。

中国第一历史档案馆编《乾隆朝上谕档》，桂林：广西师范大学出版
　社，2008 年。

二、研究专著类

严迪昌《清诗史》,北京:人民文学出版社,2011 年。

赵永纪《清初诗歌》,北京:光明日报出版社,1993 年。

杨海明《唐宋词史》,天津:天津古籍出版社,1998 年。

严迪昌《清词史》,南京:江苏古籍出版社,2001 年。

郭预衡《中国散文史》,上海:上海古籍出版社,2011 年。

章培恒、骆玉明《中国文学史新著》,上海:复旦大学出版社,2007 年。

傅璇琮、蒋寅《中国古代文学通论》,沈阳:辽宁人民出版社,2005 年。

罗宗强、陈洪《中国古代文学发展史》,天津:南开大学出版社,
　2003 年。

王运熙、顾易生《中国文学批评通史》,上海:上海古籍出版社,
　1996 年。

孙克强《清代词学》,北京:中国社会科学出版社,2004 年。

孙克强《清代词学批评史论》,上海:上海古籍出版社,2008 年。

张宏生《清代词学的建构》,南京:江苏古籍出版社,1998 年。

陈水云《明清词研究史》,武汉:武汉大学出版社,2006 年。

叶嘉莹《清词丛论》,北京:北京大学出版社,2008 年。

严迪昌《阳羡词派研究》,济南:齐鲁书社,1993 年。

周绚隆《陈维崧年谱》,北京:人民出版社,2012 年。

龙榆生《词曲概论》,上海:上海古籍出版社,1980 年。

龙榆生《龙榆生词学论文集》,上海:上海古籍出版社,1997 年。

夏承焘《夏承焘集》,杭州:浙江古籍出版社,1997 年。

闵丰《清初清词选本考论》,上海:上海古籍出版社,2008 年。

李丹《顺康之际广陵词坛研究》,上海:上海古籍出版社,2009 年。

刘东海《顺康词坛群体步韵唱和研究》,上海:上海古籍出版社,
　2013 年。

路成文《宋代咏物词史论》,北京:商务印书馆,2005 年。

吴承学《晚明小品研究》,南京:江苏古籍出版社,1998 年。

赵树功《中国尺牍文学史》,石家庄:河北人民出版社,1999 年。

孔庆茂《八股文史》,南京:凤凰出版社,2008 年。

李康化《明清之际江南词学思想研究》,成都:巴蜀书社,2001 年。

陈水云《清代词学发展史论》,北京:学苑出版社,2005 年。

张仲谋《忏悔与自赎:贰臣人格》,北京:东方出版社,2009 年。

白一瑾《清初贰臣士人心态与文学研究》,天津:天津人民出版社,
　2010 年。

赵园《明清之际士大夫研究》,北京:北京大学出版社,1999 年。

孟森《心史丛刊》,北京:中华书局,2006 年。

朱丽霞《清代辛稼轩接受史》,济南:齐鲁书社,2005 年。

陈伯海《中国文学史之宏观》,北京:中国社会科学出版社,1995 年。

吴宗国《中国古代官僚政治制度研究》,北京:北京大学出版社,
　2004 年。

陶慕宁《青楼文学与中国文化》,北京:东方出版社,1993 年。

陈寅恪《陈寅恪集·柳如是别传》,北京:生活·读书·新知三联书
　店,2001 年。

柳素平《晚明名妓文化研究》,武汉:武汉大学出版社,2008 年。

马大勇《清初庙堂诗歌集群研究》,长春:吉林人民出版社,2007 年。

萧一山《清代通史》,北京:中华书局,1986 年。

[美]魏斐德《洪业——清朝开国史》,南京:江苏人民出版社,
　1995 年。

樊树志《大明王朝的最后十七年》,北京:中华书局,2007 年。

张健《清代诗学研究》,北京:北京大学出版社,1999 年。

李世英、陈水云《清代诗学》,长沙:湖南人民出版社,2000 年。

何冠彪《生与死:明季士大夫的抉择》,台北:联经出版社,1997 年。

何宗美《明末清初文人结社研究》,天津:南开大学出版社,2003 年。

何宗美《明末清初文人结社研究续编》,北京:中华书局,2006 年。

谢国桢《明清之际党社运动考》,北京:中华书局,1983 年。

[日]小野和子著,李庆、张荣湄译《明季党社考》,上海:上海古籍出版社,2006 年。

李瑄《明遗民群体心态与文学思想研究》,成都:巴蜀书社,2009 年。

裴世俊《四海宗盟五十年:钱谦益传》,北京:东方出版社,2001 年。

蒋寅《王渔洋与康熙诗坛》,北京:中国社会科学出版社,2001 年。

张晖《中国"诗史"传统》,北京:生活·读书·新知三联书店,2012 年。

吴中胜《杜甫批评史研究》,北京:中国社会科学出版社,2012 年。

汪涌豪《中国文学批评范畴及体系》,上海:复旦大学出版社,2007 年。

陈广宏《竟陵派研究》,上海:复旦大学出版社,2006 年。

三、论文类

马大勇《清初金台诗群研究》,苏州:苏州大学博士学位论文,2001 年。

王晓顺《龚鼎孳贰臣心态与诗歌创作研究》,广州:暨南大学硕士学位论文,2001 年。

赵羽《龚鼎孳交游事迹考略》,天津:南开大学硕士学位论文,2005 年。

张世斌《明末清初词风嬗变研究》,保定:河北大学博士学位论文,2006 年。

张健柠《龚鼎孳与定山堂词研究》,北京:北京大学硕士学位论文,2006 年。

王小佳《龚鼎孳词研究》,成都:四川大学硕士学位论文,2006 年。

李玲《龚鼎孳诗词论稿》,开封:河南大学硕士学位论文,2007 年。

白静《手抄稿本〈迦陵词〉研究》，天津：南开大学博士学位论文，
　　2007 年。

陈欣《龚鼎孳词研究》，南昌：江西师范大学硕士学位论文，2007 年。

张晓娟《龚顾情缘及顾媚对龚鼎孳的影响》，南京：南京师范大学硕
　　士学位论文，2007 年。

李石梅《龚鼎孳及〈定山堂诗余〉研究》，重庆：西南大学硕士学位论
　　文，2008 年。

朱小桂《清初文坛"赠柳"现象考论》，长春：吉林大学硕士学位论
　　文，2008 年。

黄淑婷《生命的安顿——龚鼎孳交游诗研究》，新竹：台湾清华大学
　　硕士学位论文，2008 年。

钱鸿《顾眉人生经历初探》，武汉：华中科技大学硕士学位论文，
　　2009 年。

卞茉《"秋水轩倡和"与清初词坛风会》，长春：吉林大学硕士学位论
　　文，2009 年。

林祐伊《龚鼎孳出仕三朝之研究》，桃园：台湾"中央大学"硕士学位
　　论文，2009 年。

万国花《诗家与时代：龚鼎孳及其诗论、诗歌创作研究》，上海：复旦
　　大学博士学位论文，2011 年。

李小荣《龚鼎孳及其诗歌研究》，芜湖：安徽师范大学博士学位论
　　文，2011 年。

吴倩《龚鼎孳词初探》，重庆：重庆师范大学硕士学位论文，2012 年。

唐攀《龚鼎孳诗歌研究》，南宁：广西民族大学硕士学位论文，
　　2012 年。

吴琼《明末清初的文学嬗变》，上海：上海师范大学博士学位论文，
　　2012 年。

陈静华《"秋水轩倡和"文学活动研究》，南京：南京师范大学硕士学
　　位论文，2012 年。

裴喆《龚鼎孳年谱》,天津:南开大学博士后出站报告,2013 年。

董迁《龚芝麓年谱》,《中和月刊》,1942 年第 1—3 期。

严迪昌《"稼轩风"与清初词——兼论"稼轩风"的独异性与时代性》,《首届辛弃疾学术研讨会论文集》,1987 年。

裴世俊《清初钱、王"代兴"之说刍议》,《山东师大学报》,1989 年第 3 期。

马大勇《龚鼎孳与清初词坛的风云际会》,《西北师大学报》,2000 年第 6 期。

张宏生、冯乾《白门柳:龚顾情缘与明清之际的词风演进》,《中国社会科学》,2001 年第 3 期。

马大勇《清初京师诗界职志龚鼎孳论》,《中国韵文学刊》,2002 年第 1 期。

冯乾《杜诗典范与清初诗风的递嬗》,《南京大学学报》,2002 年第 5 期。

赵晓岚《论宋词小序》,《文学遗产》,2002 年第 6 期。

吴宏一《清词与世变、寄托的关系》,《学术研究》,2003 年第 3 期。

裴世俊《清初"江左三大家"降臣诗群探论》,《苏州大学学报》,2003 年第 2 期。

裴世俊《王士禛主盟清初诗坛探因》,《西北师大学报》,2003 年第 2 期。

姚念慈《评清世祖遗诏》,《燕京学报》,2004 年第 17、18 期。

戴健《声名煊赫的"合肥龚"》,《江淮文史》,2004 年第 4—6 期。

张宏生《论清词复兴之端绪》,《江海学刊》,2004 年第 3 期。

陈水云、张清河《稼轩风在清初的回归》,《厦门教育学院学报》,2004 年第 4 期。

蒋寅《清初诗坛对明代诗学的反思》,《文学遗产》,2006 年第 2 期。

蒋寅《在传统的阐释与重构中展开——清初诗学基本观念的确立》,《中国社会科学》,2006 年第 6 期。

刘丽《失路之悲,故国之思——龚鼎孳诗歌发微》,《咸阳师范学院学报》,2007 年第 3 期。

闵丰《〈全清词·顺康卷〉龚鼎孳佚词摭释》,《江海学刊》,2007 年第 2 期。

赵杏根《白下才华重合肥　散花天女著铢衣——龚鼎孳诗歌研究》,《厦门教育学院学报》,2008 年第 2 期。

张宏生《〈今词初集〉与清初词坛》,《南开学报》,2008 年第 1 期。

曹秀兰《清初“贰臣”词人心态探微》,《山西师大学报》,2008 年第 2 期。

严迪昌《金台风雅总诗人——龚鼎孳论》,《语文知识》,2008 年第 1 期。

赵秀红《论清初贰臣词人对清初词坛复兴的开启》,《广西大学学报》,2009 年第 5 期。

张晖《龚鼎孳评语》,《文学遗产》,2009 年第 6 期。

平志军、王立国《清初贰臣文人及其文学创作评析》,《重庆交通大学学报》,2009 年第 6 期。

陈永明《降清明臣与清初舆论》,《汉学研究》,2009 年第 4 期。

白一瑾《论清初贰臣士人“两截人”的处境心态》,《北方论丛》,2010 年第 1 期。

白一瑾《论清初贰臣士人的生存罪恶感》,《河北师范大学学报》,2010 年第 5 期。

白一瑾《论清初贰臣士人的心灵荒芜感》,《山西师大学报》,2010 年第 3 期。

白一瑾《龚鼎孳人格论》,《人文中国学报》第十六期,上海:上海古籍出版社,2010 年。

马育良《关于中国性情论史的学术思考》,《皖西学院学报》,2010 年第 1 期。

唐攀《浅析龚鼎孳诗中的归隐意向》,《柳州师专学报》,2010 年第

6 期。

范秀君《试论清初南方贰臣文人的愧疚自赎心态——以清初"江左三大家"为例》,《学术交流》,2011 年第 2 期。

葛恒刚《清初词坛"赠柳词唱和"与清初稼轩风》,《江苏社会科学》,2011 年第 3 期。

万国花《论龚鼎孳与〈江左三家诗钞〉的刊刻》,《福建论坛》,2011 年第 10 期。

白一瑾《从黍离变雅到庙堂正雅——论清初贰臣诗人的诗风演化》,《北京大学学报》,2011 年第 1 期。

白一瑾《清初在京贰臣文人社集唱酬活动探微》,《上海大学学报》,2011 年第 2 期。

白一瑾《论清初贰臣和遗民交往背后的士人心态》,《南开学报》,2011 年第 3 期。

范秀君《论清初南北贰臣文人愧疚自赎心态的差异与成因》,《扬州大学学报》,2011 年第 3 期。

蒋寅《遗民与贰臣:易代之际士人的生存或文化抉择——以明清之际为中心》,《社会科学论坛》,2011 年第 9 期。

王兵《刍议清诗选本视域中的"江左三大家"》,《内蒙古大学学报》,2012 年第 1 期。

蒋寅《忏悔与淡忘:明清之际的贰臣人格》,《徐州工程学院学报》,2012 年第 2 期。

吴超《实学:清初"文治"语境中的关键词探究》,《长江论坛》,2012 年第 3 期。

刘东海《清初词坛"大有力者"的创作意义探析——以顺康词坛多人步韵唱和为中心》,《南阳师范学院学报》,2012 年第 11 期。

孙克强《龚鼎孳词集版本考辨——兼及〈全清词〉龚词部分补正》,《南开学报》,2013 年第 6 期。

孙克强、裴喆《龚鼎孳〈定山堂集〉版本考述》,《安徽师范大学学报

（人文社会科学版）》，2015 年第 6 期。

白一瑾《简论龚鼎孳兼收并蓄的文学观及影响》，《明清文学与文
　　献》第八辑，北京：社会科学文献出版社，2019 年。

张升《陈名夏、龚鼎孳与阎尔梅"绝交"考》，《顾诚先生纪念暨明清
　　史研究文集》，郑州：中州古籍出版社，2005 年。

张升《龚鼎孳杂考》，《明清安徽典籍研究》，合肥：黄山书社，
　　2005 年。

［日］清水茂《龚鼎孳论》，《清水茂汉学论集》，北京：中华书局，
　　2003 年。

后　记

总觉得与南京这座城有不解之缘。豆蔻年华初访南京，便被它沧桑而不失从容的底蕴吸引。本科时期与业师张惠民先生合撰《寒烟衰草后庭花——论金陵怀古词》一文，此为我初探学术门径之始。嗣后在散文《乱世家国恨，风尘绝色哀》的结语写道："那个美丽而多情的秦淮之夜，人面如笑沧海月明，她轻启朱唇……未等一曲终了，他已离席。笙歌散尽游人去，始觉春空。她惨淡一笑，依然转轴拨弦迎来送往。秦淮河外，天塌了，地陷了，江山几度易主疆场几载血战于她而言太遥远也太飘渺，那是属于金陵的悲欢，不是她的。其实她不知道，金陵和她一样无奈，金陵目送的不是一个人的投袂离席，而是一个个朝代的轰然坍塌和一代代人的心事成空。金陵的那些人那些事，林花谢了春红，太匆匆。"小文就写之日，我以为自己与南京的夙缘已经画上句号，不成想到了博士阶段再一次与金陵故事结缘，在孙克强师的指导下，我选择了龚鼎孳这位明末清初的风云人物，再次探视金陵乃至整个易代之际的悲欢离合。龚鼎孳选题对我的吸引，最初是缘自"福慧无双人第一，曲中惟有顾横波"（陈文述）的传说所引发的对秦淮往事再次探寻的兴趣，原来天崩地解的时代里也不尽然是尘缘悾愡心事成空的悲情，还有生死与共宠辱不惊的贞毅与温情。然而，通过对大量文献的阅读与整理，我发现以往对明清鼎革的理解过于肤泛，而秦淮艳情也不过是溯源沧桑的众多视点之一。如何把对秦淮河畔衣香鬓影的摹想，扩展为对易代之际的社会、政治、文化、士人心态以及由此引发的各种文学现象的深入参详，才是我真正要面对的论题，而龚鼎孳这位身兼风流才子、失节贰臣、文坛领袖于一身的人物，则是我进入这个论题的绝佳切入口。

本书以我的博士论文为基础增删修订而成。书稿得成，有赖于诸位师友的教诲之劳与玉成之恩。书稿从选题、文献搜集、篇章结构、观点论证，无一不是经过孙克强师之耳提面命，而克强师集多年心力编校而成的《龚鼎孳全集》更是为我的研究提供了最重要的文献支撑。感谢彭玉平、马大勇、胡元翎、陈引驰、彭国忠诸位师长于论文评审中提出的宝贵意见。感谢汕大恩师张惠民先生十余年如一日的垂问诲育。感谢汕大王富仁先生对我这个当年仅以修课结缘且并无深谈的学生之勉励帮扶，恩师已逝，唯以文字致祭先生于天国。感谢陆有富、杨传庆、刘少坤、裴喆诸位师兄对我的点拨指引。感谢我的父母多年来对我的理解与支持。最后还要感谢上海古籍出版社的编辑为书稿的最终成形提出许多宝贵意见。

前人小词道："昨宵一梦入罗浮，醒来不见梅花落"，从博士论文选题完成，到今日整理书稿成形，近十年光阴已过。原未抱持十年磨一剑的初衷，但毕业后的辗转磨砺在留下蹉跎之憾的同时，也让我对龚鼎孳这位毁誉翕集的历史人物有了更多深入的思考。愿这些年于书斋的冥思默想，连同青少年时代与南京城的因缘交错，能使笔下的文字在文献考索与理论阐发外，还体现着紫陌红尘的温度与生而为人的不易。就此搁笔吧，读书人之甘苦得丧，从来都是一场"只可自怡悦，不堪持赠君"的心灵孤旅，那些不及诉说也无法诉说的悠悠思绪，就让它们绽放成心香一瓣，与我恒久相守于驰隙年光中，它不惊不扰，我不失不忘。

邓妙慈

2020 年 8 月 20 日

图书在版编目(CIP)数据

龚鼎孳与清初文坛/邓妙慈著.--上海：上海古
籍出版社,2021.4
ISBN 978-7-5325-9919-6

Ⅰ.①龚… Ⅱ.①邓… Ⅲ.①龚鼎孳-人物研究 ②中
国文学-古典文学研究-清前期 Ⅳ.①K825.6
②I206·2

中国版本图书馆 CIP 数据核字(2021)第 057814 号

龚鼎孳与清初文坛

邓妙慈 著

上海古籍出版社　出版发行

(上海瑞金二路 272 号　邮政编码 200020)

(1) 网址：www.guji.com.cn

(2) E-mail：guji1@guji.com.cn

(3) 易文网网址：www.ewen.co

上海惠敦印务科技有限公司印刷

开本 890×1240　1/32　印张 13.875　插页 2　字数 348,000

2021 年 4 月第 1 版　2021 年 4 月第 1 次印刷

印数：1—1,050

ISBN 978-7-5325-9919-6

Ⅰ·3546　定价：58.00 元

如有质量问题,请与承印公司联系